精品课程配套教材
21世纪应用型人才培养规划教材
“双创”型人才培养优秀教材

JIZHUANGXIANG
YU GUOJI
DUOSHI LIANYUN

集装箱与国际多式联运

主　编　李　丽　谢　菲　周万洋
副主编　王　娟

山东大学出版社

图书在版编目（CIP）数据

集装箱与国际多式联运/李丽，谢菲，周万洋主编．—济南：山东大学出版社，2021.1

ISBN 978-7-5607-6841-0

Ⅰ．①集… Ⅱ．①李… ②谢… ③周… Ⅲ．①集装箱运输-交通运输管理-教材②国际运输-集装箱运输-多式联运-教材 Ⅳ．①U169.6

中国版本图书馆 CIP 数据核字（2021）第 003043 号

责任编辑　李艳玲
封面设计　尤　岛

出版发行　山东大学出版社
社　　址　山东省济南市山大南路 20 号
邮　　编　250100
电　　话　市场部（0531）88363008
经　　销　新华书店
印　　刷　北京俊林印刷有限公司
规　　格　787 毫米×1092 毫米　1/16
　　　　　18.5 印张　　456 千字
版　　次　2021 年 1 月第 1 版
印　　次　2021 年 1 月第 1 次印刷
定　　价　48.00 元

前　言

集装箱多式联运作为一种高效的货运组织方式，涉及面广、环节多、工艺复杂，是一项高度系统化的工程，并具有很强的专业性和竞争性，对管理人员和相关从业人员提出更高的要求。只有全面系统地掌握集装箱与国际多式联运的理论知识与专业技术，才能在本职工作中更加出色。为了满足国际物流行业、货代行业等人才培养的需要，我们团队编写了这本《集装箱与国际多式联运》教材。

本书在编写过程中，团队就“集装箱与国际多式联运”教学内容进行了深入的思考，力求做到以能力培养为目标，兼顾专业性与实用性、能力点和知识点相结合，注重培养国际物流、国际货代等行业高端技能型人才。本书主要内容有：集装箱运输认知、集装箱集疏节点认知、国际多式联运认知、集装箱多式联运进出口业务、集装箱多式联运单证业务、集装箱多式联运收费业务、集装箱多式联运保险业务等 7 个项目，共 31 个子任务。教材内容紧扣国际货代行业发展新形势和我国海关通关改革新政策，内容安排突破传统的“章”“节”编写模式，以够用、实用为教材编写的基本原则和出发点，建立了“以工作任务为引领，以工作项目为导向，以典型案例为引导”的教材体系。本教材的特色如下：

1. 能力本位，思路新颖

本教材根据“任务引领，项目导向”的编写思路，先按照多式联运实际业务的工作任务来设计项目，每个项目再按信息化工作流程来设计教材内容框架，最后按每个工作步骤所需的专业技能来编写相关知识点，并以“必需”“够用”为原则。

2. 校企合作，实用性强

本教材基于集装箱铁水联运公共信息服务平台、全程货物追踪信息系统等，以多家合作企业的联运案例和系统实操流程为切入点，归纳出进出口企业、物流企业、货代企业等的多式联运业务操作规程，提高了教材的实用性。

3. 图文并茂，易学够用

本教材大部分项目都配备了流程图和知识点归纳比较表，以便让学生更容易理解教材内容，有助于提高学生的抽象思维能力和解决具体问题的能力以及信息化运输管理系统的实操能力。

4. 手段多样，资源丰富

本教材给教师提供了多样的教学辅助手段，在编写中配备了“实例解析”“单元练习”

等，并配备了授课 PPT、习题答案等配套教学资源，力求使教师在授课时能方便使用本教材。

本教材可以作为高等院校报关与国际货运、物流管理、交通运输管理、国际商务管理、国际航运管理等专业的教学用书，也可作为国内外物流企业、运输企业的各级管理人员、岗位操作人员培训、自学进修用书。

编　者

目　录

认识集装箱运输

学习目标

【知识目标】

- 掌握集装箱的定义和种类，熟悉集装箱的标识，了解集装箱箱务管理。
- 了解集装箱运输的优缺点、集装箱的载运工具。
- 掌握集装箱货物种类及集装箱的选择、集装箱交接方式。
- 了解世界主要的集装箱班轮公司和主要集装箱运输航线。
- 掌握适用集装箱运输的贸易术语。

【技能目标】

- 能够根据集装箱图识别集装箱的种类和标识。
- 能够根据货物的性质选择合适的集装箱，能计算集装箱需用量。
- 具有集装箱装箱或拆箱基础操作能力。

任务一　集装箱相关知识

一、集装箱的定义

集装箱（Container）又称货柜，是指具有一定强度、刚度和规格，专供周转使用的大型装货容器。目前，中国、日本、美国、法国等国家都全面地引进了国际标准化组织（International Organization for Standardization，ISO）对集装箱的定义。除了 ISO 的定义外，还有《集装箱海关公约》（CCC）、《国际集装箱安全公约》（CSC）、英国标准协会和日本北美太平洋班轮公会等对集装箱下的定义，内容基本上大同小异。

按国际标准化组织第 104 技术委员会的规定，集装箱应具备下列条件：

（1）能长期反复使用，具有足够的强度。

（2）途中转运不用移动箱内货物，就可以直接换装。

（3）可以进行快速装卸，并可从一种运输工具直接方便地换装到另一种运输工具。

（4）便于货物的装满和卸空。

（5）具有1立方米（即35.32立方英尺）或以上的容积。

满足上述5个条件的大型装货容器才能称为集装箱。集装箱这一术语的含义不包括车辆和一般包装。

二、集装箱的标准化

作为能装载包装或无包装货进行运输，并便于用机械设备进行装卸搬运的一种组成工具，集装箱最大的优势在于其产品的标准化以及由此建立的一整套运输体系。能够让一个载重几十吨的庞然大物实现标准化，并且以此为基础逐步实现全球范围内的船舶、港口、航线、公路、中转站、桥梁、隧道、多式联运相配套的物流系统，这堪称人类有史以来创造的伟大奇迹之一。

集装箱标准化，是指为了让作为共同运输载体的集装箱在海、陆、空运输中具有通用性和互换性，为集装箱的载运工具和装卸机械的选型、设计和制造提供依据，使集装箱运输成为相互衔接配套、专业化、高效率、经济安全的运输系统，而为集装箱的各种基本技术条件，即尺寸、结构、试验方法等建立标准并执行的状态。

集装箱标准按使用范围分，有国际标准、国家标准、地区标准和公司标准四种。

（一）国际标准集装箱

国际标准集装箱是指根据国际标准化组织（ISO）第104技术委员会制定的国际标准来建造和使用的国际通用的标准集装箱。现行的国际标准为第1系列共13种，其宽度均一样（2438mm），长度有四种（12192mm、9125mm、6058mm、2991mm），高度有四种（2896mm、2591mm、2438mm、<2438mm），如表1-1-1所示。

表1-1-1　国际标准集装箱现行箱型系列表[①]

集装箱箱型		长度（L）		宽度（W）		高度（H）		额定质量（总质量）	
		公制 mm	英制 ft in	公制 mm	英制 ft in	公制 mm	英制 ft in	kg	Lb
40	1AAA	12192	40′	2438	8′	2896	9′6″	30480	67200
	1AA					2591	8′6″		
	1A					2438	8′		
	1AX					<2438	<8′		
30	1BBB	9125	29′11.25″	2438	8′	2896	9′6″	25400	56000
	1BB					2591	8′6″		
	1B					2438	8′		
	1BX					<2438	<8′		

① 本表中使用较多计量单位，具体来说，mm是毫米，ft是英尺，in是英寸，kg是千克，Lb是英磅，下同。

续表

集装箱箱型		长度（L）		宽度（W）		高度（H）		额定质量（总质量）	
		公制 mm	英制 ft in	公制 mm	英制 ft in	公制 mm	英制 ft in	kg	Lb
20	1CC	6058	19′10.5″	2438	8′	2591	8′6″	24000	52900
	1C					2438	8′		
	1CX					<2438	<8′		
10	1D	2991	9′9.75″	2438	8′	2438	8′	10160	22400
	1DX					<2438	<8′		

（二）国家标准集装箱

国家标准集装箱是指各国政府参照国际标准并考虑本国的具体情况而制定的本国的集装箱标准。我国制定了《系列 1 集装箱分类、尺寸和额定质量》的国家标准，目前执行的标准为 GB/T 1413-2008（如表 1-1-2 所示）。

表 1-1-2　　我国现行的集装箱外部尺寸、极限偏差及额定质量

集装箱型号	长度（L）		宽度（W）		高度（H）		额定质量（总质量）	
	mm	ft in	mm	ft in	mm	ft in	kg	Lb
1EEE	13716	45′	2438	8′	2896	9′6″	30480	67200
1EE					2591	8′6″		
1AAA	12192	40′	2438	8′	2896	9′6″	30480	67200
1AA					2591	8′6″		
1A					2438	8′		
1AX					<2438	<8′		
1BBB	9125	29′11.25″	2438	8′	2896	9′6″	30480	67200
1BB					2591	8′6″		
1B					2438	8′		
1BX					<2438	<8′		
1CC	6058	19′10.5″	2438	8′	2591	8′6″	30480	67200
1C					2438	8′		
1CX					<2438	<8′		
1D	2991	9′9.75″	2438	8′	2438	8′	10160	22400
1DX					<2438	<8′		

（三）地区标准集装箱

地区集装箱标准是由地区组织根据该地区的特殊情况制定的。此类集装箱仅适用于该地区，如根据欧洲国际铁路联盟（VIC）所制定的集装箱标准而建造的集装箱。

（四）公司标准集装箱

某些大型集装箱船公司根据本公司的具体情况和条件制定集装箱船公司标准。这类集装箱主要在该公司运输范围内使用，如美国海陆公司的35ft集装箱。

此外，世界上目前还有不少非标准集装箱。例如，非标准长度集装箱有美国海陆公司的35ft集装箱、总统轮船公司的45ft及48ft集装箱；非标准高度集装箱有9ft和9.5ft两种高度集装箱；非标准宽度集装箱有8.2ft宽度集装箱等。

三、集装箱的类型

随着集装箱运输的发展，为适应装载不同种类货物的需要，出现了不同种类的集装箱。这些集装箱不仅外观不同，而且结构、强度、尺寸等也不相同。这里就不同的分类方法对集装箱的种类进行介绍。

（一）按用途分类

集装箱按箱内所装货物一般分为：

1. 干货集装箱（Dry Cargo Container）

这种集装箱也被称为杂货集装箱或通用集装箱（General Purpose Container），使用范围极广，通常用以装载除液体货、需要调节温度货物及特种货物以外的一般件杂货，如文化用品、化工用品、电子机械、工艺品、医药、日用品、纺织品及仪器零件等。这是平时最常用的集装箱，不受温度变化影响的各类固体散货、颗粒或粉末状的货物都可以由这种集装箱装运。常用的有20ft和40ft两种，其结构特点是常为封闭式，一般在一端或侧面设有箱门。

2. 保温集装箱（Thermal Container）

这种集装箱为了运输需要冷藏或保温的货物，其箱壁全部采用导热率低的材料隔热而制成。大体可分为以下三种：

（1）冷藏集装箱（Reefer Container）。它是以运输冷冻食品为主，能保持所定温度的保温集装箱。它专为运输如鱼、肉、新鲜水果、蔬菜等食品而特殊设计的。目前，国际上采用的冷藏集装箱基本上分两种：一种是集装箱内带有冷冻机，叫机械式冷藏集装箱；另一种箱内没有冷冻机而只有隔热结构，即在集装箱端壁上设有进气孔和出气孔，箱子装在舱中，由船舶的冷冻装置供应冷气，这种叫作离合式冷藏集装箱（又称外置式或夹箍式冷藏集装箱）。

（2）隔热集装箱。它是为载运水果、蔬菜等货物，防止温度上升过大，以保持货物鲜度而具有充分隔热结构的集装箱。通常用冰作制冷剂，保温时间为72小时左右。

（3）通风集装箱（Ventilated Container）。它是为装运水果、蔬菜等不需要冷冻而具有呼吸作用的货物，在端壁和侧壁上设有通风孔的集装箱，如将通风口关闭，同样可以作为杂货集装箱使用。

3. 罐式集装箱（Tank Container）

它是专用于装运酒类、油类（如动植物油）、液体食品以及化学品等液体货物的集装箱。它还可以装运其他液体的危险货物。这种集装箱有单罐和多罐数种，罐体四角由支

柱、撑杆构成整体框架。

4. 散货集装箱（Bulk Container）

散货集装箱是指顶部设有装货口，底部设有出货口，主要用于装运无包装的固体颗粒状和粉状货物的集装箱。它是一种密闭式集装箱，常用于装载粮食，也可装载各种饲料、树脂、硼砂、水泥、砂石等货物。散货集装箱除了有箱门外，在箱顶部还设有2~3个装货口，适用于装载粉状或粒状货物。在装载粮食时，由于检疫的需要，有的散货集装箱的顶上还设有熏蒸用的附属装置。散货集装箱顶部的装货口应设水密性良好的盖，以防雨水侵入箱内。

5. 台架式集装箱（Platform Based Container）

它是没有箱顶和侧壁，甚至连端壁也去掉而只有底板和四个角柱的集装箱。这种集装箱可以从前后、左右及上方进行装卸作业，适合装载长大件和重货件，如重型机械、钢材、钢管、木材、钢锭等。台架式的集装箱没有水密性，怕水湿的货物不能装运，或用帆布遮盖装运。

6. 平台集装箱（Platform Container）

这种集装箱是在台架式集装箱上再简化而只保留底板的一种特殊结构集装箱。平台的长度与宽度与国际标准集装箱的箱底尺寸相同，可使用与其他集装箱相同的紧固件和起吊装置。这一集装箱的采用打破了过去一直认为集装箱必须具有一定容积的概念。

7. 敞顶集装箱（Open Top Container）

这是一种没有刚性箱顶的集装箱，但有由可折叠式或可折式顶梁支撑的帆布、塑料布或涂塑布制成的顶篷，其他构件与通用集装箱类似。这种集装箱适于装载大型货物和重货，如钢铁、木材，特别是像玻璃板等易碎的重货，利用吊车从顶部吊入箱内不易损坏，而且也便于在箱内固定。

8. 按货物命名的集装箱（Cargo-Named Types）

（1）汽车集装箱（Car Container）

它是一种运输小型轿车用的专用集装箱，其特点是在简易箱底上装一个钢制框架，通常没有箱壁（包括端壁和侧壁）。这种集装箱分为单层的和双层的两种。因为小轿车的高度为1.35~1.45m，如装在8ft（2.438m）的标准集装箱内，其容积要浪费2/5以上，所以出现了双层集装箱。这种双层集装箱的高度有两种：一种为10.5ft（3.2m），一种为8.5ft高的2倍。因此汽车集装箱一般不是国际标准集装箱。

（2）动物集装箱（Pen Container or Live Stock Container）

这是一种装运鸡、鸭、鹅等活家禽和牛、马、羊、猪等活家畜用的集装箱。为了遮蔽太阳，箱顶采用胶合板露盖，侧面和端面都有用铝丝网制成的窗，以求有良好的通风。侧壁下方设有清扫口和排水口，并配有上下移动的拉门，可把垃圾清扫出去，还装有喂食口。动物集装箱在船上一般应装在甲板上，因为甲板上空气流通，便于清扫和照顾。

（3）服装集装箱（Garment Container）

这种集装箱的特点是，在箱内上侧梁上装有许多根横杆，每根横杆上垂下若干条皮带扣、尼龙带扣或绳索，成衣利用衣架上的钩，直接挂在带扣或绳索上。这种服装装载法属于无包装运输，它不仅节约了包装材料和包装费用，而且减少了人工劳动，提高了服装的运输质量。

具体如表 1-1-3 及图 1-1-1 至图 1-1-10 所示。

表 1-1-3 集装箱类型及适用货物

集装箱箱型	英文简称	特点	适合货物
干货箱	GP	一端开门、两端开门或侧壁设有侧门，均有水密性，箱门可270°开启	一般货物
开顶箱	OT	箱顶（“硬顶”和“软顶”）可以拆下	超高、超重货物
框架箱	FR	没有箱顶和侧壁	超高、超重货物
散货箱	BK	一端有箱门，顶部有 2~3 个装货口，箱门的下方还设有卸货口	散装货
平台箱	PF	无上部结构，只有底部结构	超宽、超长货物
通风箱	VH	侧壁或端壁上设有 4~6 个通风口	易腐货物
冷藏箱	RF	具有制冷或保温功能	冷藏货物
罐式箱	TK	由罐体和箱体框架两部分构成，顶部设有装货口（人孔），罐底有排出阀	液体、气体
服装集装箱	HT	内侧梁上装有许多横杠，每根横杆垂下若干绳扣	服装
动物箱		侧面和端面有金属网制的窗以便通风，侧壁下方设有清扫口和排水口便于清洁	活动物
汽车箱		一般设有端壁和侧壁，箱底应采用防滑钢板	汽车

图 1-1-1 通用集装箱

图 1-1-2 冷藏集装箱

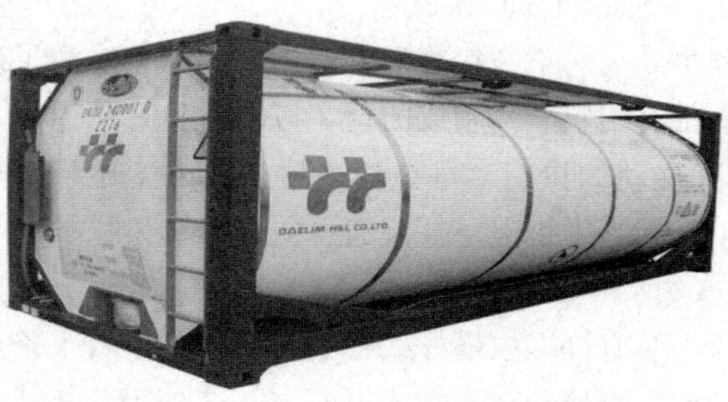

图 1-1-3 罐式集装箱

图 1-1-4 散货集装箱

图 1-1-5　台架式集装箱

图 1-1-6　平台集装箱

图 1-1-7　敞顶集装箱

图 1-1-8　汽车集装箱

图 1-1-9　动物集装箱

图 1-1-10　服装集装箱

（二）按箱体材料分类

集装箱按其主体材料构成可分为四类：

1. 钢集装箱

钢集装箱的外板用钢板，结构部件也均采用钢材。这种集装箱的最大优点是强度大、结构牢，焊接性和水密性好，而且价格低廉。但其重量大，易腐蚀生锈。自重大降低了装货量；而且每年一般需要进行两次除锈涂漆，使用期限较短，一般为 11~12 年。如图 1-1-11 所示。

2. 铝集装箱

通常说的铝集装箱并不是纯铝制成的，而是各主要部件使用最适量的各种轻铝合金，故又称铝合金集装箱。一般都采用铝镁合金，这种铝合金集装箱的最大优点是重量轻，铝合金的相对密度约为钢的 1/3，20ft 的铝集装箱的自重为 1700kg，比钢集装箱轻 20%~25%，故同一尺寸的铝集装箱可以比钢集装箱装更多的货物。铝集装箱不生锈，外表美观。铝镁合金在大气中自然形成氧化膜，可以防止腐蚀，但遇海水则易受腐蚀，如采用纯铝包层，就能对海水起很好的防蚀作用，最适合于海上运输。铝合金集装箱的弹性好，加外力后容易变形，外力除去后一般就能复原，因此最适合于在有箱格结构的全集装箱船上使用。此外，铝集装箱加工方便，加工费低，一般外表需要涂其他涂料，维修费用低，使用年限长，一般为 15~16 年。如图 1-1-12 所示。

图 1-1-11　钢集装箱

图 1-1-12　铝集装箱

3. 玻璃钢集装箱

它是用玻璃纤维和合成树脂混合在一起制成薄薄的加强塑料，用黏合剂贴在胶合板的表面上形成玻璃钢板而制成的集装箱。玻璃钢集装箱的特点是强度大、刚性好。玻璃钢的隔热性、防腐性、耐化学性都比较好，能防止箱内产生结露现象，有利于保护箱内货物不遭受湿损。玻璃钢板可以整块制造，防水性好，还容易清洗。此外，这种集装箱还有不生锈、容易着色的优点，故外表美观。玻璃钢集装箱的主要缺点是重量较大，与一般钢集装箱相差无几，价格也较高。如图 1-1-13 所示。

4. 不锈钢集装箱

不锈钢是一种新的集装箱材料，它有如下优点：强度大，不生锈，外表美观；在整个使用期内无须进行维修保养，故使用率高，耐蚀性能好。其缺点是：价格高，初始投资大；材料少，大量制造有困难，目前一般都用作罐式集装箱。如图 1-1-14 所示。

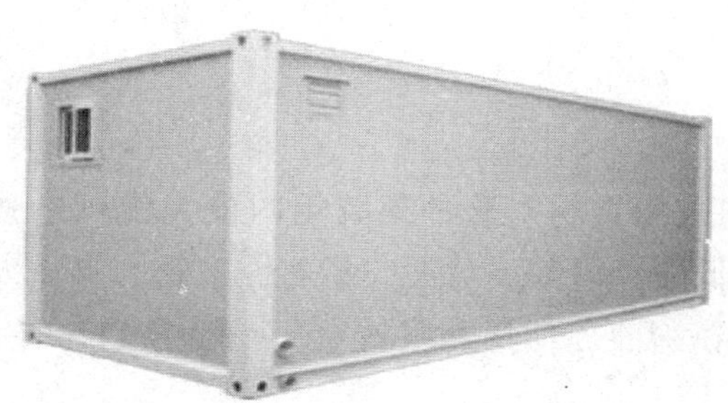

图 1-1-13　玻璃钢集装箱

图 1-1-14　不锈钢罐式集装箱

（三）按结构分类

1. 内柱式和外柱式集装箱

这里的“柱”指的是集装箱的端柱和侧柱。内柱式集装箱即侧柱和端柱位于侧壁和端壁之内；反之则是外柱式集装箱。一般玻璃钢集装箱和钢集装箱均没有侧柱和端柱，故内柱式和外柱式集装箱均指铝集装箱。内柱式集装箱的优点是外表平滑，美观，受斜向外力不易损坏，印刷标记时比较方便。外板和内衬板之间隔有一定空隙，防热效果较好，能减少货物的湿损。外柱式集装箱的优点是受外力作用时，外力由侧柱或端柱承受，起到了保护外板的作用，使外板不易损坏。集装箱内壁面平整，有时也不需要有内衬板。

2. 折叠式和固定式集装箱

折叠式集装箱是侧壁、端壁和箱门等主要部件能很方便地折叠起来，反复使用时可再次撑开的一种集装箱。反之，各部件永久固定地组合在一起的称固定式集装箱。折叠式集装箱主要用在货源不平衡的航线上，为了减少回空时的舱容损失而设计的。目前，使用最多的还是固定式集装箱。

3. 预制骨架式和薄壳式集装箱

集装箱的骨架由许多预制件组合起来，并由它承受主要载荷，外板和骨架用铆接或焊接的方式连为一体，称为预制骨架式集装箱。通常情况下，铝质和钢质的预制骨架式集装箱，外板采用铆接或焊接的方式与骨架连接在一起；而玻璃钢的预制骨架式集装箱，其外板用螺栓与骨架连接。薄壳式集装箱则把所有构件结合成一个刚体，优点是重量轻，受扭力作用时不会引起永久变形，所以集装箱的结构一般多采用薄壳理论进行设计。

（四）按外部尺寸分类

对于集装箱的尺寸，各国各地有各种不同的类别，最具代表性的是国际标准化组织的国际标准分类。国际标准集装箱的宽度均为 8ft；高度有 9ft 6in、8ft 6in、8ft、小于 8ft 四种；长度有 40ft、30ft、20ft 和 10ft 四种，具体见表 1-1-1 所示。

此外，还有一些集装箱运输的先驱者，主要是美国的海陆公司和麦逊公司，根据本公司的具体条件制定的本公司使用的集装箱标准。

四、集装箱的标记

集装箱标记是指为便于对集装箱在流通和使用中进行识别、管理与交接，便于单据编制和信息传输而编制的集装箱代号、标志的统称。

国际标准化组织制定了《集装箱的代号、识别和标记》国际标准。我国根据国际标准，制定了国家标准《集装箱代码、识别和标记》（GB/T1836-1997），与国际标准等效。

集装箱标记的用途有：集装箱正确选用与识别、货物装箱单填写；货方、港方、船方之间箱体交接；集装箱货物报关、报检；堆场作业计划编制、船舶配载计划编制；货物在途跟踪等。

集装箱标记主要分为必备标记、自选标记、通行标记。必备标记和自选标记又包括识别标记和作业标记。

必备标记中的识别标记包含箱主代码、顺序号和核对号；作业标记包含额定重量和自重量标记。

自选标记中的识别标记包含国籍代号、尺寸代码和类型代号；作业标记包含超高标记、国际铁路联盟标记。

通行标记包含“CSC 安全合格”和“CCC 通关合格”金属标牌等。

（一）必备标记

1. 识别标记

识别标记即集装箱箱号，由集装箱箱主代码、顺序号和校验码三个部分组成，如图 1-1-15 所示（INKU 6182115），其中 INKU 为箱主代码（U 为设备识别码），618211 为顺序号，5 为校验码（核对号）。

图 1-1-15 集装箱箱号

（1）箱主代码

箱主代码是指集装箱所有者的代码，它由 4 位拉丁文字母表示；前 3 位由箱主自己规定，并向国际集装箱局（BIC）登记；第 4 位字母为 U，表示常规的所有集装箱（“J”表示带有可拆卸设备的集装箱，“Z”表示集装箱的拖车和底盘车）。例如：中国远洋运输（集团）公司的箱主代码为 COSU。具体如表 1-1-4 所示。

表 1-1-4　　部分船公司的箱主代码

公司名称	箱主代码	公司名称	箱主代码
马士基航运（MAERSK）	MSKU MAEU MWCU	现代商船（HYUNDAI）	HYNUHYGUHDMU
地中海航运（MSC）	MSCU	以星航运（ZIM）	ZIMU ZCSU
法国达飞轮船（CMA-CGM）	CMAU CMCU	赫伯罗特（HAPAG-LLOYD）	HPLU HLXU
中海集运（CHINA SHIPPING）	CCLU CSLU	川崎汽船（K-LINE）	KKFU KKTU KLFU KLTU
美国总统轮船（APL）	APLU APSU	长荣海运（EVERGREEN）	EMCU EISU
中远集团（COSCO）	COSU CBHU	日本邮船（NYK LINE）	NYKU
阳明海运（YML）	YMLUYMGU	太平船务（PIL）	PILU
韩进海运（HANJIN）	HJLU HJCU	商船三井（MOSK）	MOLU MOAU

（2）顺序号

顺序号为集装箱编号，用于区别同一箱主的不同集装箱。按照国家标准（GB1836-85）的规定，集装箱顺序号用6位阿拉伯数字表示，如有效数字不足6位，则在有效数字前以0补之，如“001234”。各公司可以根据自己的需要，以类型、尺寸、制造批号及其他参数进行编号，以便识别。

（3）校验码

集装箱的校验码又称为核对号，用于计算机核对箱主号与顺序号记录的正确性。核对号一般位于顺序号之后，用一位阿拉伯数字表示，并加方框以示醒目。如“TGHU3734833”的核对号是3。

2. 作业标记

作业标记包括以下三个内容：

（1）额定重量和自重量标记

额定重量，简称总重（Max Gross），是集装箱的自重（Tare）与最大载货重量（Payload 或 Net）之和。自重，即集装箱空箱质量（或空箱重量）。这两项标记要求同时以千克（kg）和磅（Lb）标示。如表 1-1-1 所示，国际标准 40ft 柜的最大重量为 30480kg，30ft 柜的最大重量为 25400kg。

（2）空陆水联运集装箱标记

由于集装箱的强度仅能支撑两层，因而国际标准化组织对该集装箱规定了特殊的标志，如图 1-1-16 所示。该标记为黑色，位于侧壁和端壁的左上角，并规定标记的最小尺寸为：高 127mm，长 355mm，字母标记的字体高度至少为 76mm。

（3）登箱顶触电警告标记

该标记为黄色底黑色三角形，设在罐式集装箱箱顶上和其邻近登箱顶的扶梯处，以警告登箱顶者有触电的危险。该标记如图 1-1-17 所示。

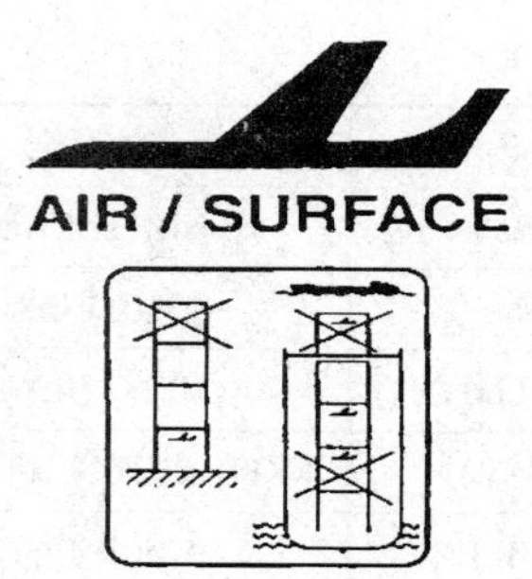

图 1-1-16　空陆水联运标记

注：三角标志内的底色为黄色

图 1-1-17　登箱顶触电警告标记

（二）自选标记

1. 识别标记

识别标记包括国家或地区代号、尺寸代号和类型代号。

（1）国家代号

用 2 位或 3 位大写字母表示，说明集装箱的登记国，例如中华人民共和国的代码为“CN”，美国的代码为“US（USA）”。

（2）尺寸代码

集装箱尺寸代码由 2 位阿拉伯数字（字符）组成，用于表示集装箱的尺寸大小。第一个字符表示箱长（如 10ft 为“1”，20ft 为“2”，30ft 为“3”，40ft 为“4”，5~9 为“备用号”，A~P 为特殊箱长的集装箱代号）。第二个字符表示箱宽与箱高（如“2”表示宽 8ft，高 8ft 6in 的箱；“5”表示宽 8ft，高 9ft 6in 的箱；用英文字母反映箱宽不是 8ft 的特殊宽度集装箱）。ISO 文件中提供了集装箱尺寸代码表，如表 1-1-5 和表 1-1-6 所示。

表 1-1-5　尺寸代码第一字符

代码	箱长		代码	箱长	
	mm	ft in		mm	ft in
1	2991	10′	D	7450	
2	6058	20′	E	7820	
3	9152	30′	F	8100	
4	12192	40′	G	12500	41′
5	备用号		H	13106	43′
6	备用号		K	13600	
7	备用号		L	13716	45′
8	备用号		M	14630	48′
9	备用号		N	14935	49′
A	7150		P	16154	
B	7315	24′	R	备用号	
C	7430	24′6″	…	…	

表 1-1-6　　　　　　　　　　尺寸代码第二字符

箱宽 箱高		2438（mm）	2438<W≤2500（mm）	>2500（mm）
mm	（ft in）	8ft	8ft<W≤8ft2in	>8ft2in
2438	（8　0）	0		
2591	（8　6）	2	C	L
2743	（9　0）	4	D	M
2896	（9　6）	5	E	N
>2896	（9　6）	6	F	P
1295	（4　3）	8		
≤1219	≤（4　0）	9		

（3）箱型代码

集装箱的箱型代码由 2 位字符组成，其中第 1 位用一个拉丁字母表示箱型，第 2 位由一个数字表示该箱型的特征（如 G1、R1 等）。箱型代码分为总代码（Group Type Code）和细代码（Detailed Type Code）两种。总代码用于在集装箱特性尚不明确或不需要明确的场合，细代码用于对集装箱特性要有具体标示的场合。ISO 对箱型代码的规定见表 1-1-7 所示。

表 1-1-7　　　　　　　　　　ISO 箱型代码

代码	箱型	总代码	集装箱主要特性	细代码
G	通用集装箱 ——无通风设备	GP	一端或两端开门 货物上部空间设有透气孔 一端或两端开门，加上一侧或两侧全部敞开 一端或两端开门，加上一侧或两侧部分敞开	G0 G1 G2 G3
V	通风集装箱	VH	无机械通风系统，货物上部和底部空间设通风口 备用号 箱体内部设有机械通风系统 备用号 箱体外部设有机械通风系统	V0 V1 V2 V3 V4
B	干散货集装箱 ——无压力，箱式	BU	封闭式 气密式 备用号	B0 B1 B2
	——有压力，箱式	BK	水平卸货，试验压力 150 千帕 水平卸货，试验压力 265 千帕 倾斜卸货，试验压力 150 千帕 倾斜卸货，试验压力 265 千帕	B3 B4 B5 B6

续表

代码	箱型	总代码	集装箱主要特性	细代码
S	以货物命名的集装箱	SN	牲畜集装箱	S0
			小汽车集装箱	S1
			活鱼集装箱	S2
R	保温集装箱			
	——冷藏	RE	机械制冷	R0
	——冷藏和加热	RT	机械制冷和加热	R1
	——自备动力的冷藏和加热集装箱	RS	机械制冷	R2
			机械制冷和加热	R3
H	保温集装箱			
	——设备可拆卸的冷藏和（或）加热的集装箱	HR	设备置于箱体外部，其传热系数 k=0.4W/（m^2·K）	H0
			设备置于箱体内部	H1
			设备置于箱体外部，其传热系数 k=0.7W/（m^2·K）	H2
			备用号	H3
	——隔热集装箱		备用号	H4
		HI	具有隔热性能，其传热系数 k=0.4W/（m^2·K）	H5
			具有隔热性能，其传热系数 k=0.7W/（m^2·K）	H6
U	敞顶式集装箱	UT	一端或两端开门	U0
			一端或两端开门，加上端框架顶梁可拆卸	U1
			一端或两端开门，加上一侧或两侧开门	U2
			一端或两端开门，加上一侧或两侧开门，加上端框架顶梁可拆卸	U3
			一端或两端开门，加上一侧局部敞开和另一侧全部敞开	U4
			完全敞顶，带固定侧壁或断壁（无门）	U5
P	台架式集装箱			
	——具有不完整上部结构的台架式集装箱	PL	平台集装箱	P0
			有两个完整和固定的端板	P1
	固定式	PF	有固定角柱，带有活动的侧柱或可拆卸的顶梁	P2
	折叠式	PC	有折叠完整的端结构	P3
	——具有完整上部结构的台架式集装箱	PS	有折叠角柱，带有活动的侧柱或可拆卸的顶梁	P4
			顶部和端部敞开（骨架式）	P5

续表

代码	箱型	总代码	集装箱主要特性	细代码
T	罐式集装箱 ——用于非危险性液体货 ——用于危险性液体货 ——用于气体货物	TN TD TG	最低试验压力 45 千帕 最低试验压力 150 千帕 最低试验压力 265 千帕 最低试验压力 150 千帕 最低试验压力 265 千帕 最低试验压力 400 千帕 最低试验压力 600 千帕 最低试验压力 910 千帕 最低试验压力 2200 千帕 最低试验压力（待定）	T0 T1 T2 T3 T4 T5 T6 T7 T8 T9
	空陆水联运集箱	AS		A0

在 ISO 制定的通用集装箱标准规格中，在国际上流通最广泛并在营运组织管理中使用最多的是长度为 20ft 和 40ft 型的集装箱。在集装箱运输实践工作中，对集装箱类型、尺寸等的表述会使用一些俗语或英文缩写或代码，表 1-1-8 是集装箱类型、尺寸对应表，供实际工作中参考。

表 1-1-8　　集装箱类型、尺寸对应表

箱型		对应类型	箱型尺寸代码
20in	干货箱	20GP	22G1
	干货高箱	20GH（HC，HQ）	25G1
	开顶箱	20OT	22U1
	冷藏箱	20RF	22R1
	冷高箱	20RH	25R1
	油罐箱	20TK	22T1
	框架箱	20FR	22P1
40in	干货箱	40GP	42G1
	干货高箱	40GH（HC，HQ）	45G1
	开顶箱	40OT	42U1
	冷藏箱	40RF	42R1
	冷高箱	40RH	45R1
	油罐箱	40TK	42T1
	框架箱	40FR	42P1

2. 作业标记

这类标记主要指超高标记和国际铁路联盟标记。

（1）超高、超重标记

该标记是在黄色底上标出黑色数字和边框（如图 1-1-18、图 1-1-19 所示）。此标记贴在集装箱每侧的左下角，距箱底约 0.6m 处，同时应贴在集装箱主要标记的下方。凡高度超过 2.6m 的集装箱应贴上此标记。

图 1-1-18　集装箱超重标记

图 1-1-19　集装箱超高标志

（2）国际铁路联盟标记

凡符合《国际铁路联盟条例》规定的技术条件的集装箱，可以申请获得此标记（如图 1-1-20 所示）。箱上的“ic”标表示该箱申请了某个国家的 UIC（国际铁路联盟）认证。由于集装箱是全球通行的，所以只要申请了国际铁路联盟的任何一个成员国的认证，均能得到全球铁路运输许可。数字是各个 UIC 成员的代码，例如 81 代表德国，87 代表法国，70 代表英国，33 代表中国等。

图 1-1-20　国际铁路联盟标识

（三）通行标记

集装箱在运输过程中能顺利地通过或进入他国国境，箱上必须贴有按规定要求的各种通行标志，否则必须办理烦琐的证明手续，延长了集装箱的周转时间。

集装箱上主要的通行标记有：安全合格牌照、集装箱批准牌照、防虫处理板、检验合格徽等。其中集装箱批准牌照、安全合格牌照、防虫处理板三个合并，采用永久、耐腐蚀的金属标牌，牢固地安装在集装箱醒目的地方。

1. 安全合格牌照

该牌照表示集装箱已按照《国际集装箱安全公约》（International Convention for Safe Container，简称 CSC 公约）的规定，经有关部门试验合格，符合有关的安全要求，允许在运输运营中使用。

该牌照应采用永久、耐腐蚀、防火的长方形牌子，其尺寸不得小于 100mm（高）× 200mm（宽）。“CSC SAFTY APPROVAL”（CSC 安全合格）字母高度不得小于 8mm，其他字母和数字高度不得小于 5mm，并应在标牌面板上以刻印或凹凸形或用其他永久和清晰的方式标识出来，如图 1-1-21 所示。

图 1-1-21　CSC 安全合格牌照

2. 集装箱批准牌照

为加速集装箱在各国间流通，联合国欧洲经济委员会制定了一个《集装箱海关公约》。凡符合《集装箱海关公约》规定的集装箱，可以贴上“集装箱批准牌照”，在各国间加封运输，不必开箱检查箱内的货物。

海关加封运输批准牌照是采用永久、耐腐蚀金属做成的长方形牌子，其尺寸不得小于100mm（高）×200mm（宽）。“APPROVAL FOR TRANSPORT UNDER CUSTOMS SEAL”（在海关加封下批准运输）及“CHN/CCS××××/××××”（CCC 批准号）字母及数字高度不得小于 10mm，其他字母和数字高度不得小于 8mm，并应在标牌面板上以刻印或凹凸形或用其他永久和清晰的方式标识出来（常与“CSC 安全合格”金属标牌合二为一）。

3. 检验合格徽

集装箱上的“安全合格牌照”主要是确保集装箱不对人的生命安全造成威胁，但集装箱还必须确保在运输过程中不对运输工具（如船舶、火车、拖车等）的安全造成威胁。所以 ISO 要求各检验机关必须对集装箱进行各种相应的试验，并在试验后在集装箱门上贴上代表该检验机关的合格徽，如图 1-1-22 和图 1-1-23 所示。主要检验机关有中国船级社、英国劳氏船级社、美国船级社等。

图 1-1-22　中国船级社

图 1-1-23　英国劳氏船级社

五、集装箱的管理

（一）概述

集装箱管理是集装箱运输系统中极其重要的环节，也是一项十分重要的工作。它涉及港、航、路、站等诸多环节以及国际集装箱的使用、租用、调运、保管、发放、交接、装卸、中转、堆存、装箱、拆箱、运输、检验、修理、清洗、熏蒸、租赁等业务，对降低集装箱运输成本、减少置箱投资、加快集装箱的周转、提高集装箱货物的装载质量和货运质量、提高企业经济效益具有重要意义。

集装箱的直接管理者既是集装箱代理人又是船舶代理人。其受国内外海运承运人、集装箱营运人或其代理人（集装箱运输经营人）的委托，负责码头和场站集装箱的跟踪、盘存和管理工作，办理集装箱进出口报关、报验、查询、调运、发放、起租、退租、转租、检验、修理、清洗、熏蒸、卫检以及箱管费收取等工作，并按代理协议的规定向委托人提供有关集装箱跟踪管理的信息报告。

集装箱的直接管理者的主要业务包括：①集装箱进口时，在船舶卸毕后 1 个工作日内向船公司或委托人发卸船报或将信息输入有关电脑系统；根据集装箱载货清单和理货机构的卸货记录核对进口集装箱的箱数和箱号；代船公司或委托人办理进口集装箱的箱体报关手续；办理放箱手续。②集装箱出口时，根据用箱单位的要求和船公司或委托人的规定或指示，办理集装箱空箱发放调运和报关手续；根据集装箱预配清单，办理放箱手续；按货主要求提前通知有关方做好冷藏箱装箱前的预检和预冷；根据船公司的管理要求正确放箱，并监督货方正确用箱，如有误用，可以强行要求用箱人在装船前倒箱或采取处理措施；船舶装毕后 1 个工作日内向船公司或委托方发装船报或输入信息至其指定的电脑系统。

要完成集装箱运输，必须在运输的全过程对集装箱进行有效管理，包括集装箱的箱务管理和租赁业务管理。

（二）集装箱箱务管理

1. 集装箱营运管理体制

为加强对集装箱的管理，需设置集装箱营运管理机构，建立集装箱营运管理体制。通

常情况下，集装箱营运管理实行一级调度、分级管理的体制。在集装箱运输总公司设箱务管理总部，下设箱务管理分部（箱管中心）、各航线经营人及港口箱管代理。总公司箱管部对整个公司集装箱实行统一管理、集中控制、统一调度，由各航线经营人共同使用。

2. 集装箱的分配及使用

一般来讲，集装箱归航运公司所有，由箱管部经营调度，各航线经营人享有同等的集装箱使用权；集装箱未经箱管部许可，不得用于航运公司以外的航线。箱管部在所有开放港口均按合理保有量的要求，备足集装箱，以保证航线船舶的用箱要求。

集装箱的分配及使用一般应遵循以下原则：当港口集装箱充裕时，按船舶开离时间顺序分配用箱；当港口集装箱不足时，应首先保证本月调进空箱量大的航线经营人所属船舶用箱，再考虑运距长的货物用箱，对去往集装箱严重积压的港口的货物要控制放箱；要保证有重要运输协议、特殊运输时限要求的货物的用箱；要保证特种货物和特种用箱的需求。

3. 集装箱的调运

由于货源不平衡及各航线货物流向不平衡等原因，各港的空箱数往往不平衡，这时必须将某港的剩余空箱调运到空箱不足的港口以供使用。

一般而言，集装箱运输总公司下设箱管部，统一管理整个公司的集装箱，并与各航线经营人密切配合，合理调配集装箱。箱管部下设箱管分部，负责检查所管辖地区内的港口集装箱保有量，制定区域内港口间集装箱平衡及调运计划，并报箱管部统筹调度解决。箱管分部根据开放港口（允许提、还箱的港口）的进出口箱量，确定外放港口的集装箱合理保有量，并根据市场变化及时予以调整。空箱的调运涉及船公司、场站、中转站、港口等部门。

空箱的调运有下面几种情况：①港到港的调运，又包括国际调运和国内调运。②港到堆场、货运站之间的调运。③堆场、货运站之间的调运。④临时租用箱的调运。⑤还箱调运。⑥其他调运。

一般由货方（或其代理人）、内陆承运人负责还箱；集装箱在修理、清洗、改装、熏蒸、检验后，箱管部门应做好调运计划，联系运输公司将集装箱运至指定地点，以使集装箱满足载货要求，加快集装箱的周转速度。

4. 集装箱的发放和交接

集装箱及集装箱设备的发放、交接，应依据进口提货单、出口订舱单或出口集装箱预配清单和这些文件内列明的集装箱交付条款，实行集装箱设备交接单制度。从事集装箱业务的单位必须凭集装箱代理人签发的集装箱设备交接单办理集装箱的提箱（发箱）、交箱（还箱）、进场（港）、出场（港）等手续。托运人、收货人、内陆承运人或从事集装箱业务的有关单位，不得将集装箱用于设备交接单规定外的用途；必须按规定的时间和地点交箱、还箱。

交接时的责任划分：

（1）船方与港方交接以船边为界。

（2）港方与货方（或其代理人）、内陆（公路）承运人交接以港方检查桥为界。

（3）堆场、中转站与货方（或其代理人）、内陆（公路）承运人交接以堆场、中转站的大门为界。

（4）港方、堆场、中转站与内陆（水路、铁路）承运人交接以船边、车皮为界。

5. 集装箱的堆存与保管

为了避免集装箱在港内大量积压，一般规定各航班应在指定的入港开始时间和截止时间内将重箱运至港区内指定的场地堆存。船公司应与港口箱管部门密切配合，通知货方、内陆运输人将重箱及时运至港内，并做好集装箱设备交接工作。

集装箱进入场站后，场站应依据双方协议规定，按照海上承运人的不同将空箱和重箱分别堆放。空箱按完好和破损箱、污箱、自有箱和租箱分别堆放。

6. 集装箱的修理及维护保养

根据《国际集装箱安全公约》（CSC）规定，新箱在出厂后 24 个月内要进行内箱检验，满 5 年时要进行箱体检验，并在以后每 30 个月检验一次。港口箱管代理应对此项工作充分重视，确认航运公司自有箱的 CSC 铭牌的有效日期，并根据箱管部统一安排做好集装箱的维护保养工作，保证集装箱满足 CSC 规定要求。

集装箱在运输、装卸、搬运、堆存过程中由于种种原因造成损坏的，由箱管部及箱管分部的技术管理部门对集装箱的维修作出统筹计划和组织实施。港口箱管代理人可在授权范围内按照报修程序组织修理。

（三）集装箱租赁业务管理

集装箱租赁是指集装箱租赁公司与承租人（一般为海运班轮公司、铁路运输公司、公路运输公司等）签订协议，用长期或短期的方式把集装箱租赁给承租人的一种租赁方式。

在协议执行期间，箱体由承租人管理使用，承租人负责对箱体进行维修保养，确保避免灭失。协议期满后，承租人将箱子还至租箱公司指定堆场。堆场对损坏的箱体按协议中规定的技术标准修复，修理费用由承租人承担。承租人按照协议向租箱公司承付提还箱费及租金。

集装箱租赁业务由集装箱租赁公司经营，集装箱租赁是一个长期且稳定获利的业务，故得到欧美投资者的青睐，目前世界上主要的租箱公司大都为欧美基金投资。租箱业务发展迅速，租箱公司的箱量一直占全世界总箱量的 45% 以上。在中国，特别是近洋班轮公司和内贸线班轮公司的箱队中，租箱量占总箱量的 90% 以上。

1. 集装箱租赁方式

（1）长期租赁

长期租赁合同年限较长，通常是 3~10 年。根据租期届满后对集装箱处理的方式不同，可分为金融租赁及实际使用期租赁两种。金融租赁是指租箱人在租箱合同期满后作价买下所租用的箱子从而取得集装箱的所有权的一种租赁方式；而实际使用期租赁则是当租赁合同期满后，租箱人将箱子退还给出租公司的一种租赁方式。

长期租赁的特点是，租箱人只需按时支付租金，即可像使用自备箱一样使用租赁箱；租金较低，租期愈长，租金愈低。目前采用长期租赁方式的较多。但是，在租期未满前，租箱人不得提前退租，但可在合同中附有提前归还集装箱的选择条款。对租箱公司而言，

采用这种方式可在较长的租期内获得稳定的租金收入，减少租箱市场的风险，也可减少提、还箱等大量的管理工作。

（2）即期租赁

即期租赁是指租箱人根据自己的需要及市场情况与租箱公司签订租赁合同的一种租赁方式。即期租赁除临时的短期租赁外还有单程租赁和来回程租赁两种。

单程租赁是从发货地租箱到目的地还箱的单程租用。一般适用于货源往返不平衡的航线，它可满足租箱人单程租箱需要。

来回程租赁是指提、还箱同在一个地区的租赁方式，一般适用于往返货源较平衡的航线，原则上在租箱点还箱（或同一地区还箱）。租期可以是一个往返航次，也可以是连续几个往返航次。租箱人有较大的使用权。由于不存在空箱回运的问题，因而租金较单程租赁低。

即期租赁能满足租箱人临时性的用箱要求，可解决货源临时变化而箱源不足的困难，但租金比长期租赁方式高。

（3）灵活租赁

灵活租赁是一种在租箱合同有效期内，租箱人可在租箱公司指定的地方灵活地进行提、还箱的租赁方式。它兼有长期租赁和即期租赁的特点，一般租期为一年。在大量租箱的情况下，租箱人可享受租金折扣的优惠，租金甚至接近于长期租赁。在集装箱货源较多且班轮公司经营航线较多、往返航次货源又不平衡的情况下，采用这种租赁方式是较好的。

在灵活租赁的情况下，由于提、还箱灵活，因而会给租箱公司带来一定的风险，所以在合同中规定有一些附加约束条件。

尽管集装箱租赁方式有很多，但最重要的是租箱人应根据航线货源情况、航运市场及租箱市场情况、租箱人的资金状况，经过论证、分析后，确定采用何种租赁方式及租箱量。

2. 集装箱租赁合同及主要条款

集装箱租赁合同是规定租箱人与租箱公司双方权利、义务和费用的协议和合同文本。租箱人在签署合同之前一般要与租箱公司（或其代理人）商定租箱方式，数量，租金，交、还箱期，地点，租、退箱费用，损害修理责任及保险等事宜。租箱合同的主要条款一般有四方面内容。

（1）交箱条款

交箱条款主要是制约租箱公司的条款，是指租箱公司应在合同规定的时间和地点将符合合同条件的集装箱交给租箱人。其内容主要有如下几项：

交箱期：指租箱公司将箱子交给租箱人的时间。为了给双方提供一些方便，交箱期通常规定一个期限，一般为 7~30 天。

交箱量：为了适应市场上箱、货供求关系的变化，合同中对交箱量有两种规定方法：一种是规定交箱数量（或最低交箱量）；另一种是实际交箱量（可高于或低于前者）。

交箱时箱子状况：租箱公司交给租箱人的箱子应符合有关国际公约与标准的规定，同时租箱人还箱时应保证箱子保持和接近原来的状况。为了保证这一点，提箱时箱子的状况是通过双方签署的设备交接单来体现的。在具体操作中，规定租箱人雇用的司机和箱子所在堆场的箱管员、门卫可作为双方代表签署设备交接单。

（2）还箱条款

租箱合同中的还箱条款主要是制约租箱人的条款，是指租箱人应在租用期满后，按合同规定的时间、地点将状况良好的箱子还给租箱公司。其主要内容如下：

还箱时间：指规定的还箱日期。如超期还箱，合同一般通过对超期天数加收租金的方式解决；如果可能提前还箱，则要求事先订立提前终止条款，订有该条款时，租箱人可提前还箱；如未订立此条款，即使是提前还箱，租箱人仍需补交提前日数的追加租金。

还箱地点：租箱人应按合同规定或租箱公司另用书面形式确认的具体地点还箱。在订立合同时，租箱人应尽量使还箱地点与箱子最终使用地点一致或接近，这样可以减少空箱运输费用。

还箱时箱子状况：租箱人在还箱时应保证箱子外表状态良好，即保证箱子保持提箱时双方签订的设备交接单上说明的状况。该条款一般规定如果还箱时外表有损坏，租箱人应承担修理责任与费用。

租箱合同中一般还规定还箱期满若干天（有的是30天）后，租箱人仍未还箱，租箱公司将作为箱子全损处理。租箱人应按合同规定的金额支付赔偿金，在租箱公司未收到赔偿金前，租箱人仍需按实际天数支付租金。

（3）损害修理责任条款

租箱人应按设备交接单上记载的状况还箱，如有损坏，则应负责将箱子修理好后还箱，或承担维修费用。如租箱时在合同中订立损害修理责任条款（damage protection plan，DPP）并按规定付费，则租箱人对租箱期内所造成的损坏在一定程度上不负修理责任，可将未修理的箱子退还租箱公司，由租箱公司负责修理。不论箱子在租箱期内是否损坏，DPP费用一律不予退还。

DPP条款对承租人来说，可避免发生箱子损坏后所引起的有关修理安排、查核、检验、支付修理费用等繁杂事务，并可节约将受损的箱子运至修理厂的额外费用。承租人在订立DPP条款时应注意以下问题：DPP费用只保箱子的部分损坏，不保箱子的全损。如系全损的话，则属保险责任中的全损险，由保险公司负责赔偿。另外，DPP条款也不包括共同海损分摊对第三者的民事损害责任以及对箱子内有关货物的责任。习惯上，DPP只负责比箱子本身价值低一些的一个固定限额（如85%），在限额内的维修费用由租箱公司承担；如超过此限额，则超过的维修费用仍需要租箱人承担。比如，某个20ft的集装箱价值为3000美元，租箱合同中DPP条款负责的最高修理费用为2550美元，若箱子在租赁期间发生损坏而产生的修理费用是2780美元，则租赁公司根据DPP条款只负责2550美元，超出的230美元仍由承租人负责。

（4）租金及费用支付条款

租箱人应按时支付合同中规定承担的各种费用及租金，这是自由使用集装箱和具有某些权利以及减少责任的前提，不按时支付费用和租金则构成违约，租箱公司有权采取适当的行动直至收回集装箱。租箱合同的租金与费用支付条款主要包括下列内容：

租期：一般理解为从交箱之日起至还箱之日止的一段时间。

租金计算方法：一般按每箱每天计收。租用天数计算一般从交箱当日起算至租箱公司

接受还箱的次日为止。在超期还箱情况下，超期天数按合同规定的租金另行支付（通常比正常租金高一倍）。如合同中定有提前终止的条款，租箱人支付提前终止费用（一般相当于5~7天租金）后，租期到集装箱进入还箱堆场日终止。

租金支付方式：一般分为按月支付或按季支付两种。租箱人应在收到租金支付通知单后，在规定时间内（一般为30天）支付。如延期则需按合同规定的费率加付利息。

交、还箱手续费：租箱人应按合同规定支付交、还箱手续费。该费用主要用来抵偿在堆场交、还箱所产生的费用（装卸车费、单证费等），其数额或由合同规定，或根据所在堆场规定的交、还箱费用确定。

租箱合同中除上述条款外，一般还有设备标志更改条款及其他有关租箱责任、义务、保险和转租等条款（如表1-1-9所示）。

表1-1-9　　　　集装箱租赁合同

甲　方： 乙　方： 甲乙双方本着平等互利的原则，经协商一致，根据《中华人民共和国合同法》及有关法律法规，就乙方租用甲方集装箱事宜签订本合同。 一、租赁集装箱类型、规格、数量： 二、租赁方式为灵活租赁，各集装箱的租赁期限分别按该箱的实际起租日计至退租日止。 三、租金、租金支付及押金条款 1. 租金：每个租金为________元/天。 2. 租金支付 租金每月支付一次，不满一个月按实际租赁天数计算，甲方应于每个月的5日前向乙方提供上个月的账单。 3. 押金 每个押金为人民币，由乙方电汇至我公司账号，甲方在收到押金后放箱。乙方在退租并结清租金修理费后7天内，甲方退还乙方押金。 四、租赁集装箱交付条款 1. 交接时间：自本合同签订之日起__30__内提箱。 2. 交接地： 3. 箱况：甲方保证提供完好适货的集装箱（SEAWORTHY标准）。 4. 提箱费用：乙方在提箱时，应支付给甲方人民币________元/箱/次。 五、用途：乙方租赁甲方集装箱应用于通常的合理的用途，不得用于从事任何非法活动，否则因此而造成的一切损失和后果均由乙方承担全部责任。 六、集装箱在租赁期间的保养和维修 乙方在租用期内正常使用并妥善维护集装箱。如果集装箱在使用中发生故障，乙方应按集装箱的技术支持手册进行检查，并予以维修。

续表

七、租赁集装箱还箱条款： 1. 还箱地点为： 2. 还箱时集装箱的质量问题： 2.1　甲方应当提前5个工作日通知乙方具体还箱堆场。乙方须安排集装箱退还至指定堆场。 2.2　退箱时由甲方负责检验（按SEAWORTHY标准）。若甲方发现集装箱损坏需要修理的，则修理费由乙方来承担。但甲方在修理前应将估价单书面通知乙方，并允许乙方进行检验。如果乙方在收到通知之日起10个工作日内未对估价单提出任何异议，则视为乙方同意修理。乙方应在甲方修理完毕之日起30天内向甲方支付该修理费。 2.3　还箱费用：乙方在还箱时，应支付给甲方人民币________元（每箱每次）。 3. 重置费：若集装箱在租赁期间丢失、损毁或甲方确定已不能修复时，乙方必须根据集装箱重置费向甲方赔偿损失。乙方支付重置费后，相关集装箱所有权归乙方所有。 八、租赁集装箱的转租或转借 在租赁期间内，乙方未经甲方同意，不得擅自将集装箱转租或转借给第三人使用（乙方为营业需要供给客户使用除外），也不得变卖或抵押集装箱。 九、违约责任 未经甲方同意，乙方拖欠租金或擅自转租、变卖、抵押租赁集装箱，则甲方有权解除合同，如数收回全部集装箱。乙方应赔偿因此给甲方所造成的损失。 十、争议解决 甲乙双方同意，将基于本协议产生的或与本协议的生效、履行、终止有关的任何争议，由甲乙双方协商解决；协商不成，任何一方可以向对方所在地海事法院提起诉讼。 十一、本协议第二条所述的集装箱交接完毕后，相关箱号及交接时间作为本协议的附件，双方盖章后是本协议的有效组成部分。 十二、本合同未尽事宜，按《中华人民共和国合同法》的有关规定，经合同双方共同协商，作出补充规定，该补充规定与本合同具有同等法律效力。 十三、本合同自签订之日起即发生法律效力。本合同一式两份，双方各持一份，具有同等效力。 十四、随附箱号：××××、××××。 甲方：　　　　　　　　乙方： 签字：　　　　　　　　签字： 年　月　日　　　　　　年　月　日

3. 集装箱自备箱量与租箱量的优化配置

航线集装箱需备箱量不仅与航线配置的集装箱船舶数及其载箱量有关，与集装箱船的往返航次、时间及发船间隔有关，而且还与集装箱在港口的堆存期及在内陆的平均周转天数有很大的关系。因此，集装箱公司需根据航线特点、货源情况、集装箱港口堆存期及内陆周转期的长短等因素，通过选择合理的租箱方式，确定合理的自备箱量和租箱量。

航线集装箱需备量，一般可采用以下三种方式配备：①需备量全部由班轮公司自备，由于集装箱价格昂贵，因此需要花费巨额投资。②需备量部分自备，部分租箱。③需备量

全部租箱。以上三种方式，究竟采用哪种，要综合分析航线货源、集装箱港口堆存期及内陆周转期、班轮公司的资金状况等因素，经系统论证后确定。在一般情况下，如航线货源稳定，可适当增加自备量或长期租箱量，否则，可适当增加灵活租箱量或减少自备箱量。如果决定一部分需备量通过租赁集装箱方式来解决，就应进一步考虑是采用长期租赁还是即期租赁（单程租赁或来回程租赁）或是灵活租赁，根据不同情况采用不同的租赁方式。

（1）集装箱租箱量的计算

理论上，比较自备箱用箱成本与租赁箱用箱成本，在一定的约束条件下，运用数学方法，根据成本最小化原则，可以求出租箱量。这种方法受到市场情况的约束，并根据最小自备量原则来确定船公司的年度总租箱量，然后再进一步确定长期和短期租箱量。具体步骤如下：

①求年度用箱总量 S_T

$$S_T = \sum M_i = M_1 + M_2 + \cdots + M_i$$

其中：M_i——预测年的月用箱量数据（TEU），$i=1, 2, \cdots, 12$。

②求年度最低自备箱量 S_S

$$S_S = 12 \cdot \mathrm{Min}(M_i)$$

其中：$\mathrm{Min}(M_i)$——预测年的最低月用箱量数据（TEU）。

③求年度租箱量 S_C

$$S_C = S_T - S_S$$

④求年度长期租箱量 S_{LC}

$$S_{LC} = 1/2(S_C + 12 \cdot m - S_S - \sum |m - M_i|)$$
$$= S_C - 1/2(\sum |m - M_i|)$$

其中：m——平均每月应备箱量（TEU），$m=S_T/12$。

⑤求年度短期租箱量 S_{SC}

$$S_{SC} = S_C - S_{LC}$$

【例 1-1-1】某集装箱运输船公司预计下一年度每月用箱量如下，试确定公司年租箱总量、年长期租箱量和年短期租箱量。

月份	1	2	3	4	5	6	7	8	9	10	11	12
月用箱量（万 TEU）	5.1	3.1	3.8	3.6	5.4	2.8	5.7	4.4	5.6	3.8	5.8	4.9

解：①计算年总用箱量 S_T：

$$S_T = \sum M_i = M_1 + M_2 + \cdots + M_{12}$$

$= 5.1 + 3.1 + \cdots + 4.9 = 54$（万 TEU[①]）

②计算年最小自备量 S_S：

$$S_S = 12 \cdot \mathrm{Min}(M_i) = 12 \times 2.8 = 33.6(\text{万 TEU})$$

① TEU 全称为 Twenty-feet Equiralent Unit，是以长度为 20ft 的集装箱为国际计量单位，也称国际标准箱单位，下同。

③计算年租箱量 S_C：

$$S_C = S_T - S_S = 54 - 33.6 = 20.4(\text{万 TEU})$$

④计算年长期租箱量 S_{LC}：

$$m = S_T/12 = 54/12 = 4.5(\text{万 TEU})$$

$$S_{LC} = 1/2(S_C + 12 \cdot m - S_S - \sum |m - M_i|)$$

$$= 1/2[20.4 + 12\times4.5-33.6-(|5.1-4.5| + |3.1-4.5| + \cdots + |4.9-4.5|)]$$

$$= 1/2[20.4 + 54-33.6-11]$$

$$= 14.9 (\text{万 TEU})$$

⑤计算年短期租箱量 S_{SC}：

$$S_{SC} = S_C - S_{LC} = 20.4 - 14.9 = 5.5(\text{万 TEU})$$

（2）集装箱租箱量的调整

由于集装箱班轮航线上的货源变化不定，因此集装箱船公司随时需要根据实际用箱量的增减来调整租箱量，以降低用箱成本。具体步骤如下：

①计算月需求量 U

$$U = 30 \cdot L / I$$

其中：U——航线集装箱月需求量（TEU）；

L——每套集装箱的数量（TEU），如船舶满载则为船舶载箱量；

I——发船间隔（天）。

将该公式进行变换，可得：

$$I = 30 \cdot L / U$$

②确定航线实际配箱总量 S 与航线集装箱平均总周转天数 T、月需求箱量 U 之间函数关系

$$\begin{aligned} S &= L \cdot K \\ &= L \cdot T / I \\ &= L \cdot T / (30 \cdot L / U) \\ &= T \cdot U / 30 \end{aligned}$$

其中：K——航线集装箱需配备的总套数。

③租箱量调整方法

根据公式 $S = T \cdot U / 30$，我们可以将各类情况一一列举，如表 1-1-10 所示。

表 1-1-10　　租箱方式的选择

集装箱平均总周转情况	集装箱需求变化	航线集装箱需配备箱量	因果关系	调整策略
1. $T_a = T$	$U_a > U$	$S_a > S$	需求上升，箱子需备量增加	短期租箱，改善周转率
2. $T_b = T$	$U_b < U$	$S_b < S$	需求下跌，箱子需备量减少	退还租赁箱

续表

集装箱平均总周转情况	集装箱需求变化	航线集装箱需配备箱量	因果关系	调整策略
3. $T_c > T$	$U_c = U$	$S_c > S$	周转率下降，箱子需备量增加	短期租箱，改善周转率
4. $T_d < T$	$U_d = U$	$S_d < S$	周转率提高，箱子需备量减少	退还租赁箱
5. $T_e > T$	$U_e < U$	$S_e < S$	需求下跌，部分箱子闲置	等待需求恢复
6. $T_f > T$	$U_f < U$	$S_f < S$	周转率下降，月承运量也有所减少	提高周转率
7. $T_g < T$	$U_g > U$	$S_g = S$	周转率提高，月承运量也有所提高	争取货源，改善周转率

任务二　集装箱运输相关知识

一、集装箱运输的定义

集装箱运输就是将货物装载于集装箱内，以集装箱作为一个货物集合（成组）单元，进行装卸、运输（包括船舶运输、铁路运输、公路运输、航空运输以及这几种运输方式的联合运输）的运输工艺和运输组织形式。

二、集装箱运输的优越性

集装箱运输是一种现代化的先进运输方式，可促使运输生产走向机械化、自动化，具有高效益、高效率、高投资、高协作、高密集、标准化等特点。

集装箱运输的优点主要有：

（1）推动包装标准化，节省包装费用。为避免货物在运输途中受到损坏，必须有坚固的包装，而集装箱具有坚固、密封的特点，其本身就是一种极好的包装。使用集装箱可以简化包装，有的甚至无须包装，实现件杂货无包装运输，可大大节约包装费用。

（2）减少货损货差，提高货运质量。集装箱是一个坚固密封的箱体，本身就是一个坚固的包装。货物装箱并铅封后，途中无须拆箱倒载，一票到底，即使经过长途运输或多次换装，也不易损坏箱内货物。集装箱运输可减少被盗、潮湿、污损等引起的货损和货差，并且货损率、货差率的降低亦减少了社会财富的浪费，具有很大的社会效益。

（3）减少营运费用，降低运输成本。集装箱的装卸基本上不受恶劣气候的影响，船舶非生产性停泊时间缩短，且装卸效率高，装卸时间缩短，对船公司而言可提高航行率，降低船舶运输成本，对港口而言可以提高泊位通过能力，从而提高吞吐量，增加收入。

（4）提高装卸效率，减轻劳动强度。普通货船装卸一般每小时为 35t 左右，而集装箱装卸每小时可达400t左右，装卸效率大幅度提高。同时，由于集装箱装卸机械化程度很高，因而每班组所需装卸工人数很少，平均每个工人的劳动生产率大大提高。

（5）缩短在途时间，加快车船周转。由于集装箱装卸效率很高，受气候影响小，船舶在港停留时间大大缩短，因而船舶航次时间缩短，船舶周转加快，航行率大大提高，船舶生产效率随之提高，从而提高了船舶运输能力。在不增加船舶艘数的情况下，现有船舶可完成更多的运量，增加船公司收入，这样的高效率可带来高效益。

（6）利于联合运输，促进运输合理。集装箱在不同运输方式之间换装时，无须搬运箱内货物，只需换装集装箱，这就提高了换装作业效率，适于不同运输方式之间的联合运输。在换装转运时，海关及有关监管单位只需加封或验封转关放行，从而提高了运输效率。

集装箱运输的缺点在于：

（1）高投资的运输组织形式。集装箱运输虽然是一种高效率的运输方式，但是它同时又是一种资本高度密集的行业。船公司必须对船舶和集装箱进行巨额投资。根据有关资料表明，集装箱船每立方英尺的造价约为普通货船的3.7~4倍，使得船公司的总成本中固定成本占有相当大的比例，高达2/3以上。集装箱码头的投资也相当大，专用集装箱泊位的码头设施包括码头岸线和前沿、货场、货运站、维修车间、控制塔、门房以及集装箱装卸机械等，耗资巨大。另外，需有相应的内部设施及内陆货运站等。为了配套建设，需要兴建、扩建、改造、更新现有的公路、铁路、桥梁、涵洞等，这方面的投资更是惊人。可见，没有足够的资金，开展集装箱运输、实现集装箱化是困难的。

（2）高协作要求的运输组织形式。集装箱运输涉及面广、环节多、影响大，是一个复杂的运输系统工程。集装箱运输系统包括海运、陆运、空运、港口、货运站以及与集装箱运输有关的海关、商检、船舶代理公司、货运代理公司等单位和部门。如果互相配合不当，就会影响整个运输系统功能的发挥；如果某一环节失误，必将影响全局，甚至导致运输生产停顿和中断。因此，要确保整个运输系统各环节、各部门之间的高度协作。

三、集装箱运输的特点

集装箱运输方式本身具有以下几个特点：

（1）集装箱运输是一种“门—门”（Door to Door）运输。这里的“门—门”，一端是指制造企业的“门”，另一端是指市场的“门”。所谓“门—门”，就是从制造企业将最终消费品生产完毕，装入集装箱后，不管运输距离多长，路况多复杂，中间不再进行任何装卸与倒载，一直到市场“门”，再卸下直接进入市场。这既是这种运输方式的特点，又是采用这种运输方式所要达到的目标。凡使用集装箱运输的货物，都应尽量不在运输中途进行拆箱与倒载。

（2）集装箱运输方式是一种高效率的运输方式。这种高效率包含两方面的含义。一是时间上的高效率。由于集装箱在结构上是高度标准化的，与之配合的装卸机具、运输工具（船舶、卡车、火车等）也是高度标准化的，因此在各种运输工具之间换装与紧固均极迅捷，大大节省了运输时间。二是经济上的高效率。集装箱运输可以从多方面节省装卸搬运

费用、包装费用、理货费用、保险费用等，并大幅降低货物破损损失。这些都决定了集装箱是一种高效率的运输方式。

（3）集装箱运输是一种消除了所运货物外形差异的运输方式。在件杂货运输方式中，所运货物不管采用什么样的外包装，其物理、化学特性上的差异均比较明显，可以通过视觉、触觉和嗅觉加以区别。在货物的信息管理方面，即使有所缺陷，也可以用其他手段予以弥补。而集装箱则不然。货物装入集装箱之后，其物理、化学特性全部被掩盖了，变成千篇一律的标准尺寸、标准外形的金属（或非金属）箱子，从其外形无法得到任何说明其内容的特征。所以集装箱的信息管理与件杂货运输相比，具有特别重要的意义。

四、集装箱运输系统的组成

集装箱运输系统是指集装箱运输全过程所涉及的各个环节的集合，包括设施与设备、运输组织与管理、公共信息服务系统等各组成部分及内部各个环节。

集装箱货物的整体流通途径如图 1-2-1 所示。集装箱货物的流通途径体现了集装箱运输系统的高度整体性与组织性。

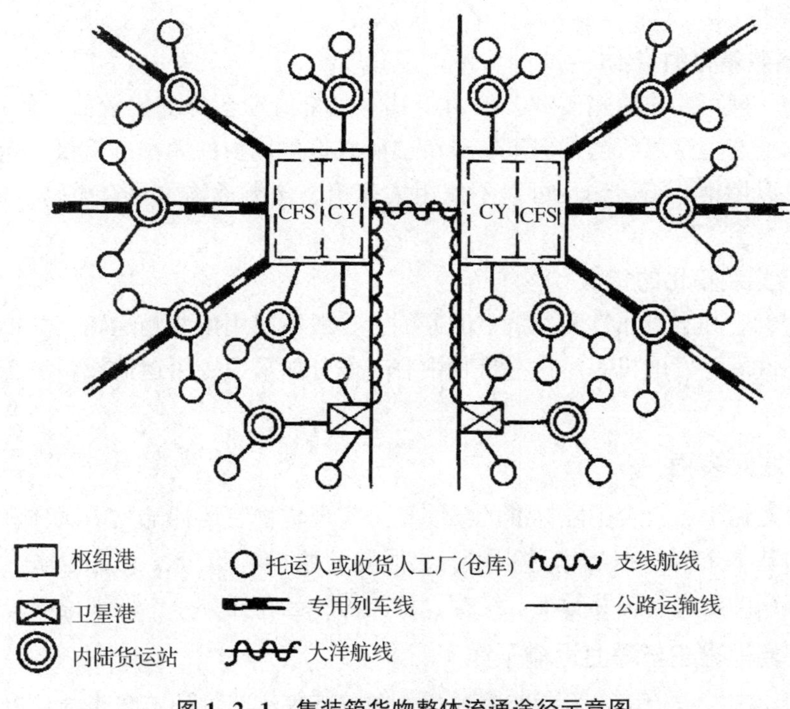

图 1-2-1　集装箱货物整体流通途径示意图

构成集装箱运输系统的基本组成要素包括适箱货源、标准集装箱、集装箱船舶与海上运输干线、集装箱码头与装卸作业设施、内陆集疏运系统、集装箱运输管理系统、集装箱运输辅助子系统等几个方面。

（一）适箱货源

一般来说，并不是所有货物都适合于集装箱运输，只有那些物理及化学属性适合于装箱的，并且货价高、运费率较高、承受运价能力大的货物才适合装箱。根据货物是否适于集装箱运输，一般把各类货物分为四大类别：最适合集装箱化的货物、适合集装箱化的货物、边缘集装箱化的货物、不适合集装箱化的货物。在以上四类货物中，前两类构成了集装箱运输的主体，是各运输经营人竞争的对象。适箱货物是集装箱运输系统的运输对象，适箱货物的位移构成了集装箱运输系统中的主物流。

1. 最适合集装箱化的货物

这类货物系指货价高、运费也较高的商品。由于外包装形状、尺度及重量等属性，这些商品可以有效地装载于集装箱内进行运输。最适合集装箱化的货物有针织品、服装、酒、医药品、各种小型电器、光学仪器、家电产品、小五金等。

2. 适合集装箱化的货物

这类货物的货价相对不高，运费也相对不高，但是从其运价的承受能力和其性质特点来看，是适合集装箱运输的货物。该类货物主要有纸浆、天花板、电线电缆、面粉、生皮、金属制品等。

3. 边缘集装箱化的货物

这类货物一般可用集装箱装载，但由于其本身价值和运价都比较低，使用集装箱时，在物理性质和形态上是可行的，但不够经济，所以这类货物的大小、重量、包装难以实现集装箱化，可以用集装箱运输也可以不使用集装箱。该类货物主要有生铁、原木、钢材、钢锭等。

4. 不适合集装箱化的货物

这类货物由于其本身属性和经济上的原因，一般不能用集装箱运输，如旧钢铁、大型卡车、桥梁、铁塔、发电机等。这些货物中有一部分如采用专用运输设备和工具来运输更为合适。

（二）标准集装箱

在集装箱运输中，符合国际标准的集装箱是实现货物装运标准化的载体和外包装，是集装箱运输的基本单元。在运输过程中，它既是货物的一部分，又是运输工具的组成部分。有关集装箱的定义、国际标准、结构、种类等，已在任务一中详细说明。

（三）集装箱船舶与海上运输干线

海上运输在国际运输中占有重要的地位。随着干支线分工的不断明确化以及“载运中心港”思想的发展，支线运输的作用已变成向干线港（中心港）集疏运货物。因此，当前对海上主要运输线路的理解一般是指海上干线运输航线。

集装箱海上运输干线的设置、各干线上挂靠港及船型和班期的确定，一般由各航运公司根据货物的流向和流量、港口的地理位置和泊位能力（水深、装卸能力等）及使用船型、腹地与周边的集疏运（支线等）条件等因素，并考虑自己公司运输组织的合理性、经济性以及本公司在该线路上能占有的市场份额等因素来综合确定。

集装箱运输船舶是集装箱的载运工具，是完成集装箱运输任务的重要手段。目前各公司在自己的航运干线上使用的运输工具基本上以大型全集装箱船为主体（第三代以上），在个别航线上也可使用大型滚装船（已越来越少），一般都以固定的船型和班期投入营运。这些船舶载箱量较大，航速较快，营运成本较低，经济性能较好。随着国际贸易的不断增长，各公司出于竞争的需要，在干线上配备的船舶均有大型化的趋势。世界上各大公司均以大型集装箱船为主体，配以中小型集装箱船舶，共同构成了覆盖世界各主要贸易区的干支线运输网。

（四）集装箱码头与装卸作业设施

与集装箱海上运输密切相关的是集装箱港口码头，这里主要是指世界各地的干线（枢纽）港及其码头。这类港口均有集装箱专用码头，即集装箱的装卸、堆存与分拨的地方，是集装箱不同运输方式换装的枢纽，是集装箱运输系统的重要组成部分。同时，集装箱码头均配备现代化的装卸机械和管理信息系统，可实现装卸作业高效化、自动化，管理工作现代化、标准化和规范化，以满足国际集装箱运输系统对集装箱码头的要求。

（五）内陆集疏运系统

在集装箱运输系统中，内陆集疏运子系统是围绕各干线（枢纽港）展开的，是由各种方式的运输线路（包括铁路、公路、内河航线、海上支线、远洋运输船舶等）和各类集装箱货物集散点（包括码头堆场、集装箱货运站、内陆/港货运站、铁路办理站、公路中转站、内河码头、支线港、货主工厂和仓库等）组成的覆盖枢纽港及周边广大地区的网络系统，一般具有多级结构。其主要功能是完成集装箱货物在启运地（或目的地）与枢纽港码头堆场之间的集运（或疏运）任务，主要包括：①公路运输及中转站子系统；②铁路运输及办理站子系统；③航空运输及办理站子系统；④沿海与内河支线运输子系统；⑤集装箱码头堆场（CY）管理系统；⑥集装箱货运站（CFS）管理子系统等。

（六）集装箱运输管理系统

以上集装箱运输系统的基础设施和设备都是集装箱运输系统的“硬件”组成部分。要充分发挥这些正规化、现代化的“硬件”的优越性与效率，必须有相应的正规化、现代化的“软件”（即管理系统）与之相适应。集装箱运输管理系统一般包括以下几个方面。

1. 集装箱运输行政管理机构

这里一般是指国家和地区对集装箱运输进行行业管理的机构，即使用行政管理的手段，对集装箱运输活动进行宏观政策调控，对集装箱运输企业进行监督管理，并通过制定相应的政策、规定、规划等对集装箱运输行业进行指导、协同和管理，从而实现和执行政府对集装箱运输企业及机关企事业单位的管理。在我国，交通部、铁道部、外经贸部、各省（市）交通厅、各市（县）交通局及三大水系的航务管理部门、各口岸管理部门都属于这类机构。

2. 集装箱运输经营机构

经营机构主要是指从事集装箱运输的企业（水路运输、铁路、公路运输企业、无船承运人、联运经营人）及其分支机构和从事集装箱运输业务的代理人及其分支机构、站场机构等组织。这些经营人或代理人是对集装箱运输进行营运管理的企业，由其完成或组织完成集装箱运输中涉及的各项活动和业务，是集装箱运输的具体管理者。

3. 集装箱运输法规及标准体系

为保证集装箱运输不断发展，其优越性得以充分发挥，有效协调承托双方的责任、义务、权利，目前在集装箱运输中已经形成了较为完善的法规与标准体系。这些法规与标准根据其适用的地域和范围可分为国际和国内（地区）运输法规与标准两部分。这些法规与标准是集装箱运输中必须遵守的工作准则，这里不作详细介绍。

4. 集装箱运输技术和工艺体系

集装箱运输技术和工艺体系主要包括与集装箱有关的设计、建造、装卸、运输、维护及运输组织、管理方法、技术工艺。集装箱运输技术与工艺日趋标准化、规范化，已形成了一整套专用的技术与工艺，这里不作详细介绍。

5. 集装箱运输管理信息系统

集装箱运输涉及面广、环节多，具有信息量大、效率要求高的特点。码头、船公司、货主、陆路承运人以及口岸相关部门联系紧密而广泛。没有信息系统的有力支撑，现代集装箱运输体系就无法实现有效运转和管理。

集装箱运输信息系统是特指以提供集装箱运输信息为主要目的的数据密集型、人机交互式的计算机应用系统。按信息加工处理的界面可以将其概括为两大类：一类是运输管理信息系统，另一类是运输企业管理信息系统。按业务环节分类，则主要分为集装箱运输电子数据交换信息系统、集装箱运输口岸信息系统、集装箱码头信息系统（国际上通称为“集装箱码头操作系统”）、集装箱场站信息系统、集装箱铁路中心站信息系统、集装箱海运公司信息系统、货代信息系统等。这些信息系统围绕着集装箱运输链条共同运作，既分工独立，又密切配合，通过计算机网络将遍布在各个节点的信息有机衔接起来，以确保整个运输过程中信息的准确、通畅。

（七）集装箱运输辅助子系统

以上六个组成要素是集装箱运输系统的核心部分，是针对集装箱运输现代化和专业化的实际需要而建立的。除此之外，还有一些要素虽不是集装箱系统固有的实体，但却支持、影响甚至直接参加集装箱运输业务活动。我们把这些对集装箱运输系统有重大影响的部分归于一个子系统——集装箱运输辅助子系统。该辅助子系统主要包括：

（1）相关工业：特别是集装箱运输所涉及的集装箱、设备、工具和固定设施的制造、建设和修理业。

（2）金融业：特别是在涉及信用证贸易的运输中，银行要承担集装箱运输单证的传递工作。

（3）运输市场与劳动力市场。

（4）保险业：以减少运输经营人和货主的风险。

（5）有关国家机构：如海关、商检、边防、海事、理货等国家机构及一些有公证性质的机构。

（6）通信业与计算机通信网络：承担集装箱运输中信息交换、单证传递等工作。

五、集装箱载运工具

（一）集装箱船舶[①]

1. 集装箱船舶的概念

集装箱船，又称货柜船，广义是指可用于装载国际标准集装箱的船舶，狭义是指全部舱室及甲板专用于装载集装箱的全集装箱船舶。其运货能力通常以装载20ft换算标准箱的箱位表示。

第一艘集装箱船是美国于1957年用一艘货船改装而成的。由于它装卸效率极高，停港时间大为缩短，并减少了运输装卸中的货损，因而得到迅速发展。到20世纪70年代，集装箱船已经成熟定型。集装箱船的形状和结构跟杂货船明显不同，它外形狭长，单甲板，上甲板平直，货舱口大，其宽度可达船宽的70%~80%。甲板和货舱口盖上有系固绑缚设备，以便固定甲板上装载的集装箱，货舱内部装有固定的格栅导架，以便于集装箱的装卸和防止船舶摇摆时箱子移动。

集装箱船完全是一种新型的船。它没有内部甲板，机舱设在船尾，船体其实就是一座庞大的仓库，可达300米长，再用垂直导轨分为“小舱”。当集装箱下舱时，这些集装箱装置起着定位作用。当船在海上遇到恶劣天气时，它们又可以牢牢地固定住集装箱。因为集装箱都是金属制成，而且是密封的，里面的货物不会受雨水或海水的侵蚀。集装箱船一般停靠专用的货运码头，用码头上专门的大型吊车装卸，其效率可达每小时1000~2400吨，比普通杂货船高30~70倍，因此为现代船运业所普遍采用。近年来，美国、英国、日本等国进出口的杂货有70%~90%使用集装箱运输。

2. 集装箱船舶的种类

（1）按照装运集装箱情况可分为部分集装箱船、全集装箱船和可变换集装箱船三种

部分集装箱船是以船的中央部位作为集装箱的专用舱位，其他舱位仍装普通杂货。

全集装箱船指专门用以装运集装箱的船舶。它与一般杂货船不同，其货舱内有格栅式货架，装有垂直导轨，便于集装箱沿导轨放下，四角有格栅制约，可防倾倒。集装箱船的舱内可堆放3~9层集装箱，甲板上还可堆放3~4层。

可变换集装箱船的货舱内装载集装箱的结构为可拆装式的。因此，它既可装运集装箱，必要时也可装运普通杂货。集装箱船航速较快，大多数船舶本身没有起吊设备，需要依靠码头上的起吊设备进行装卸。这种集装箱船也称“吊上吊下船”。

（2）按照集装箱船的发展情况可分为第一、二、三、四、五、六代集装箱船

第一代集装箱船：出现于20世纪60年代，横穿太平洋、大西洋的17000~20000总吨集装箱船，可装载700~1000TEU。

第二代集装箱船：出现于20世纪70年代，40000~50000总吨集装箱船的集装箱装载数增加到1800~2000TEU，航速也由第一代的23节[②]提高到26~27节。

---

① 本部分主要引自“百度百科”。

② 1节=1海里/小时≈1.852公里/小时。

第三代集装箱船：1973 年石油危机以后出现，这代船的航速降低至 20~22 节，但由于增大了船体尺寸，提高了运输效率，使得集装箱的装载数达到了 3000TEU，因此第三代船是高效节能型船。

第四代集装箱船：出现于 20 世纪 80 年代后期，此时集装箱船的航速进一步提高，集装箱船大型化的限度则以能通过巴拿马运河为准绳，集装箱装载总数增加到 4400 个。由于采用了高强度钢，船舶重量减轻了 25%；大功率柴油机的研制大大降低了燃料费，又由于船舶自动化程度提高，减少了船员人数，集装箱船经济性进一步提高。

第五代集装箱船：作为第五代集装箱船的先锋，德国船厂建造的 5 艘 APLC-10 型集装箱可装载 4800TEU，这种集装箱船的船长/船宽比为 7~8，使船舶的复原力增大。

第六代集装箱船：1996 年春季竣工的 Rehina Maersk 号集装箱船，最多可装载 8000TEU，该型船已建造了 6 艘。随后，10000TEU 的超大型集装箱船首先在韩国问世，之后 10000TEU 以上的集装箱船在韩国、中国纷纷建造而成，标志着集装箱船也进入了万箱时代。

3. 集装箱船舶的优点

第一，可以节约装卸劳动力，减少运输费用。一般货船采用单件或小型组合件形式装运，费力又费时。集装箱船采用国际统一规格的集装箱运输货物，打破了一捆、一包单件装卸的传统形式，大大减轻了装卸工人的劳动强度，加快了装卸速度，减少了人工装卸费用。

第二，可以减少货物的损耗和损失，保证运输质量。这是因为货物在生产工厂里就被装进一只只集装箱，中途经公路、铁路、水上运输，均不开箱，可把货物直接运到用户手中。这样可减少货物在运输途中的损耗和遗失，还可节约包装费用。

第三，集装箱船装卸效率高。一艘集装箱船的货物装卸速度大约是相同吨位的普通货船的 3 倍左右，而大型高速集装箱船的装卸速度差不多是同吨位普通货船的 4~5 倍。使用集装箱船可减少船舶停靠码头时间，加快船舶周转，提高船舶、车辆及其他交通工具的利用率。

由于集装箱运输具有上述优点，所以集装箱船和集装箱运输得到迅速发展。同时，集装箱船的出现对港口、码头又提出了新的要求，于是出现了传送带、货架搬运车、铲车及各种形式的装卸机，还出现了专门停靠集装箱船的码头。集装箱船码头又长又宽，可停靠各种类型的集装箱船，码头上还有相当宽大的堆放集装箱的场地。

4. 我国集装箱船舶的发展

现代集装箱船正向着大型化、高速化、多用途方向发展。我国集装箱船研制虽然起步较晚，发展速度却很快。我国大力发展集装箱运输，光是上海港就开辟了 29 条国际集装箱班轮航线，集装箱月吞吐量超过 100 万标准箱，已经是世界上集装箱吞吐量最大的港口之一。上海生产的集装箱装卸机械也已经达到国际先进水平，在世界各大港口被广泛采用。近几年来，我国还出口集装箱船，在世界各大洋都可以见到我国建造的集装箱船的身影。

2018 年 6 月 12 日，由中国自主研制建造的世界最大级别集装箱船“宇宙号”在上海

正式交付。这是我国在高端船舶建造领域的新突破，也将进一步提升我国海上运输的能力。“宇宙号”总长400米，船宽58.6米，最大载重量19.8万吨，设计时速达到42公里，最多可装载21237个标准集装箱。投入使用后，“宇宙号”将主要运营亚洲到欧洲的航线。目前，运营这些航线的主要集装箱船可装载集装箱的数量在14000箱的水平。

（二）公路集装箱运输车辆

公路集装箱运输车辆包括集装箱牵引车和挂车，它们通常是根据集装箱的箱型、种类、规格尺寸和使用条件来确定的。

1. 集装箱牵引车（tractor）

集装箱牵引车，俗称“拖车”“拖头”，是指具有驱动能力且装备特殊装置用于牵引挂车的商用车辆。

基于不同的角度，集装箱牵引车有不同的分类。

（1）按其车轴的数量分，有单轴驱动至五轴驱动的牵引车。

（2）按其用途分，有箱货两用的、专用的、能自装自卸的牵引车。

（3）按挂车结构分，有骨架式、直梁平板式、阶梯梁鹅颈式的牵引车。

（4）按其司机室的形式，可分为平头式和长头式两种（如图1-2-2和图1-2-3所示）。平头式牵引车的优点是司机室短，视线好，且轴距和车身短，转弯半径小；缺点是发动机直接布置在司机座位下面，司机受到机械振动影响，舒适感较差。长头式（又叫“凸头式”）牵引车的发动机和前轮布置在司机室的前面，司机的舒适感较好，撞车时司机较为安全，且开启发动机罩检修发动机较为方便；主要缺点是司机室较长，回转半径较大。

图1-2-2 平头式牵引车

图1-2-3 长头式牵引车

由于各国对公路、桥梁和涵洞的尺寸有严格的规定，车身短的平头式牵引车应用日益广泛。

集装箱牵引车拖带挂车主要采用如下三种方式：

（1）半拖挂方式。它是用牵引车来拖带装载了集装箱的挂车。这类车型集装箱的重量由牵引车和挂车的车轴共同分担，故轴的压力小；由于后车轴承受了部分集装箱的重量，故能得到较大的驱动力；另外，这种拖挂车的全长较短，便于倒车和转向，安全可靠；挂车前端的底部装有支腿，便于甩挂运输。

（2）全拖挂方式。它是通过牵引杆架与挂车连接，牵引车本身可作为普通载重货车使用。挂车亦可用支腿单独支承。全挂车是仅次于半拖挂车的一种常用的拖带方式，操作比半拖车困难。

（3）双联拖挂方式。它是半拖挂方式牵引车后面再加上一个全挂车。实际上是牵引车拖带两节底盘车。在高速行进中，后面一节挂车会摆动前进，后退时操作性能不好，故目前应用不广泛。

2. 集装箱挂车

挂车是指无自带的动力装置，需要与牵引车组成汽车列车的车辆。

牵引车和挂车的连接方式有两种：第一种是挂车的前面一半搭在牵引车后段上面的牵引鞍座上，牵引车后桥（“桥”可以理解为轮胎轴，轴左右两边是轮胎）承受挂车的一部分重量，这就是半挂车（如图 1-2-4 所示）；第二种是挂车的前端连载牵引车的后端，牵引车只提供向前的拉力，拖着挂车走，但不承受挂车向下的重量，这就是全挂车（如图 1-2-5 所示）。

图 1-2-4　半挂车

图 1-2-5　全挂车

公路集装箱运输车辆通常采用单车形式或牵引车加半挂车的列车组合形式，半挂车分为平板式、框架式、鹅颈式、可伸缩式和自装自卸式等。

（1）平板式集装箱半挂车。这种半挂车除有两条承重的主梁外，还有多条横向支撑梁，并在这些支撑梁上全部铺上花纹钢板或木板，同时在装设集装箱固定装置的位置均按集装箱的尺寸和角件规格要求装设转锁件。因而它既能装运国际标准集装箱，又能装运一般的货物。在装运一般货物时，整个平台承受载荷。平板式集装箱半挂车由于自身质量比较大，承载面较大，因此只有在需要兼顾运输集装箱和一般长大件货物的场合才采用。

（2）框架式集装箱半挂车。这种半挂车专门用于运输集装箱，它仅由底盘框架构成，而且集装箱也作为强度构件加入半挂车的结构中。因此，其自身质量较轻，结构简单，维修方便，在专业集装箱运输企业中普遍采用。

（3）鹅颈式集装箱半挂车。这是一种专门运载 40ft 集装箱的骨架式半挂车。其车架前端拱起的部分被称为“鹅颈”。当半挂车装载 40ft 集装箱后，车架的鹅颈部分可插入集装箱底部的鹅颈槽内，从而降低了车辆的装载高度，在吊装时还可以起到导向作用。

（4）可伸缩式集装箱半挂车。这是一种柔性半挂车，它的车架分成三段。前段是一个带有鹅颈和支撑 20ft 箱的横梁，并有牵引销与牵引车连接，整个前段为一个框架的钢体。中段是一根方形钢管，一段插入前段的方形钢管中，另一段被后段的方形钢管插入，使前段和后段成为柔性连接。后段由两个框架组成，上框架与一方形管固定，后段方形管插入中段方形管后，与前段组成整个机架，支撑及锁紧装运的集装箱，并且通过不同的定位销确定车架不同的长度，可满足装运 20ft、30ft、40ft 和 45ft 各型集装箱的要求。下框架则通过悬挂弹簧与后桥连接，同时，上下框架之间可以前后移动，最大的移动距离为 4ft。通

过移动这一距离，可以调整车组各桥的负荷，使其不超过规定的数值，从而提高车辆的通行能力。

（5）自装自卸式集装箱半挂车。这种车辆按其装卸形式的不同可分为两类：一类是正面吊装型，它是从车辆的后面通过特制的滚道框架和由液压马达驱动的循环链条将集装箱拽拉到车辆上完成吊装作业的，卸下时则相反。另一类是侧面吊装型，它是从车辆的侧面通过可在车上横向移动的变幅式吊具将集装箱吊上吊下的。由于自装自卸集装箱车具有运输、装卸两种作业功能，因此在开展由港口车站至货主间的门到门运输时无须其他装卸机械的帮助，而且使用方便，装卸平稳可靠，又能与各种牵引车配套使用。除了装卸和运输集装箱，它还可以将大件货物放在货盘上进行运输和装卸作业，因此深受用户的重视。

（三）铁路集装箱专用车辆

基于不同的角度，铁路集装箱专用车辆有不同的分类。

1. 按车底板结构分类

（1）平板式集装箱车，也称“两用车”。这种车类似于普通平车，只是在集装箱的底角件的位置增设固定集装箱的紧固装置，通常为翻板式的锥形定位销。这种车辆通用性较强，既可以装载集装箱，也可以当成普通平车使用。

（2）骨架式集装箱车，也称“专用车”。其车底呈骨架式结构，专门用于装载各型集装箱，是装载集装箱经济安全的车型。

2. 按车底板长度分类

（1）40ft 集装箱专用车。它具有 2 个 TEU 箱位，可装载 1 个 13m（40ft）的集装箱或两个 6.6m（20ft）的集装箱，也可装载 4 个 3.3m（10ft）的集装箱，因而其适应面较广，能灵活使用。

（2）60ft 集装箱专用车。它具有 3 个 TEU 箱位，可装载 1 个 13m（40ft）的集装箱和 1 个 6.6m（20ft）的集装箱或 3 个 6.6m（20ft）的集装箱。这种长度的车辆也比较多。

（3）80ft 集装箱专用车。它具有 4 个 TEU 箱位，适合装载 2 个 13m（40ft）的集装箱，1961 年在美国最先使用。

（4）90ft 集装箱专用车。适合装载 2 个 14.8m（45ft）的集装箱，1968 年在美国最先使用。

（5）其他长度的集装箱专用车。为了适应各种非国际标准集装箱的装载，世界各国还制造了各种非标准长度的集装箱专用车，如欧洲国家的 15.7m（48ft）的集装箱专用车，德国的 20.6m（63ft）集装箱专用车，芬兰的 21.7m（66ft）集装箱专用车等。

3. 按组织形式分类

（1）编挂于定期集装箱直达列车的专用车辆。这类集装箱专用车结构比较简单，大部分采用骨架式，底架有旋锁加固装置，用以固定集装箱。由于这类车辆都以固定形式编组，定期往返于两个办理站之间，无须经过调车作业，因此车辆不必有缓冲装置，各种用于脱挂钩、编组的设施都可以简化。在美国，一般以开行双层集装箱快运班列为主，班列一般由 22~24 组（car）组成，每组可以由 1 节、3 节或 5 节平车（well）组成，从而形成单联车、三联车或五联车。除传统带底盘的皮车只能装 1 层集装箱外，每节车皮都能装

2层集装箱，但是20ft集装箱只能装载第1层。此外每组车皮上所配集装箱的卸货地点也必须相同。如美国南太平洋公司研制的双层集装箱专用车辆采用凹底平车，全长19.2m，可以放两个40ft的集装箱。在运营过程中，凹底平车之间不能分开，即每5节的组成是固定的，只能对车底进行摘/装，从而大大提高了装卸效率。

（2）随普通货物列车零星挂运的专用车辆。这类专用车辆需要编挂到普通货物列车中运行。由于要进行调车作业，因此必须要和普通铁路列车一样装有缓冲装置，结构比前一种专用车复杂。

六、集装箱运输的关系方

国际集装箱运输是一个有机的系统，这个系统需要货物买卖合同的卖方和买方、集装箱班轮公司、船舶代理人、货运代理人、无船承运人、集装箱码头公司、集装箱堆场、货运站、理货公司、口岸监管部门（海关、商检、卫检、动植物检、海事）以及银行、保险公司等共同参与和积极配合，才能保证集装箱运输工作的顺利开展。

（一）货主（Cargo Owner）

货主是指专门经营进出口货物业务的国际贸易商或有进出口权的公司以及企业，是货物买卖合同的当事人，即卖方和买方。他们为了履行货物买卖合同必须组织办理进出口货物的运输，是国际货物运输中的托运人（Shipper）或收货人（Consignee）。

货物买卖合同的条款中规定了买卖双方当事人的权利和义务。依据《国际贸易术语通则》，用于传统海运的常用价格术语有CIF、CFR、FOB。按照货物买卖合同要求，在以CIF和CFR价格条款成交时，卖方必须支付将货物运至指定的目的地港所需的运费和其他费用，这时卖方就以托运人的身份和承运人签订运输合同；在以FOB价格条款成交时，卖方在约定的装运港将货物交到买方指定的船上，这时买方就以托运人的身份与承运人签订运输合同。

（二）集装箱班轮公司

集装箱班轮公司是指使用自己拥有或者自己经营的集装箱船舶，提供国际港口之间集装箱班轮运输服务，并依据法律规定设立的集装箱船舶运输企业。集装箱班轮公司拥有自己的船期表、运价本、提单或其他运输单据。

集装箱班轮公司通常与托运人订立运输合同，是运输合同的承运人。根据各国的管理规定，班轮公司通常应有船舶直接挂靠该国的港口。

（三）船舶代理人

船舶代理人是指船舶代理公司，简称“船代”，是接受船舶所有人、船舶经营人或者船舶承租人的委托，为船舶所有人、船舶经营人或者船舶承租人的船舶及其所载货物或集装箱提供办理船舶进出港口手续、安排港口作业、接受订舱、代签提单、代收运费等服务，并依据法律规定设立的船舶运输辅助企业。由于国际船舶代理行业具有独特的性质，所以各国针对国际船舶代理行业大多制定了比较特别的条款。在我国，经营国际船舶代理业务应当向国务院交通主管部门提出申请，获得国际船舶代理经营资格登记证后才能经营

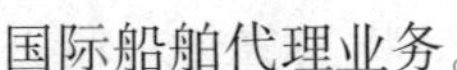

国际船舶代理业务。

（四）海上货运代理人

国际海上货运代理人简称“货代”，是指接受货主的委托，代表货主的利益，为货主办理有关国际海上货物运输相关事宜，并依据法律规定设立的提供国际海上货物运输代理服务的企业。

海上货运代理人除可以从货主那里获得代理服务报酬外，因其为班轮公司提供货载，所以还可以从班轮公司那里获得奖励，即通常所说的“佣金”。

（五）无船承运人

无船承运人（Non-vessel Operating Common Carrier，NVOCC），也称“无船公共承运人”，是指以承运人身份接受托运人的货载，签发自己的提单或者其他运输单证，向托运人收取运费，通过班轮运输公司完成国际海上货物运输，承担承运人责任，并依据法律规定设立的提供国际海上货物运输服务的企业。无船承运人可以与班轮公司订立协议运价，从中获得运费差额。但是，无船承运人不能从班轮公司那里获得佣金。

无船承运人具有双重身份。对货主（托运人或收货人）而言，他是承运人；而对班轮公司而言，他又是托运人。这时将无船承运人称为“承运人”，而将班轮公司称为“实际承运人”。

根据《中华人民共和国国际海运条例》的规定，国际货运代理企业在满足了市场准入条件后，可以向交通部登记申请在中国境内经营无船承运业务，成为无船承运人，但应当在中国境内依法设立企业法人，办理提单登记，并交纳保证金，并且要有自己的运价本。

（六）集装箱码头公司

集装箱码头是集装箱运输的枢纽，它向外延伸国际的远洋运输航线，向内连接国内的铁路、公路、水路等运输线路，是各种运输方式的换装点和集散地。集装箱码头是专供集装箱船舶停靠和集装箱装卸、堆存与分拨的港口作业场所。集装箱码头公司是负责集装箱码头建设和管理的专业公司。越来越多的公司致力于经营国际集装箱码头。目前，经营全球国际集装箱码头的公司类型主要有专业的码头经营公司、国有的码头经营机构、自行经营的航运公司三种。

（七）集装箱内地承运人与内陆场站经营人

集装箱内地承运人是指公路承运人、铁路承运人、沿海支线承运人和内河支线承运人以及内陆集装箱中转站、场站经营人等。

（八）口岸监管部门

口岸监管部门包括海关、商品检验机关、边境卫生检验机关、动植物检验机关、海事局和边防检查机关。

（九）集装箱进出口货运的服务部门

集装箱进出口货运的服务部门主要有理货公司、专业银行和保险公司。

（十）集装箱出租公司

这是集装箱所有人将空箱租给使用人的一项业务。集装箱租赁业务当事人包括租箱公司和租箱人。租箱公司即集装箱出租人，实际上就是出资购买租赁标的物的集装箱所有人。租箱人即集装箱承租人，是支付租金、享有租赁标的物使用权的人，一般是集装箱班轮公司或货主。出租方和承租方签订租赁合同，约定出租人提供合格的集装箱交由承租人在约定的范围内使用。集装箱租赁方式大致可分成期租、程租、灵活租赁三种方式。

七、集装箱运输适用的贸易术语

传统的国际远洋运输是港至港之间的货物运输，货物的交接是港至港的运输交接。与其相对应的适用港至港贸易交接的国际贸易价格术语是 FOB、CFR、CIF。

现代集装箱运输的最大优点之一是通过多种运输方式的联合运输组织实现了整箱货的门到门运输。在多式联运方式下，集装箱运输货物交接地点从港至港向两端国家的内陆延伸，而买卖双方的风险界限、责任、费用的划分等也发生了很大变化，于是出现了与集装箱多式联运相对应的常用的国际贸易价格术语 FCA、CPT、CIP。

（一）适用于传统海运的三种常用价格术语

1. FOB

FOB 是 free on board……（named port of shipment）的简称，意为装运港船上交货（指定装运港）成本价，又称为离岸价格。按离岸价进行的交易，买方负责派船接运货物，卖方应在合同规定的装运港和规定的期限内将货物装上买方指定的船只，并及时通知买方。货物在装运港被装上指定船时，风险即由卖方转移至买方。

卖方责任：

（1）负责在合同规定的装运期限内，按照该港惯常的装船方式，在指定的装运港将合同规定的货物交至买方指定的船上，并将详细情况通知买方。

（2）承担货物在装上买方指定的船只之前的一切费用和风险（《2010 年国际贸易术语解释通则》不再以“越过船舷”为界）。

（3）负责办理出口清关手续，取得出口许可证及其他必需的出口官方证件。

（4）负责提供商业发票及货物已装船的货运单据、单证（如买卖双方有约定，这些单据、单证可以是具有同等效力的电子化单据、单证）。

买方责任：

（1）负责租船订舱，支付运费，并将船期、船名及时通知卖方。

（2）负责办理保险，支付保险费。

（3）负责办理进口手续，取得进口许可证或其他官方许可，并办理进口以及必要时经由另一国过境运输的一切海关手续。

（4）承担货物在装运港装上指定船只之后的一切费用和风险。

（5）接收按合同规定交付的货物，接受有关单据、单证。

（6）负责按合同规定支付货物价款。

按 FOB 条件成交时，卖方要负责支付货物装上船之前的一切费用。但各国对于“装船”的概念没有统一的解释，有关装船的各项费用由谁负担，各国的惯例或习惯做法也不完全一致。如果采用班轮运输，船方管装管卸，装卸费计入班轮运费之中，自然由负责租船的买方承担；而采用程租船运输，船方一般不负担装卸费用，这就必须明确装船的各项费用应由谁负担。为了说明装船费用的负担问题，双方往往在 FOB 术语后加列附加条件，这就形成了 FOB 的变形。主要包括以下几种：

（1）FOB Liner Terms（FOB 班轮条件）

这一变形是指装船费用按照班轮运输的做法处理，即由船方或买方承担。卖方只负责将货物交到码头，不负担装船的有关费用，而是由船方负责装船和理舱，装船费、理舱费记入班轮运费。

（2）FOB Under Tackle（FOB 吊钩下交货）

在承租船运输方式下，船方不负担装船的有关费用，卖方只负责将货物交到买方指定船只的吊钩所及之处，而吊装入舱以及其他各项费用概由买方负担。

（3）FOB Stowed（FOB 理舱费在内）

在承租船运输方式下，卖方负责将货物装入船舱并承担包括理舱费在内的装船费用。理舱费是指货物入舱后进行安置和整理的费用。

（4）FOB Trimmed（FOB 平舱费在内）

这是指卖方负责将货物装入船舱并承担包括平舱费在内的装船费用。平舱费是指对装入船舱的散装货物进行平整所需的费用。

（5）FOB Stowed and Trimmed（FOB 理舱费和平舱费在内）

这是指卖方负责将货物装入船舱并承担包括理舱费和平舱费在内的各项装船费用。简单地说，即包括装船以前的所有费用，只是没有海运费。

FOB 的上述变形，只是为了表明装船费用由谁负担而产生的，并不改变 FOB 的交货地点以及风险划分的界限。

2. CFR

CFR 是 cost and freight……（named port of destination）的缩写，意为装运港船上交货成本加运费价（指定目的港）。在 CFR 术语下，卖方需在装运港船上交货，并支付将货物运至指定目的地港所需的费用。但货物的风险是在装运港船上交货时转移。

卖方责任：

（1）签订从指定装运港承运货物运往指定目的港的运输合同；在买卖合同规定的时间和港口，将货物装上船并支付至目的港的运费；装船后及时通知买方。

（2）承担货物在装运港装上指定船只前的一切费用和风险。

（3）负责办理货物的出口手续，取得出口许可证或其他官方批准的证件。

（4）负责向买方提供商业发票和货物运往目的港的已装船的货运单据、单证。如买卖双方约定采用电子通信，则所有单据均可被同等效力的电子数据交换（EDI）信息所代替。

（5）负责办理租船或订舱、交付至目的港的正常运费。

买方责任：

（1）负责办理保险，支付保险费。

（2）取得进口许可证或其他官方批准的证件，办理货物进口以及必要时经由另一国过境的一切海关手续，并支付有关费用及过境费。

（3）承担货物在装运港装上指定船只以后的一切风险。

（4）接受卖方提供的有关单据，受领货物，并按合同规定支付货款。

（5）支付除通常运费以外的有关货物在运输途中所产生的各项费用以及包括驳运费和码头费在内的卸货费。

按 CFR 价格术语成交，卖方负责租船、订舱，将合同规定的货物交至运往目的港的船上并支付运费。但在采用承租船运输的情况下，货物运到目的港后，由谁负担卸货费的问题并无统一解释，买卖双方应在合同中订明。为了明确责任，可在 CFR 术语后加列表明卸货费由谁负担的具体条件：

（1）CFR Liner Terms（CFR 班轮条件）。这是指卸货费按班轮办法处理，即卸货费用已包括在运费之中，由卖方负责，买方不予负担。

（2）CFR Landed（CFR 卸到岸上）。这是指由卖方负担货物卸到岸上为止的卸货费用，其中包括驳船费与码头费在内（这一条我国不采用）。

（3）CFR Ex Tackle（CFR 吊钩下交货）。这是指卖方负责将货物从船舱吊起卸到船舶吊钩所及之处（码头上或驳船上）的费用。在船舶不能靠岸的情况下，租用驳船的费用和货物从驳船卸到岸上的费用，概由买方负担。

（4）CFR Ex Ship's Hold（CFR 舱底交货）。这是指货物运到目的港后，由买方自行启舱，并负担货物从舱底卸到码头的费用。

CFR 术语的附加条件只是为了明确卸货费由何方负担，其交货地点和风险划分的界线并无任何改变。《2010 年国际贸易术语解释通则》对术语后加列的附加条件不提供公认的解释，建议买卖双方通过合同条款加以规定。

3. CIF

CIF 是 cost insurance and freight……（named port of destination）的缩写，意为成本加运费加保险费价（指定目的港），又称为到岸价格。按此术语成交，货价的构成因素中包括从装运港至约定目的地港的通常运费和约定的保险费，故卖方除具有与 CFR 术语相同的义务外，还要为买方办理货运保险，支付保险费。按一般国际贸易惯例，卖方投保的保险金额应按 CIF 价加成 10%。如买卖双方未约定具体险别，则卖方只需取得最低的保险险别；如买方要求加保战争险，在保险费由买方负担的前提下，卖方应予加保。卖方投保时，如能办到，必须以合同货币投保。

卖方责任：

（1）必须在合同规定的期限内，在指定的装运港将货物交至运往目的港的船上，并及时通知买方。

（2）承担货物在装运港装上指定船只前的一切风险和费用。

（3）取得任何出口许可证或其他官方许可，并在需要办理海关手续时，办理货物出口所需的一切海关手续。

（4）负责向买方提供商业发票和货物运往目的港的已装船的货运单据、单证。如买卖双方约定采用电子通信，则所有单据均可被同等效力的电子数据交换（EDI）信息所代替。

（5）负责租船订舱，并支付运费。

（6）负责办理保险，支付保险费。

买方责任：

（1）负责办理进口手续，取得进口许可证或其他官方许可。

（2）承担货物在装运港装船之后的一切费用和风险。

（3）接受按合同规定交付的货物，接受有关单据、单证。

（4）必须按照销售合同规定支付货物价款。

与 CFR 术语一样，按 CIF 价格成交，卖方负责租船订舱；将合同规定的货物运到指定目的港的船上并支付运费。为解决在采用租船运输情况下卸货费用由谁负担的问题，也产生了 CIF 的变形。

（1）CIF Liner Terms（CIF 班轮条件）。这一变形是指卸货费按班轮做法办理，即卸货费用包含在运费之中，由卖方负担，买方不予负担。

（2）CIF Landed（CIF 卸至码头）。这一变形是指由卖方承担卸货费，包括可能涉及的驳船费与码头费在内（这一条我国不适用）。

（3）CIF Ex Tackle（CIF 吊钩下交接）。这一变形是指卖方负责将货物从船舱吊起一直卸到吊钩所及之处（码头上或驳船上）的费用，船舶不能靠岸时，驳船费用由买方负担。

（4）CIF Ex Ship's Hold（CIF 舱底交接）。按此条件成交，货到目的港在船上办理交接后，由买方自行启舱，并负担货物由舱底卸至码头的费用。

在 CIF 变形条件下，交货点仍然是装运港船上，风险转移的界限仍旧是装运港指定船只上。

各贸易术语下买卖双方的责任与风险划分如表 1-2-1 所示。

表 1-2-1　各贸易术语下买卖双方责任与风险划分

贸易术语	交货地点	风险转移界限	出口报关责任、费用负担	进口报关责任、费用负担	适用运输方式
EXW	卖方的工厂仓库	买方处置货物后	买方	买方	任何方式
FCA	出口国指定的交货地点	货交承运人	卖方	买方	任何方式
FAS	出口国装运港指定的船边	货交船边后	卖方	买方	海上运输
FOB	出口国装运港指定的船上	货交船上	卖方	买方	海上运输
CFR	出口国装运港指定的船上	货交船上	卖方	买方	海上运输
CIF	出口国装运港指定的船上	货交船上	卖方	买方	海上运输
CPT	出口国某一地点	货交承运人	卖方	买方	任何方式
CIP	出口国某一地点	货交承运人	卖方	买方	任何方式
DAF	两国边境指定地点	买方处置货物后	卖方	买方	任何方式
DES	目的港指定的船上	买方收货后	卖方	买方	海上运输

续表

贸易术语	交货地点	风险转移界限	出口报关责任、费用负担	进口报关责任、费用负担	适用运输方式
DEQ	目的港码头	买方在码头收货后	卖方	买方	海上运输
DDU	进口国国内指定地点	买方在指定地点收货后	卖方	买方	任何方式
DDP	进口国国内指定地点	买方在指定地点收货后	卖方	卖方	任何方式

（二）适用于国际多式联运的三种常用价格术语

1. FCA

FCA是free carrier……（named place）的缩写，意为货交承运人价（指定地点）。卖方只要将货物在指定的地点交给买方指定的承运人，并办理了出口清关手续，即完成交货。需要说明的是，交货地点的选择对于在该地点装货和卸货的义务会产生影响。若卖方在其所在地交货，则卖方应负责装货；若卖方在任何其他地点交货，卖方不负责装货。若买方指定承运人以外的人领取货物，则当卖方将货物交给此人时，即视为已履行了交货义务。

该术语可用于各种运输方式，包括多式联运。“承运人”指在运输合同中，承诺通过铁路、公路、空运、海运、内河运输或上述运输的联合方式履行运输或由他人履行运输业务的任何人。

卖方责任：

（1）在指定的地点或其他收货地点，按约定的交货日期或期限内以约定的方式或该指定地点习惯的方式，将货物交由买方指定的承运人或其他人（多式联运情况下，货物交给第一承运人）。

（2）取得任何出口许可证或其他官方许可，办理货物出口所需要的一切海关手续。

（3）提供符合销售合同规定的商业发票以及已交给承运人的货运单证（或有同等作用的电子信息）。

（4）承担货物交给承运人以前的一切与运输、保险相关的费用和风险。

买方责任：

（1）订立从指定地点承运货物的合同，支付有关运费，并将承运人名称、交通运输工具、交货的时间和地点及时通知卖方。

（2）负责办理全程运输保险并支付保险费。

（3）取得任何进口许可证或其他官方许可，并办理货物进口和从他国过境的一切海关手续。

（4）承担货交承运人之后与运输、保险有关的一切责任、费用和风险。

（5）接受按合同规定交付的货物，受领交货凭证或相等的电子信息，并按合同规定支付货款。

2. CPT

CPT是carriage paid to……（named place of destination）的缩写，意为运费付至……

(指定目的地)，是指卖方向其指定的承运人交货（货交承运人)，但卖方还必须支付将货物运至目的地的运费。买方承担交货之后一切风险和其他费用。

CPT 术语下，交货地点是出口国的内地或港口，并要求卖方办理出口清关手续。该术语同样适用于各种运输方式，包括多式联运，其风险转移的界限是货物交给承运人时。这里的“承运人”是指在运输合同中，承诺通过铁路、公路、空运、海运、内河运输或上述运输的联合方式履行运输或由他人履行运输业务的任何人。

卖方责任：

(1) 负责与承运人订立全程运输合同，支付全程运输费用，并在货物交给承运人或其他人接管之后向买方发出已交货的详尽通知。

(2) 在规定的时间、地点，把货物交给承运人（如还有接运的承运人时，则向第一承运人交货)。

(3) 取得出口许可证和其他官方核准文件，并办理出口清关手续。

(4) 向买方提供商业发票以及运输合同所涉的通常运输单据（如可转让提单、不可转让海运单、内河运输单据、空运货运单、铁路运单、公路运单或多式联运单据)。如买卖双方约定使用电子方式通信，则上述单据可以由具有同等效力的电子数据交换（EDI）信息代替。

(5) 承担货交承运人之前的一切风险和费用，包括根据运输合同规定由卖方支付的装货费和在目的地的卸货费，货物出口时需要办理的海关手续费用及出口时应交纳的一切关税、税款和其他费用，以及根据运输合同规定由卖方支付的货物从他国过境的费用。

(6) 提供符合其安排的运输所要求的包装（除非按照相关行业惯例该合同所描述货物无须包装发运)，包装应作适当标记。

买方责任：

(1) 负责办理保险，支付全程保险费。

(2) 负责办理进口手续，取得进口许可证或其他核准证书。

(3) 在指定的目的地从承运人处收受货物，接受有关单证。

(4) 承担货物交给承运人之后的一切风险，并负担货交承运人之后除运费以外的一切费用，包括到达目的地的卸货费和货物进口应交纳的一切关税、税款和其他费用。

(5) 必须按照销售合同规定支付价款。

3. CIP

CIP 是 carriage and insurance paid to……（named place of destination）的缩写，意为运费及保险费付至指定目的地价。CIP 是指卖方向其指定的承运人交货，期间卖方必须支付将货物运至目的地的运费，并办理货物在运输途中灭失或损坏风险的保险，亦即买方承担卖方交货之后的一切风险和额外费用。

CIP 术语下，交货地点是出口国的内地或港口，要求卖方办理出口清关手续。该术语同样适用于各种运输方式，包括多式联运，其风险转移的界限是货物交给承运人时。这里的“承运人”是指在运输合同中，承诺通过铁路、公路、空运、海运、内河运输或上述运输的联合方式履行运输或由他人履行运输业务的任何人。

卖方责任：

（1）负责与承运人签订全程运输合同，并支付全程运费。

（2）在合同规定的时间、地点，将符合合同规定的货物交与承运人，并及时通知买方。

（3）负责办理全程货运保险，支付保险费，并向买方提供保险单或其他保险证据，以便货损时买方或任何其他对货物具有保险利益的人有权直接向保险人索赔。

（4）取得出口许可证或其他官方许可，办理货物出口所需的一切海关手续。

（5）提供符合销售合同规定的货物和商业发票或有同等作用的电子信息，以及合同可能要求的、证明货物符合合同规定的其他任何凭证。

（6）承担货物交给承运人以前的一切费用和风险。

买方责任：

（1）取得进口许可证或其他官方证件，办理货物进口和经由他国过境的一切海关手续，并支付有关费用及过境费。

（2）承担货物交给承运人之后所发生的一切风险，并负担除运费、保险费以外的一切费用，包括到达目的地的卸货费和货物进口应交纳的一切关税、税款和其他费用。

（3）根据买卖合同的规定受领货物，接受有关单证。

（4）负责按合同规定支付货物的价款。

（三）FCA、CPT、CIP 与 FOB、CFR、CIF 的比较

FCA、CPT 和 CIP 三种术语与 FOB、CFR 和 CIF 三种术语的买卖双方责任划分的基本原则是相同的，但又有不同（如表 1-2-2 所示）。主要表现在以下几方面：

1. 适用的运输方式不同

FOB、CFR、CIF 三种术语仅适用于海运和内河运输，其承运人一般只限于船公司；而 FCA、CPT、CIP 三种术语适用各种运输方式，包括多式联运，其承运人可以是船公司、铁路局、航空公司，也可以是安排多式联运的联合运输经营人。

2. 交货和风险转移的地点不同

FOB、CFR、CIF 的交货地点均为装运港船上，风险均以在装运港货物装上指定船只后从卖方转移至买方。而 FCA、CPT、CIP 的交货地点须视不同的运输方式和不同的约定而定，它可以是在卖方处所由承运人提供的运输工具上，也可以是在铁路、公路、航空、内河、海洋运输承运人或多式联运承运人的运输站或其他收货点。至于货物灭失或损坏的风险，则于卖方将货物交由承运人保管时，即自卖方转移至买方。

3. 装卸费用负担不同

按 FOB、CFR、CIF 术语，卖方承担货物在装运港装上指定船只为止的一切费用。但由于货物装船是一个连续作业，各港口的习惯做法又不尽一致，所以，在使用程租船运输的 FOB 合同中，应明确装船费由何方负担，在 CFR 和 CIF 合同中，则应明确卸货费由何方负担。而在 FCA、CPT、CIP 术语下，如涉及海洋运输，并使用程租船装运，卖方将货物交给承运人时所支付的运费（CPT、CIP 术语），或由买方支付的运费（FCA 术语），已包含了承运人接管货物后在装运港的装船费和目的港的卸货费。这样，在 FCA 合同中的

装货费的负担和在CPT、CIP合同中的卸货费的负担问题均已明确。

4. 运输单据不同

在FOB、CFR、CIF术语下，卖方一般应向买方提交已装船清洁提单。而在FCA、CPT、CIP术语下，卖方提交的运输单则视不同的运输方式而定。如在海运和内河运输方式下，卖方应提供可转让的提单，有时也可提供不可转让的海运单和内河运单；如在铁路、公路、航空运输或多式联运方式下，则应分别提供铁路运单、公路运单、航空运单或多式联运单据。

5. 适用的保险险别不同

对于FOB、CFR、CIF，买方或卖方投保的货物运输险别主要是海运险别，如平安险、水渍险、一切险、一般附加险、特殊附加险、特别附加险等，其承保的责任区段也仅仅为港到港之间的海洋运输段。而在FCA、CPT、CIP下，由于承运人的责任区段是门到门或站到站等，所以买方或卖方投保的货物运输险不仅涉及海运，还涉及公路运输、铁路运输、国内水运等运输方式。运输险别除了海洋运输险别外，还要承保内陆的铁路运输险别或公路运输险别或国内水路运输险别等。

表1-2-2　　FOB、CFR、CIF与FCA、CPT、CIP的比较

比较项目	FOB、CFR、CIF	FCA、CPT、CIP
负担出口手续的风险和费用	卖方	卖方
负担进口手续的风险和费用	买方	买方
达成的贸易术语下的合同性质	装运合同	装运合同
适合的运输方式	海运及内河运输	任何运输方式（包括海运）
交货地点	装运港	出口国内地或港口
风险划分点	货物越过装运港船舷时	货交承运人处置时
装卸费用的划分	租船时，买卖合同应明确	按班轮条件办理
货运单据	海运单据或内河运单	视运输方式而定

八、集装箱运输与现代物流

集装箱运输作为一种先进的运输组织和管理形式，已经被国内外广泛采用。现代化的集装箱运输热潮已遍及全球，各国都把集装箱运输的普及和发展看作本国货物运输现代化进程的标志。集装箱多式联运是集装箱运输的高级发展阶段，代表着集装箱运输发展的方向。近年来，世界经济全球化和区域经济一体化的发展，特别是跨国公司的崛起，使国际贸易日趋频繁，极大地推动了集装箱多式联运和现代物流的发展。现代物流的发展与集装箱多式联运的发展是密不可分的。从某种程度上说，现代物流是在集装箱多式联运的基础上向前发展而产生的，现代物流的实质是以集装箱多式联运为核心，并与储存、装卸、搬运、包装、流通加工、配送和货物信息跟踪等环节形成有机的整体。以集装箱运输为基础的多式联运，在现代物流中已越来越呈现其独特的优势，并且发挥着更大的作用。

（一）集装箱多式联运与现代物流的关系

考察集装箱多式联运与现代物流的构成要素和特点可以发现，在硬件要求上，集装箱多式联运与现代物流基本是相同的。如两者都需要有完善的运输网络、设施，需要通过多种运输方式的配合实现商品的位移，需要有配套的仓储条件、商品检验、信息系统的支持实现货物的通畅流动等。

但二者之间存在理念上的重大差异。集装箱多式联运作为一种单纯的运输组织形式，其主要目的是为客户提供高质量、低成本的运输服务，其“门—门”的服务仅限于运输过程，除了提供安全、便捷、快速、低廉的运输服务外，不存在任何增值服务；而现代物流则以全程服务为目标，考虑包括运输在内的物流各个环节的成本与质量，并注重在物流过程中提供便捷、低廉、高效的增值服务。

近年来，随着国际航运市场的激烈竞争，集装箱多式联运如果仅仅着眼于“一票到底”的运输过程，将不能满足客户的要求。因此，全方位的现代物流将成为集装箱多式联运发展的必然趋势，给集装箱多式联运带来新的变革。为了发展现代物流业，国家在物流节点的建设、集疏运通道建设、物流企业的培育等方面都作出了规划，而这些规划几乎都与集装箱多式联运系统有关。不仅政府大力推动现代物流的发展，一些大型交通运输企业也开始自觉地拓展现代物流的服务功能。

（二）集装箱多式联运与现代物流一体化发展的可能性

集装箱多式联运与现代物流的一体化发展是我国集装箱运输日益融入世界航运市场的要求，现实的发展也为此创造了可能。

集装箱多式联运节点具有发展成为现代物流节点的先发优势。自 20 世纪 80 年代以来，我国为集装箱多式联运制定了“三主一支持”（即公路主骨架、水运主通道、港站主枢纽和支持保障系统）的长远发展规划。现代物流需要能够提供增值服务的节点，而在发展集装箱多式联运过程中，由于一票到底、分货、集货的需要，我国已经发展了若干具有一定水平的硬件设施和软件服务的节点，包括公路、铁路和港口节点。至 2017 年，我国已拥有 600 多座公路国际集装箱中转站和千余个集装箱货运站，主要配置在公路交通枢纽和 70 余条公路主干线沿线上：铁路国际集装箱办理站 1600 多座，分布在全国 18 个铁路局；各类口岸 600 多个，其中国家一类口岸 250 多个，二类口岸 350 多个，初步形成了多层次、多功能、水陆空立体交叉的新格局。这些集装箱多式联运的节点具有发展成为现代物流节点的先发优势，而理念的接受与渗透是实现集装箱多式联运与现代物流一体化发展的前提。

集装箱多式联运中覆盖全国的交通网络成为发展现代物流的集疏运体系保障。20 世纪 80 年代后期，在发展集装箱多式联运的过程中，中央把发展交通运输放在突出位置，对交通基础设施投入了大量资金。特别是 90 年代以来，水陆空的集疏运基础设施已形成一定规模，为发展现代物流搭建了具有一定基础的平台。畅通的集疏运系统是发展现代物流的保障，而集装箱多式联运中覆盖全国的交通网络能满足现代物流对集疏运体系的要求。从现代物流的发展要求看，实现多式联运中不同集疏运体系间的网络化运营是当务之急。

集装箱多式联运经营人具备转型为现代物流经营人的有利条件。我国目前的多式联运

经营人按性质来分，主要包括：中国外运集团及其控股或合营的企业；船公司、航空公司、铁路公司等部门设立的货代企业；专业化的国际货运有限公司或货代公司；中外合资货代公司等几种类型。我国货运代理企业迅速成长，截至 2019 年年底，经外经贸部批准的国际货代企业已达 8000 多家，使货运代理成为具备一定规模的行业。

集装箱多式联运的信息化建设为发展现代物流信息系统打下了良好的基础。我国集装箱多式联运的信息化建设在 1997 年年末建成集装箱运输 EDI 示范工程后获得蓬勃发展。目前，我国已经建立了“国际集装箱运输电子信息传输和运作系统及示范工程”，这是与国际接轨的集装箱运输 EDI 标准体系。我国大部分港口的 EDI 网络可覆盖当地各船公司(或其船舶代理)、货运代理、集疏运场站、监管部门、港口码头以及外轮理货等单位，是一个以港口 EDI 服务中心为中心的准星形结构的开放网络，并与当地其他行业的 EDI 网络互联。现代物流是信息化的产物，信息化是发展现代物流的技术保障。我国集装箱多式联运信息化建设取得的上述成就为发展现代物流的信息系统奠定了良好的基础。

在推动集装箱多式联运与现代物流的一体化发展中，港口尤其是像上海港、深圳港这样的集装箱枢纽港发挥着不可替代的作用。这是因为集装箱枢纽港既是集装箱多式联运的重要节点，又是多式联运集疏运网络的枢纽，同时其信息化建设水平在我国处于领先地位，这些都促使集装箱枢纽港成为融合集装箱多式联运与现代物流的有效载体，这也是 21 世纪集装箱枢纽港的发展方向。

任务三　集装箱货物装载相关知识

一、集装箱货物

（一）集装箱货物的定义

所谓集装箱货物，是指以集装箱为单元积载并投入运输的货物。虽然集装箱运输的出现改变了传统件杂货运输的货运单位，有效克服了传统方式所存在的诸多缺陷，但这并不意味着所有的货物都可以成为集装箱货物。适宜用集装箱装运的货物具有两个基本特点：一是能较好地利用集装箱的载货能力（重量和容积）；二是价格较高。但实际上集装箱货物是多种多样的。

（二）集装箱货物的分类

集装箱货物的分类方法有四种：按货物性质分类、按包装形式分类、按适箱程度分类、按货运形态分类。

1. 按货物性质分类

集装箱货物按货物性质可分为普通货物和特殊货物。

（1）普通货物

普通货物也称为“件杂货”或“杂货”，即按货物性质不需要特殊方法保管和装卸的货物。其特点是货物批量不大，品种较多。包括各种轻工业品、车床、纺织机械、衣服类货物等。普通货物可以进一步细分为以下三类：

①敏感性普通货物。凡具有怕潮、怕异味、怕热、怕掺入杂质、怕被污染、易碎等性质，对外界某种因素敏感的普通货物，均称为“敏感性普通货物”。在这类货物中，对潮湿敏感的有茶叶等；对异味敏感的有茶叶、食糖、烟叶等；对外界热量敏感的有盐汁肠衣、糖果、松香等；对掺入杂质敏感的有滑石粉（供制造化妆品用）、焦宝石、镁砂等；对污染敏感的有生丝、毛线、棉织品等；对外界压力或冲击力敏感的有玻璃制品、陶制品、石棉瓦等。

②感染性普通货物。凡具有潮湿、气味、扬尘、污染、自热等性质，对其他货物或货舱易于产生某种感染的普通货物，均称为“感染性普通货物”，也称为“污染货物”。在这类货物中，具有潮湿感染性的有大米、山芋渣、许多矿石等；具有气味感染性的有生皮、猪鬃、辣椒干、香料等；具有扬尘感染性的有水泥、炭黑、颜料等；具有污染感染性的有沥青、橡胶、五金（内部涂有防锈油遇热易渗出）等。

③一般普通货物。凡性质上对装卸、运输和保管条件无特殊要求，不属于上述敏感性或感染性的其他普通货物，均属于一般普通货物，如纺织品、棉、麻、纤维制品、橡胶制品、玩具等。

（2）特殊货物

特殊货物是指在货物形态上具有特殊性，运输时需要用特殊集装箱转载的货物。包括超高、超长、超宽、超重货物以及液体或者气体货物、散件货、散货、动植物检疫货、冷藏货、贵重货物、易腐货物等。

①超尺度和超重货物（Over Size Cargo & Heavy Cargo）：这两类货物是指尺度超过了国际标准集装箱的尺寸而装不下的货物或单件超过了国际标准集装箱的最大载重量的货物，如动力电缆、大型机械设备等。

②冷藏货物（Refrigerating Cargo）：指需要保持在常温以下进行运输的货物，如肉类食品、鸡蛋、水果、蔬菜、奶类制品等。

③液体、气体货物（Liquid & Gas Bulk Cargo）：指无包装、需装在容器内进行运输的散装液体或气体货物，如酒精、酱油、葡萄糖、食用油、胶乳、天然气、液化气等。

④干散货物（Bulk Cargo）：指散装在舱内无包装货物，包括盐、谷物、麦芽、树脂、黏土等。

⑤活动植物（Live Stock &Plants）：指需提供维持正常生命活动的环境的货物，如鸡、猪、羊、牛、马等家禽家畜以及花卉、树苗、苗木等。

⑥危险货物（Dangerous Cargo）：指具有易燃、易爆、毒害、腐蚀和放射性危害而需要安全防护的货物。危险货物分为 9 类：第 1 类，爆炸品；第 2 类，压缩气体和液化气体；第 3 类，易燃液体；第 4 类，易燃固体、自燃物品和遇湿易燃物品；第 5 类，氧化剂和有机过氧化物；第 6 类，毒害拼合感染性物品；第 7 类，放射性物品；第 8 类，服饰品；第 9 类，杂类。

⑦贵重货物（Valuable Cargo）：指单件货物价格比较昂贵的货物，如精密仪器、家用

电器、手工艺品、珠宝首饰、出土文物等。

2. 按货物的包装形式分类

按货物的包装形式可分为箱装货、波纹纸板箱货、捆包货、袋装货、鼓桶类货、滚筒货和卷盘货、托盘货等。

（1）箱装货

箱装货主要是指木箱装载货物，其尺寸大小不一，从 50 千克以下的包装货物到几吨重的大型机械木箱均为箱装货。通常采用木板箱、板条箱、钢丝板条箱。通常装载的货物主要有玻璃制品、电气制品、瓷器制品等。

（2）波纹纸板箱货

波纹纸板箱货一般用于包装比较精细的和比较轻的货物，包括水果类、酒类、办公用品、工艺品、玩具等。

（3）捆包货

捆包货一般指根据货物的品种形态需要捆包的货物，包括纤维制品、羊毛、棉花、棉布、纺织品、纸张等。

（4）袋装货

袋装货是指装在纸袋、塑料袋、布袋、麻袋内的货物。用纸袋装载的货物有水泥、砂糖；用塑料袋装载的货物有肥料、化学药品、可可、奶粉等；用麻袋装载的货物有粮食；用布袋装载的一般为粉状货物。

（5）鼓桶类货

鼓桶类货是指货物的包装外形是圆形或者鼓形的，包括油类、液体和粉末化学制品、酒精、糖浆等。按包装材质可分为铁桶、木桶、纸板桶等。

（6）滚筒货和卷盘货

它们是按货物本身形态划分的，如塑料薄膜、钢瓶属于滚筒货；电缆、卷纸、卷钢、钢丝绳属于卷盘货。

（7）托盘货

托盘货是指货物本身需装在托盘上的货物。

3. 按适箱程度分类

根据货物是否适于集装箱运输，一般把各类货物分为四个类别：

（1）最适合装箱货物：多指货价高、运费也较高的商品。由于其外包装形状、尺度及重量等属性，这类货物可以有效地装载于集装箱内进行运输。如针织品、服装、酒、医药品、各种小型电器、光学仪器、家电产品、小五金等。

（2）适合装箱货物：这类货物的货价相对不高，运费也相对不高，但是从其运价的承受能力和其性质特点来看是适合集装箱运输的货物。如纸浆、电线、袋装面粉等价值并不高的货物，或者如生皮、炭精等易成为赔偿对象的货物。

（3）临界装箱货物：这类货物一般可用集装箱装载，但由于其本身价值和运价都比较低，使用集装箱在物理性质和形态上是可行的，但不够经济，所以这类货物可以用集装箱运输，也可以不使用集装箱。

(4) 不适合装箱货物：这类货物由于其本身属性和经济上的原因，一般不能用集装箱运输，如旧钢铁、大型卡车、桥梁、铁塔、发电机、矿砂、砖瓦等。这些货物中有一部分如采用专用运输设备和工具来运输更为合适。

4. 按货运形态分类

在集装箱货物运输中，按货流组织不同的形态可把集装箱货物分为整箱货和拼箱货两种。

(1) 整箱货（Full Container Load，FCL）是指货方自行将货物装满整箱以后，以箱为单位托运的集装箱货物。在货主有足够货源装载一个或数个整箱时通常采用这种方式；除一些大的货主自己置备有集装箱外，一般都是向承运人或集装箱租赁公司租用一定的集装箱。空箱运到工厂或仓库后，在海关人员的监管下，货主把货装入箱内并加锁、铅封后交承运人且取得站场收据，最后凭收据换取提单或运单。

(2) 拼箱货（Less Than Container Load，LCL）是指承运人（或代理人）接受货主托运的数量不足整箱的小票货物后，根据货类性质和目的地进行分类整理，把去同一目的地的货集中到一定数量后拼装入箱。由于一个箱内有不同货主的货拼装在一起，所以叫拼箱货。这种情况在货主托运数量不足以装满整箱时采用。拼箱货的分类、整理、集中、装箱（拆箱）、交货等工作均在承运人码头集装箱货运站或内陆集装箱转运站进行。

二、集装箱货流

（一）集装箱货流的基本形态

集装箱货流按货物在运输过程中的运量多少，可分为拼箱货流和整箱货流两种基本形态。

1. 拼箱货流

典型的拼箱货物运输，是先用卡车把货物从货主处装运到港（站）内的集装箱货运站进行拼箱，拼箱后将集装箱堆放在堆场上，交由集装箱船装船运输。船舶到达目的港后，卸下集装箱，并通过陆运工具将货物先运到港内货运站拆箱，再用卡车把货物运送给收货人。典型的拼箱货运输的全过程如图 1-3-1 所示。

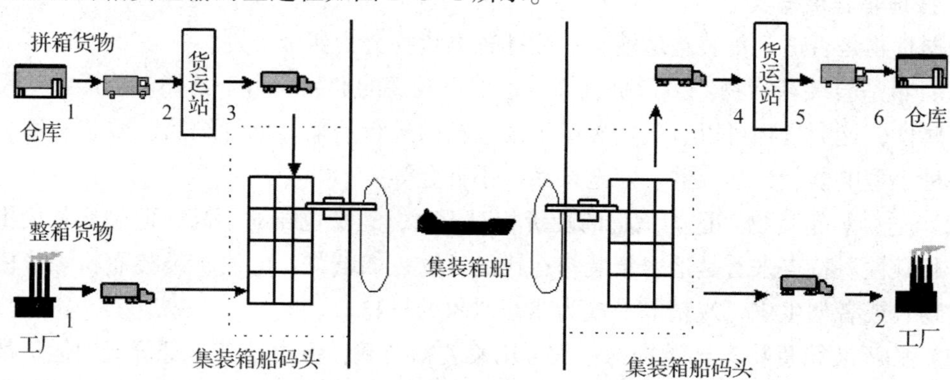

图 1-3-1　集装箱运输货流过程示意图

拼箱货物货流的特点是货物批量小，而且货物来自不同起运地；待货物集中后，把不同票而到达同一目的地的货物拼装在同一个集装箱内，再通过各种运输方式把货物运送给收货人。拼箱货运输可减轻劳动强度，提高装卸运输效率，防止货损货差，简化理货手续。

2. 整箱货流

整箱货物运输，是将货物直接从发货人处（如发货人的仓库）装箱、验关（出口），并在集装箱上铅封后，经过各种运输方式，直接送达目的地的收货人处，再行开箱、验关（进口）。

整箱货物货流的特点是货物批量大，全部货物均属于一个货主，到达地一致。货物从发货人处装箱后，一直到收货人拆箱为止，一票到底；整箱货运输可加快货物送达速度，加速车船周转；减少人力搬运装卸次数，机械化作业效率高，装卸时间短，手续简便。

（二）集装箱货流的组织形式

根据集装箱货流的程序及集装箱货物运输的形态，存在四种集装箱货流的组织形式：

（1）拼箱货装，整箱货拆：把几个发货人的货物拼箱装货发给一个收货人再整箱拆货，也就是说装货时是拼箱货集装箱，收货时是整箱货集装箱。

（2）拼箱货装，拼箱货拆：不同的发货人发货给不同的收货人收货，即装货时是拼箱货集装箱，交货时也是拼箱货集装箱。

（3）整箱货装，整箱货拆：一个发货人发货给一个收货人收货，即装货时是整箱货集装箱，交货时也是整箱货集装箱。

（4）整箱货装，拼箱货拆：一个发货人发货给几个收货人收货，即装货时是整箱货集装箱，交货时是拼箱货集装箱。

三、集装箱货物的交接地点及交接方式

（一）交接地点

集装箱运输方式和组织形式不同，交接地点也不同：一是发货人和收货人的仓库或工厂；二是集装箱货运站；三是集装箱码头堆场。

1. 发货人或收货人的仓库或工厂

在发货人或收货人的仓库或工厂交接的货物都是整箱交接，一般意味着发货人或收货人自行负责装箱或拆箱。

2. 集装箱货运站（Container Freight Station，简称 CFS）

在集装箱货运站交接的货物都是拼箱货。在起运地集装箱货运站交接意味着发货人自行负责将货物运送到集装箱货运站。在到达地集装箱货运站交接意味着收货人自己到集装箱货运站提取货物，并自行负责提货后的事宜。

3. 集装箱码头堆场（Container Yard，简称 CY）

此时交接的货物都是整箱交接。在发货港集装箱码头堆场交接意味着发货人自行负责装箱及集装箱到发货港集装箱码头堆场的运输。在卸货港集装箱码头堆场交接意味着收货

人自行负责集装箱货物到最终目的地的运输和拆箱。

（二）交接方式

根据四种集装箱货流组织形式和三处集装箱交接地点，集装箱货物的交接方式可划分为以下九种方式：

1. 门到门（Door to Door）交接方式

托运人在工厂或者仓库将由他负责装箱并经海关铅封的集装箱交由承运人验收。承运人接受整箱货后，负责将货物运至收货人的仓库或者工厂，原箱交货。只有在一个托运人、一个收货人，而且货主托运的是整箱货的条件下，才能进行门到门的运输，实行门到门的货物交接方式。

2. 门到场（Door to CY）交接方式

承运人在发货人的工厂、仓库接受由发货人装箱并经海关铅封的集装箱，并负责将集装箱运至目的港集装箱码头的集装箱堆场，在集装箱堆场原箱交付给收货人或代收货人接受集装箱的其他运输方式的承运人。在采用“门到场”交接方式的情况下，运至目的港集装堆场以前的，包括陆路运输和海路运输在内的各区段的运输均由承运人负责；但由集装箱堆场至目的地的陆路或水路运输则由货主自行负责。和门到门的货物交接方式一样，只有整箱货的情况下才能实行这种方式。

3. 门到站（Door to CFS）交接方式

承运人在发货人的工厂、仓库接受由发货人装箱并经海关铅封的整箱货物，负责将箱货运至目的港的集装箱货运站拆箱后，分别向不同的收货人交付货物。在一个托运人将分属于两个或者两个以上的收货人的货物拼装在一个集装箱内，按整箱货物托运，运到目的港的集装箱货运站，各收货人凭单分别向货运站提货时，多采用门到站的交接方式。

4. 场到门（CY to Door）交接方式

承运人在起运港的集装箱堆场接受由发货人装箱并铅封的整箱货物，负责将整箱货运至收货人的工厂、仓库。在这种货物交接方式下，承运人不负责由发货人工厂、仓库至集装箱堆场之间的内陆运输。

5. 场到场（CY to CY）交接方式

在起运港，由发货人将集装箱货物送至集装箱堆场；在目的港，由收货人在集装箱堆场整箱提货。承运人只负责海运区段的运输，而起运港以前和目的港以后的内陆运输，则由货主自行负责。

6. 场到站（CY to CFS）交接方式

承运人在起运港的集装箱堆场接受经海关铅封的整箱货，原箱运至目的港的集装箱货运站，分别向两个或者两个以上的收货人交付货物。和门到站的交接方式一样，在一个发货人将分属于两个或两个以上的收货人的货物拼装在一个集装箱内，按整箱货运输时，多采用这种交接方式。不同的是，从发货人的工厂、仓库送交集装箱堆场的运输由发货人负责而已。由于承运人接收的是已经装入箱并加封的货物，这种交接方式可能加重承运人对货物完好交付的责任，在实践中应谨慎使用。

7. 站到站（CFS to CFS）交接方式

托运人将小批量不足整箱的货物送到起运港的集装箱货运站，由集装箱货运站将分属于不同托运人和收货人，但目的港或者目的地相同的货物拼装于一个集装箱内，经海关监装、铅封后，送交起运港的集装箱堆场装船运至目的港装卸作业区的集装箱货运站拆箱，各收货人分别提取货物。这种方式是集装箱运输中拼箱货最典型的交接方式。

8. 站到场（CFS to CY）交接方式

承运人从起运港的集装箱货运站将集装箱运至目的港的集装箱堆场。在两个或两个以上的发货人托运属于一个收货人的货物时，可采用这种货物交接方式。货物在货运站拼箱，海关在货运站监装和铅封。

9. 站到门（CFS to Door）交接方式

在由两个或者两个以上的托运人将不足整箱的货物托运给同一收货人时，一般都在货运站将货物拼箱，并经海关监装、铅封，按整箱货运至收货人的工厂或仓库。

四、集装箱货物的装载

（一）集装箱的选择和检查

1. 集装箱的选择

集装箱运输的货物品种较多，货物形态各异，因此按货物的种类、性质、体积、重量、形状来选择合适的集装箱，可以充分利用集装箱容积、重量，减少货损。

实际业务中，选择适载集装箱时考虑的因素有：

（1）货物的特性

要考虑货物的性质对集装箱是否有特殊的要求。

（2）货物的密度

要考虑货物的密度（单位容积重量，kg/m^3）与集装箱的单位容重（集装箱的最大载货重量除以集装箱的容积）是否相符，以便充分利用集装箱的容积和重量，尽量使集装箱的装载做到满箱、满载。

（3）箱容利用率

箱容利用率直接影响到集装箱内实际利用的有效容积。在将货物装入集装箱时，货物与货物之间、货物与集装箱内衬板之间、货物与集装箱顶板之间以及集装箱内必要的加固支撑，均产生了无法利用的空间。集装箱的箱容利用率一般取 80%，装箱技术好的可以达到 85%以上，有些货物（如箱包类货物）的箱容利用率更高，能达到 90%以上（如表 1-3-1 所示）。

表 1-3-1 常见货柜尺寸及配货情况

货柜尺寸	内容积	配货
20ft 柜	5.69m×2.13m×2.18m	毛重一般为 17.5t，体积为 24~26m^3
40ft 柜	11.8m×2.13m×2.18m	毛重一般为 22t，体积为 54m^3

续表

货柜尺寸	内容积	配货
40ft 高柜	11. 8m×2. 13m×2. 72m	毛重一般为 22t，体积为 68m^3
45ft 高柜	13. 58m×2. 34m×2. 71m	毛重一般为 29t，体积为 86m^3
20ft 开顶柜	5. 89m×2. 32m×2. 31m	毛重一般为 20t，体积为 31. 5m^3
40ft 开顶柜	12. 01m×2. 33m×2. 15m	毛重一般为 30. 4t，体积为 65m^3
20ft 平底货柜	5. 85m×2. 23m×2. 15m	毛重一般为 23t，体积为 28m^3
40ft 平底货柜	12. 05m×2. 12m×1. 96m	毛重一般为 36t，体积为 50m^3

目前，常用的集装箱有杂货集装箱、开顶集装箱、台架集装箱、平台集装箱、冷藏集装箱、散货集装箱、通风集装箱、动物集装箱、罐式集装箱、车辆集装箱、贵重金属集装箱、抽屉式集装箱、隔板式集装箱等。普通货物适用的集装箱有杂货集装箱、开顶集装箱、通风集装箱、台架式集装箱、散货集装箱等。难以从箱门进行装卸而需要由箱顶上进行装卸作业的货物、超高货物、玻璃板、胶合板、一般机械和长尺度货物等，适用开顶式集装箱。麦芽、大米等谷物类货物，干草块、原麦片等饲料，树脂、硼砂等化工原料适用散货集装箱。肉类、蛋类、奶制品、冷冻鱼肉类、药品、水果、蔬菜适用冷藏集装箱和通风集装箱。超重、超高、超长、超宽货物适用开顶集装箱、台架式集装箱和平台集装箱。兽皮、食品类容易引起潮湿的货物适用通风集装箱。酱油、葡萄糖、食油、啤酒类、化学液体和危险液体适用罐式集装箱。猪、羊、鸡、鸭、牛、马等家禽家畜等适用动物集装箱。摩托车、小轿车、小型卡车、各种叉式装卸车、小型拖拉机等适用车辆集装箱。铝、铜等较为贵重的货物适用贵重金属专用集装箱。散件货物适用台架式集装箱、平台集装箱。弹药、武器、仪器、仪表适用抽屉式集装箱。

以上按货物种类选择集装箱的方法，是从货物本身的特点来考虑的。实际上也可从集装箱对货物的适应性角度表明不同货物对集装箱的适用性，如表 1-3-2 所示。

表 1-3-2　　集装箱的选择

集装箱种类	货物种类
杂货集装箱	清洁货、污货、箱装货、危险货、滚筒货、卷盘货等
开顶集装箱	超高货、超重货、清洁货、长件货、易腐货、污货等
台架式集装箱	超高货、超重货、袋装货、捆装货、长件货、箱装货等
散货集装箱	散货、污货、易腐货等
平台集装箱	超重货、超宽货、长件货、散件货、托盘货等
通风集装箱	冷藏货、动植物检疫货、易腐货、托盘货等
动物集装箱	动植物检疫货
罐式集装箱	液体货、气体货等
冷藏集装箱	冷藏货、危险货、污货等

2. 集装箱的检查

集装箱在装载货物之前，必须经过严格检查。有缺陷的集装箱，轻则导致货损，重则

在运输、装卸过程中造成箱毁人亡事故。所以，对集装箱的检查是货物安全运输的基本条件之一。发货人、承运人、收货人以及其他关系人在相互交接时，除对箱子进行检查外，应以设备交接单等书面形式确认箱子交接时的状态。通常，对集装箱的检查应做到：

（1）外部检查。外部检查指对箱子进行六面察看，确认外部是否有损伤、变形、破口等异样情况；如有，即作出修理部位标志。

（2）内部检查。内部检查是对箱子的内侧进行六面察看，确认是否漏水、漏光，有无污点、水迹等。

（3）箱门检查。检查箱门是否完好，门的四周是否水密，门锁是否完整，箱门能否重复开启等。

（4）清洁检查。清洁检查是检查箱子内有无残留物、污染物、锈蚀异味、水湿。如不符合要求，应予以清扫，甚至更换。

（5）附属件的检查。附属件的检查是指对集装箱的加固环接状态，如板架式集装箱的支柱，平板集装箱和敞篷集装箱上部延伸结构的检查。

（二）集装箱需用量的确定

集装箱需用量的确定要在货物能装下的基础上，以充分利用箱内容积/承重为原则，一般考虑两种情况。

1. 单位体积相同的货物，先计算单位集装箱的货物装箱量，再推算集装箱的需求量

计算公式为：

某货物的单位集装箱最大可能装载量

$$=\frac{\text{所选用的集装箱容积}-\text{该集装箱的弃位容积}}{\text{单位货物体积}}\times\text{单位货物重量}$$

$$=\frac{\text{所选用的集装箱容积}\times\text{该箱箱容利用率}}{\text{单位货物体积}}\times\text{单位货物重量}$$

$$=\text{所选用的集装箱容积}\times\text{该箱箱容利用率}\times\text{货物密度}$$

若计算出的某货物单位集装箱最大可能装载量大于该集装箱的最大载货量（即“重货”），则按集装箱的最大载货重量来计算该货物所需用的集装箱总数，其计算公式为：

$$\text{某货物的集装箱需用量}=\frac{\text{该批货物总重量}}{\text{单位集装箱最大载货重量}}$$

若计算出的该货物单位集装箱最大可能装载量小于该集装箱的最大载货量（即“轻货”），则按该货物的单位集装箱最大可能装载量来计算该货物所需用的集装箱总数，其计算公式为：

$$\text{某货物的集装箱需用量}=\frac{\text{该批货物总重量}}{\text{某货物的单位集装箱最大可能装载量}}$$

$$=\frac{\text{该批货物总体积}}{\text{所选用的装箱容积}\times\text{该箱箱容利用率}}$$

【例 1-3-1】 有一批规格相同、使用波纹纸板箱包装的冰箱，共 1000 箱，单箱货物体积为 $1m^3$，单箱质量为 98kg，箱容利用率为 90%容积。（20ft 杂货集装箱容积为 $33.1m^3$，

40ft 杂货集装箱容积为 67.8m^3）

问：一共需要多少 40ft 集装箱？

思路：(1) 计算货物密度。

(2) 计算该集装箱对该货物的最大可能装载量。

(3) 计算所需要的集装箱数量。

解题步骤：

货物密度=冰箱单位质量/冰箱单位体积=98÷1=98（kg/m^3）

最大可能装载量=67.8×90%×98=5980（kg）

所需要的集装箱数量=98×1000÷5980=16.4≈17（箱）

一般来讲，货物密度大于集装箱单位容重的货物，称为“重货”；货物密度小于集装箱单位容重的货物，称为“轻货”。若货物是重货，用货物总重量除以集装箱的最大载货重量，即为该批货物所需集装箱的数量；若货物是轻货，用货物总体积除以集装箱的有效容积，也可求得该批货物所需集装箱的数量；若货物密度等于箱的单位容重，则无论按重量计还是容积计，均可求得集装箱的需要量。

对于暂不能判断是重物还是轻物的那些货物，则先按容积来计算，求出每个集装箱的最大可能装载件数，用件数乘以每件货物的重量，再与该集装箱的最大载货重量相比较。如果小于集装箱的最大载货重量，则可以用该重量除该批装箱货物的总重量，以求出需求的集装箱数；如果大于集装箱的最大载货重量，则以集装箱的最大载货重量来除该批装箱货物的总重量，求得所需要的集装箱数。

【例 1-3-2】 所装货物为纸板箱包装的电气制品，共 750 箱，体积为 117.3m^3（4141ft^3），重量为 20.33t，需要装多少个 20ft 杂货集装箱？

分析思路：货物密度为 20330kg÷117.3m^3 = 173.3kg/m^3。如箱容利用率为 80%，20ft 杂货集装箱的单位容重为 820.4kg/m^3。因为货物密度小于箱的单位容量，故所装的电气制品为轻货。集装箱的有效容积为 33.2×0.8 = 26.56m^3。所需集装箱数为货物体积除以集装箱有效容积，即 117.3÷26.56≈4.4，所以需要 5 个 20ft 杂货集装箱数才能把该批纸箱包装的电气制品装完。

2. 对于单位体积不同的货物以及需要拼箱的货物，装箱前可先在装箱图上进行规划

规划时，在尽量使集装箱的装载量和容积都得到充分利用的同时，应将轻、重货物进行合理搭配与堆放，以免发生货损。

（三）集装箱货物装载的一般要求

可用集装箱装载的货物千差万别，装载的要求也各不相同，但一般应满足下述基本要求。

1. 重量的合理分配（下重上轻、下强上弱、分布均匀）

根据货物的体积、重量、外包装的强度以及货物的性质进行分类，把外包装坚固和重量较重的货物装在下面，外包装较为脆弱、重量较轻的货物装在上面，装载时要使货物的重量在箱底上形成均匀分布。否则，有可能造成箱底脱落或底梁弯曲。如果整个集装箱的重心发生偏移，当用扩伸抓具起吊时，有可能使集装箱产生倾斜，此外还将造成运输车辆前后轮重量分布不均。

2. 货物的必要衬垫

装载货物时，要根据包装的强度对其进行必要的衬垫（侧壁、层间）。对于外包装脆弱的货物、易碎货物应夹衬缓冲材料，防止货物相互碰撞挤压。为填补货物之间和货物与集装箱侧壁之间的空隙，有必要在货物之间插入垫板、覆盖物之类的隔货材料。

要注意对货物下端进行必要的衬垫，使重量均匀分布。对于出口集装箱货物，若其衬垫材料属于植物检疫对象的，箱底应改用非植检对象材料。

3. 货物的合理固定

货物在装箱后，一般都会产生空隙。由于存在空隙，因此必须对箱内货物进行固定处理，以防止在运输途中尤其是海上运输中由于船体摇摆而造成货物坍塌与破损。货物的固定方法一般有以下几种：

（1）支撑：用方形木条等支柱使货物固定。

（2）塞紧：货物之间或货物与集装箱侧壁之间用方木等支柱在水平方向加以固定，或者插入填塞物、缓冲垫、楔子等防止货物移动。

（3）系紧：用绳索、带子等索具或用网具等捆绑货物。

由于集装箱的侧壁、端壁、门板处的强度较弱，因此，在集装箱内对货物进行固定作业时要注意支撑和塞紧的方法，不要直接撑在这些地方，应设法使支柱撑在集装箱的主要构件上。此外，也可将衬垫材料、扁平木材等制成栅栏来固定货物。

此外，绑扎固定对于缓冲运输中产生的冲击和振动也具有明显效果。

随着新型缓冲衬垫材料的不断出现，货物的固定与衬垫方式方法也将发生明显变化。

4. 货物合理混装

货物混装时，要避免相互污染或引起事故。

（1）干、湿货物的混装。液体货物或有水分的货物与干燥货物混载时，如果货物发生泄漏或因结露产生水滴，就有可能引起干燥货物的湿损、污染、腐败等事故。因此，要尽可能避免混载。当然，如果货物装在坚固的容器内或装在下层，也可以考虑混载。

（2）尽可能不与强臭货物或气味强烈的货物混装。如肥料、鱼粉、兽皮等恶臭货物以及胡椒、樟脑等强臭货物不得与茶叶、咖啡、烟草等香味品或具有吸臭性的食品混载。对于与这些恶臭、强臭货物混装的其他货物也应采取必要措施，有效阻隔气味。

（3）尽可能不与粉末类货物混装。水泥、肥料、石墨等粉末类的货物与清洁货物不得混装。

（4）危险货物之间不得混装。危险货物相互混装，容易引起着火和爆炸等重大灾害。

（5）包装不同的货物要分别装载。木质包装的货物不要与纸质包装或袋包装的货物混装，防止包装破损。

（四）典型货物装载方法

为提高装卸效率，减少货损事故，装箱人应熟悉常见集装箱货物的装箱操作方法。

1. 箱装货的装载

普通木箱、框架木箱、钢丝板条箱装箱时，如外包装无破损，也无其他异常情况时，可以从下往上堆装。体积较小的木箱可装入密闭式集装箱内；体积大的木箱，由于受装载作业面的限制，应装入开顶集装箱。除对装载有特殊要求的货物或包装脆弱的木箱外，一般在货物之间都不需要插入衬垫。

现以木箱货的装载为例，简述其装载方法：

（1）对于较重的小型木箱，可采用骑缝装载法，使上面的木箱压在下面两木箱的缝隙上，利用上层木箱的重量限制下层木箱的移动。但最上层的木箱必须加固牢靠。

（2）装载完毕后，如果箱门处尚有较大空隙，须用木板和木条将木箱总体撑牢，防止其在运输当中对箱门的冲击。

（3）对于重量较大、体积较小的木箱货，如果装载后其四周均有空隙，须从四周进行支撑固定。

（4）对于重心高的木箱，除对其底部加以固定外，还须在其上面用木条撑开空隙。

2. 纸箱货的装载

纸箱货是集装箱货中较为常见的一种包装，一般用来包装较为精细的货物。箱装货的尺寸大小不一。如集装箱内装的箱装货尺寸较小，而且规格统一，则可进行无空隙堆装。这种装载方式的箱容利用率较高，而且不需要进行固定，是一种最经济最理想的装载形式。

如果集装箱内装载同一尺寸的大型纸箱，则箱内常会产生空隙。在集装箱的横向，如空隙为 10cm 左右，一般不需要对货物进行固定，因为在实际装载时，这样大小的空隙可人为分散开来。但如果空隙较大，货物则需根据具体情况加以固定。当然，如果是不同尺寸的纸箱进行混装，则可以利用其大小变化搭配堆装，以消除空隙。装货前如果判断出货物装入箱内有较大空隙，则应先将箱底占满，再向上堆装。

3. 捆包货的装载

捆包货根据货物种类的不同，其包装形态有较大区别。如棉布、纺织品等捆扎之后，一般还需要用牛皮纸或粗布进行外包装，国外有的还要求将其装在纸板箱内，方可运输，但办理货运手续时还是按捆包货处理。

捆包货因其重量与体积较大，在装箱时一般采用机械作业。捆包货装载时，为了防止其箱底的潮湿对货物产生不利影响，同时便于用叉式装卸或起重机进行作业，一般需要用木板对货物进行衬垫。对于鼓腹形的捆包货，为避免由于运输过程中的摇摆所造成的塌垛堵挤箱门现象，应在箱门处用方木条做成栅栏，用以保护箱门。

4. 袋装货的装载

对于装砂糖、水泥的纸袋，装粮谷的麻袋，装粉货的布袋等货物的装载，在装箱前，箱内应敷设聚氯乙烯薄膜或帆布，以防止发生破袋后漏出的货物污损集装箱。为了防止袋装货因箱顶漏水受潮，应在货物上面进行必要的防水遮盖。袋装货堆装后，容易倒塌和滑动，为了防止袋与袋之间的滑动，可在袋装货中间插入衬垫板和防滑粗纸。在堆装时，可采用砌墙堆放法和交错堆放法。

5. 桶装货的装载

桶装货一般包括各种油类、液体和粉末类的化学制品、酒精、糖浆等，其包装形式有

铁桶、木桶、塑料桶、胶合板桶和纸板桶等5种。除桶口在腰部的传统鼓形木桶外，桶装货在集装箱内均以桶口向上的竖立方式堆装。由于鼓桶类货物装入集装箱时，容易产生空隙，因而固定时要进行一定的技术处理。在装箱前要严格检查货物是否泄漏。装载时要将盖向上进行堆装；堆装时要加入衬垫，以求负荷均匀和鼓桶稳定。对于最上层的鼓桶，为稳固起见，可用绳索等将其捆绑一起，防止其发生移动。

6. 滚筒货和卷盘货的装载

滚筒货一般有塑料薄膜、柏油纸、钢瓶等。滚筒货通常要竖装，在侧壁和端壁上要铺设胶合板以增强其受力的能力。装载时，从箱端开始，要堆装紧密。货物之间如有空隙，则应用柔软的衬垫等填塞。一般情况下，滚筒货不便于横装，以防止产生变形或造成货损。如因特殊原因必须横装时，必须要利用楔子或相应材料使它离开箱体四壁，而且每一层都要用楔子固定。

卷盘货一般有卷纸、卷钢、钢丝绳、电缆等。卷盘货在水平装载时，要铺满整个箱底。为防止运输中因摇摆产生对箱体四壁的冲撞，必须用若干个坚固的空心木座，插在货物和端壁之间，牢固地靠在侧壁上。装载中要采取必要的措施，充分保护好端壁和箱门。

7. 托盘货的装载

托盘货主要指纤维板、薄钢板、胶合板、玻璃板、木制或钢制的门框等。这些货物的包装形式一般是用木箱或亮格木箱。

这类货物的装载方法各有不同，有的需要横装，有的需要竖装。比如，纤维板、胶合板等一般要求横装；而玻璃板必须竖装，如果对玻璃板采用横装，会因其自重或重叠堆放发生碎裂。

玻璃板在装载过程中，对于每一吊装入箱的货物，都要进行临时固定，否则集装箱稍有振动，货物就会翻倒。装载玻璃板时，应先靠着侧壁开始装，空隙留在中间，最后再用木框架作填充物塞紧。为防止木箱之间的碰撞，还应在木箱顶部或端部用木板或木条把木箱连接起来。考虑到装卸的便利性，对这类货物一般选用开顶式集装箱装载。用集装箱装载托盘货，其货物本身要用钢带、布带或收缩性的塑料（收缩包装方式）等固定在托盘上。

（五）特殊货物的装载方法

1. 超高货

超高货是指货物的高度超过集装箱的箱门高度的货物。超高货只能用开顶式集装箱或板架式集装箱装载。装载超高货物不仅需要考虑装载作业本身的可能性，而且还需考虑以下几个因素：①道路通过能力的限制；②车站和码头装卸作业条件的限制；③船舶装载空间的限制。

2. 超宽货物

超宽货物除受到集装箱结构上的限制外，还受到装卸作业条件和集装箱船装载条件的限制。对于车站和码头的超宽限制是根据所使用的机械设备的种类而定的。例如跨运车，对超出箱体（单边）10cm以内的超宽货可从底盘车卸下，对超出箱体（单边）10cm以上的超宽货，就难以进行装卸作业。

集装箱船对超宽货物的限制主要由箱格结构的入口导槽的形状而定。另外，堆放集装箱时，其集装箱之间的空隙大小对超宽货物也有相应的限制。通常日本集装箱船为200mm左右，而其他国家船舶约为120mm。如果所装的超宽货物不超过上述范围，一般在箱格内是可以装载的，而且集装箱与箱格导柱之间有一些超宽余量。这种超宽余量一般为8~15cm以内。

3. 超长货物

超长货物一般只能用板架式集装箱装载。装载时，需将集装箱两端的插板取下，并铺放在货物下部。超长货物的超长量有一定限制，最大不得超过306mm（即1ft左右）。

在箱格结构的集装箱船上，舱内是不能装载超长货的，因为每个箱格都有横向构件，所以只能在其甲板上装载。

4. 超重货物

由于集装箱运输和装卸中所使用的机械都是按国际标准化组织规定的最大总重来设计的，所以集装箱的实际总重和载货重量都不能超过相应的规定，如20ft集装箱总重规定为24t，40ft集装箱总重规定为30.48t。从装卸作业和运输安全角度来讲，在装载货物时，不能超过相应规定。为此，在装载超重货物时，应将其超重部分从货物上拆卸下来另行装运，也可将超重货物改用总重略大的集装箱装载。

此外，运送超重货物也将受到运载工具的运载能力与道路通过能力的限制。

5. 散货的装载

用散货集装箱运输散货可节约劳动力、包装费、装卸费，并减轻装卸工人的劳动强度和提高装卸效率，所以是一种理想的运输方式。

用散货集装箱运输的散货主要有：麦芽、燕麦、大豆等谷类，粒状和小块状的饲料，粉状和颗粒装的化学制品以及其他如树脂、铝渣、黏土等工业原料。

散货也可采用杂货集装箱运输，但由于杂货集装箱的强度较差，只限于运输干草块、麦芽等较轻的散货，所以在选择运输散货的集装箱时，要充分掌握货物的特性、货物的密度及集装箱的强度等装载条件。

6. 液体货的装载

散装运输的液体货虽然也可以认为是散货的一种，但由于它需要用专用的罐状集装箱来运输，因此液体货应被列为特殊货物。

用罐状集装箱运输的液体货主要有：酱油、葡萄糖、各种酒类等食品类货物和甲酚等各种化学类货物。虽然用罐状集装箱运输液体货能大量地节约包装费和装卸费，但是由于液体货中食品类货物所占比重较大，而对食品的运输要求又较为严格，受限制的条件很多，所以液体货的集装箱运输，除一部分能装罐状集装箱运输外，还有大量的液体货仍选用杂货集装箱，并在装箱前进行了罐装处理。

7. 冷藏货的装载

冷藏货分为冷冻货和低温货两种。冷冻货是指在冻结状态下进行运输的货物，运输温度的范围一般在-20℃~-10℃。低温货是指货物在还未冻结或货物表面有一层薄薄的冻结层的状态下进行运输的货物，一般的温度调整范围在-1℃~11℃。

货物要求低温运输的目的主要是保持货物的鲜度。有时为了维持货物的呼吸和防止箱内产生水滴而需要在箱内进行通风。冷藏货中的食品类货物占的比重较大，运输质量要求较高，此外还有医药用品、化学用品等冷藏货。

冷藏货必须采用冷冻集装箱运输。冷藏货在运输过程中为了防止货物变质需要保持一定的温度，该温度一般叫运输温度。温度值的大小应根据具体货种而定，即使是同一种货物，由于运输时间、冻结状态和货物成熟度的不同，对运输温度的要求也不同。因此，运输时货主应对某一种冷藏货所要求的运输温度有具体的要求，承运人必须根据货主所指定的运输温度进行运输。

冷藏货装箱时，要对集装箱进行预冷，同时检查货物本身是否预冷到指定的温度。装货时不要挡住冷风出口，也不要把货物堆装在风管下面，以免造成冷风循环不畅。为了使冷风循环畅通，在货物之间要使用冷冻的垫货板。冷藏货装载时的一般注意事项如下：

（1）冷冻集装箱在装货过程中，冷冻机应暂时停止运转。

（2）在装货前冷冻集装箱内的垫木和其他衬垫材料要进行预冷。

（3）应选用清洁卫生的衬垫物，以避免对货物的污染。

（4）不要使用纸、板等材料作衬垫物，以免堵塞通风管和通风口。

（5）要根据货物的性质和包装形状来选择正确的装载方法。装货时应防止货物堵住通风管，箱顶部分要留出适当空隙，使冷气在箱体内有效流通，达到冷却效果。

（6）由于冷藏货比普通杂货容易滑动，因此要对货物进行固定，固定货物时最好使用网格等作为衬垫材料，以确保冷气的正常流动。

（7）严格禁止已变质发臭的货物装入箱内。

8. 凉温、通风货物的装载

水果、蔬菜等货物需要进行呼吸作用，从空气中吸收氧气，放出二氧化碳、少量的热和水分。因此，若冷风循环差，则会导致氧气量减少，二氧化碳增加，货物呼吸作用减弱进而变质腐败。特别是在常温运输时，其影响更为显著。为此，要使冷风循环畅通，一定要把通风口打开进行换气。

另一种方法是在车厢内施放氧气，使氧气保持一定浓度，从而使新鲜物品保持在低氧状态下，不腐烂变质。

9. 检疫货物的装载

如果集装箱运输对象为活的动物或植物类货物，因其有可能带有某种害虫、细菌或病原体，所以在进口时需要对其进行检疫，经检查合格后，方准进口。检查不合格时，应根据进口国的规定，进行熏蒸或消毒后才能进口，有的只能作焚烧处理。

10. 危险货物的装载

危险货物是指容易引起燃烧、爆炸、腐蚀、中毒或有放射性的物品，在运输、储存过程中容易造成人身伤亡和财产损失，必须采用特殊防护设施与措施的货物。中国《危险货物运输规则》中，将危险货物分为爆炸品、氧化剂、压缩气体和液化气体、自燃物品、遇水燃烧物品、易燃液体、易燃固体、毒害品、腐蚀物品和放射性物品等 10 类。某些易燃货物，如棉、麻、煤粉等，在含量、浓度、件重等均小于规定的限额时，可作普通货物处理。

危险货物的物理特性、化学特性与普通货物不一样，在运输安全方面有更高的要求，所以危险货物的装箱要求也相对较高。对于托运人来说，应在危险货物托运时注明危险货物的英文名、等级、危规编号和危规页码以及闪点等，并提供有关的证明文件，包括《危险货物技术证明书》《危险货物包装容器使用证书》《包装危险货物安全适运申报单》。

（1）不符合《国际海运危险货物规则》（IMDG Code）要求的货物，或已损坏、渗漏的货物不得装入箱内。

（2）危险货物的任何部分不得突出箱容，装箱后应立即关门封锁。

（3）不应将危险货物与不相容的货物装载在同一箱内，特殊情况必须由主管当局同意并根据《国际危规》的隔离要求进行隔离。

（4）危险货只有按《国际危规》中有关规定包装后才能够装载集装箱运输。

（5）危险货物的装载应得到有关部门的批准。

（6）装载危险货物时，在集装箱内应装紧或有足够的支撑和固定，以适应运输和适合航行。

（7）装载危险货物应有指定的工作人员监装，并填写《集装箱装运危险货物装箱证明书》。

（8）装有危险货物的集装箱，应有至少 4 幅 250mm×250mm 的国际海上危险货物运输规则类别标志，并将其贴在外部明显的地方，每侧各一幅，前后端各一幅。

（9）集装箱一经认为无危险性，所有危险标志应自箱上去掉或遮盖。

（10）装载危险货物的集装箱，一旦发现箱子外部有所装货物的破损、渗漏等情况，在未对箱子加以修理和将容器移走前，都不予以承运。

（11）装载易于散发和易燃的危险货物的集装箱，不应与需要提供水源的冷藏或加热的集装箱装载在同一舱内。

（12）装载危险货物的集装箱卸空后，应采取措施保证集装箱没有受到污染，保证集装箱不具有危险性。

（13）对出口美国或需要在美国中转的危险货物，托运时还应提供英文的《危险货物安全资料卡》（简称 MSDS）一式两份。资料卡需填写概况、危害成分、物理特性、起火和爆炸资料、健康危害资料、反应性情况、渗溢过程、特殊保护措施、特殊预防方法等内容。

任务四 集装箱班轮公司与运输航线

一、全球主要集装箱班轮公司基本情况

（一）全球集装箱班轮公司排名

集装箱化革命的第一个发展趋势是船舶大型化。事实上，船舶大型化不是一种新趋

势，而是集装箱化与生俱来、持续不断的趋势。自20世纪90年代中后期以来，行业巨头马士基航运一直引领着船舶大型化的潮流，一直到今天的20000标箱级船。20世纪70年代，新船平均容量是1100标箱；到2015年，新船订单的平均容量是7900标箱；现今，订单船舶中一半以上船舶的容量大于5000标箱。通过船舶大型化，班轮公司可以同时获得规模经济和降低燃油成本双重好处，这正是近几年来推动船舶大型化的重要原因。

法国航运咨询网Alphaliner公布的最新运力数据显示（表1-4-1所示），全球班轮公司运力100强（截至2019年9月）中排名前三的分别是马士基航运、地中海航运和中远海运集运。第四名到第十名依次为：达飞轮船、赫伯罗特、海洋网联船务、长荣海运、阳明海运、太平船务和现代商船。全球班轮公司运力排名二十的公司总运力为2015.63万国际标准箱（TEU），占全球集装箱总运力的89.51%。

表1-4-1　　全球集装箱班轮公司运力二十强排行榜（截至2019年9月）

排名	承运人中文名称	承运人英文名称	承运人简称	国家/地区
1	A.P.穆勒—马士基有限公司	A.P. MOLLER-MAERSK A/S	马士基（MAERSK）	丹麦
2	地中海航运公司	MEDITERRANEAN SHIPPING COMPANY S.A.	地中海航运（MSC）	瑞士
3	中远集装箱运输有限公司	COSCO CONTAINER LINES CO., LTD.	中远集团（COSCO）	中国
4	法国达飞海运集团	CMA CGM S.A.	达飞（CMA）	法国
5	赫伯罗特股份公司	HAPAG-LIOYD AKTIENGES-ELLSCHAFT	赫伯罗特（HAPAG-LIOYD）	德国
6	海洋网联船务有限公司	OCEAN NETWORK EXPRESS PTE. LTD.	海洋网联（ONE）	日本
7	长荣海运股份有限公司	EVERGREEN MARINECORP.（TAIWAN）LTD.	长荣（EVERGREEN）	中国台湾
8	阳明海运股份有限公司	YANG MING MARINE TRANSPORT CORP.	阳明海运（YANG MING）	中国台湾
9	太平船务有限公司	PACIFIC INTERNATIONAL LINES（PTE）LTD.	太平船务（PIL）	新加坡
10	现代商船株式会社	HYUNDAI MERCHANT MARINE CO., LTD.	现代商船（HMM）	韩国
11	以星航运有限公司	ZIM INTERGRATED SHIPPING SERVICES LTD.	以星航运（ZIM）	以色列
12	万海航运股份有限公司	WAN HAI LINES LTD.	万海航运（WAN HAI）	中国
13	伊朗国航船务公司	HDS LINE	伊朗国航（HDSL）	伊朗
14	高丽海运株式会社	KOREA MARINE TRANSPORT CO., LTD.	高丽海运（KMTC）	韩国
15	泉州安盛船务有限公司（安通控股）	AN TONG HOLDINGS	安通控股（QASC）	中国
16	新加坡X-Press船务公司	X-Press Feeders Group	X-Press船务	新加坡
17	中谷海运集团有限公司	ZHONGGU SHIPPING	中谷海运（ZHONGGU）	中国
18	海丰国际控股有限公司	SITC International Holdings	海丰国际（SITC）	中国

续表

排名	承运人中文名称	承运人英文名称	承运人简称	国家/地区
19	森罗商船株式会社	SM LINE CORP.	森罗商船（SML）	韩国
20	德翔海运有限公司	T. S. LINES CO., LTD.	德翔海运（TSL）	中国台湾

中国内地的班轮公司在最新全球班轮公司运力排名中，中远海运集运排第3位，安通控股（泉州安盛船务）排名第15位，中谷物流集团排名第17位，海丰国际排名第18位，中外运集运排名第22位，宁波远洋排名第35位，大连信风海运排名第48位，太仓港集装箱海运有限公司排名第59位，上海海华轮船排名第60位，上海锦江航运排名第64位，大连集发环渤海集运排名第80位，天津达通航运排名第83位，广西鸿祥船务排名第84位，日照海通排名第97位。其中，主要经营中国沿海内贸的船公司中谷海运与泉州安盛船务携手跻身全球前20位。

（二）主要集装箱班轮公司认知

1. 马士基航运（MAERSK）

马士基（MAERSK）航运公司是A. P. 穆勒—马士基集团的核心班轮运输机构，也是世界领先的集装箱运输公司。早在1928年，A. P. 穆勒先生就凭借马士基（MAERSK）船运公司开始提供货物班轮服务，将美国及远东和欧洲联系在一起。MAERSK Line由MAERSK Sea-land（马士基海陆）合并英国P&O Nedlloyd（铁行渣华）后改组而成，目前约占世界集装箱航运市场的17%，拥有600多艘集装箱船以及340万个集装箱，总容量超过1700000TEU，是航运业无可比拟的“巨无霸”。除集装箱运输以外，马士基的集装箱运输相关业务还有马士基物流公司（MAERSK Logistics）、马士基集装箱码头公司（APM Terminal）、马士基集装箱工业公司以及Safmarine（主要经营南北航线及非洲航线）等。马士基集团徽标（LOGO）如图1-4-1所示。

2. 地中海航运（MSC）

地中海航运（MSC）公司于1970年成立，总部位于瑞士日内瓦，是仅次于马士基的、世界第二大集装箱航运公司，业务网络遍布全球。20世纪70年代，地中海航运从非洲与地中海之间的航线起家（非洲线很强）；80年代，开拓欧洲和泛大西洋航线；90年代开辟远东地区航线并迅速在远东地区打开局面；90年代末，开辟泛太平洋航线并广受欢迎。

目前，MSC船队拥有约480艘集装箱船，航线约200条，覆盖港口300多个，全球运力约260万TEU。MSC的LOGO如图1-4-2所示。

图1-4-1　马士基航运公司LOGO

图1-4-2　地中海航运公司

3. 达飞海运（CMA-CGM）

达飞轮船（CMA）始建于1978年，总部设在法国马赛，经营初期主要承接黑海地区业务；进入90年代后期，达飞集团不仅开通了地中海至北欧、红海、东南亚、东亚的直达航线，还分别于1996年、1999年成功收购了法国最大的国营船公司——法国国家航运公司（Compagnie General Maritime，简称CGM）和澳大利亚国家航运公司（ANL），并正式更名为“CMA-CGM”（达飞集团）。2005年，CMA-CGM又成功并购了达贸轮船/安达西非航运/森特马，成为法国第一、世界第三的集装箱承运人，成为全球航运界的后起之秀。截至2016年6月，达飞集团在全球运营的船队有532艘，航线200多条，运力240万TEU，覆盖160个国家（地区）的420多个港口。达飞海运的LOGO如图1-4-3所示。

4. 长荣海运（EVERGREEN）

长荣海运股份有限公司（Evergreen Marine Corp.）创立于1968年，总部位于中国台北。公司成立之初，仅仅以一艘20年船龄的杂货船刻苦经营，虽举步维艰，却缔造了许多史上的佳绩；发展至今，共经营约150艘全货柜轮，不论船队规模还是货柜承载量皆位居全球领先地位。

长荣海运服务网络遍布全球80多个国家，服务点多达240余处，所经营的远、近洋全货柜定期航线涵盖全球五大区块：亚洲—北美航线/亚洲—加勒比海地区；亚洲—欧洲航线/亚洲—地中海；欧洲—美国东岸大西洋；亚洲—澳洲/亚洲—莫里西斯、南非、南美；亚洲区域航线/亚洲—中东、红海/亚洲—印度次大陆地区。除了主要航线外，亦开辟了区域性接驳船的服务网，如加勒比海及印度次大陆等地区，有利于缩短运送时间，协助货主掌握商机。

近年来，长荣海运通过舱位出售、舱位互换或航线联营等方式，积极与同业间进行策略合作，以期提升营运绩效。此外，为了提高码头使用效能，长荣集团自行投资兴建货柜码头，如台湾高雄的第五货柜中心、巴拿马货柜码头及意大利塔兰托货柜码头等，以提高船舶在码头的作业效率及降低营运成本。长荣海运的LOGO如图1-4-4所示。

图1-4-3　达飞轮船

图1-4-4　长荣海运

5. 中远海运集运（COSCO）

2016年11月18日，中远集装箱运输有限公司正式更名为“中远海运集装箱运输有限公司”。中远海运集装箱运输有限公司（中远海运集运）隶属于中国远洋海运集团有限公司，由原中远集团旗下“中远集运”整合原中海集团旗下“中海集运”的集装箱业务及其服务网络组建而成。

重组后的中远海运集运经营规模进一步扩大，行业地位进一步巩固，服务网络进一步完善。截至2018年3月底，公司自营船队包括373艘集装箱船舶，运力达1903294标准

箱，集装箱船队规模世界排名第四、亚洲第一。公司共经营 362 条航线，其中含 227 条国际航线（含国际支线）、49 条中国沿海航线及 86 条珠江三角洲和长江支线。公司所经营的船舶在全球约 90 个国家和地区的 289 个港口挂靠。

按照经营需要，中远海运集运在中国大陆设大连、天津、青岛、上海、宁波、厦门、华南、海南、武汉等 9 个口岸分部；在欧洲、北美、东南亚、西亚、南美、澳洲、日本、韩国、非洲设 9 个海外分部。境内、境外营销服务网点达 450 多家。中远海运集运的 LOGO 如图 1-4-5 所示。

6. 赫伯罗特货柜航运（HPL）

赫伯罗特货柜航运（HPL）是德国运输公司组成的一个货柜航运公司，总部设于德国汉堡。它成立于 1970 年，由 1847 年的哈帕格和 1856 年的北德意志劳埃德两个公司合并而成。赫伯罗特公司于 1998 年由旅途公司（汉诺威）收购，于 2002 年成为其全资子公司。

赫伯罗特货柜航运是目前世界前十大船公司之一，致力于全球化的集装箱服务，在 100 多个国家拥有约 500 家分支机构。赫伯罗特拥有超过 130 艘集装箱船，约 410000 标准箱的装载量。业务遍布于南部欧洲、北部欧洲、北美洲、拉丁美洲和亚洲。赫伯罗特的 LOGO 如图 1-4-6 所示。

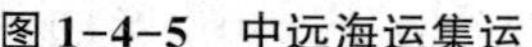
图 1-4-5　中远海运集运

图 1-4-6　赫伯罗特货柜航运

7. 海洋网联船务（ONE）

海洋网联船务有限公司全称为“OCEAN NETWORK EXPRESS PTE. LTD.”，是由 MOL（商船三井）、NYK（日本邮轮）和 K’LINE（川崎汽船）三家合并组成的新航运公司，简称“海洋网联船务”（ONE），已于 2018 年 4 月 1 日正式启动。ONE 将在南美、亚洲、大洋洲和非洲的贸易通道上运行多达 44 个独立的航线，除了包括亚欧航线、跨太平洋航线和跨大西洋航线在内的 33 条航线之外，还有与赫伯罗特和阳明航运合作的一些主要航线。

ONE 航运公司以新加坡为枢纽港口，开发了 17 条亚洲内部航线，覆盖中国、日本、韩国、印度等亚洲主要的制造业国家。与此同时，从 2018 年 4 月份开始，ONE 在大洋洲地区推出全新航线服务，将澳大利亚与泰国、新加坡、中国、日本和韩国连接起来，并开通新西兰的直航服务。在非洲航线中，提供从南非到地中海和北欧的连接服务，还有两条与斯里兰卡东海岸的航线服务，还有亚洲—西非、亚洲—地中海服务。海洋网联船务的 LOGO 如图 1-4-7 所示。

8. 阳明海运（YANG MING）

阳明海运股份有限公司成立于 1972 年，设立于中国台湾。截至 2017 年年底，阳明海运拥有 102 艘货柜船，运力达 535567TEU，在东南亚 13 个国家设有营运点，亚洲线营收

占比为 38%。阳明海运的 LOGO 如图 1-4-8 所示。

图 1-4-7　海洋网联船务　　　　图 1-4-8　阳明海运

9. 太平船务（PIL）

太平船务有限公司创立于新加坡，是一家以集装箱航运物流为核心的私营跨国企业，业务范围包括海运、集装箱制造及相关物流服务等。

自 1967 年成立以来，太平船务从经营散货运输发展成为东南亚最大的集装箱船东之一，核心业务覆盖亚洲、非洲和中东地区。目前，太平船务的集装箱班轮和散货运输服务网络覆盖全球 100 个国家 500 多个地点，拥有及运营一支由 157 艘总舱位为 397000 标准箱的现代化商船组成的船队。太平船务的 LOGO 如图 1-4-9 所示。

10. 现代商船（HMM）

现代商船（Hyundai Merchant Marine，HMM）成立于 1976 年，船队包括集装箱船、油轮、散货船等。如今，现代商船已发展成为美洲航线五大海运公司之一。同时，拥有不同运力船舶的现代商船凭借其覆盖美洲、欧洲、亚洲以及大西洋航线的海运服务，已跻身全球十大海运公司的行列。现代商船的 LOGO 如图 1-4-10 所示。

图 1-4-9　太平船务

图 1-4-10　现代商船

11. 以星航运（ZIM）

以星综合航运有限公司成立于 1945 年，经营着 27 条可抵达各大陆的定期班轮，拥有一支由 90 多艘船舶组成的船队，停靠世界上 265 个港口。

目前，以星综合航运（中国）有限公司已在大连、营口、北京、天津、青岛、杭州、连云港、南京、上海、宁波、温州、厦门、福州、广州、深圳、蛇口等地设立了分公司或联络代表处，同时在重庆、武汉、张家港等长江沿线建立代理网点，为广大客户提供广泛的集装箱航运服务。以星航运（ZIM）在中国大力发展出口业务的同时，一直致力于开拓进口业务，目前已承接美洲、欧洲、地中海、非洲西部、澳洲及东南亚、日本、中东、黑海至中国大陆的进口货物。以星航运的 LOGO 如图 1-4-11 所示。

12. 万海航运（WAN HAI）

万海航运开始于 1965 年，主要经营中国台湾、日本和东南亚之间的运输业务。1976 年，为顺应国际贸易的快速发展趋势，万海转型为全集装箱船运输公司。万海航运的 LOGO 如图 1-4-12 所示。

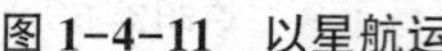

图 1-4-11 以星航运　　图 1-4-12 万海航运

万海共开辟 22 条航线，55 个直靠港，航点涵盖中国大陆、中国台湾、中国香港以及欧洲、美国、日本、韩国、菲律宾、泰国、马来西亚、印尼、新加坡、越南、缅甸、柬埔寨、印度、巴基斯坦、斯里兰卡及中东地区。

13. 伊朗国航（HDSL）

伊朗国航是中东最大的航运公司，总部在德黑兰。2004 年，伊朗国航在中国成立独资公司，中文名为伊航船务有限公司（E-SAIL）。如今伊朗国航已经成为拥有 175 艘货轮、总计吨位超过 330 万、雇员超过 7000 名的大型船务公司。伊朗国航的 LOGO 如图 1-4-13 所示。

14. 高丽海运（KMTC）

高丽海运（KMTC）成立于 1954 年，总部设在韩国首尔，主营中国、韩国、日本、东南亚及中东之间的海运业务。自 1994 年 2 月起，高丽海运（KMTC）分别在上海、天津、青岛、大连、厦门和深圳等地开设了代表处，提供中国航线服务。高丽海运（KMTC）在韩国的釜山 、仁川 、蔚山、大邱以及日本北—北海道南—九州岛 30 余个港口开设了分公司或办事处。高丽海运（KMTC）在中国设有 16 家分支机构，在东南亚的新加坡、印度尼西亚、马来西亚和泰国等地设有 22 家，在西北亚和中东地区设有 9 家。高丽海运（上海）有限公司在 2009 年 1 月 1 日正式成立，这也是高丽海运（KMTC）在中国大陆地区第一家具有独立法人资格的分支机构。高丽海运 LOGO 如图 1-4-14 所示。

图 1-4-13 伊朗国航

图 1-4-14 高丽海运

15. 安通控股（QASC）

泉州安盛船务有限公司成立于 2002 年，是安通控股股份有限公司的全资子公司。安盛船务主要经营国内沿海、长江中下游及珠江三角洲普通货船运输，公司注册资本 4.5 亿元，固定资产逾 10 亿元。目前，安盛船务总运力为 6 万标准箱左右，拥有 43 艘船，其中自有船舶 37 艘。安通控股 LOGO 如图 1-4-15 所示。

16. X-Press 航运

新加坡 X-Press FEEDERS 航运公司成立于 1972 年，是世界上最大的支线集装箱航运公司，其航运服务覆盖地理范围广，遍布亚洲、中东、加勒比海、中美洲、地中海和欧

洲，在新加坡、迪拜、孟买、汉堡、巴塞罗那和巴拿马等国家和地区拥有成熟的运营团队。目前，船队拥有 110 多艘船只，其中自有船只 40 艘。2017 年吞吐量超过 560 万标准箱。X-Press 航运的 LOGO 如图 1-4-16 所示。

图 1-4-15　安通控股

图 1-4-16　X-Press 航运

17. 海丰国际（SITC）

海丰国际控股有限公司是中国一家总部位于香港的亚洲区内领先的航运物流企业，业务涉及集装箱班轮运输、船舶管理、船舶经纪、国际货运代理、拼箱、项目物流、物流配送、报关、仓储、集装箱堆场、码头、船代、散杂货、空运等领域。截至 2018 年 6 月，公司共运营 77 艘集装箱船舶、6 艘散货船，其中自有集装箱船舶 48 艘；经营 66 条航线，网络覆盖中国大陆、日本、韩国、中国台湾、中国香港、越南、泰国、菲律宾、柬埔寨、印度尼西亚、新加坡、文莱和马来西亚 13 个国家和地区的 68 个主要港口。

目前，海丰国际在中国青岛、上海、宁波、天津、大连以及越南海防、胡志明和泰国曼谷、林查班已建成经营堆场、仓储业务的物流园；同时分别与丹马士物流、胜狮物流、青岛啤酒股份有限公司等世界物流及著名生产企业保持着长期合资合作关系。海丰国际的 LOGO 如图 1-4-17 所示。

18. 中谷海运（ZHONGGU）

上海中谷新良海运有限公司（简称中谷新良）成立于 2003 年，2013 年 12 月成立上海中谷海运集团有限公司（简称中谷海运），总部设在上海市。中谷海运集团作为国内沿海物流运输的领军企业之一，是以沿海集装箱航运为主体、其他配套产业为延伸的综合性集团。经过多年的蓬勃发展，公司逐步形成了覆盖全国各主要江海区域的运输网络，航线布局涵盖我国 18000 多公里海岸线，服务领域涉及集装箱海运、船舶燃料供应、货运代理、船员管理及派遣等多个方面。拥有船舶 60 余艘，运力超百万吨，在用集装箱突破 15 万标准箱，在全国各港口的年集装箱吞吐量总和超 500 万标准箱。中谷海运的 LOGO 如图 1-4-18 所示。

图 1-4-17　海丰国际

图 1-4-18　中谷海运

19. 森罗商船（SML）

森罗商船成立于 2016 年年底，拥有 30 余艘集装箱船舶，超过 20 万标准箱的运力规模。森罗商船除了开通以釜山为枢纽港的亚洲地区的航线外，还陆续开通了亚洲至美国西北太平洋、美国东海岸、南美西海岸、澳大利亚、中东和红海等地区的航线。森罗商船的LOGO如图1-4-19所示。

20. 德翔海运（TSL）

德翔海运有限公司成立于2001年，总公司位于中国台湾。目前，德翔海运开辟的航线覆盖中国大陆及中国香港、中国台湾、日本、菲律宾、印度尼西亚、新加坡、马来西亚、印度、韩国、柬埔寨、泰国、孟加拉国、澳洲、美国等。德翔海运的LOGO如图1-4-20所示。

图1-4-19　森罗商船

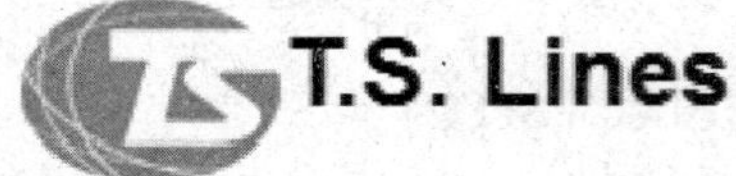

图1-4-20　德翔海运

二、世界主要航线认知

（一）太平洋航线

1. 远东—北美西海岸航线

该航线主要由远东—加利福尼亚航线和远东—西雅图、温哥华航线组成。它涉及的港口主要包括远东的高雄、釜山、上海、香港、东京、神户、横滨等和北美西海岸的长滩、洛杉矶、西雅图、塔科马、奥克兰及温哥华等。涉及的国家和地区包括亚洲的中国、韩国、日本以及北美的美国和加拿大西部地区。

2. 远东—加勒比、北美东海岸航线

该航线是经夏威夷群岛南北至巴拿马运河。从我国北方沿海港口出发的船只多半经大隅海峡或经琉球奄美诸岛出东海。

3. 远东—南美西海岸航线

从我国北方沿海各港口出发的船只多经琉球奄美诸岛、硫磺列岛、威克岛、夏威夷群岛之南的莱恩群岛穿越赤道进入南太平洋，至南美西海岸各港口。

4. 远东—东南亚航线

该航线是中、朝、日货船去往东南亚各港口以及经马六甲海峡去往印度洋、大西洋沿岸各港口的主要航线。东海、台湾海峡、巴士海峡、南海是该航线船只的必经之路，航线繁忙。

（二）西北欧航线

1. 西北欧、北美东海岸—加勒比航线

西北欧—加勒比航线多半出英吉利海峡后横渡北大西洋。它同北美东海岸各港口出发的船舶一样，一般都经莫纳、向风海峡进入加勒比海。除去加勒比海沿岸各港外，还可经巴拿马运河到达美洲太平洋岸港口。

2. 西北欧、北美东海岸—地中海—苏伊士运河—亚太航线

西北欧、北美东海岸—地中海—苏伊士航线属世界最繁忙的航段，它是北美、西北欧

与亚太海湾地区间贸易往来的捷径。该航线一般途经亚速尔、马德拉群岛上的航站。

3. 西北欧、地中海—南美东海岸航线

该航线一般经西非大西洋岛屿—加纳利、佛得角群岛上的航站。

4. 西北欧、北美东海岸—好望角、远东航线

该航线一般是巨型油轮的油航线。佛得角群岛、加纳利群岛是过往船只停靠的主要航站。

5. 南美东海岸—好望角—远东航线

这是一条以石油、矿石为主的运输线。该航线处在西风漂流海域，风浪较大。一般西航偏北行，东航偏南行。

（三）印度洋航线

印度洋航线以石油运输线为主，此外有不少是大宗货物的过境运输。

1. 波斯湾—好望角—西欧、北美航线

该航线主要由超级油轮公司经营，是世界上最主要的海上石油运输线。

2. 波斯湾—东南亚—日本航线

该航线东经马六甲海峡（20 万载重吨以下船舶可行）或龙目、望加锡海峡（20 万载重吨以上超级油轮可行）至日本。

3. 波斯湾—苏伊士运河—地中海—西欧、北美运输线

该航线目前可通行载重为 30 万吨级的超级油轮。

（四）世界集装箱海运干线

目前，世界海运集装箱航线主要有：远东—北美航线，北美—欧洲、地中海航线，欧洲、地中海—远东航线，远东—澳大利亚航线，澳洲、新西兰—北美航线，欧洲、地中海—西非、南非航线。

三、中国主要海运航线

（一）近洋航线

（1）港澳线—到香港、澳门地区。

（2）新马线—到新加坡、马来西亚的巴生港、槟城和马六甲等港。

（3）暹罗湾线，又可称为越南、柬埔寨、泰国线——到越南海防、柬埔寨的磅逊和泰国的曼谷等港口。

（4）科伦坡、孟加拉湾线——到斯里兰卡的科伦坡和缅甸的仰光、孟加拉国的吉大港以及印度东海岸的加尔各答等港口。

（5）菲律宾线——到菲律宾的马尼拉港。

（6）印度尼西亚线——到爪哇岛的雅加达、三宝垄等。

（7）澳大利亚新西兰线——到澳大利亚的悉尼、墨尔本、布里斯班和新西兰的奥克兰、惠灵顿。

（8）巴布亚新几内亚线——到巴布亚新几内亚的莱城、莫尔兹比港等。

（9）日本线——到日本九州岛的门司和本州岛神户、大阪、名古屋、横滨和川崎等港口。

（10）韩国线——到釜山、仁川等港口。

（11）波斯湾线，又称阿拉伯湾线——到巴基斯坦的卡拉奇，伊朗的阿巴斯、霍拉姆沙赫尔，伊拉克的巴士拉，科威特的科威特港，沙特阿拉伯的达曼。

（二）远洋航线

（1）地中海线——到地中海东部黎巴嫩的贝鲁特、利比亚的黎波里，以色列的海法、阿什杜德，叙利亚的拉塔基亚，地中海南部埃及的塞得港、亚历山大，突尼斯的突尼斯，阿尔及利亚的阿尔及尔、奥兰，地中海北部意大利的热那亚，法国的马赛，西班牙的巴塞罗那和塞浦路斯的利马索尔等港。

（2）西北欧线——到比利时的安特卫普，荷兰的鹿特丹，德国的汉堡、不来梅，法国的勒阿弗尔，英国的伦敦、利物浦，丹麦的哥本哈根，挪威的奥斯陆，瑞典的斯德哥尔摩和哥德堡，芬兰的赫尔辛基等。

（3）美国加拿大线——包括加拿大西海岸港口温哥华，美国西岸港口西雅图、波特兰、旧金山、洛杉矶，加拿大东岸港口蒙特利尔、多伦多，美国东岸港口纽约、波士顿、费城、巴尔的摩，墨西哥湾港口的莫比尔、新奥尔良、休斯敦等港口。美国墨西哥湾各港也属美国东海岸航线。

（4）南美洲西岸线——到秘鲁的卡亚俄，智利的阿里卡、伊基克、瓦尔帕莱索、安托法加斯塔等港口。

四、集装箱班轮公司船期表

（一）班轮船期表的定义和内容

班轮船期表（Liner Schedule）是由各班轮公司自定形式、自行颁布的关于航期、航行路线、挂港和载量的公开船期信息，一般包括航线名称、船名、航次编号、始发港名、中途港、终点港、到港时间和离港时间以及其他有关事项。

（二）班轮船期表的作用

制定班轮船期表是班轮营运组织工作的一项重要内容。公司制定并公布班轮船期表有多方面的作用：①为了招揽航线途经港口的货载，既可满足货主的需要，又体现海运服务的质量；②有利于船舶、港口和货物及时衔接，使船舶有可能在挂靠港口的短暂时间内获得尽可能高的工作效率；③有利于提高船公司航线经营计划的质量。

（三）获取班轮船期表的途径

班轮公司船期表的具体信息可以通过各班轮公司的网站、船舶代理公司的网站、班轮公司船舶挂靠港口的集装箱码头公司网站获得，也可以通过我国的《中国远洋航务公报》（*China Shipping Bulletin*）、《航运交易公报》（*Shipping Exchange Bulletin*）、《中国航务周刊》（*China Shipping Gazette*）等获得。表 1-4-2 是万海航运根据中国—越南航线制定的班轮船期表。

表 1-4-2　　万海航运班轮船期表

Vessel	Voyage	DA NANG (PORT) ETA-ETD	CAT LAI PORT HOCHIMINH ETA-ETD	SHEKOU ETA-ETD	HONG KONG, CHINA ETA-ETD	JIANGYIN, FUJIAN CHINA ETA-ETD	INCHEON ETA-ETD	QINGDAO ETA-ETD	SHANGHAI ETA-ETD
WAN HAI 303	N295	06/13-06/13	06/15-06/17	06/19-06/20	06/20-06/20	06/22-06/22	06/24-06/25	06/26-06/27	06/28-06/29
WAN HAI 305	N217	06/20-06/20	06/22-06/24	06/26-06/27	06/27-06/27	06/29-06/29	07/01-07/02	07/03-07/04	07/05-07/06
IRENES ROSE	N104	06/27-06/27	06/29-07/01	07/03-07/04	07/04-07/04	07/06-07/06	07/08-07/09	07/10-07/11	07/12-07/13
WAN HAI 303	N296	07/04-07/04	07/06-07/08	07/10-07/11	07/11-07/11	07/13-07/13	07/15-07/16	07/17-07/18	07/19-07/20
WAN HAI 305	N218	07/11-07/11	07/13-07/15	07/17-07/18	07/18-07/18	07/20-07/20	07/22-07/23	07/24-07/25	07/26-07/27
IRENES ROSE	N105	07/18-07/18	07/20-07/22	07/24-07/25	07/25-07/25	07/27-07/27	07/29-07/30	07/31-08/01	08/02-08/03
WAN HAI 303	N297	07/25-07/25	07/27-07/29	07/31-08/01	08/01-08/01	08/03-08/03	08/05-08/06	08/07-08/08	08/09-08/10
WAN HAI 305	N219	08/01-08/01	08/03-08/05	08/07-08/08	08/08-08/08	08/10-08/10	08/12-08/13	08/14-08/15	08/16-08/17
IRENES ROSE	N106	08/08-08/08	08/10-08/12	08/14-08/15	08/15-08/15	08/17-08/17	08/19-08/20	08/21-08/22	08/23-08/24
WAN HAI 303	N298	08/15-08/15	08/17-08/19	08/21-08/22	08/22-08/22	08/24-08/24	08/26-08/27	08/28-08/29	08/30-08/31
WAN HAI 305	N220	08/22-08/22	08/24-08/26	08/28-08/29	08/29-08/29	08/31-08/31	09/02-09/03	09/04-09/05	09/06-09/07
IRENES ROSE	N107	08/29-08/29	08/31-09/02	09/04-09/05	09/05-09/05	09/07-09/07	09/09-09/10	09/11-09/12	09/13-09/14

测　试

一、填空

1. 集装箱标准根据其使用范围，分为________、国家标准、地区标准和公司标准四种。

2. 到目前为止，国际标准集装箱共有 13 种规格，宽度均为________mm。

3. 非标准长度集装箱主要有美国海陆公司的________ft 型集装箱、麦逊公司的 24ft 型集装箱和海铁公司的 27ft 型集装箱。

4. 集装箱进入场站后，应按照不同的海上承运人将空箱和________分别堆放，空箱按完好箱、破损箱、污箱、自有箱和租箱分别堆放。

5. 海洋货物价格中，卖方承担义务和风险最小的是________，买方承担义务和风险最小的是________。

二、单选题

1. 下列（　　）最适合采用集装箱来运输。

A. 废钢铁　　B. 家用电器　　C. 原木　　D. 汽车

2. 下列就集装箱货物积载和堆存说法错误的是（　　）。

A. 货物在箱子内的重量分布应当均衡

B. 货物之间一般不能留有空隙

C. 空箱、实箱应分别堆存

D. 不得装载危险货物

3. 专门用来装运液体货的集装箱是（　　）。

A. 罐式集装箱　　B. 冷藏集装箱　　C. 动物集装箱　　D. 散货集装箱

4. TEU 表示（　　），是指标准集装箱。

A. 40ft 集装箱　　B. 20t 集装箱

C. 20ft 集装箱　　D. 10t 集装箱

5. LCL—FCL 交接地点为（　　）。

A. 门—门　　B. 站—场　　C. 场—场　　D. 站—站

6. 在国际货运中，拼箱货一般由承运人在（　　）对不同发货人的货物进行拼装。

A. 集装箱堆场　　B. 集装箱货运站

C. 发货人仓库　　D. 码头

7. 卖方必须在合同规定的装运期内，在约定的装运港，将货物交至买方指定的船上，并负担货物越过船舷以前的一切费用和货物丢失或损坏的风险，风险转移的界限是装运港船舷，这样的外贸价格是（　　）。

A. FOB　　B. CIF　　C. FCA　　D. CIP

8. 门到门的集装箱运输最适合于（　　）交接方式。

A. 整箱交，整箱接　　B. 整箱交，拆箱接

C. 拼箱交，拆箱接　　D. 拼箱交，整箱接

9. 不计公差，用近似整数表示的集装箱尺寸，如 1A 型集装箱长度为 40ft，这种尺寸叫作（　　）。

A. 净空高度　　B. 公称尺寸　　C. 实际容积　　D. 内部尺寸

10. 集装箱的空箱重量和箱内装载货物的最大容许重量之和，叫作集装箱的（　　）。

A. 自重　　B. 载重　　C. 额定重量　　D. 载货重量

11. 相同尺寸的集装箱在堆码的条件下，承受动、静载荷的能力，叫作集装箱的（　　）。

A. 箱底承载能力　　B. 堆码能力　　C. 拴固能力　　D. 风雨密性

12. 集装箱货物站到场的运输中，承运人以（　　）接受货物，以（　　）交付货物。

A. 整箱形态、整箱形态　　B. 拼箱形态、整箱形态

C. 拼箱形态、拼箱形态　　D. 整箱形态、拼箱形态

13. 货价高、运费也高的商品，如各种酒类、香烟及烟草、小型电器、光学仪器等属于（　　）。

A. 最适合装箱货　　B. 适合装箱货

C. 边际装箱货　　D. 不适合装箱货

14. 价格低廉、运费便宜的商品，如钢锭、铅锭、生铁块、砖瓦等（　　）。

A. 最适合装箱货　　B. 适合装箱货

C. 属于边际装箱货　　D. 不适合装箱货

15. CFS-CFS 集装箱运输条款是指（　　）。

A. 一个发货人、一个收货人　　B. 多个发货人、多个收货人

C. 一个发货人、多个收货人　　D. 多个发货人、一个收货人

三、多选题

1. 关于 CIF 价格，下列说法正确的有（　　）。

A. CIF 的意思是成本加保险费加运费

B. 卖方在合同规定的期限内，将合同要求的货物装上船并支付至目的港的运费

C. 卖方承担货物在装运港超过船舷之前的一切费用和风险

D. 买方承担货物在装运港超过船舷之后的一切风险

E. CIF 是一种典型的象征性交货

2. 关于 CFR 价格，下列说法正确的有（　　）。

A. 其英文拼写是 Cost and Freight

B. 卖方负责办理租船或订舱，支付至目的港的正常运费

C. 卖方办理货物的出口手续，取得出口许可证及其他必需的出口官方证件

D. 买方承担货物在装运港越过船舷后除海运费外的一切费用及风险

E. 买方负责租妥船舶、支付运费，并将船名和到港装货日期通知卖方

3. 关于 CIP 价格，下列说法正确的有（　　）。

A. CIP 的英文是 Carriage and Insurance paid to

B. 卖方负责与承运人签订全程运输合同，并支付全程运费

C. 买方承担货物交给承运人之后的一切风险和费用

D. 买方负责签订承运合同，并将承运人的名称及时通知卖方

E. 买方负责办理进口手续，取得进口许可证及其他核准证书

四、判断题

1. 集装箱运输起源于德国。（　　）

2. 集装箱运输的开创时期是在 20 世纪 50 年代中期到 20 世纪 60 年代中期，即集装箱运输推向海上运输之后。（　　）

3. 对于一端设门、另一端是盲端的集装箱来说，前端是指有箱门的一端。（　　）

4. 集装箱的纵向是指集装箱的前后方向，横向是指集装箱的左右方向。（　　）

5. 玻璃钢集装箱的数量占世界总箱量的 85%左右。（　　）

6. 出口重箱凡有残损或船名、航次、提单号等与场站收据、集装箱装箱单或设备交接单所列明内容不符者，港口应拒绝收箱。（　　）

7. 进口重箱拆箱后返回码头需要通过检查口进场。（　　）

8. 由发货人负责装箱、计数、填写装箱单，并由海关加铅封的货物是整箱货。（　　）

9. 拼箱货是指不满一整箱的小票货物，这种货物由货主负责装箱与拆箱作业。（　　）

10. 租箱人可以在租赁的集装箱箱体外表贴上自己的标志。（　　）

五、简答题

1. 集装箱运输与散件杂货运输相比具有许多优点，其经济效果有哪些？
2. FCA、CPT、CIP 与 FOB、CFR、CIF 的区别是什么？
3. 集装箱分配及使用一般应遵循哪些原则？

六、计算题

有一批规格相同的箱装货物，是用波纹纸板箱包装的冰柜，共 1000 箱，单箱货物体积为 $1m^3$，单箱重量为 98kg，箱容利用率为 100%容重。已知 20ft 杂货集装箱容重为 100%时，单位容重为 656.3kg/m^3，容积为 33.2m^3，而 40ft 杂货集装箱容重为 100%时，单位容重为 407.5kg/m^3，容积为 67.8m^3。

要求：

(1) 计算货物密度。

(2) 根据货物密度确定选用哪种集装箱箱型。

(3) 计算该集装箱对该货物的最大可能装载量。

(4) 计算所需的集装箱箱数。

认识集装箱集疏节点

学习目标

【知识目标】

- 了解集装箱货运站的类型、基础设施及主要功能。
- 了解集装箱码头的布局与构成。
- 了解公路集装箱中转站的分类、主要业务功能及装卸工艺。
- 了解我国铁路集装箱中心站及重点疏港铁路。

【技能目标】

- 掌握集装箱货运站的拼箱货操作流程。
- 掌握集装箱码头装卸工艺系统，掌握码头堆场各种作业方式。
- 掌握我国各铁路集装箱中心站的主要运输路线。

任务一 集装箱货运站相关知识

一、集装箱货运站的定义

集装箱货运站（Container Freight Station，简称 CFS），是拼箱货装箱和拆箱的船、货双方办理交接的场所。它是集装箱运输关系方的一个组成部分，在集装箱运输中起到重要作用。在集装箱货运站，相关方负责办理拼箱货的交接，配载积载后，将箱子送往 CY（堆场），并接受 CY 交来的进口货箱，进行拆箱、理货、保管，最后拨给各收货人；同时，也可按承运人的委托开展铅封和签发场站收据等业务。

二、集装箱货运站的类型及基本设施

（一）集装箱货运站的类型

目前，集装箱货运站在整个集装箱运输系统中主要有以下几种常见的形式：

1. 设置于集装箱码头内的集装箱货运站

此处的集装箱货运站主要处理各类拼箱货，进行出口货的拼箱作业和进口货的拆箱作

业。货主托运的拼箱货，凡是出口的，均先在码头集装箱货运站集货，在货运站拼箱后转往出口堆箱场，准备装船；凡是进口的，均于卸船后运至码头集装箱货运站拆箱，然后为收货人送货，或由收货人提货。一般的集装箱码头均设有集装箱货运站。

2. 设置于集装箱码头附近的集装箱货运站

这类集装箱货运站设在码头附近，独立设置，不隶属于集装箱码头。之所以这样设置，一般有两种原因：

（1）缓解码头的场地紧张，成为集装箱码头的一个缓冲地带。有的集装箱码头业务繁忙，自身集装箱货运站规模有限，或堆场紧张。有些拼、拆箱作业可到码头外集装箱货运站进行。有些拼箱货卸船后，直接拉到码头外集装箱货运站，可提高码头堆场的利用率。上海与香港由于码头狭小，经常有这类集装箱货运站。

（2）集装箱码头内不设集装箱货运站，在集装箱码头外设独立的货运站。比如，中国台湾的一些集装箱码头存在这样的集装箱货运站。

3. 内陆集装箱货运站

它是集装箱港口（码头）在内陆地区的延伸，也称为“内陆港”。各集装箱港口向内陆地区辐射各种方式的运输线路（包括铁路、公路、内河航线等），将各个内陆货站与港口的码头联系在一起，形成一个港口与内陆腹地的集疏运网络。通过这个网络，在广大内陆地区的托运人不必将货物零星地运往港口的码头堆场交货，而只要把集装箱货物交给附近的集装箱内陆货站，然后由货站将众多托运人的集装箱货物集中起来，通过定期的专用列车或铁路班车或集装箱专用卡车，以较大的运输批量有组织地运往集装箱码头堆场。反之，由港口进口的集装箱货物卸船后也通过这个网络疏运到分布在内陆腹地的内陆货站，实现内陆交货。不仅如此，在空箱的发放、存储、回收和拼箱运输中，内陆货站也发挥了重要作用。各集装箱运输经营人（特别是船公司）和集装箱租赁公司可以像对待集装箱码头堆场一样，委托内陆货站作为集装箱代理人，完成集装箱的堆存、发放、回收及装、拆箱业务。这不仅减少了在集疏运系统中以码头堆场为中心的空箱调运，而且也大大方便了用箱人的提、还箱。从集装箱联运的全过程来看，从托运人提取空箱和托运货物，到收货人收到货物和还回集装箱，集装箱内陆货站与集装箱运输系统中的其他各种环节组成一个有机的、高效率的整体，使集装箱运输“门到门”的多式联运优势得以充分发挥，在保证港口畅通、减少集装箱在港停留数量和时间方面发挥重要作用。

集装箱铁路基地站或办理站有的要从事一些拆箱和拼箱的业务，所以通常兼有集装箱货运站的性质。集装箱公路中转站一般都要进行拼箱货的拆装箱，所以同时都是集装箱货运站。

（二）集装箱货运站的基本设施

集装箱货运站要能有效开展拆装箱业务，一般需要满足以下几点要求：①便于进行装箱和拆箱作业；②便于对卡车进行非成组的散件杂货的装卸；③为了便于货物集疏运和货物分类，应有充分的操作面积；④为了暂时保管进出口货物，应有适当的堆货面积；⑤如需进行海关结关和检疫等事宜，应具备进行此类事务的条件。

大型集装箱货运站为了有效地开展工作，需要有完成上述工作要求的机械和设施（如

图 2-1-1 至图 2-1-4 所示）：

（1）办理集装箱货物交接和其他手续的门房及营业办公用房。

（2）接受、发放和堆存拼箱货物及进行装拆箱作业的场所、库房与相应的机械设备。

（3）集装箱堆场及堆场作业的机械设备。

（4）开展集装箱检验、修理、清洗等业务的车间和条件。

（5）铁路运输装卸车作业的装卸线及装卸车的机械设备。

（6）拖挂车和汽车停车场及装卸汽车的场地和机械设备。

（7）能与港口码头、铁路车站及业务所涉及各货主、运输经营人等方便、快速、准确地进行信息、数据、单证传输、交换的条件与设备。

（8）为海关派员及办理海关手续所需的各种条件及设施等。

图 2-1-1　集装箱正面吊

图 2-1-2　集装箱龙门吊

图 2-1-3　集装箱空箱堆高机

图 2-1-4　集装箱叉车

三、集装箱货运站的主要功能

（一）集装箱货运站的主要作用

（1）设置于集装箱码头内的集装箱货运站，它的作用主要是拼箱货的拆箱和装箱，同时要负责出口拼箱货的集货和进口拼箱货拆箱后的暂时储存工作。

（2）设置于集装箱码头附近的集装箱货运站，它的作用除与设在码头内的集装箱货运站相同外，通常还可能有以下作用：

①作为集装箱码头的缓冲堆箱场，在出口箱大量到达与进口箱集中卸船、码头堆场难以应付的时候，作为码头的第二堆场。

②代理船公司与租箱公司，作为空箱提箱与交箱的场所。

（3）内陆集装箱货运站，除进行集装箱拼箱货的装箱与拆箱外，还充当联系经济腹地的纽带和桥梁；同时作为某一地区的集装箱集散点，进行一些箱务管理业务和空箱调度业务，加速箱子周转，提高整个地区集装箱多式联运的效率。

（二）集装箱货运站的主要任务

（1）集装箱货物的承运、验收、保管和交付；

（2）拼箱货的装箱和拆箱作业；

（3）整箱货的中转；

（4）重箱和空箱的堆存和保管；

（5）货运单的处理，运费、堆存费的结算；

（6）集装箱及集装箱车辆的维修、保养。

四、集装箱货运站的业务流程

一般情况下，集装箱货运站是接受船公司的委托，代船公司接收不足整箱的零星货物（拼箱货）进行拼箱，或将拼箱的整箱货拆箱，向收货人交付不足整箱的零星货物，并完成货物的临时保管等辅助任务。在实际工作中，集装箱货运站对拼箱货都有相应的操作流程。

（一）集装箱货运站进口拼箱货操作流程

1. 取得进口箱相关信息

集装箱货运站在船舶到港前几天，从船公司或其代理人处取得以下单证：

（1）提单副本或场站收据副本；

（2）货物舱单；

（3）集装箱装箱单；

（4）装船货物残损报告；

（5）特殊货物表。

货运站根据以上单据做好拆箱交货准备工作。

2. 发出交货通知

货运站根据船舶进港时间及卸船计划等情况，联系码头堆场决定提取、拼箱的时间，制定拆箱交货计划，并对收货人发出交货日期的通知。

3. 从码头堆场领取重箱

货运站经与码头堆场联系后，即可以从码头堆场领取重箱，双方应在集装箱单上签字，对出堆场的集装箱应办理设备交接手续。

4. 拆箱交货

货运站从堆场取回重箱后，即开始拆箱作业；拆箱后，应将空箱退回码头堆场。收货人前来提货时，货运站应要求收货人出具船公司签发的提货单，经单货核对无误后，即可

交货，双方应在交货记录上签字。如发现货物有异常，则应将这种情况记入交货记录的备注栏内。

5. 收取有关费用

集装箱货运站在交付货物时，应检查保管费及有无再次搬运费，如已发生有关费用，则应收取费用后再交付货物。

6. 制作报告

制作交货报告或未交货报告交送船公司，以便船公司据此处理有关事宜。

（二）集装箱货运站出口拼箱货操作流程

（1）集货与配货。相关负责人为拼箱做好各种前期准备工作。

（2）拼箱货装箱。应根据货物的积载因数和集装箱的箱容系数，尽可能充分利用集装箱的容积，并确保箱内货物安全无损。

（3）制作装箱单。货运站在进行货物装箱时，应制作集装箱装箱单。制单应准确无误。

（4）将拼装的集装箱运至码头堆场。货运站在装箱完毕后，在海关监管下，对集装箱加海关封志，并签发场站收据。同时，应尽快联系码头堆场，将拼装的集装箱运至码头堆场。

任务二　集装箱码头相关知识

一、集装箱码头的定义

集装箱码头是指包括港池、锚地、进港航道、泊位等水域以及货运站、堆场、码头前沿、办公生活区域等陆域范围的能够容纳完整的集装箱装卸操作过程的具有明确界限的场所。

集装箱码头是集装箱运输中最为关键的节点，是水陆联运的枢纽站，是集装箱货物在转换运输方式时的缓冲地，也是货物的交接点。面对残酷而激烈的市场竞争，集装箱码头只有充分运用装卸运输设备，不断提高装卸效率和集疏运能力，才能适应并满足集装箱运输发展的需求，进而提高码头经济效益和社会效益。

二、集装箱码头的特点和基本要求

（一）集装箱码头的特点

集装箱码头与普通件杂货码头相比具有如下特点：

1. 码头设施的大型化、深水化

随着集装箱运输的发展，件杂货物集装箱化的比例不断提高，集装箱运量不断上升。根据规模经济原理，船舶越大，单位成本越低。因此，为了降低集装箱船舶运输成本，各个集装箱船舶运输公司新投入使用的集装箱船舶越来越大，与此相对应的码头也越来越大。码头前沿水深不断增加，岸线泊位长度延长，堆场及整个码头的区域扩大。

2. 码头作业的机械化、自动化、高效化

由于集装箱船舶越来越大，从航次经济核算的角度分析，允许船舶停留在码头的时间相对较短。通过缩短集装箱船舶在码头的停泊时间可以降低停泊成本，提高集装箱运输船舶的航行效率并充分发挥船舶单位运输成本的优势，降低全程水路运输的成本，提高经济效益。

为了保证集装箱船舶在码头以最短的时间装卸完集装箱，现代集装箱专用码头一般都配备了专门化、自动化、高效率化的装卸搬运机械。

3. 码头业务管理的信息化、现代化

集装箱运输业务的效率来源于管理的现代化，这都以运输信息传递的便利和高速处理为基础。在集装箱码头，信息的传递来源于两个方面：一是码头、外部客户和有关部门之间的信息联系；二是码头内部的现场指挥与生产指挥中心之间的信息联系。前者采用电子数据交换技术，后者采用现场数据输入仪来降低在整个信息传递过程中的出错率。

现代集装箱码头的有效运作，不仅要求员工具有较高的文化素质和熟练的技术，更重要的是先进的管理手段。国外一些先进的集装箱码头，如新加坡、鹿特丹，已经实现了堆场业务和检查作业的自动化。

4. 码头投资的多元化

无论是码头大型化，还是装卸搬运机械自动化、专门化、高速化，都需要有较大的投资。另外，诸如集装箱码头、堆场造价，也比普通件杂货码头造价高得多。这些正是许多大型集装箱码头都采用中外合资等形式进行招商融资的主要原因之一。

（二）集装箱码头的基本要求

集装箱码头是集装箱运输系统的集结点和枢纽站，通常有大量的集装箱在码头集中、暂存和转运。因此，集装箱码头必须满足下列基本要求：

（1）具备设计船型所需的泊位、岸线及前沿水深和足够的水域，保证船舶安全靠离。

（2）具备码头前沿所需要的宽度、码头纵深及堆场面积，具有可供发展所需的广阔的陆域，保证集装箱堆存和堆场作业及车辆通行的需要。

（3）具备适应集装箱装卸作业、水平运输作业及堆场作业需要的各种装卸机械及设施，以实现各项作业的高效化。

（4）具有足够的集疏运能力及多渠道的集疏运系统，以保证集装箱及时集中和疏散，快速装卸船舶，防止港口堵塞。

（5）具有维修保养的设施及相应的人员，以保证正常作业的需要。

（6）集装箱码头高科技及现代化的装卸作业和管理工作，要求具有较高素质的管理人员和机械司机。

（7）为满足作业及管理的需要，应具有现代管理和作业的必需手段，采用电子计算机及数据交换系统。

三、集装箱码头的布局及构成

集装箱码头的整个装卸作业是采用机械化、大规模生产方式进行的，要求各项作业密

切配合，实现装卸工艺系统的高效化。这就要求集装箱码头上各项设施合理布置，并使它们有机地联系起来，形成一个各项作业协调一致、相互配合的有机整体，形成高效率的、完善的流水作业线，以缩短车、船、箱在港口码头的停泊时间，加速车、船、箱的周转，降低运输成本和装卸成本，实现最佳的经济效益。

（一）集装箱码头的布局

图 2-2-1 为广州南沙集装箱码头平面布局简图。对于集装箱专用码头，主要要求集装箱泊位岸线长为 300m 以上；集装箱码头陆域纵深应能满足各种设施对陆域面积的要求，一般为 350m 以上，有的集装箱码头已高达 500m；码头前沿宽度一般为 40m 左右，这取决于集装箱装卸工艺系统及集装箱岸壁起重机的参数和水平运输的机械类型；每一集装箱专用泊位，配置 2~3 台岸壁集装箱起重机；集装箱堆场的大小，应根据设计船型的装卸能力及到港的船舶密度决定，还与采用的装卸工艺系统和集装箱在港停留时间有关，一般情况下，岸线长 300m 的泊位，堆场面积达 105000m^2，甚至更大；集装箱货运站（拆装箱库）可布置在集装箱码头的大门与堆场之间的地方，也可布置在集装箱码头以外的地方；所有通道的布置应根据装卸工艺与机械要求而定。

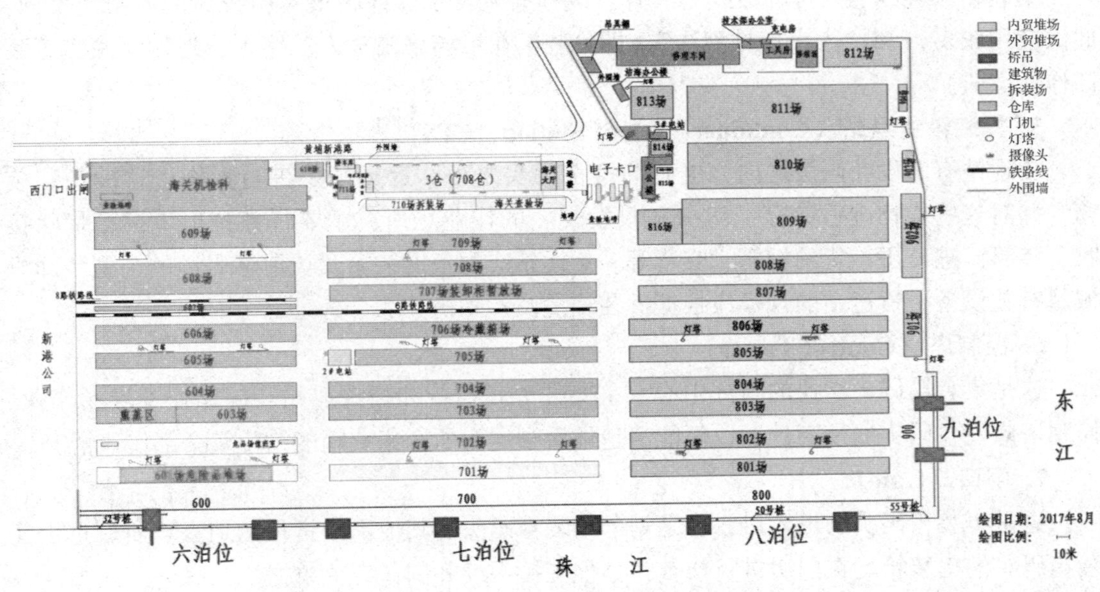

图 2-2-1 广州南沙集装箱码头平面布局简图

（二）集装箱码头构成

根据集装箱码头装卸作业、业务管理的需要，集装箱码头应由以下主要设施构成：

1. 靠泊设施（Wharf）

靠泊设施主要由码头岸线和码头岸壁组成。码头岸线供来港装卸的集装箱船舶停靠使用，长度根据所停靠船舶的主要技术参数及有关安全规定而定；码头岸壁一般是指集装箱船停靠时所需的系船设施，岸壁上设有系船柱，用于船靠码头时通过缆绳将船拴住，岸壁上还应设置预防碰撞装置，通常为橡胶材料制作。

2. 码头前沿（Frontier）

码头前沿是指沿码头岸壁到集装箱编排场（或称编组场）之间的码头面积，设有岸边集装箱起重机及其运行轨道。码头前沿的宽度可根据岸边集装箱起重机的跨距和使用的其他装卸机械种类而定，一般为40m左右。

3. 集装箱编排（组）场（Container Marshalling Yard）

集装箱编排（组）场又称前方堆场，是指把准备即将装船的集装箱排列待装以及为即将卸下的集装箱准备好场地和堆放的位置，通常布置在码头前沿与集装箱堆场之间，主要作用是保证船舶装卸作业快速而不间断地进行。通常在集装箱编排场上按集装箱的尺寸预先在场地上用白线或黄线画好方格即箱位，箱位上编上“箱位号”；当集装箱装船时，可按照船舶的配载图找到这些待装箱的箱位号，然后有次序地进行装船。

4. 集装箱堆场（Container Yard，CY）

集装箱堆场又称后方堆场，是指进行集装箱交接、保管重箱和安全检查的场所，有的还包括存放底盘车的场地。堆场面积的大小必须适应集装箱吞吐量的要求，应根据船型的装载能力及到港的船舶密度、装卸工艺系统、集装箱在堆场上的排列形式等计算、分析确定。

集装箱在堆场上的排列形式一般有“纵横排列法”（即将集装箱按纵向或横向排列，此法应用较多）和“人字形排列法”（即集装箱在堆场放成“人”字形，适用于底盘车装卸作业方式）。

5. 集装箱货运站（Container Freight Station，CFS）

货运站有的设在码头之内，也有的设在码头之外。货运站是拼箱货物进行拆箱和装箱，并对这些货物进行储存、防护和收发交接的作业场所，主要任务是出口拼箱货的接收、装箱，进口拼箱货的拆箱、交货等。货运站应配备拆装箱及场地堆码用的小型装卸机械及有关设备，货运站的规模应根据拆装箱量及不平衡性综合确定。

6. 控制塔（Control Tower）

这是集装箱码头作业的指挥中心。主要任务是监视和指挥船舶装卸作业及堆场作业。控制塔应设在码头的最高处，以便能清楚地看到码头所有集装箱的箱位及全部作业情况。

7. 闸口（Gate）

这是集装箱码头的出入口，也是划分集装箱码头与其他部门责任的地方。所有进出集装箱码头的集装箱均在门房进行检查，办理交接手续并制作有关单据。

闸口，也称检查桥，其位置一般设在面向公路、背靠港池的适当地点。检查桥的建筑结构一般是钢结构框架、两层通道式建筑，下层设有检查桥工作人员工作室若干间，上层为通道式走廊。检查桥上方应安装电子显示屏和其他标识牌。检查桥的跨度（即设置几条通道）要考虑以下因素：一是进港通道；二是出港通道；三是超高箱和港口装卸机械通道。进港通道上应装有先进的地磅设施，以便随时对集装箱实施计量。

8. 维修车间（Maintenance Shop）

这是对集装箱及其专用机械进行检查、修理和保养的场所。维修车间的规模应根据集装箱的损坏率、修理的期限、码头内使用的车辆和装卸机械的种类、数量及检修内容等确定。维修车间应配备维修设备。

9. 集装箱清洗场（Container Washing Station）

主要任务是对集装箱污物进行清扫、冲洗，一般设在后方并配有多种清洗设施。

10. 码头办公楼（Terminal Building）

集装箱码头办公大楼是集装箱码头行政、业务管理的“大本营”，已基本上实现了电子化管理，最终达到管理的自动化。

四、集装箱码头机械设备

整个集装箱码头机械化系统包括装卸船、搬运、堆码及拆装箱等机械设备，一般分为三类，即装卸机械、堆场机械和水平运输机械。

（一）集装箱船装卸机械

集装箱的标准化和集装箱船的专用化，为集装箱码头装卸机械高效化提供了良好条件。在现代化的集装箱码头上，目前从事码头前沿集装箱起落舱作业的设备普遍采用的是岸壁式集装箱装卸桥（Quayside Container Crane）（如图 2-2-2 所示）。

岸壁集装箱装卸桥又称岸边集装箱装卸桥，简称装卸桥，是码头前沿机械，承担集装箱装、卸船作业。其装卸效率为 20~35TEU/h，起重量为 35~45t，外伸距为 45~55m，内伸距一般为 12~20m，轨距一般为 20m。根据世界集装箱码头营运经验，一般情况下一个集装箱泊位平均可配备装卸桥 1~3 台。

图 2-2-2　岸壁式集装箱装卸桥

（二）集装箱堆场作业机械

集装箱堆场作业的机械主要有底盘车、跨运车、叉车、轮胎式龙门起重机、轨道式龙门起重机以及正面吊等，其中一些机械类型可同时用于车辆的装卸作业。

1. 跨运车（Straddle Carrier）

跨运车是用于集装箱码头前沿和库场之间短途水平搬运和堆码集装箱的专用机械。它通过门形车架跨在集装箱上，由装有集装箱吊具的液压升降系统吊起集装箱，进行搬运堆码。还可用跨运车将集装箱装在集装箱底盘车上，同时也可将集装箱从底盘车上卸下。该机型可实现一机多用，既可作为码头前沿至库场的水平运输机械，又可进行堆场 2~3 层集装箱堆码和装卸作业（如图 2-2-3 至图 2-2-6 所示）。

图 2-2-3　集装箱跨运车（一）

图 2-2-4　集装箱跨运车（二）

图 2-2-5　集装箱跨运车（三）

图 2-2-6　集装箱跨运车（四）

集装箱跨运车按基本结构形式可归纳为三类：

（1）无平台的跨运和装卸共用结构的集装箱跨运车

在这种结构形式下，其车体由两片垂直的 Π 型框架组成，门架上部用纵梁连接，下部安装在底梁上，司机室安装在后框架的一侧，动力装置设在底架上。车体为跨运和装卸共用结构。其特点是：由于没有平台，因此转弯半径小；在起吊集装箱时，由于门架两侧外倾载荷相同，因而两侧轮胎向外位移也相同；堆码和通过的集装箱层数相同。但司机室位于后框架上，司机视线较差。

（2）有平台的跨运和装卸共用结构的集装箱跨运车

这种结构形式的跨运车，其车体与无平台式基本相同，只是车架后部设有平台，平台与后框架相连接并支承在底架上，司机室和动力装置安设在平台上。车体亦为跨运和装卸共用结构。这种结构的优点是：司机视线有改善；起吊集装箱时，门架两侧载荷相同，因而两侧车轮向外位移亦相同；由于前后轮轴距较长，车体启动、制动和走行时颠簸较小，对路面产生的轮压也较小。但通过的集装箱层数比堆码时要少一层；由于设有平台，因此转弯半径较大。

（3）有平台的跨运和装卸专用结构的集装箱跨运车

在这种结构形式下，其车体为一片水平Π型门架，前后通过4根立柱与底梁连接，跨运部分与装卸部分是单独的。装卸部分一般采用上下伸缩式辅助吊架，后部设有平台，司机室和动力装置设在平台上。其优点是：由于跨运、装卸专用，因此可增加堆码集装箱的高度；搬运集装箱时，整车外形高度较小，重心低，走行稳定性较好；司机视线较好；车体启动、制动和行走平稳，轮压较低。但由于载荷作用于Π型门架闭合端，两侧车轮向外位移不同，转弯半径较大。

2. 集装箱叉车（Container Forklift）

集装箱叉车（又称叉式装卸车）是集装箱码头上常用的一种装卸机械，主要用于吞吐量不大的综合性码头上集装箱的装卸、堆垛、短距离的搬运和车辆的装卸作业，也有用于大型集装箱码头堆场的辅助作业，它是一种多功能的机械（如图2-2-7所示）。

集装箱叉车机动灵活，可一机多用，既可作水平运输，又可作堆场堆码、搬运及装卸底盘车作业；造价较低，使用方便，性能可靠。其性能应符合下列作业需要：

（1）起重量应保证能装卸作业所需的各种箱型；

（2）起升高度应符合堆垛层数的需要；

（3）负荷中心（货叉前壁至货物重心之间的距离）取集装箱宽度的1/2，即1220mm；

图2-2-7 集装箱叉车

（4）为适应装卸集装箱的需要，除采用标准货叉外，还应备有顶部起吊的专用吊具；

（5）为便于对准箱位，货架应能侧移和左右摆动。

叉车搬运集装箱可以采用两种方式：一是吊运方式，即采用顶部起吊的专用吊具吊运集装箱；二是叉运方式，即利用集装箱底部的叉孔用货叉起运，这种方式主要是搬运20ft的集装箱或空箱。

叉车的主要优点有：①叉车的通用性强，可适用于多种作业，机械在其寿命期内得到充分的利用；②叉车的使用较普遍，司机和维修人员熟悉叉车，存在的技术问题少；③机械价格便宜，成本低。

叉车的缺点主要是：①单机效率低，不适用于大吞吐量码头；②叉车的轮压大，对路面的磨损严重，增加了场地造价；③叉车需要的通道宽，场地利用率低；④装卸作业时，集装箱对位困难。

3. 龙门起重机（Transfer Crane）

龙门起重机简称龙门吊，是一种在集装箱场地上进行集装箱堆垛和车辆装卸的机械（如图2-2-8所示）。龙门起重机有轮胎式（又称无轨龙门吊）和轨道式（又称有轨龙门

吊）两种形式。

轮胎式龙门起重机（Rubber-tired Transfer Crane）的主要特点是机动灵活，通用性好。它不仅能前进、后退，而且还能左右转向 90°，设有转向装置，可从一个堆场转向另一个堆场进行作业。轮胎式龙门起重机的跨距是指两侧行走轮中心线之间的距离。跨距大小取决于所需跨越的集装箱列数和底盘车的通道宽度。根据集装箱堆场的布置，通常标准的轮胎式龙门起重机横向可跨 6 列集装箱和一条车道，可堆 3~4 层。

图 2-2-8　集装箱龙门吊

轨道式龙门起重机（Rail-mounted Transfer Crane）是集装箱码头堆场上进行装卸、搬运和堆垛作业的一种专用机械，一般比轮胎式龙门起重机跨度大，堆垛层数多。最大的轨道式龙门起重机，横向可跨越 19 列集装箱和 4 个车道，可堆 5 层高。

4. 正面吊运机（Front-handling Mobile Crane）

正面吊是目前集装箱码头堆场上受到频繁使用的专用机械（如图 2-2-9 所示）。由于运行方向与作业方向垂直，这种集装箱堆存设备需要占据较宽的通道，但是它的堆箱层数较高，并且可以为多排集装箱作业。设备的灵活性较强，因此较受欢迎。采用正面吊可以堆存 3~4 层重箱，或 7~9 层的空箱。因此，堆箱场地的利用率较高。目前，正面吊主要还是作为集装箱堆场的辅助作业机械，但是确实是一种很有前景的集装箱装卸的专用设备。

5. 空箱堆高机

空箱堆高机是集装箱运输的关键设备，广泛用于港口、码头、铁路公路中转站及堆场内的集装箱空箱的堆垛和转运，具有堆码层数高、堆垛和搬运速度快、作业效率高、机动灵活、节约场地等特点。目前市场上有起升高度最高达到 20m、堆码 9 层、门架高度 13m 的空箱堆高机。集装箱堆高机机动灵活，性能可靠，可一机多用，既可做水平运输，又可做堆场堆码、装卸搬运、拆装箱作业，造价低，使用维修方便（如图 2-2-10 所示）。

图 2-2-9　集装箱正面吊

图 2-2-10　集装箱空箱堆高机

6. 集装箱牵引车、底盘车

集装箱牵引车（Semi-traller Tractor）是专门用于牵引集装箱底盘车的运输车辆，其本身没有装货平台，不能装载集装箱，通过连接器与底盘车连接，牵引底盘车运输，从而实现托运作业（如图 2-2-11 所示）。底盘车是一种骨架式拖车，是装有轮胎的车架，前面有支架，后面有单轴一组轮胎或双轴两组轮胎两种，车上装有扭锁插头，能与集装箱的角件相互锁紧。它们的优点在于运行速度快，设备价格较低，营运成本低（如图 2-2-12 所示）。

图 2-2-11　集装箱牵引车

图 2-2-12　集装箱底盘车

7. 集装箱吊具

集装箱吊具是指一种装卸集装箱的专用吊具（如图 2-2-13 至图 2-2-16 所示），它通过其端部横梁四角的旋锁与集装箱的顶角配件连接，由司机操作控制旋锁的开闭，进行集装箱装卸作业。集装箱吊具按其结构特点可分为固定式、主从式、子母式、伸缩式 4 种形式。

图 2-2-13　固定式集装箱吊具

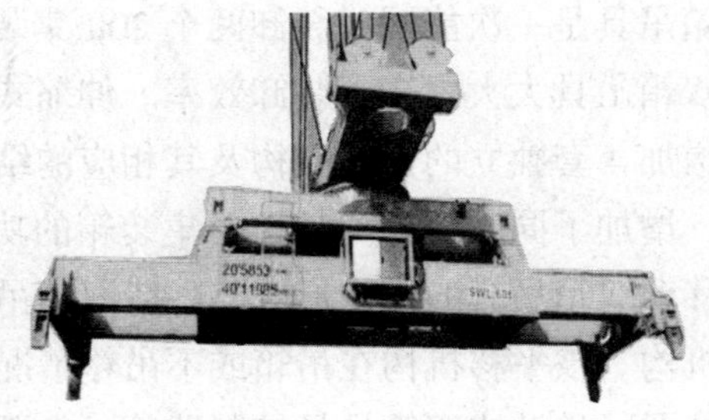

图 2-2-14　主从式集装箱吊具

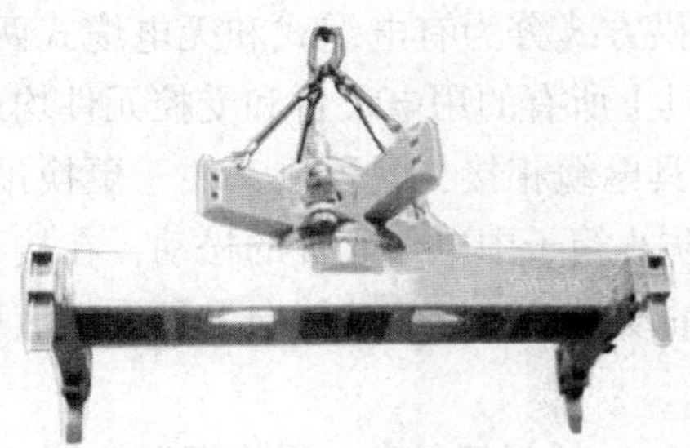

图 2-2-15　子母式吊具

图 2-2-16　伸缩式集装箱吊具

(1) 固定式吊具

固定式吊具也称整体式吊具，它只能装卸一种规格的集装箱。它无专用动力装置，是通过钢丝绳的升降带动棘轮机构驱动旋锁转动，从而以钢丝绳机械运动的方式实现自动开闭锁销。这种吊具结构简单、重量轻，但使用不便，一般用于多用途门机和一般门机上。

(2) 主从式吊具

主从式吊具也称组合式吊具。这种吊具由上下两个吊具组合而成。一般上吊具为20ft，下吊具为40ft。上吊具上装有动力装置。起吊不同规格的集装箱时，只要装上或卸下下吊具即可。主从式吊具与固定式吊具相比，使用方便，但重量较大。

(3) 子母式吊具

子母式吊具也称换装式吊具。这种吊具在其专用吊梁上装有动力系统，用来驱动下面吊具上的旋锁机构。在吊梁下可换装 20ft、40ft 等多种规格集装箱固定吊具。与主从式吊具比较，它具有自重较轻的特点，但更换吊具花费的时间较长。

(4) 伸缩式吊具

伸缩式吊具是通过液压传动驱动伸缩链条或油缸，使吊具自动伸缩改变吊具长度，以适应装卸不同规格的集装箱。伸缩式吊具虽然重量较大，但长度调节方便，操作灵活，通用性强，生产效率高。在伸缩式吊具基础上又派生出旋转式吊具、双箱吊具、可移动双箱吊具。

旋转式吊具是可实现平面旋转运动的吊具。它由置于上部的旋转装置与调平系统和置于下部的一个伸缩式吊具组成，一般回转角度在±200°就可满足要求。旋转吊具多用于岸桥、轨道龙门起重机和多用途门机。

双箱吊具是一次能同时装卸两个 20ft 集装箱的、不可移动的伸缩式吊具。与单箱吊具相比，双箱吊具大大提高了装卸效率。伸缩式双箱吊具是在标准吊具的基础上，在主框架的中部增加 4 套独立的锁销机构及其相应的结构件，从而在保留标准吊具原有全部功能的基础上，增加了同时装卸两只 20ft 集装箱的功能。

可移动双箱吊具的结构形式与一般双箱吊具基本相同，只是增加了一套中间吊点装置的平移机构。该平移机构在吊箱或不吊箱情况下均可平移，同时对液压系统作了相应的改进，增加了可移动式双箱吊具控制器等。它既能装卸单个集装箱，又能装卸 2 个在一定间距中变动间距的 20ft 集装箱。

除了按结构特点分类外，吊具还可以按动力提供方式分为有电缆式和无电缆式两种。有缆式是通过电缆和电缆转筒向吊具提供动力。吊具上所有的用电设备和受控元件均通过一个密封的电控箱，采用专用多芯插头、插座与吊具电缆相接，既可靠又便于更换吊具。吊具上所有的电气接线箱均由耐酸不锈钢制成。为防止箱子中电气元件的松动，在接线箱的固定位置上加装了减振垫。无缆式是通过吊具上的动滑轮产生的动能向吊具上的液压系统和发电机提供动力，通过遥控实施控制。

此外，集装箱码头的拆装箱作业一般采用 1.5~3.0t 低门架叉车、手推搬运车等。

五、集装箱码头装卸工艺系统

集装箱码头装卸工艺是指集装箱港口企业在生产过程中实现集装箱位移的方法或程序。各种集装箱装卸机械、作业方式的组合体，构成了集装箱装卸工艺系统。

集装箱装卸工艺决定了码头装卸机械配备、码头的装卸生产作业组织、劳动定额和劳动生产率。船舶大型化及集装箱码头装卸作业的高效化，要求集装箱码头装卸工艺系统实现现代化和最优化。在集装箱码头装卸工艺设计和采用的过程中，首先要保证人身安全、装卸质量以及防止环境污染，其次是提高装卸效率。装卸工艺合理化有以下几个原则：

（1）有效地利用区域；

（2）加快集装箱船舶的周转；

（3）堆场和通道的合理布置；

（4）装卸机械机型的合理选择与配套；

（5）合理有效的堆场作业方式；

（6）具有快速的信息处理能力；

（7）工艺系统的有效性（应以减少作业环节、减少倒载次数、减少人力操作、降低强度为前提）。

目前，采用的集装箱码头装卸工艺主要有装卸桥—底盘车装卸工艺、装卸桥—跨运车装卸工艺、装卸桥—正面吊装卸工艺、装卸桥—龙门起重机装卸工艺等，其中以装卸桥—龙门起重机工艺系统应用最为广泛。

（一）装卸桥—底盘车装卸工艺系统（Chassis System）

底盘车方式是由陆上拖车运输发展起来的，故又称海陆方式（Sea-Land System）。集装箱堆场上采用的底盘车堆存方式是将集装箱连同运输集装箱的底盘车一起存放在堆场上，因此，底盘车方式比较适合于“门—门”的运输方式，是一种集疏运效率较高的码头堆场作业方式。布置底盘车时，底盘车尾部应相对放置，其间距约为 1.22m；主通道应相距 19~20m；场地的纵深度可考虑 118~245m。如果堆场的底盘车采用斜线布置，可以减少对通道的宽度要求，进而提高堆场的利用率。具体如图 2-2-17 所示。

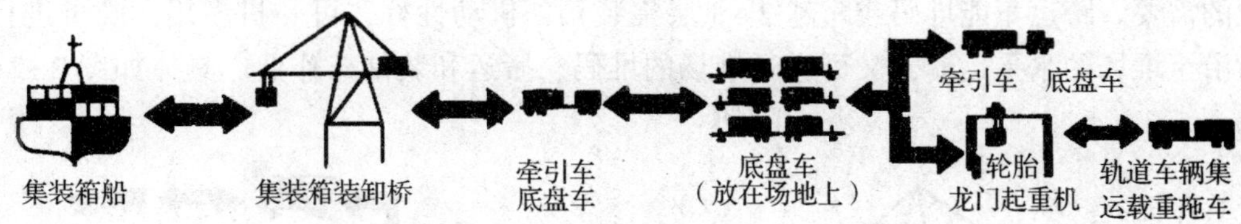

图 2-2-17 装卸桥—底盘车装卸工艺系统

该系统是码头前沿采用装卸桥，水平搬运及堆场作业均采用底盘车（拖挂车）。其工艺流程是：卸船时，集装箱装卸桥将船上卸下的集装箱直接装在底盘车上，然后由牵引车拉到堆场按顺序存放；存放期间，集装箱与挂车不脱离，不予堆码。装船的过程相反，用牵引车将堆场上装有集装箱的挂车拖至码头前沿，再由集装箱装卸桥将集装箱装到集装箱船舶上。

采用底盘车方式有如下优点：

（1）除铁路换装作业外，码头上所有作业只使用结构简单的底盘车，不需要其他辅助机械，因此装卸过程中发生机械故障而影响装卸作业的可能性很小。

（2）由于底盘车不能重叠堆装，集装箱处于能随时提取的状态中，实现“门—门”运输十分方便。

（3）便于装卸桥实现往复装载式的作业方法。

（4）在装卸船舶时，码头上只需要使用场地牵引车就可以了，不需要其他搬运设备，故对场地结构的要求低，一般考虑轮压时以 6t 计。对各种地面的适应性较强。

（5）即使集装箱场地位置离码头前沿很远，也不会影响集装箱船的装卸效率。

（6）装卸船作业时，码头上不需要有作业人员协助。

（7）吊箱次数少，集装箱损坏率低。

（8）便于与货主交接，减少交接时的差错。

这种方式的缺点是：

（1）全部集装箱都放置在底盘车上，不能堆装，故需要巨大的场地面积。

（2）每一个集装箱需要一台底盘车，故需要备有大量的底盘车，因此初始投资费用极高。

（3）作业时一般内陆运输人直接把车辆拖进场地内，如场上发生事故时，有时难以明确事故责任。

（4）如果一个码头上有两个以上的船公司同时作业，各公司所提供的底盘车混杂在一起，业务上将产生困难。

（5）每个集装箱用装卸桥卸到底盘车上时，都需要对位，故装卸桥的作业效率不高。

（二）装卸桥—跨运车装卸工艺系统

跨运车方式（Straddle Carrier System）又称麦逊公司方式（Matson System），是一种具有搬运、堆垛、换装等多功能的集装箱专用机械。跨运车采用旋锁机构与集装箱接合或脱开；吊具能够升降，以适应装卸和堆码集装箱的需要。吊具也能侧移、倾斜和微动以满足对位的需要。跨运车能堆码或跨越 2~3 层集装箱，机动性好，可一机多用，既可进行码头前沿至堆场的水平运输，又可进行堆场的堆码、搬运和装卸车作业。具体如图 2-2-18 所示。

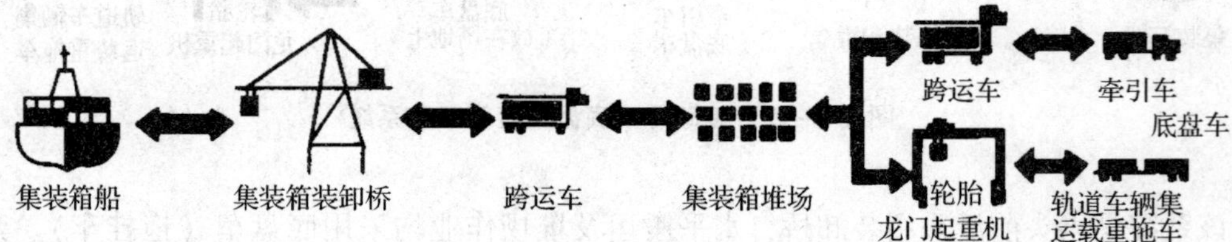

图 2-2-18　装卸桥—跨运车装卸工艺系统

该系统是码头前沿采用装卸桥，水平搬运及堆场作业均采用跨运车（跨车）。其工艺流程是：在集装箱码头上，集装箱装卸桥将船上的集装箱卸到岸上以后，从前方堆场到后方堆场、货运站及对底盘车进行换装等作业均由跨运车来完成。跨运车在集装箱码头可以完成的作业有：①集装箱装卸桥与前方堆场之间的装卸和搬运；②前方堆场与后方堆场之间的装卸和搬运；③后方堆场与货运站之间的装卸和搬运；④对底盘车进行换装。

由此可见，采用跨运车的优点在于：

（1）码头前沿装卸桥的接运采用“落地”作业方式，通过装卸桥从船上卸下的集装箱不需要对准跨运车，因此提高了装卸桥的装卸效率，节省了作业时间。

（2）机动灵活。跨运车是一种流动性较强的机械，当港口各种作业在时间上出现不平衡或某一处作业量大时，可以相应多配几台跨运车。

（3）机种少，适应性强。跨运车具有自取、搬运、堆垛以及装卸车辆等多种功能，一种机械可完成多种作业，自码头前沿载运集装箱后直接运到堆场进行堆垛，中间不需要其他机械的协助，便于组织管理。

（4）能在场地上将箱子重叠堆垛，一般可堆高 2~3 层，与底盘车相比可节省堆场面积。同时，由于不需要换装，亦可节省换装所占用的场地。

跨运车方式的缺点是：

（1）跨运车本身的价格较贵，采用跨运车进行换装和搬运时可能会提高装卸成本。

（2）跨运车采用液压驱动，链条传运，容易损坏，故修理费用高，完好率低，这是跨运车方式中最突出的问题。

（3）跨运车的轮压比底盘车大，一般轮压以 10t 计，故要求较厚的场地垫层。

（4）在进行“门—门”的内陆运输时，需要用跨运车再一次把集装箱装上底盘车，比底盘车方式增加了一次操作。

为了克服这些缺点，要求码头场地平整，对司机的操作技术要求更高，并且要注意加强对跨运车的维护。

（三）装卸桥—龙门起重机工艺系统

龙门吊系统（Transfer Crane System）是荷兰阿姆斯特丹港建设码头时最先采用的，又称集装箱海上运输公司方式（Container Marine Lines System，CML）。具体如图 2-2-19 和图 2-2-20 所示。

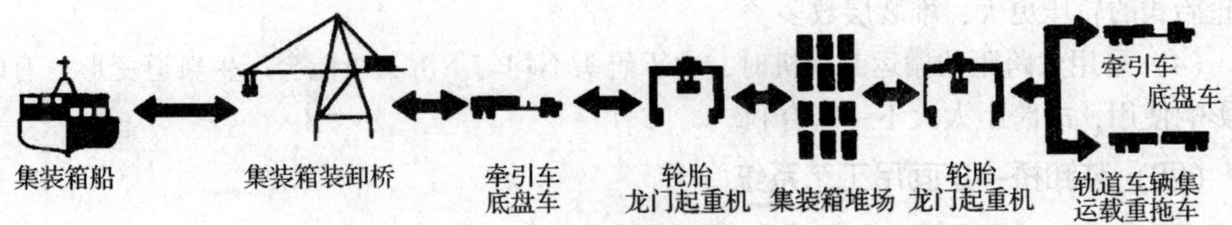

图 2-2-19　装卸桥—轮胎式龙门吊装卸工艺系统

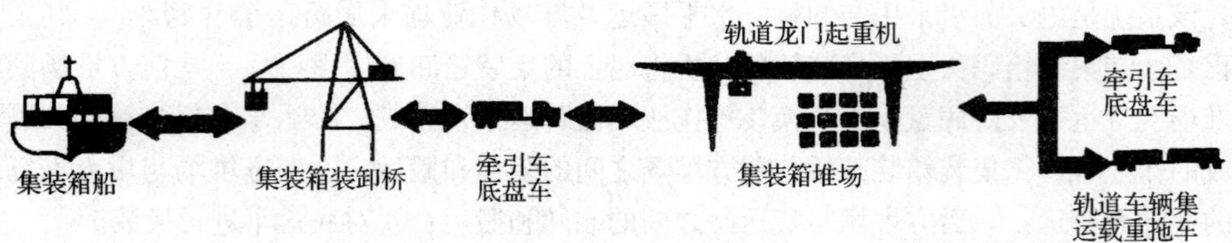

图 2-2-20 装卸桥—轨道式龙门吊装卸工艺系统

该系统是码头前沿采用装卸桥，水平搬运采用底盘车、牵引车，堆场采用龙门吊。其工艺流程是：集装箱装卸桥将船上卸下的集装箱装在拖挂车、底盘车上，从船边运到堆场，在堆场上采用轮胎式龙门吊或轨道式龙门吊进行堆装或对内陆车辆（公路集卡或铁路货车）进行换装。

该系统的优点是：

（1）单位面积堆存量大。由于龙门起重机堆箱层数多，因此单位面积堆存量较大。这在陆域较小的码头上特别重要。

（2）堆场面积利用率高。由于集装箱在龙门起重机跨距内可紧密堆垛，不留通道，因此堆场面积利用率高。

（3）营运费用低。运行时稳定性好，维修费用低，即使初始投资稍大，但装卸成本会降低。

（4）易于实现自动化控制。在场上搬运起重机的运行方向一致、动作单一，故容易采用电子计算机控制，实现操作自动化。因此在现代化集装箱码头上是一种比较理想的机种。

该系统的缺点是：

（1）由于堆装层数较高，如需取出下层的集装箱时就要经过多次倒载才可，在操作上有许多麻烦。

（2）场上配机数量一般是固定的，故不能用机数来调整场地作业量的不平衡。因此，当货主交接的车辆集中时，可能会需要较长的待机时间，如搬运起重机发生故障，就会迫使装卸桥停止作业。

（3）搬运起重机自重较大，轮胎式搬运起重机的轮压一般为 20t，轨道式搬运起重机比轮胎式的轮压更大，堆装层数多。

（4）采用大跨距的搬运起重机时，由于码头不均匀下沉，可能会产生轨道变形，有时会影响使用，故跨距太大不一定有利。

（四）装卸桥—正面吊工艺系统

该装卸工艺过程是：装卸船作业采用岸壁集装箱装卸桥，码头前沿与堆场之间水平运输和堆码集装箱的堆码与装卸车作业均由正面吊运承担。具体如图 2-2-21 所示。

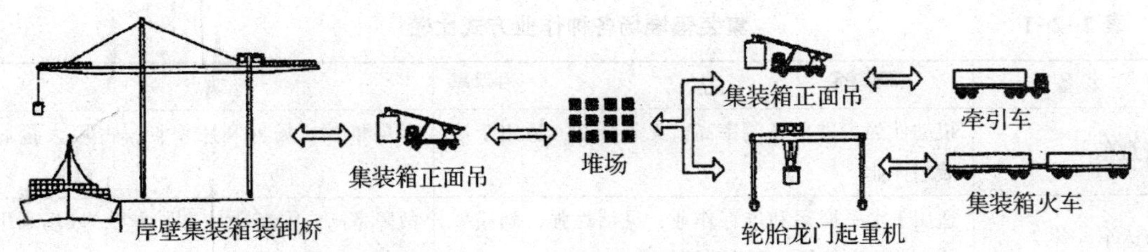

图 2-2-21 装卸桥—正面吊装卸工艺系统

正面吊工艺的主要优点有：

（1）可完成搬运、堆码、装卸车作业，减少码头配备的机种，便于机械的维修保养。

（2）可跨箱作业，一般可堆 4 层箱高，有些可堆 8 层箱高。与叉车相比，场地的利用率较高。

（3）可加装吊钩或木材抓斗，用于吊运重件或木材，使机械在寿命期内得到充分的利用。

正面吊工艺的主要缺点是：

（1）正面吊运机只能跨 1 箱或 2 箱作业，因而要求箱区小，通道多，且正面吊在吊运集装箱时，箱体与正面吊横向垂直，因而需要较宽的通道，与龙门吊相比场地利用率较低。

（2）正面吊的单机效率低，需配备的机械台数多。

（3）正面吊的轮压大，工作时转向轮胎的磨损和路面的磨损都较严重。

（五）联合作业工艺系统

从经济性和装卸性能来看，上述工艺系统各有利弊（如表 2-2-1 和表 2-2-2 所示）。目前世界上有些港口采用了前述工艺方案的混合系统。如：①轮胎龙门起重机—轨道龙门起重机混合系统；②跨运车—轮胎龙门起重机混合系统；③跨运车—轨道龙门起重机混合系统。

跨运车—轮胎（轨道）龙门起重机混合系统的主要特点是：码头前沿装卸船作业由岸边集装箱起重机承担；进口集装箱的水平运输、堆码和交货装车由跨运车完成；出口集装箱的堆场与码头之间的水平运输由牵引车平板车完成；堆场的装卸和堆码由轮胎（轨道）龙门起重机完成。

由于混合系统能充分发挥各种机械的特点，扬长避短，使系统更加趋于合理完善，因此目前世界上已有不少码头采用这种方式。具体如图 2-2-22 所示。

表 2-2-1　　集装箱堆场各种作业方式比较

设备	优点	缺点
底盘车	机动性强，进出场效率高，无须装卸，适用于滚装船作业	单层堆放，场地利用率低，占用大量底盘车
跨运车	适用于水平搬运和堆存作业，灵活性强，翻箱率低，单机造价低，工艺系统简单	故障率高，维修量大，堆层少，堆场利用率低，对司机操作要求高
叉车	适用于短距离水平搬运和堆存作业，灵活性强，翻箱率低，单机造价低	一般只适用于小型箱的搬运，堆层少，并需留有较宽的通道，堆场利用率降低
轮胎龙门起重机	可堆 3~4 层，堆场利用率较高，可靠性较强，比轨道式使用灵活，是目前的主流设备	翻箱率较高，只限于堆场使用，堆场建设投资较大，作业效率比跨运车低
轨道龙门起重机	可堆 4~5 层，堆场利用率高，可靠性强，堆存容量大，可同时进行铁路线装卸	翻箱率高，只能沿轨道运行，灵活性差，堆场建设投资大
正面吊	堆存高度高，堆场箱位利用率高，使用灵活，单机造价低，可进行水平搬运	需留有较宽的通道，堆场用于堆箱的面积减少

表 2-2-2　　主要集装箱装卸方式技术、经济方面的比较

项目	底盘车方式	跨运车方式	轮胎吊方式	龙门吊方式
基建投资	小	小	中	大
货场堆存能力	小	中	大	最大
货场装卸效率	高	中	高	高
机械操作难易程度	易	较难	中	易
机械设备维修费用	低	高	中	低
机动性	高	高	中	低
对集装箱的损坏	低	高	中	中
装卸铁路车辆	—	难	尚可	最佳
实现自动化的可能性	难	难	易	最佳

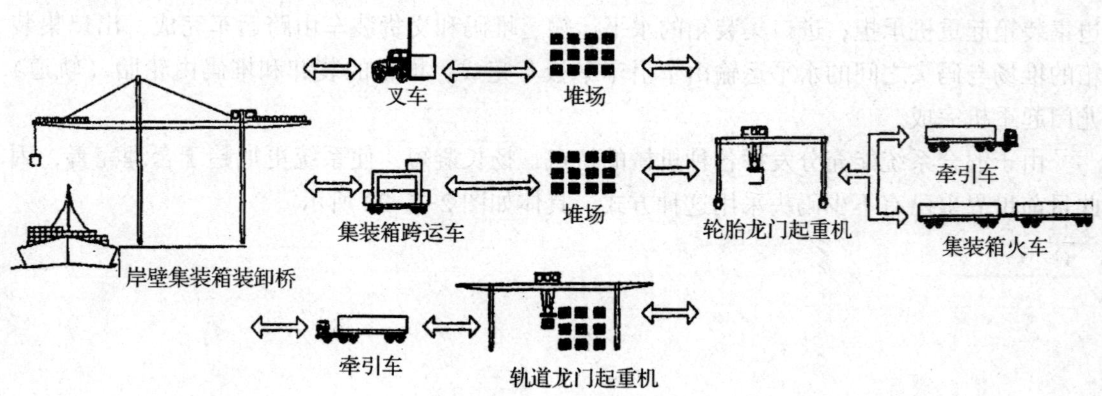

图 2-2-22　联合作业装卸工艺系统

任务三　公路集装箱中转站相关知识

一、公路集装箱中转站的定义

公路集装箱中转站是指专门办理集装箱中转运输业务的“汽车站”，拥有一定规模的集装箱堆场、装卸机械设备和装箱拆箱能力，一般设在集装箱数量较大的交通枢纽或港、站附近。其主要业务是对集装箱货物进行分理、装箱，办理不足整箱货物的拼箱及货主没有条件接卸整箱的拆箱业务；受理托运，代办联运业务；修理、熏蒸箱子和存储空箱；提供汽车加油、修理和保养服务等；有些还代客办理报关等手续。

公路集装箱中转站对国际和国内集装箱的集疏运输起着重要的中转环节作用。作为铁路集装箱办理站和港口码头向腹地延伸的后方基地和运输枢纽，公路集装箱中转站对促进国际贸易运输发展，缓解集装箱货运站、堆场、码头前沿的压力等方面起着重要作用，也是内陆腹地运输中的一个重要集散点。其中转流程简图如图 2-3-1 所示。

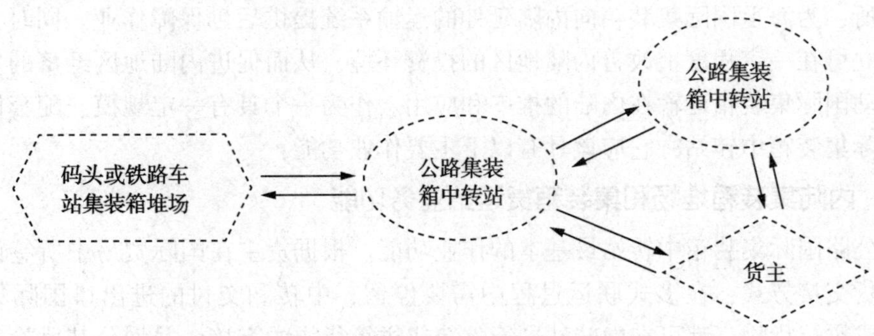

图 2-3-1　公路集装箱中转站衔接

二、公路集装箱中转站的分类

按我国国家标准 GB/T 12419-90《集装箱公路中转站站级划分及设备的规定》，集装箱公路运输中转站有两种分类方法。

（1）按集装箱公路运输中转站年箱运量和年堆存量及其所在地理位置，可划分成四级：一级站、二级站、三级站和四级站（如表 2-3-1 所示）。

（2）按所运箱子的类型，可分为国际箱中转站和国内箱中转站。对同时经营国际箱和国内箱的中转站，如果其国际集装箱年箱运量达到年总箱运量的 70%以上，可视为国际集装箱中转站。

表 2-3-1　　　　公路集装箱中转站的类别

站级	类型	地理位置	年箱运量/TEU	年堆存量/TEU
一级站	国际箱中转站	位于大型海港附近	30000 以上	9000 以上
	国内箱中转站	位于大型河港或主要陆运交通枢纽附近	20000 以上	6000 以上
二级站	国际箱中转站	位于中型海港或主要陆运交通枢纽附近	16000~30000	6500~9000
	国内箱中转站	位于中型河港或主要陆运交通枢纽附近	10000~20000	4000~9000
三级站	国际箱中转站	位于中型海港或陆运交通枢纽附近	8000~16000	4000~6500
	国内箱中转站	位于中型河港或陆运交通枢纽附近	5000~10000	2500~4000
四级站	国际箱中转站	位于小型海港或陆运交通枢纽附近	4000~8000	2500~4000
	国内箱中转站	位于小型河港或陆运交通枢纽附近	2000~5000	1000~2500

三、公路集装箱中转站的主要业务功能

在国际集装箱运输由海上向内陆延伸的运输系统中，公路中转站的作业是一个重要环节。公路中转站既是内陆的一个口岸，又是国际集装箱承托运等各方进行交易和提供服务的中介场所，为海上国际集装箱向内陆延伸的运输系统提供后勤保障作业。同时，公路中转站的设立可在一定程度上改善内陆地区的投资环境，从而促进内陆地区经济的发展，随之又可带动国际集装箱运输在内陆的推广和应用。作为一个具有一定规模、配套设施齐全的公路国际集装箱中转站，它应该具有以下主要作业功能：

（一）内陆集装箱堆场和集装箱货运站业务功能

这是公路国际集装箱中转站最基本的作业功能。根据货主在国际贸易中所签订的运输条款和箱货交接方式，在多式联运过程中需要停留、中转和交付的进出口国际集装箱重箱、空箱或拼箱货物，都可在中转站进行整箱或拼箱货物的交接，并划分其风险责任。中转站根据集装箱到发的不同目的地，可按船、按票集中在堆场堆存或在仓库存储，亦可按照货主的要求，直接进行门到门运输服务。

（二）集装箱货物的集散、仓储、换装和拆装箱作业功能

对出口的货物，可提供集货、理货、装箱、拼箱并向港区码头转运装船等服务；对进口的国际集装箱，可提供拆箱、卸货、理货、分发及上门送货等服务。对拆箱后、装箱前以及需要换装的各种进出口货物，包括需要长期保存周转的免税或保税商品、海关暂扣物资、进出口国际集装箱等，都可进入中转站的专门仓库进行储存和保管。

（三）内陆口岸功能

根据区域经济和对外贸易发展的需要，在内地建立的某些中转站，经政府主管部门批准，可设置海关、进出口检验检疫（习惯称“一关三检”）等口岸监管服务机构及其专业设施，以供各类集装箱货物及其他交通工具办理出入境手续，使出入境口岸业务由沿海港口延伸到内陆中转站，为内陆客户就地办理进出口业务手续提供方便快捷和经济的服务。

（四）集装箱箱管站功能

集装箱作为货物运输的一种标准化容器，要在一些跨国航线乃至全世界范围内周转使用。集装箱通常属船公司所有，或由船公司向专门的集装箱公司租用。当重箱运抵目的地后，货主收完货，为减少空箱的远距离调用，空箱将在船公司指定的某些地点汇集存放，以供其他人就其他相关流向的货物运输时调用。公路国际集装箱中转站经船公司集装箱管理中心认可并签订协议后，即可作为船公司及其代理人调度、交接、集中、保管和堆存空集装箱的场所，并且由 EDI（电子数据交换）系统负责集装箱的动态跟踪，还可按规定的标准、工艺对集装箱进行定期的检验、修理或整新以及清洁、维护等作业。

（五）信息处理、传输功能

作为先进的货物运输形式，国际集装箱运输的实物流动是与相关的信息流伴随而行的。按照船方、货方、港口、中转站以及检验检疫等协作单位对集装箱和集装箱运输进行管理的需要，中转站须建立起管理信息系统。它主要包括：

（1）对集装箱进行动态跟踪和管理，适时反映集装箱所在的地理位置和所处的状况。

（2）对集装箱货的承揽、仓储、运输、堆存、装载和车辆的运输作业、调度计划以及单证的流转、票务结算等进行统计制表，以供分析和决策。

（3）处理在集装箱运输中涉及的单证信息。

（4）在本中转站与其他相关单位链接的管理信息系统网络上，传递交流各类信息。

目前，集装箱运输单证已经逐步实现无纸化。

（六）配套服务功能

配套服务功能指的是为国际集装箱运输生产业务配套的服务，包括对车辆机械的技术检测与维修，车辆的清洗、加油和停放，对各类货物进行装卸、包装、分拣以及物流增值服务等，引入与检验检疫监管机构相协作的银行、保险公司、公安、税务等部门，以便为客户提供一条龙服务。

四、公路集装箱中转站的组成

根据公路集装箱中转站的作业功能和业务经营范围，中转站一般包括运输车辆、集装箱装卸堆场、拆装箱作业场、货物仓库、车辆和集装箱的检测维修车间、管理信息系统、检验检疫机构、生产调度和企业管理部门、动力供给、生产辅助设施以及生活保障设施等。各单项工程的建筑物、构筑物需用面积和车辆设备的品种及配备数量要根据企业的生产规划和中转站的规模而定。站内一般划分为 5 个区域：

（1）集装箱堆存、拆装、仓储作业区，包括空重箱堆场、拆装箱作业场、拆装箱仓库、海关监管仓库等。

集装箱堆场这一区域用于完成集装箱卡车进场卸箱作业与出场装箱作业的全过程；同时在这一区域进行集装箱日常堆存。集装箱堆场可按空箱、重箱分别划分区域；如代理船公司、租箱公司作为内陆收箱点的，还可按箱主分别划分堆箱区域。在堆箱区域中，国内箱（小型箱）与国际标准箱要分开。通常，国内箱区应放在较靠外的位置，国际标准箱放在较靠里的位置。集装箱堆场的地面必须作负重特殊处理，以满足相关的负荷要求。堆场

地面必须符合规格，避免场地被损坏。

拆装箱作业区域主要用来完成集装箱拆箱、装箱作业和集装箱拼箱货集货、集装箱拆箱货分拣、暂时储存以及某些中转货物的中转储存等工作。仓库的规模应能满足拼、拆箱量的需求，在仓库一侧一般设置“月台”，以备集装箱卡车进行不卸车的拼、拆箱。应有适当开阔面积的拼、拆箱作业区，便于货物集中、分拣与叉车作业。按需要，可设置进行货物分拣的皮带输送机系统。同时，应有适当规模的货物储存区域。

从各种运输与物流环节“整合”的角度考虑，集装箱公路运输中转站在其集装箱拆、装箱作业仓库，还可以根据需要与可能，发展一些流通加工业务与配送业务，在某种程度上行使“第三方物流”的职能，使自身的业务面进一步拓展。

（2）车辆、箱体的检测、维修、清洁作业区，包括车辆机械检测维修车间、集装箱修理和清洁间、材料配件库、工具库等。

（3）辅助生产作业区，包括加油站、洗车检车台、变电室、水泵房、锅炉房、污水处理房、消防设施、停车场等。

（4）生产业务管理区，包括由检验检疫、货运代理、生产调度、管理信息系统、企业管理、银行保险等部门组成的综合业务楼、中转站大门、验箱桥、地秤房等。

（5）生活供应区，包括食堂、浴室、候工室、职工宿舍以及提供社会服务的生活福利设施等。根据中转站所承担的生产业务范围，各作业区域可分别组成若干个基层单位，如运输车队、装卸车间、拆装箱作业间、集装箱修理间、车辆机械检测维修中心、生产调度室、信息中心等。

根据中转站所承担的生产业务范围，各作业区域可分别组成若干个基层单位，如运输车队、装卸车间、拆装箱车间、集装箱修理间、车辆机械检测维修中心、生产调度室、信息中心等。

五、公路集装箱中转站装卸工艺

公路集装箱中转站装卸工艺方案共有6种：

（1）轮胎式龙门起重机装卸工艺方案。在集装箱堆场上，配置轮胎式龙门起重机，集装箱卡车送达或启运的集装箱，均通过轮胎式龙门起重机装卸。

（2）跨运车装卸工艺方案。集装箱卡车进场送达与启运出场的箱子，均通过跨运车装卸。

（3）正面吊装卸工艺方案。集装箱卡车进场送达与启运出场的箱子，均通过正面吊装卸。

（4）集装箱叉车装卸工艺方案。集装箱卡车进场送达与启运出场的箱子，均通过集装箱叉车进行装卸。

（5）汽车起重机或轮胎式起重机装卸工艺方案。以汽车起重机或轮胎式起重机代替正面吊，进行进出场箱装卸。

（6）底盘车工艺方案。进出场的集装箱均不予装卸，进场时集装箱与车头拆开，底盘车直接停在场地上；出场时与车头相挂，直接开出。

上述工艺方案中，轮胎式龙门吊工艺与跨运车工艺方案初始投资较大，只适用规模

大、运量稳定的公路中转站采用。正面吊工艺方案由于其初始投资较小，使用灵活，正在被越来越广泛地采用。规模一般或较小的中转站，可考虑采用叉车工艺。中转站规模与装卸工艺方案的选择，可按下列配比考虑：①年堆存量为 9000TEU 以上的一级站，以轮胎式龙门起重机为主，集装箱叉车为辅；②年堆存量为 4000～9000TEU 的二级、三级中转站，宜以正面吊为主，集装箱叉车为辅；③年堆存量为 4000TEU 以下的四级站，宜以叉车为主，汽车起重机为辅；④处于起步阶段的中转站，采用汽车起重机或底盘车工艺。

任务四　铁路集装箱中心站相关知识

我国铁路集装箱运输节点，按照其在路网中的地位、作用及规模，可分为铁路集装箱中心站、铁路集装箱专门办理站和集装箱一般办理站三类（如表 2-4-1 所示）。

表 2-4-1　铁路集装箱场站类型及其主要功能

场站类型	主要功能	年作业能力
一级集装箱场站	主要服务于国家级流通节点城市，承担集装箱集散与分拨任务，满足快速班列、国际班列和多式联运需要，配套服务设施完善，具有办理集装箱班列到发和整列装卸的能力，具备所有物流基本服务功能和较全面的物流增值服务功能，具备内陆港的基本功能，具有集装箱及车辆检修、清洗、消毒等设施	场站年作业能力不低于 60 万 TEU，经济发达地区不低于 80 万 TEU
二级集装箱场站	主要服务于国家级、区域级流通节点城市，承担集装箱集散任务，满足快速班列、管内快运班列和多式联运需要，配套服务设施较完善，具有办理集装箱班列到发的能力，具备所有物流基本服务功能和多种物流增值服务功能，部分场站具备内陆港的基本功能	场站年作业能力不低于 20 万 TEU，经济发达地区不低于 30 万 TEU
三级集装箱场站	主要服务于地区级流通节点城市，承担向一、二级集装箱场站集散货物任务，具备物流基本服务功能和部分物流增值服务功能。此外，社会物流点、“无轨站”等可作为铁路集装箱集散点	场站年作业能力不低于 5000TEU

一、铁路集装箱中心站的定义

铁路集装箱中心站是集装箱铁路集散地和班列到发地，具有先进的技术装备和仓储设施，具有整列编解、装卸、日处理 1000TEU 的能力，并具有物流配套服务和洗箱、修箱条件和进出口报关、报验等口岸综合功能。

集装箱中心站的业务功能包括以下几个方面：

（1）具有办理集装箱列车及枢纽小运转列车的到发和集装箱列车整列装卸的功能；

（2）具有办理国际集装箱联运业务的口岸功能；

（3）具有办理集装箱多式联运及“门—门”运输服务的功能；

（4）具有集装箱检修、清洗和消毒的功能；

（5）具有装卸和运输机械检修、清洗功能；

（6）具有集装箱储存和空箱调配的功能；

（7）具有铁路运输和站内集装箱信息处理的功能。

二、国内铁路集装箱中心站

我国《中长期铁路网规划》提出，在北京、上海、广州、深圳、天津、哈尔滨、沈阳、青岛、成都、重庆、西安、郑州、武汉、大连、宁波、昆明、乌鲁木齐、兰州等18个城市兴建铁路集装箱中心站。这18个铁路集装箱中心站是与国外铁路中心站具备同等功能的提供专业的集装箱服务的枢纽中心，均配备高效的龙门吊、正面吊、大型安检仪、智能大门等先进设备，在全国提供全面、多样化、系统化的班列服务，并有仓储等配套服务设施。

截至2019年，按照国家铁路发展规划，昆明、上海、重庆、成都、郑州、大连、青岛、武汉、西安、哈尔滨、天津等11个集装箱中心站已陆续建成并投入使用。已建成的集装箱中心站总占地面积为12429亩（一亩约为666.67平方米，下同），近、远期设计运量分别为13077万吨和24235万吨，装卸线均具备整列到发的条件，并配备有先进的集装箱场站管理信息系统和50台集装箱专用门吊、22台正面吊等大型集装箱装卸设备。可以向社会提供集装箱直达班列运输、零散发运、装卸、堆存、掏装箱、货物仓储及站到门、门到站等物流服务。

（一）成都铁路集装箱中心站

成都铁路集装箱中心站是目前亚洲规模最大的铁路集装箱中心站，东西长8.4公里，南北最宽达850米，占地2140亩。

成都铁路集装箱中心站地处宝成、成渝、成昆、达成四条铁路干线交会点，东距重庆中心站仅333公里，南距昆明中心站1100公里，北距西安中心站846公里，地理位置十分优越，为西南地区集装箱物流中枢，占据我国集装箱铁路运输网络中的重要位置。

该中心站由专用箱区、国际箱区、综合服务区等区域组成，近期年货物吞吐量能力达100万标箱、运力1367万吨，每日开行的集装箱班列12.5对；远期货物吞吐能力达250万标箱、运力2626万吨，每日开行集装箱班列33对以上。从成都始发的中欧班列也从这里开往欧洲。截至2017年4月16日，成都铁路集装箱中心站共开行从成都始发的中欧班列559列。

（二）西安铁路集装箱中心站

西安铁路集装箱中心站位于西安市东北郊的国际港务区内，是西安市规划的仓储物流核心区。该中心站是新亚欧大陆桥在中国西部的重要节点，其东联郑州中心站，西接兰州中心站，南靠重庆、成都中心站，北临包头、呼和浩特集装箱专办站，地处西北，具有联东进西、承南起北的功能作用，区位优势十分明显和突出。

（三）昆明铁路集装箱中心站

昆明铁路集装箱中心站是18个铁路集装箱中心站中第1个建成并投入使用的车站，由中铁联合国际集装箱有限公司投资建设并负责运营。

昆明铁路集装箱中心站投资总额3.4亿元，占地面积1223亩，位于昆明市新城经济开发区，昆明南站对面，毗邻昆明市规划的东盟商贸港物流园区，交通十分便利。该中心

站一期建成4条货物装卸线，每条线长850米，可满足整列集装箱班列的到发和装卸作业；拥有仓库27000平方米，可满足用户仓储需求，减少短驳费用。

昆明铁路集装箱中心站是云南省唯一的集装箱中心站，可以辐射到云南、广西、贵州三个省区，延伸到四川、重庆。此中心站经昆明铁路枢纽向东由贵昆线接贵阳，向北由成昆线接成都，向东南方向由南昆线接南宁，向西通过成昆线、广大线连接大理，向南通过昆玉线接玉溪，并成为加紧建设的泛亚铁路在中国的货物集散中心。

（四）天津新港北铁路集装箱中心站

位于天津的铁路集装箱中心站有两座，即天津新港北铁路集装箱中心站和西堤头站。天津新港北铁路集装箱中心站位于天津市滨海新区天津港北部的东疆保税港区新港八号路与海铁大道之间，直接对接天津港，分担南疆港站、新港站等站的集装箱货运压力，大大提高了天津港的集装箱吞吐量和天津港的铁路疏港能力。

天津新港北铁路集装箱中心站由北京铁路局和天津中铁联合国际集装箱公司运营。天津中铁联合国际集装箱有限公司主要负责集装箱港中心站的经营，包括集装箱中心站的到发、装卸、拼装、掏装箱、堆存、修箱等场站业务；海上、陆路、航空货运代理服务和多式联运代理服务以及集装箱班列承包。

（五）重庆铁路集装箱中心站

重庆铁路集装箱中心站占地面积2200余亩，已建成1个线束2条铁路装卸线，可实现年办理量48万标箱；远期将建成4个线束8条铁路装卸线、2个集装箱堆场和1个大型冷藏箱区，可实现年办理量150万标箱。该中心站根据现代物流发展的要求进行全新规划和设计，设有完善的铁路装卸到发设施，可实现集装箱班列整列到发，根据功能设有一关两检、堆存区、仓储区、不同箱类专区、修箱区及其他服务设施。

重庆铁路集装箱中心站为渝新欧国际铁路始发站。被称作“第三条亚欧大陆桥”的渝新欧国际铁路于2011年3月全线开通，从重庆始发，经西安、兰州、乌鲁木齐，从边境口岸新疆阿拉山口进入哈萨克斯坦，再经俄罗斯、白俄罗斯、波兰到达德国的杜伊斯堡，全程11179公里。与20世纪60年代开通的俄罗斯西伯利亚大铁路及我国连云港到荷兰阿姆斯特丹这两条亚欧大陆桥相比，渝新欧铁路实行一站通关的运营模式，大大压缩了运输成本。与传统的水路运输相比，时间从过去的40天左右缩短到16天。

（六）上海铁路集装箱中心站

上海铁路集装箱中心站，又称上海芦潮港中心站，占地总面积65万平方米，是第一个建在港口的铁路集装箱中心站。其位于上海市浦东海港新城，紧邻物流园区，采用纵列式布置，设有进出站门区、综合办公区、冷藏箱区、特种箱区、专用箱区、空箱及备用箱区、箱管区、装卸机械停车场以及集装箱清洗维修区等场地。

（七）大连铁路集装箱中心站

大连铁路集装箱中心站主要服务于大连大窑湾港区、保税区和开发区，实现了与大窑湾集装箱码头货、箱、车、船的无缝衔接，实现了高效的多式联运。

近几年，借助在东北三省以及内蒙古东部地区建设的沈阳、长春、吉林、通辽、穆棱等50余个集装箱内陆港，大连港集团在大连铁路集装箱中心站先后开通了至沈阳、长春、哈尔滨、延吉、吉林西、五棵树、大庆、齐齐哈尔、满洲里等 17 条班列线路，班列密度达每周 70 班，形成了覆盖东北地区各主要城市并与俄罗斯及欧洲互联互通的集装箱海铁联运网络。

（八）哈尔滨铁路集装箱中心站

哈尔滨铁路集装箱中心站是集运输、仓储、集散、通关功能于一体的“东北地区国际集装箱物流集散中心”，成为中俄铁路东部物流大通道的关键节点。利用集装箱及特货、快运功能，集结开行中欧班列、快运班列、小汽车特货班列，吸引各类国际货流至哈尔滨集散。目前，哈尔滨、绥芬河、满洲里 3 个全国性，齐齐哈尔等 6 个区域性，鸡西等 7 个地区性城市铁路物流节点和 56 个铁路货运物流中心正在陆续建设并投入使用中，各级节点将依托哈尔滨铁路物流集装箱中心，以运输、仓储、配送、商贸等功能为目标，与其他运输方式衔接，最终覆盖全局主要车站和全省主要市县，向东部物流通道集结货源，并实现线下分拨、配送等服务配套功能。

（九）郑州铁路集装箱中心站

郑州铁路集装箱中心站位于郑州市东南部的郑州经济技术开发区，占地 2100 余亩，与陇海铁路圃田站接轨，可经陇海铁路、京广铁路通达全国。除开展铁路集装箱到发、装卸、拼箱、掏装箱、堆存、报关、转关、清关与商检等业务外，该中心站还开展集装箱公路运输、货物配送及仓储业务，另外还包含国际货代、国际多式联运、集装箱班列整租等服务。

郑欧国际铁路货运班列起点即位于郑州铁路集装箱中心站，从郑州出发，经哈萨克斯坦、俄罗斯、白俄罗斯、波兰，最终抵达德国汉堡。郑欧班列是郑州航空港区的配套项目之一，有力巩固了郑州的铁路货运中心地位。

（十）青岛铁路集装箱中心站

青岛铁路集装箱中心站于 2010 年 8 月 30 日正式开通运营，占地 1811 亩，其中集装箱场区 1000 亩，整车货物作业区 800 多亩（铁路局预留）。设计年到发能力 56 万 TEU，总箱位 8230TEU。该中心站向胶济线上行方向、胶新线下行方向具备列车直接发车条件，场内设有两条 1050 米的铁路装卸线，可满足两列班列同时装卸作业。装卸设备选用国内先进的 4 台跨度为 35 米、起重能力 40 吨的悬臂轨道龙门吊，采用 8 绳防摇专用吊具，能够全天候确保集装箱装卸作业安全。目前，该中心站发送的货物品类主要是矿建、工机、钢铁、食品、粮食、化工等，运输货源发往全路 16 个铁路局 60 多个办理站，其中运量较大的去向主要有成都、重庆、昆明、武汉、乌鲁木齐等地区。

（十一）武汉铁路集装箱中心站

武汉铁路集装箱中心站地处武汉市东西湖区吴家山慈惠农场，项目总投资 7. 06 亿元人民币，占地 2019 亩，设有 1 个线束、2 条有效长为 1050 米的装卸线，配有 4 台国际先进的龙门吊，可实现集装箱班列整理到发。设计年办理集装箱 160 万 TEU，相当于全国集装箱货运总量的 1/3，是目前全省铁路集装箱运力的 10 倍。该中心站与武康线（武汉—安康）吴家山货运站接轨，实现铁空联运、铁水联运等多式联运。集装箱可通过武康二线、京广铁路通达全国，到阳逻港需 1. 5 小时，到机场仅需 1 小时。

三、我国重点疏港铁路

为实现铁路与港口高效衔接，推进港站一体化，提高铁路集疏运比重，形成干支布局合理、衔接有效的铁水联运体系，我国正在积极加快推进疏港铁路建设及扩能。“十三五”期间，我国重点疏港铁路项目如表 2-4-2 所示。

表 2-4-2　我国重点疏港铁路

港口	港区	港区铁路	实施工程
营口港	鲅鱼圈、仙人岛	疏港铁路	规划建设
天津港	东疆	进港三线	规划建设
青岛港	前湾（南）	黄岛站—南钢区	规划建设
	董家口	董家口铁路支线	规划建设
连云港	上合国际物流园区	园区专用线	规划建设
	徐圩	徐圩支线	规划建设
	苗岭	苗岭支线	规划建设
上海港	外高桥	港区 1~6 期装卸线	加快建设
	洋山	进岛铁轮	规划研究
宁波—舟山港	北仑	北仑支线	扩能改造
	穿山	穿山港支线	加快建设
厦门港	海仓	海仓支线	加快建设
深圳港	盐田	平盐铁路	扩能改造
	蛇口/妈湾	平南铁路	
广州港	南沙	港区疏港铁路	加快建设
湛江港	宝满、东海岛	疏港铁路	加快建设
南京港	龙潭	铁路专用线	加快建设
武汉港	阳逻、三江	疏港铁路	加快建设
重庆港	果园	铁路支线	加快建设

测　试

一、填空

1. 货物在集装箱中的固定方法主要有：________、塞紧和系紧。

2. 集装箱货运站根据设置地点主要有三种：设在集装箱码头内的货运站、设在集装箱码头附近的货运站和________。

3. 集装箱码头的靠泊设施主要由________和码头岸壁组成。

4. 三大集装箱航线分别是：远东—北美太平洋集装箱航线、远东—欧洲、地中海集装箱航线和________。

5. 集装箱船从装卸方式来分类，主要有________、滚装式和浮装式。

6. 一般而言，公路集装箱的运送方法有四种：________、全拖车方式、半拖车方式、双拖车合并方式。

7. 利用铁路平车装载集装箱，有两种方法：平车载运拖车和________。

8. 由境外启运，经中转港换装国际航线船舶后，继续运往第三国或地区指运口岸的集装箱，叫作________。

二、单选题

1. 集装箱码头作业的指挥中心是（　　）。

A. 大门　　B. 控制塔　　C. 堆场　　D. 码头前沿

2. 集装箱内装的纸箱货尺寸较小，规格统一，可采用（　　）堆装方法。

A. 无间隙堆装　　B. 砌墙堆放法　　C. 交错堆放法　　D. 机械装箱

3. 超高货是指货物的高度超过集装箱的箱门高度的货物，超高货可选用以下（　　）集装箱。

A. 杂货集装箱　　B. 开顶式集装箱　　C. 罐式集装箱　　D. 散货集装箱

4. 在集装箱码头，码头岸壁到集装箱编排场之间，设有岸壁集装箱起重机及其运行轨道的码头面积是（　　）。

A. 靠泊设施　　B. 码头前沿　　C. 集装箱货运站　　D. 集装箱堆场

5. 在集装箱码头，进行集装箱交接、重箱和空箱的保管、集装箱安全检查、底盘车的存放，这样的场地是（　　）。

A. 靠泊设施　　B. 码头前沿　　C. 集装箱货运站　　D. 集装箱堆场

6. 主要任务是出口拼箱货的接收、装箱以及进口拼箱货的拆箱、交接，可以设在集装箱码头，也可以设在码头外，这样的场所是（　　）。

A. 靠泊设施　　B. 码头前沿　　C. 集装箱货运站　　D. 集装箱堆场

7. 以下（　　）集装箱码头装卸方案适用于年通过量在 10 万 TEU 以上的集装箱码头。

A. 装卸桥—跨运车方案　　B. 装卸桥—轮胎式龙门起重机方案

C. 装卸桥—轨道式龙门起重机方案　　D. 装卸桥—底盘车方案

8. 以小船来往于主要港口附近的小港口，承担集装箱的集中任务，将集装箱集中于主要港口，以大型集装箱轮负责越洋长途运送任务，这种集装箱运输的作业方式叫作（　　）。

A. 直达作业　　B. 中转作业　　C. 复合作业　　D. 接驳作业

9. 以下（　　）单证是收货人向集装箱码头或集装箱货运站提货的凭证，也是船公司向码头或货运站指示交货的通知。

A. 理货单证　　B. 集装箱催提单　　C. 提单　　D. 提货单

三、多选题

1. 属于集装箱码头前沿设备的是（　　）。

A. 跨运车　　B. 集装箱牵引车　　C. 岸壁集装箱起重机

D. 高架轮胎式起重机　　E. 集装箱叉车

2. 属于集装箱码头堆场作业设备的是（　　）。

A. 跨运车　　　　B. 集装箱牵引车　　C. 轨道式龙门起重机

D. 轮胎式龙门起重机　　　　　　　　E. 集装箱叉车

四、判断题

1. 所谓“重货”是指货物密度大于集装箱的单位容重，“轻货”是指货物密度小于集装箱的单位容重。（　　）

2. 装载集装箱时，要使货物的重量在箱底上形成均匀分布。（　　）

3. 由于集装箱的侧壁、端壁、门板处强度较高，因此，在集装箱内对货物进行固定作业时，支柱可以直接撑在这些地方。（　　）

4. 集装箱装箱时，液体货物或有水分的货物应尽可能避免与干燥货物混载。（　　）

5. 集装箱装箱时，木质包装的货物可以与纸质包装的货物混装。（　　）

6. 集装箱码头大门有两个门口，一个负责载箱拖挂车和空车挂车进门，一个负责载箱拖挂车以及空车拖挂车出门。（　　）

7. 集装箱船上的箱位号，“行”是指集装箱在船舶纵向的排列次序号，规定由船尾向船首顺次排列。（　　）

8. 集装箱船上的箱位号，经常用单数行位表示20ft 箱，双数行位表示40ft 箱。（　　）

9. 航空用成组器是指装载在飞机内与固定装置直接接触，不用辅助器就能固定的装置，它可以看成是飞机的一部分。（　　）

10. 航空用集装箱与国际标准化集装箱相比，在尺寸、结构和容积方面都完全一致。（　　）

11. 全集装箱船尽量把舱口开大，这使得船的纵向强度较弱，所以采用了双层侧壁和双层船底来增加纵向和扭曲强度。（　　）

12. 铁路集装箱办理站只具有受理集装箱货物的托运申请等商务职能，不具有编制用车计划等技术职能。（　　）

13. 集装箱整箱货运输，空箱由发货人到集装箱码头堆场领取；拼箱货运输则由集装箱货运站负责领取。（　　）

14. 集装箱空箱进出堆场要办理设备交接单，重箱进出堆场则不用办理设备交接单。（　　）

15. 集装箱货运站验收整箱货，集装箱码头堆场验收拼箱货。（　　）

五、简答题

1. 简述内陆集装箱货运站的特点和作用。

2. 试说明装卸桥—轮胎式龙门起重机方案的特点和适用。

3. 公路集装箱中转站的作用是什么？

认识国际多式联运

学习目标

【知识目标】

- 了解国际多式联运的基本特征、组织形式以及我国集装箱多式联运的发展趋势。
- 掌握 MLB（小陆桥运输）、IPI（内陆公共点多式联运）、OCP（内陆公共点运输）、SLB（西伯利亚大陆桥运输）的概念及特点。
- 了解国际多式联运经营人的类型、经营形式及法律责任。
- 了解国际多式联运组织模式设计应考虑的因素和注意事项。

【技能目标】

- 熟悉国际多式联运有关的基础知识，能初步设计多式联运模式，实现运输安全和最小运输成本。
- 掌握国际多式联运下发货人、船公司、堆场、集装箱货运站的货运业务环节和业务内容。

任务一　国际多式联运基础知识认知

一、国际多式联运的定义及特征

（一）国际多式联运的定义

1980 年 5 月于日内瓦通过的《联合国国际多式联运公约》中规定：“国际集装箱多式联运，简称国际多式联运，是指按照国际多式联运合同，以至少两种不同的运输方式，由多式联运经营人将货物从一国境内的接管地点运至另一国境内指定交付地点的货物运输。”我国 1997 年实施的《国际集装箱多式联运管理规则》中对“国际集装箱多式联运”的定义与《联合国国际多式联运公约》中的定义一致。

《货运物流实用手册》中解释，国际多式联运（Multimodal Transport）是一种以实现货物整体运输的最优化效益为目标的联运组织形式。它通常是以集装箱为运输单元，将不同的运输方式有机地组合在一起，构成连续的、综合性的一体化货物运输。通过一次托

运，一次计费，一份单证，一次保险，由各运输区段的承运人共同完成货物的全程运输，即将货物的全程运输作为一个完整的单一运输过程来安排。国际多式联运不仅仅是不同运输工具进行的联合运输，更重要的是在全程运输中只有一份运输合同，由多式联运经营人作为合同承运人统一组织全程运输，负责将货物从接货地运往交货地。因此，多式联运在本质上不同于分段联运，它是一种体现整体性的高效率的联运组织形式。

（二）国际多式联运的基本特征

根据该定义，结合国际上的实际做法可以知道，构成国际多式联运必须具备以下特征或称基本条件：

（1）必须具有一份多式联运合同。该运输合同是多式联运经营人与托运人之间权利、义务、责任与豁免的合同关系和运输性质的确定，也是区别多式联运与一般货物运输方式的主要依据。

（2）必须使用一份全程多式联运单证。该单证应满足不同运输方式的需要，并按单一运费率计收全程运费。

（3）必须是至少两种不同运输方式的连续运输。

（4）必须是国际的集装箱货物或者集装箱化货物的运输。这不仅是区别于国内货物运输，主要是涉及国际运输法规的适用问题。

（5）必须由一个多式联运经营人对货物运输的全程负责。该多式联运经营人不仅是订立多式联运合同的当事人，也是多式联运单证的签发人。当然，在多式联运经营人履行多式联运合同所规定的运输责任的同时，可将全部或部分运输委托他人（分承运人）完成，并订立分运合同。但分运合同的承运人与托运人之间不存在任何合同关系。

由此可见，国际多式联运的主要特点是，由多式联运经营人对托运人签订一个运输合同，统一组织全程运输，实行运输全程一次托运，一单到底，一次收费，统一理赔和全程负责。它是一种以方便托运人和货主为目的的先进的货物运输组织形式。

二、国际多式联运的优越性

国际多式联运是一种比区段运输高级的运输组织形式，20 世纪 60 年代末美国首先试办多式联运业务，受到货主的欢迎。随后，国际多式联运在北美、欧洲和远东地区开始采用；20 世纪 80 年代，国际多式联运已逐步在发展中国家实行。目前，国际多式联运已成为一种新型的重要的国际集装箱运输方式，受到国际航运界的普遍重视。1980 年 5 月在日内瓦召开的联合国国际多式联运公约会议上产生了《联合国国际多式联运公约》。它的生效将对今后国际多式联运的发展产生积极的影响。

国际多式联运是今后国际运输发展的方向，这是因为，开展国际集装箱多式联运具有许多优越性，主要表现在以下几个方面：

（一）简化托运、结算及理赔手续，节省人力、物力和有关费用

在国际多式联运方式下，无论货物运输距离有多远，由几种运输方式共同完成，且不论运输途中货物经过多少次转换，所有一切运输事项均由多式联运经营人负责办理。而托运人只需办理一次托运，订立一份运输合同，支付一次费用，办理一次保险，从而省去托运人办理托运手续的许多不便。同时，由于多式联运采用一份货运单证，统一计费，因而也可简化制单和结算手续，节省人力和物力。此外，一旦运输过程中发生货损货差，由多式联运经营人对全程运输负责，也可简化理赔手续，减少理赔费用。

（二）缩短货物运输时间，减少库存和货损货差事故，提高货运质量

在国际多式联运方式下，各个运输环节和各种运输工具之间配合密切，衔接紧凑，货物所到之处中转迅速及时，大大减少了货物的在途停留时间，从而从根本上保证了货物安全、迅速、准确、及时地运抵目的地，因而也相应地降低了货物的库存量和库存成本。同时，多式联运是以集装箱为运输单元进行直达运输，尽管货运途中须经多次转换，但由于使用专业机械装卸，且不涉及箱内货物，因而货损货差事故大为减少，从而在很大程度上提高了货物的运输质量。

（三）降低运输成本，节省各种支出

由于多式联运可实行门到门运输，因此对货主来说，在货物交由第一承运人以后即可取得货运单证，并据以结汇，结汇时间提前。这不仅有利于加速货物占用资金的周转，而且可以减少利息的支出。此外，由于货物是通过集装箱运输的，因此可相应地节省货物的包装、理货和保险等费用的支出。

（四）提高运输管理水平，实现运输合理化

对于区段运输而言，由于各种运输方式的经营人各自为政，自成体系，因而其经营业务范围受到限制，货运量相应也有限。而一旦由不同的运营人共同参与多式联运，经营的范围可以大大扩展，同时可以最大限度地发挥其现有设备作用，选择最佳运输线路组织合理化运输。

此外，从政府的角度来看，发展国际多式联运有利于加强政府部门对整个货物运输链的监督与管理；保证本国在整个货物运输过程中获得合理的运费收入分配比例；有助于引进新的先进运输技术；减少外汇支出；改善本国基础设施的利用状况；通过国家的宏观调控与指导，保证使用对环境破坏力最小的运输方式来达到保护本国生态环境的目的。

三、国际多式联运的组织形式

国际多式联运是采用两种或两种以上的不同运输方式进行联运的运输组织形式。这里所指的至少两种运输方式可以是海陆、陆空、海空等。这与一般的海海、陆陆、空空等形式的联运有着本质的区别。后者虽也是联运，但仍是采用同一种运输工具的运输方式。众所周知，各种运输方式均有自身的优点与不足。一般来说，水路运输具有运量大、成本低的优点；公路运输则具有机动灵活、便于实现货物门到门运输的特点；铁路运输的主要优

点是不受气候影响，可深入内陆和横贯内陆实现货物长距离的准时运输；而航空运输的主要优点是可实现货物的快速运输。由于国际多式联运严格规定必须采用两种和两种以上的不同运输方式进行联运，因此这种运输组织形式可综合利用各种运输方式的优点，充分体现社会化大生产、大交通的特点。

由于国际多式联运具有其他运输组织形式无可比拟的优越性，因而这种国际运输新技术已在世界各主要国家和地区得到广泛的推广和应用。目前，有代表性的国际多式联运主要有远东—欧洲，远东—北美等海陆空联运。其组织形式包括：

（一）海陆联运

海陆联运是国际多式联运的主要组织形式，也是远东—欧洲方向国际多式联运主要采用的组织形式之一。目前，组织和经营远东—欧洲海陆联运业务的主要有班轮公会的三联集团、北荷、冠航和丹麦的马士基等国际航运公司，以及非班轮公会的中国远洋运输公司、中国台湾长荣航运公司和德国那亚航运公司等。这种组织形式以航运公司为主体，签发联运提单，与航线两端的内陆运输部门开展联运业务，与大陆桥运输展开竞争。

当前，世界上规模最大的三条主要的集装箱航线是：远东—北美航线（太平洋航线）、远东—欧洲、地中海航线和北美—欧洲、地中海航线（大西洋航线）。

（二）陆桥运输（Land Bridge Service）

所谓陆桥运输，是指采用集装箱专用列车或卡车，把横贯大陆的铁路或公路作为中间“桥梁”，使大陆两端的集装箱海运航线与专用列车或卡车连接起来的一种连贯运输方式。严格地讲，陆桥运输也是一种海陆联运形式，只是因为其在国际多式联运中具有独特地位，故在此将其单独作为一种运输组织形式。在国际多式联运中，陆桥运输起着非常重要的作用。它是远东—欧洲国际多式联运的主要形式。目前，远东—欧洲的陆桥运输线路有西伯利亚大陆桥和北美大陆桥。

1. 大陆桥运输

（1）西伯利亚大陆桥（Siberian Landbridge，SLB）

西伯利亚大陆桥，是将集装箱货物由远东海运到俄罗斯东部港口，再经跨越欧亚大陆的西伯利亚铁路运至波罗的海沿岸的港口，然后再采用铁路、公路或海运运到欧洲各地的国际多式联运的运输线路。

西伯利亚大陆桥运输是世界上最著名的国际集装箱多式联运线之一，通过原苏联西伯利亚铁路，把东南亚和中亚地区与欧洲、中东地区联结起来，因此又称亚欧大陆桥。西伯利亚大陆桥全年货运量高达 10 万标准箱，最多时达 15 万标准箱。使用这条陆桥运输线的主要是日本、中国和欧洲各国的货运代理公司。其中，日本出口欧洲杂货的 1/3、欧洲出口亚洲杂货的 1/5 是经这条陆桥运输的。由此可见它在沟通亚欧大陆、促进国际贸易中所处的重要地位。

西伯利亚大陆桥缩短了从日本、东南亚及大洋洲到欧洲的运输距离，节省了运输时间。从日本横滨到欧洲鹿特丹，采用陆桥运输不仅可使运距缩短 1/3，运输时间也可节省 1/2。在一般情况下，运输费用还可节省 20%～30%，因而对货主有很大的吸引力。

日本、东南亚、中国香港等地运往欧洲、中东地区的货物通过海运运至俄罗斯的东方港或纳霍德卡后，经西伯利亚大陆桥有 3 种联运方式：①海—铁—铁联运：经西伯利亚大铁路运至俄罗斯西部国境站，经伊朗、东欧或西欧铁路再运至欧洲各地，或按相反方向的运输。②海—铁—海联运：经西伯利亚大铁路运至莫斯科，经铁路运至波罗的海的圣彼得堡、里加或塔林港，再经船舶运至西欧、北欧和巴尔干地区，或按相反方向的运输。③海—铁—公联运：经西伯利亚大铁路运至俄罗斯西部国境内，再经公路运至欧洲各地，或按相反方向的运输。

（2）第二亚欧大陆桥

第二亚欧大陆桥指 1990 年 9 月经我国陇海铁路、兰新铁路与哈萨克斯坦铁路接轨的亚欧大陆桥，又被称为新亚欧大陆桥。由于所经路线很大一部分是原“丝绸之路”，所以人们又称作现代“丝绸之路”，是亚欧大陆桥东西最为便捷的通道。

新亚欧大陆桥的贯通不仅便利了我国东西交通与国外的联系，更重要的是对我国的经济发展产生了巨大的影响。新亚欧大陆桥东起我国黄海之滨的连云港，向西经陇海铁路的徐州、商丘、开封、郑州、洛阳、三门峡、渭南、西安、宝鸡、天水等站（由东向西），兰新铁路的兰州、武威、金昌、张掖、酒泉、嘉峪关、哈密、吐鲁番、乌鲁木齐等站（由东向西），再向西经北疆铁路到达我国边境的阿拉山口，进入哈萨克斯坦，再经俄罗斯、白俄罗斯、波兰、德国，西止荷兰的世界第一大港鹿特丹港。

新亚欧大陆桥跨越欧亚两大洲，联结太平洋和大西洋，全长约 10800 千米，通向东亚、中亚、西亚、东欧和西欧 40 多个国家和地区。现已开通郑欧国际铁路货运班列，首趟郑欧国际铁路货运班列于 2013 年 7 月 18 日运行，开启了中国与欧洲的“新丝绸之路”。短短几年的时间，它共享了“丝绸之路经济带”建设的机遇，成功连通了中国和欧洲，服务的境内外企业也越来越多，是沟通世界的国际铁路物流大通道，标志着中国铁路物流行业的迅速发展，有力地加快了郑州建设国际物流中心的步伐。

（3）第三亚欧大陆桥

第三亚欧大陆桥是指继第一、第二亚欧大陆桥之后，再兴建一条以铁路交通为主体的运输网络系统，横贯亚欧 20 多个国家，比经东南沿海通过马六甲海峡进入印度洋的行程要短 2500 千米左右。第三亚欧大陆桥的运行路径是从重庆始发，经达州、兰州、乌鲁木齐，向西过北疆铁路到达我国边境阿拉山口，进入哈萨克斯坦，再转俄罗斯、白俄罗斯、波兰，至德国的杜伊斯堡，全程 11179 千米。

（4）北美大陆桥（North American Landbridge）

北美大陆桥是世界上历史最悠久、影响最大、服务范围最广的陆桥运输线。北美大陆桥指从日本东向，利用海路运输到北美西海岸，再经由横贯北美大陆的铁路线，陆运到北美东海岸，再经海路到欧洲的“海—陆—海”运输结构。北美大陆桥包括美国大陆桥运输和加拿大大陆桥运输。美国大陆桥有两条运输线路：一条是从西部太平洋沿岸至东部大西洋沿岸的铁路和公路运输线；另一条是从西部太平洋沿岸至东南部墨西哥湾沿岸的铁路和

公路运输线。

北美大陆桥运输对巴拿马运河的冲击很大。由于陆桥运输可以避开巴拿马运河宽度的限制，因此许多海运承运人开始建造超巴拿马型集装箱船，增加单艘集装箱船的载运箱量，放弃使用巴拿马运河，使集装箱国际海上运输的效率更为提高。

2. 小陆桥运输

小陆桥运输比大陆桥运输缩短一段海上运输，即一端为海洋，一端为陆运。如：日本至美国东部大西洋口岸的货运，其中，日本至美国西部太平洋口岸为海运，美国西部太平洋口岸至东部大西洋口岸为陆运。小陆桥运输从运输组织方式上看与大陆桥运输并无大的区别，只是其运送的货物的目的地为沿海港口。小陆桥运输是在美国大陆桥开始萎缩后产生的，小陆桥运输的具体做法是由远东把货物运至美国西海岸港口，再以铁路或公路运至美国东海岸港口或墨西哥湾靠近最后目的地的港口，卸车后再转运至目的地。这种运输由于不必通过巴拿马运河，所以可以节省时间。小陆桥运输全程使用一张海运提单，由海运承运人支付路上运费，由美国东海岸或墨西哥港口转运至目的地的费用由收货人负担。

北美地区的陆桥运输不仅包括上述大陆桥运输，而且还包括小陆桥运输（Mini-bridge）和微桥运输（Micro-bridge）等运输组织形式。目前，北美小陆桥运送的主要是日本经北美太平洋沿岸到大西洋沿岸和墨西哥湾地区港口的集装箱货物，当然也承运从欧洲到美西及海湾地区各港的大西洋航线的转运货物。北美小陆桥在缩短运输距离、节省运输时间上效果是显著的。以日本—美东航线为例，从大阪至纽约全程水运（经巴拿马运河）航线距离 18000 余公里，运输时间为 21~24 天；而采用小陆桥运输，运输距离仅 14000 公里，运输时间为 16 天，可节省 1 周左右的时间。

3. 微型陆桥运输

微型陆桥运输是在小陆桥运输形成和发展的基础上产生的。因为它只利用了大陆桥的一部分，是将海上运输的集装箱运至陆地港口附近的一部分地区，不通过整个陆桥，比小陆桥还短一段，所以也被称为半陆桥运输。例如，从日本运到美国中西部地区的集装箱货物，先用船舶装运至美国的口岸，然后换装铁路或公路直接运至美国的中西部地区，或者相反方向的运输。

微型陆桥运输比小陆桥运输方式费用更省，运输时间更短。微型陆桥运输全程也使用一张海运提单，铁路运费也由海运承运人支付。微型陆桥运输与小陆桥运输的区别在于铁路运费的承担人不同，以上述例子来说，微型陆桥运输中海上承运人负责由美国西海岸港口或墨西哥湾至最终目的地的运费，而小陆桥运输中由港口或墨西哥湾至最终目的地的运费则由收货人承担。

（三）海空联运

海空联运又被称为空桥运输（Air-bridge Service）。在运输组织方式上，陆桥运输与空桥运输有所不同，陆桥运输在整个货运过程中使用的是同一个集装箱，不用换装，而空桥运输的货物通常要在航空港换入航空集装箱。这种联运组织形式是以海运为主，只是最终交货运输区段由空运承担。

海空联运方式始于20世纪60年代，但到80年代得到较大的发展。采用这种运输方式，运输时间比全程海运少，运输费用比全程空运便宜。20世纪60年代，由远东船运至美国西海岸的货物，再通过航空运至美国内陆地区或美国东海岸，即出现了海空联运。这种联运组织形式是以海运为主，只是最终交货运输区段由空运承担。1960年年底，原苏联航空公司开辟了经由西伯利亚至欧洲的航空线；1968年，加拿大航空公司参加了国际多式联运；80年代，出现了经由中国香港、新加坡、泰国等至欧洲的航空线。目前，国际海空联运线主要有：

（1）远东—欧洲：远东与欧洲间的航线有的以温哥华、西雅图、洛杉矶为中转地，有的以中国香港、曼谷、海参崴为中转地，还有的以旧金山、新加坡为中转地。

（2）远东—中南美：近年来，此处港口和内陆运输不稳定，对海空运输的需求很大。所以，远东至中南美的海空联运发展较快，该联运线以迈阿密、洛杉矶、温哥华为中转地。

（3）远东—中近东、非洲、澳洲：这是以中国香港、曼谷为中转地至中近东、非洲的运输线路。在特殊情况下，还有经马赛至非洲、经曼谷至印度、经中国香港至澳洲的联运线，但这些线路货运量较小。

总的来讲，运输距离越远，采用海空联运的优越性就越大，原因在于其运输时间更短。同直接采用空运相比，其费率更低。因此，从远东出发将欧洲、中南美以及非洲作为海空联运的主要市场是合适的。

四、我国集装箱多式联运的发展

无论是“一带一路”倡议，还是“长江经济带”和“京津冀协同发展”等国家重大战略，其落实均需物流行业的有效支持，多式联运作为加快物流流转效率的重要手段，得到了政府的大力支持，比如制定《“十三五”现代综合交通运输体系发展规划》《推进物流大通道建设行动计划（2016~2020年）》《关于推动交通提质增效提升供给服务能力的实施方案》等，而2014年国务院印发的《物流业发展中长期规划（2014~2020）》中将“着力降低物流成本”列在发展重点的第一位，将“多式联运工程”列为重点工程的第一位。2017年1月，交通部等18部委联合发布的《关于进一步鼓励开展多式联运工作的通知》则是对发展多式联运的顶层设计，标志着我国已将多式联运发展上升为国家层面的制度安排，政府将持续加大对多式联运的支持力度。

（一）发展瓶颈

多式联运可有效实现物流中成本与效率的统一，但由于多式联运业在我国发展较晚，其在快速发展过程中尚存在诸多不利因素，构成了行业的发展瓶颈。但随着多式联运业各项规划的落实、规则的出台实施，这些瓶颈正在逐渐被突破，具体如表3-1-1所示。

表 3-1-1　　构成我国多式联运发展瓶颈的不利因素及突破

构成发展瓶颈的不利因素	不利因素的解决
(1) 铁路集装箱运力不足，直接制约公铁联运、铁水联运和空铁联运的开展，铁水联运的货物占比尚不足 2%。根据交通部统计，2016 年我国铁路集装箱运量仅为 750 万 TEU，以货运吨计算仅占铁路货运总量的 3%左右，而全球铁路集装箱运量占铁路货运量的比例超过 20%，美国达到 49%，法国为 40%，英国为 30%，日本为 100%	(1) 中国铁路总公司降低了铁路集装箱场站办理审批门槛；2016 年全路集装箱办理站从 572 个迅速增加到 1149 个，2016 年 5 月全路实施新列车运行图，安排货物班列线 251 条，其中以集装箱为主的班列线达 130 条以上。铁总公司争取 3 年内实现 90%以上货物品类入箱运输；3~5 年内铁路集装箱总规模达到 1000 万 TEU，运量占比达到 20%以上
(2) 铁路货运市场化改革尚未完成。由于历史原因，我国铁路市场化改革尚在起步阶段，旧有的铁路运能无法满足多式联运需要，表现为：铁路标准化班列少；铁路联运的场地保障比较差；集装箱中心站少；有大部分铁路货运站不具备联运的条件；海铁、公铁联运比例低。2014 年全国港铁集装箱运输量仅为 112 万 TEU，海铁联运占比不到 1%，国际一般水平为 20%以上，公铁联运还很少	(2) 目前主要港口疏港公路和铁路集装箱中心站基本建成，6 条集装箱铁水联运示范通道建设不断深入，首批 16 个多式联运示范工程建设全面启动；铁总公司规划 3 年内全路建成 2000 个集装箱货场，并发展自备空箱堆存业务，与船运公司合作建立还箱点，吸引海运箱上路运输；发改委规划到 2020 年，铁路集装箱装车比率提高至 15%以上；交通部明确要求加快形成贯通内外的国家多式联运网络主骨架
(3) 早期各种运输方式独立分散发展，直接导致集装箱多式联运型枢纽场站衔接和转运能力建设不足，枢纽间“连而不畅”“邻而不接”现象严重，使得公路过多承担了低附加值、大宗物资的运输任务	(3) 目前已建设 150 个左右的公共服务属性突出、辐射范围广、带动力强的货运枢纽（物流园区）；交通部将加快多式联运枢纽网络化布局和设施改造，推动各种运输方式枢纽规划集中布局、一体化建设，形成一批衔接顺畅、运转高效、辐射力强的全国性和区域性多式联运枢纽，推进主要港口集疏港铁路、公路建设，支持大型综合物流园区引入铁路专用线，畅通转运微循环系统
(4) 集装箱多式联运信息系统缺乏。阶段性多式联运缺乏物流网络信息平台的统一调配，存在信息不对称、空跑率等问题	(4) 交通部加快建立部门间、政企间、企业间多式联运信息资源互联共享推进机制，推动数据资源实时交换和有效供给；发改委要求到 2020 年大宗物资以外的铁路货物便捷运输比率达到 80%，准时率达到 95%，运输空驶率大幅下降
(5) 我国各种运输方式在票证单据、货类品名、包装与装载要求等方面规则不统一，各自的运单、载距等差别较大，导致多式联运的制度成本较高，同时使集装箱货物在转换节点可能被迫拆箱，导致多式联运通而不畅	(5) 交通部于 2017 年 4 月起实施《货物多式联运术语》《多式联运运载单元标识》两项多式联运行业标准；交通部等部委还将加快综合交通运输促进法、多式联运法等立法研究，强化不同运输方式间法规制度的相互衔接；健全多式联运基础设施、运载单元、载运工具、快速转运设备、信息交换接口等标准体系，推动形成有利于“门到门”一体化运输组织的多式联运服务规则
(6) 多式联运装备应用水平和标准化程度低，运载单元、吊装设备、托盘等装备的标准匹配性较差，装备发展水平与市场需求不适应	(6) 交通部组织开展多式联运重大技术装备关键技术和物联网在集装箱多式联运领域集成应用等专项科技攻关；大力推广应用集装箱、厢式半挂车等标准化运载单元和货运车辆，积极探索发展模块化汽车列车；推动一贯化带盘运输

（二）发展趋势

（1）标准化。多式联运的标准化包括“软件”“硬件”两个方面。“软件”是指多式联运在运作规则、操作标准、技术标准、信息系统、单证、管理制度等方面的标准化以及彼此的衔接。交通部已于 2017 年 4 月起正式实施《货物多式联运术语》《多式联运运载单元标识》两项多式联运行业标准，国务院则将完善统一的多式联运规则和多式联运经营人管理制度纳入《“十三五”现代综合交通运输体系发展规划》之中。未来随着各项规划的不断实施，多式联运在“软件”上的标准化将进一步完善。

“硬件”是指技术装备的标准化发展。根据各项规划的要求，“硬件”标准化包括：铁路多式联运专用装备、铁路集装箱、载货汽车、内河运输船舶、江海直达船舶的标准化，应用集装化和单元化装载技术的推广，发展集装箱、半挂车铁路平车，推广普及甩挂运输，发展公路铁路两用挂车、大型吊装、滚装等专用换装装备等。

（2）集装箱化。欧美发达国家的发展经验表明，标准化的集装箱多式联运已成为国际范围内的最优运输方式。如在欧洲，可脱卸箱体和集装箱为运载单元的联运市场份额占比为 78%。国务院在“十三五”综合交通运输发展主要指标中明确要求，集装箱铁水联运量年均增长率为 10%。发改委、交通部、铁总公司在《“十三五”铁路集装箱多式联运发展规划》中要求到 2020 年，集装箱运量达到铁路货运量 20%左右，其中，集装箱铁水联运量年均增长 10%以上。

（3）规模化。本行业具有明显的规模经济效应，大型企业在其物流设备建设、市场拓展和信息化管理等方面更具实力，从而使其物流处理效率提升、服务质量更佳。各项规划和政策也明确鼓励多式联运企业做大做强，如发改委在《物流业降本增效专项行动方案（2016~2018 年）》中要求大力发展铁水联运、公铁联运、陆空联运等先进运输组织方式，并在《营造良好市场环境 推动交通物流融合发展实施方案》中要求推动大型运输企业和货主企业建立战略合作关系，重点在大宗物资、集装箱运输等方面开展创新试点。

（4）服务多元化。按照欧美发展经验，传统的价格差价盈利转向增值服务盈利成为趋势，包括延伸服务链条，强化仓储、装卸、配送、包装等增值业务，满足空箱堆存、掏装箱、上门装卸等服务需要，并进一步发展区域供应链信息服务、数据服务、物资调配、供应链金融服务等。发改委在 2016 年 6 月发布的《营造良好市场环境 推动交通物流融合发展实施方案》中明确要求支持有实力的运输企业向多式联运经营人、综合物流服务商转变。

（5）最优化。多式联运客户需要物流服务的最优化主要体现在物流质量的可靠性与成本节约的最佳结合。这要求多式联运企业系统合理地组合各种运输方式子系统，根据客户的个性化需求向客户提供一种成本最低的无缝衔接的物流服务。不同的多式联运企业按照各自的竞争优势、客户、服务产业链的不同，各自发展自身的最优业务模式。

（6）信息化和智能化。国务院在《“十三五”现代综合交通运输体系发展规划》中要求：到 2020 年，交通基础设施、运载装备、经营业户和从业人员等基本要素信息全面实现数字化，各种交通方式信息交换取得突破。具体规划包括：将信息化智能化发展贯穿于

交通建设运行、服务、监管等全链条各环节，推动云计算、大数据、物联网、移动互联网、智能控制等技术与交通运输深度融合，实现基础设施和载运工具数字化、网络化，运营运行智能化；拓展铁路计算机连锁、编组站系统自动化应用，推进全自动集装箱码头系统建设。随着产业环境信息化的不断完善，多式联运企业的信息系统建设不仅要发挥整合能力，打通物流信息链，实现物流信息全程可追踪，还要利用信息大数据实现价值挖掘，以数据驱动供应链。

任务二　国际多式联运经营人认知

一、国际多式联运经营人的定义

《联合国国际多式联运公约》中对国际集装箱多式联运经营人（Multimodal Transport Operator，简称“多式联运经营人”）作了如下定义：“多式联运经营人是指本人或通过其代表与发货人订立多式联运合同的任何人，他是事主，而不是发货人的代理人或代表或参加多式联运的承运人的代理人或代表，他负有履行合同的责任。”在运用集装箱运输开展多式联运业务时，国际多式联运经营人负责全程运输的安排、组织、协调与管理工作，将货物从发货人仓库途经海、陆、空等运输区段，最终运送到收货人仓库。通俗地说，多式联运经营人是指本人或者委托他人以本人名义与托运人订立一项多式联运合同并以承运人身份承担完成此项合同责任的人。运输中的职责是与托运人签订全程运输合同，并对全程负责。至于各运输区段的实际运输，则由多式联运经营人作为契约承运人分别与各运输区段的实际承运人签订分运输合同来完成，由实际承运人对契约承运人负责。多式联运经营人就是依据这种方式对全程运输实行统一组织、统一管理的。

二、国际多式联运经营人的类型

国际多式联运经营人可以分为两种：一种为承运人型的多式联运经营人；一种为无船承运人型的多式联运经营人。

（一）承运人型

承运人型是指有运输工具，直接承担并完成全程运输中一个或一个以上的货物运输区段的国际多式联运经营者。

（二）无船承运人型

无船承运人（Non-vessel Operating Common Carrier，NVOCC），是指在集装箱运输中，经营集装箱货运的揽货、装箱、拆箱、内陆运输以及集装箱货运站或内陆集装箱货运站，但不经营船舶的无运输工具的承运人。

在集装箱多式联运中，联运经营人可以由参与某一运输区段的实际承运人来担任，如海运承运人、陆运承运人（包括公路、铁路承运人），也可以由不参与实际运输的经营者来充当，这就是通常所说的“无船承运人”。无船承运人是随着集装箱多式联运的发展而出现的联运经营人。无船承运人若根据本国法律向政府主管部门登记，并在其监督下进行活动，则在法律地位上相当于实际的船舶经营人。

1. 无船承运人的主要特征

（1）他是国际贸易合同的当事人。

（2）在法律上有权订立运输合同。

（3）本人不拥有运输工具。

（4）有权签发提单，并受提单条款的约束。

（5）由于与托运人订立运输合同，所以对货物全程运输负责。

（6）具有双重身份：对货物托运人来说，是承运人或运输经营人；而对实际运输货物的承运人而言，又是货物托运人。

2. 无船承运人经营的业务范围

（1）作为承运人签发货运提单，并因签发提单而对货物托运人负责。

（2）代表托运人承办订舱业务，根据货物托运人的要求和货物的具体情况，洽订运输工具。

（3）承办货物交接。无船承运人根据托运人的委托，在指定地点接受货物，并转交承运人或其他人，并在交接过程中为托运人办理理货、检验、报关等手续。

由此可见，无船承运人作为集装箱多式联运的中介，建立起了货主与船公司之间的联系和协作，对集装箱国际多式联运的发展发挥了重要的作用。国际多式联运经营人与传统货运代理的比较如表 3-2-1 所示。

表 3-2-1　　国际多式联运经营人与传统货运代理的比较

<table>
<tr><th colspan="2">比较项目</th><th>国际多式联运经营人</th><th>无船承运人</th><th>传统货运代理</th></tr>
<tr><td colspan="2">相同之处</td><td colspan="3">均属于运输中间商，其主要业务是为供求双方提供运输服务或代理服务，以赚取运费或代理费</td></tr>
<tr><td rowspan="8">不同之处</td><td>涉及运输方式</td><td>至少两种运输方式</td><td>海运</td><td>海、陆、空运</td></tr>
<tr><td>法律地位</td><td>对货主而言是承运人，对各区段承运人而言是货主</td><td>对货主而言是承运人，对船公司而言是货主</td><td>代理人</td></tr>
<tr><td>资金占用</td><td>很大</td><td>较大</td><td>很少</td></tr>
<tr><td>是否拥有船舶</td><td>必要时可以拥有</td><td>禁止拥有</td><td>禁止拥有</td></tr>
<tr><td>是否拥有陆运与空运码头</td><td>必要时可以拥有</td><td>必要时可以拥有</td><td>禁止拥有</td></tr>
<tr><td>是否有自己的提单</td><td>有</td><td>有</td><td>有</td></tr>
<tr><td>是否有自己的运价表</td><td>有</td><td>有</td><td>有</td></tr>
<tr><td>收入性质</td><td>运费（差价）</td><td>运费（差价）</td><td>代理费或佣金</td></tr>
</table>

三、国际多式联运经营人应具备的条件

（一）要有国内外多式联运经营的网络

多式联运经营人不仅要在国内外的沿海、沿江港口有自己的分支机构或代理，而且在国内外的内陆大城市也要有自己的分支机构或代理。只有具备这样的网络才能把两种或两种以上的不同运输方式联成一体以完成一批货物的连贯运输。

（二）要在国内外建立集装箱场站

要在国内外建立自己的中转机构，如受人力、财力的限制，也应与国内外当地同行搞合资，联营或建立相互委托代理的关系。

（三）要建立计算机管理系统

随着货物运输行业的不断发展，对于工作效率以及运输效率都有更高的要求，因此，应用计算机进行管理成为运输行业管理的趋势。运输管理系统涵盖智能调度、智能装车、路径优化、车辆管理、财务结算等功能，帮助企业实现业务流程信息化、运输全程可视化、财务结算智能化等，有利于降低成本、提高效率，提升企业竞争力。

（四）要建立一支专业队伍

组织世界范围内的国际多式联运，其涉及面之广，接触的部门之多，较之任何一种单一的运输方式都更为复杂，且随时都有可能出现一些意料之外的事件，因此，必须有一批知识面广、业务娴熟、经验丰富的专业队伍，才能运筹帷幄，运输快捷，服务周到。

（五）要有雄厚的资金，有足够的赔偿能力

国际多式联运业务流程的特性决定了国际多式联运是资金密集型行业。一方面，在和客户确定合同运价的时候，企业必须考虑结费周期导致的资金成本，同时在日常经营中亦需要大量的流动资金作支撑；另一方面，由于多式联运业务的运营风险较高，因此资金充足、成本低，瞬间就会变成企业的一个巨大竞争优势。

四、国际多式联运经营人的经营形式

（一）独立经营方式

国际多式联运经营人获准经营后，依靠自己的实力独自开展国际多式联运业务。一般是企业在服务全程的两端及中间各转接点处均设（或派）有自己的子公司或办事处等形式的派出机构或分支机构，作为全权代表处理揽货，交接货，订立运输合同协议，处理有关服务业务等运输和衔接中所需要的一系列事务。

（二）两企业间联营方式

获准国际多式联运经营的两个企业联合起来，取长补短，优势互补，分工协作开展国际多式联运业务；往往采用位于服务全程两端的地区或国家的两个（或几个）类似的企业联合经营的方式，联营的双方互为合作人，分别在各自的地区或国家内开展业务活动，揽

到货物后，按货物的流向及运输区段划分双方应承担的工作。

（三）代理方式

此种方式与企业间联营方式的情况相似，即在服务全程的两端和中间各衔接地点委托外地区或国外同行作为运输服务代理，办理或代安排全程服务中的分运工作和交接货物，签发或回收联运单证，制作有关单证，处理交换信息，代收、支费用和处理货运事故或纠纷等。这种代理关系可以是相互的，也可是单方面的。在这种情况下，一般由国际多式联运经营人向代理人支付代理费用，不存在分利润、分摊亏损问题。

第一种方式一般适用于货源数量较大、较为稳定的线路。一般要求企业具有较强的实力和业务基础。由于全部工作由自己雇用的人员完成，工作效率较高，利润也可能较高。第二种和第三种（特别是第三种）方式多适用于公司的经济实力不足以设立众多的办事处和分支机构，或线路的货源不够大、不太稳定，或企业正处于开展国际物流服务业务的初期等情况，工作效率及利润率要低一些。大多数无船承运人型的国际多式联运经营人均采用后两种形式。

五、国际多式联运经营人的法律责任

多式联运经营人在诸多关系中处于核心地位。因此，确定多式联运经营人这一主体及其法律地位尤为关键，有利于理清国际多式联运中错综复杂的各种法律关系。

（一）国际多式联运经营人的责任期间

多式联运经营人的责任期间是指多式联运经营人履行义务和承担责任的期间。《联合国国际货物多式联运公约》以及中国的《合同法》都规定，多式联运经营人的责任期间为从接收货物时起、至交付货物时止，承运人掌管货物的全部期间。

（二）国际多式联运经营人的赔偿责任基础

多式联运经营人对于货物运输所采取的赔偿责任原则，在确定多式联运经营人责任方面起着重要作用。目前，各单一运输公约关于赔偿责任基础的规定不一，但大致上可分为严格责任制和过失责任制两大种。《联合国国际货物多式联运公约》和 1991 年国际商会规则采取的都是类似于《汉堡规则》所采用的推定过失责任制，其规定为：如果货物的灭失、损坏或延迟交付造成的损失发生在承运人的责任期间内，承运人应负赔偿责任。除非承运人证明他本人、其雇佣人或代理人为避免该项事故的发生及其后果已采取了一切合理有效的措施。推定过失责任制实际上加重了承运人的责任。中国《海商法》主要采用的是《海牙—维斯比规则》确立的不完全过失责任制，即承运人的赔偿责任基础以过失责任为总原则，但承运人对其雇佣人员主观过失造成的损害免责。特别是，对于货物延误交付，《联合国国际货物多式联运公约》规定，如果货物未在明确约定的时间内交付，或者如无此种协议，未在按照具体情况对一个勤勉的多式联运经营人所能合理要求的时间内交付，即为延误交货。又规定，如果货物在规定的交货日期届满后连续 90 日内未交付，索赔人即可认为这批货物已经灭失。可见，《联合国国际货物多式联运公约》下承运人既要对迟延交货负责，又要对货物延迟交付所造成的损失承担赔偿责任。中国《海商法》规定，对

于明确议定交付期限下所造成的延迟损失予以赔偿，其责任限额为延迟交付货物的运费数额。

（三）国际多式联运经营人的责任形式

在现行的国际集装箱多式联运中，主要采用网状责任制和混合责任制。

（1）网状责任制是指多式联运经营人尽管对全程运输负责，但针对货运事故的赔偿原则仍按不同运输区段所适用的法律规定，当无法确定货运事故发生区段时则按海运法规或双方约定原则加以赔偿。目前，几乎所有的多式联运单据均采取这种赔偿责任形式。

（2）经修订的统一责任制也称混合责任制，是介于统一责任制与网状责任制之间的责任制。它在责任基础方面与统一责任制相同，在赔偿限额方面则与网状责任制相同。即：多式联运经营人对全程运输负责，各区段的实际承运人仅对自己完成区段的运输负责。无论货损发生在哪一区段，多式联运经营人和实际承运人都按公约规定的统一责任限额承担责任。但如果货物的灭失、损坏发生于多式联运的某一特定区域，而对这一区段适用的一项国际公约或强制性国家法律规定的赔偿责任限额高于多式联运公约规定的赔偿责任限额时，多式联运经营人对这种灭失、损坏的赔偿应按照适用的国际公约或强制性国际法律予以确定。《联合国国际货物多式联运公约》基本上采取这种责任形式。

任务三 国际多式联运货运程序

一、集装箱多式联运海运业务流程

（一）出口业务流程

1. 订舱

订舱按性质可分为如下两类。

（1）暂时订舱

暂时订舱是指托运人或国际货运代理企业向承运人订舱时只是预订舱位而没有特定的货物要运载，往往是在船舶到港前一段时间（如一个月）提出的订舱。采用暂时订舱是避免舱位紧张，在许多国家，除危险品运输之外托运人的口头订舱是允许的。针对暂时订舱，因运输工具配载时实际货量可能没有预订的多，即预订的舱位没有被使用而变成“被风吹走”的订舱（Windy Booking），即虚舱，所以承运人通常会允许运输舱位超订（Overbook）10%~20%以应付这种不确定性。它虽在一定程度上带有不确定性，但能使承运人大致了解今后一段时间内的货源情况，为承运人的货运组织与管理奠定基础。

订舱的国际货运代理公司也存在风险，即承运人要收取虚舱费或称“死费”（Dead Fee）。托运人想要避免支付虚舱费，必须在舱位不用之时通知为之订舱的国际货运代理企业，以便其他的托运人可以使用这些舱位。

（2）确定订舱

确定订舱是委托人根据信用证或合同的要求和货物出运的时间，选择合适的船舶，在船期表或航空运输规定的截单日期之前，向承运人或其代理人以口头或书面形式提出的订舱。就海运来说，它包含货源的确切信息，如订舱船名、接货地点、装货港、卸货港、交货地点、揽货代理名称、货名、数量、包装、重量、接货方式、交货方式、所需空箱数、装箱地点等。一般向船公司确定订舱是在截单日的前7天，原因在于船公司通常到那个时候才放舱。

订舱方式主要有如下三种：

（1）离线订舱。离线订舱主要是通过传真、电话或者邮件等途径实现。网上离线订舱可以使用离线订舱软件进行离线订舱，然后发电子邮件给承运人完成订舱。

（2）在线订舱。在线订舱也称电子订舱（E-booking），它可以提供给客户一个交易平台，把客户要价和服务供应商的报价都发到网上，使双方达成交易。

（3）卸货地订舱。通常的订舱都是装货地订舱，即由出口商订舱，而卸货地订舱（Home Booking）指由进口商订舱。贸易术语使用F组或E组时，国外的买方（Buyer）即进口商（Importer）负责签订运输合同，但他们一般自己不订舱，而是委托某国际货代代为订舱，通常还指定要订某承运人的运输工具。

2. 领取空箱

在码头提空柜时，托运人通常要凭借船公司的订舱单（booking note）领取真正的提柜单才能去提柜。

领取空箱时，应区别整箱托运和拼箱托运两种情况。整箱货空箱由发货人或其货运代理人到码头堆场提柜，拼箱货空箱由集装箱货运站负责领取。

3. 重箱交接

整箱货由发货人或其货运代理人自行负责装箱，并加海关封志，然后送至码头堆场。拼箱货是由发货人将货物送到集装箱货运站后，由集装箱货运站根据订舱清单核对场站收据后装箱，再将拼装的重箱运至码头堆场。码头堆场在验收货物后，应在场站收据上签字，并将已签署的场站收据交还给发货人或其货运代理人，据以换取提单。

4. 换发提单

发货人或其货运代理人向船公司或其代理人换取提单，以已签署的场站收据作为向银行结汇的凭证。

5. 启运港装船

码头堆场根据待装船的货箱情况，制定装船计划，待船舶靠泊后，即安排装船。

6. 目的港卸船

货物的海上运输即将结束时，目的港码头堆场根据即将到港船只的货箱情况，制定卸船计划，待船舶靠泊后，即安排卸船。

7. 货物交付

（1）整箱货交付

如果内陆运输由收货人或其货运代理人自行安排，则由码头堆场根据收货人或其货运

代理人出具的提货单，将整箱货交付。否则，由承运人或其代理人安排内陆运输，将整箱货运至指定地点交付。

(2) 拼箱货交付

拼箱货一般先在指定的集装箱货运站拆箱，然后由集装箱货运站根据提货单将拼箱货交付给收货人或其代理人。

8. 空箱回运

收货人或集装箱货运站在掏箱完毕后，应及时将空箱运回指定的码头堆场。

海运出口时，有关方的业务环节及业务内容如表 3-3-1 所示。

表 3-3-1　　集装箱海运出口有关方的业务环节与业务内容

有关方	业务环节与业务内容
发货人	(1) 订立贸易合同 (2) 备货 (3) 租船订舱（如以 CIF 或 CFR 价格条件成交时） (4) 报关报检 (5) 货物装箱与托运并取得承运人或其代理签发的场站收据。具体业务分工视交付交款而定，比如：交付条款为 CY/CY（堆场到堆场），则负责提空箱、装箱、送重箱至码头；交付条款为 CFS/CFS（货运站到货运站），则负责将货交货运站即可 (6) 投保（如以 CIF 价格条件成交时） (7) 支付运费（预付运费），并凭场站收据取得承运人签发的提单 (8) 向收货人（买方）发出装船通知（如以 CFR 价格条件成交时）
船公司	(1) 承揽待运的货源 (2) 配备集装箱：船东箱（自有或租赁） (3) 受理托运：需要明确装运港、装箱货与拼箱货，以及集装箱交付条款等 (4) 接受货物：视交付条款不同，接受货物地点可能为码头堆场、货运站或发货人工厂 (5) 办理船舶的联检与靠泊手续：此工作需要委托船舶代理公司办理 (6) 制作、签发并交送相关的装船单证：送交货主、码头、货运站、理货公司及联检机构等，对于发货人，船公司或其代理应向其签发正本提单 (7) 办理船舶的联检与离港手续，驶往卸货港
集装箱码头堆场	(1) 集装箱的交接：接受重箱，发放空箱 (2) 制定堆场作业计划，以指导集装箱的堆存与装卸作业 (3) 集装箱装船并签发相关单证：根据船舶积载图和装船计划安排装船，装船完毕后，由船方在装箱单、码头收据、积载图上签字，作为确认货物装船的凭证 (4) 对堆存在场内的冷藏箱、危险品箱等特殊集装箱进行处理
集装箱货运站	(1) 办理拼箱货物交接，并向发货人签发场站收据 (2) 配箱、装箱 (3) 制作装箱单和出具危险品集装箱装箱证明 (4) 在海关监管之下加海关封志，并将装载的货箱运至码头堆场

（二）进口业务流程

1. 寄送货运单证

发货方及出口港在船舶开航后，将集装箱货物的有关单证传送给卸货港的船公司或其代理。

2. 卸船准备

卸货港船公司或其代理在收到有关货运单证后，经整理即递送给有关集装箱码头堆场和集装箱货运站，以便其做好卸船准备。

3. 发出到货通知

船公司或其代理向收货人或其代理人发出到货通知书，通知收货人或其代理人做好提货准备。

4. 换取提货单

收货人或其代理人凭到货通知书和正本提单到有关船公司或其代理人处换取提货单。如果是运费到付，则必须先付清运费再换单。

5. 报关报检

检验检疫局根据货物的监管条件，确认此票货是否要做商检。收货人需要备妥进口报关报检所必需的单证资料（合同、发票、装箱单、报关委托书以及海关监管出口需要的证书，如许可证等）。收货人可自行通过“关检融合统一申报”平台进行申报，也可委托货代方或报关公司进行申报。

（1）通关时间：一般是一个工作日以内，特殊货物则是2~3个工作日。

（2）查验：①技术查验，即依据单据以及具体货物决定是否查验；②随机查验，即海关放行科放行后，电脑自行抽查。

6. 卸船

船舶靠泊后，集装箱码头堆场作业人员应立即上船与船方洽谈卸船事宜，进行卸船作业。船方委托理货人员计箱验残，并与集装箱码头堆场人员交接。码头堆场按照拟定的卸船堆场计划堆放集装箱。卸船完毕后，由理货人员编制理货报告单，送交船公司或其代理人。

如果是危险品集装箱卸船，在船舶靠泊前，船公司或其代理人必须凭有关危险品单据向口岸监管部门签证船舶载运危险货物申报单，经准许后才能准备卸船。

7. 提货

全国陆续启用“进口集装箱提货单电子化”后，“大通关”数据平台自动将海关、检验检疫部门的电子签章“放行”信息写入提货单电子文本。收货人或其代理人凭海关、检验检疫部门电子签章的提货单到有关集装箱码头堆场的提货受理处办理提货手续。提箱时，收货人或其代理人还需凭设备交接单，与集装箱码头堆场人员进行交接。收货人提箱后，应尽可能在免费用箱的时间内拆箱、卸货，并将空箱送回指定的地点。如果提取的是拼箱货，则先由集装箱货运站从码头堆场提取重箱到货运站，再由货主凭提货单到货运站提取货物。

8. 货物索赔

收货人在提货时发现货物与提单（或装箱单）不符时，应分清责任并及时向有关责任方（发货人、承运人、保险公司等）提出索赔，并提供有效的单据和证明。

海运进口时，有关方的业务环节及业务内容如表3-3-2所示。

表 3-3-2 集装箱海运进口有关方的业务环节与业务内容

有关方	业务环节与业务内容
收货人	（1）签订贸易合同 （2）租船订舱（以 FOB 价格条件成交时） （3）申请开立信用证 （4）投保（以 FOB 或 CFR 价格条件成交时） （5）付款从银行处取得正本提单 （6）支付到付运费后凭正本提单到承运人或其代理处换取提货单或设备交接单（整箱货） （7）凭提货单到码头（整箱货）或货运站（拼箱货）提取重箱或货物；整箱货需凭设备交接单提取 （8）返还空箱（指整箱货） （9）损害索赔
船公司	（1）做好卸船准备工作，包括制定卸船计划、安排联检与靠泊 （2）制作并寄送有关单据 （3）卸船：由码头安排卸船事宜 （4）凭正本提单和到付运费等向收货人签发提单和办理集装箱提还箱手续（当整箱货交付时）
集装箱码头堆场	（1）集装箱的卸船准备工作：制定卸船计划、堆场计划、交货计划 （2）卸船与堆放 （3）交货：整箱货交收货人（需要事先收取滞箱费等）；拼箱货交货运站；转运内地货交内陆承运人 （4）制作交货报告和未交货报告
集装箱货运站	（1）做好提箱、拆箱、交货准备 （2）向收货人发出交货通知 （3）从码头堆场领取载货的集装箱 （4）拆箱交货（收货人提货应持提货单、缴纳相关费用并签收交货记录），空箱退还给码头堆场 （5）制作交货报告和未交货报告

二、集装箱多式联运公路业务流程

集装箱公路运输的业务形式多样，不像水路运输与铁路运输那么规范，所处理的货物数量变化也较大，所以很难规范地描述其业务程序。这里仅以口岸或大型公路集装箱中转站为背景的集装箱卡车运输公司的典型业务为对象，讨论其业务流程和运行管理。

（一）公海联运公路集装箱货物集运、分拨业务

1. 集运业务流程

一般情况下，发货人通过集装箱卡车，将集装箱重箱送达起点港，装上集装箱班轮，运往目的港。一般流程如下：

（1）掌握货源

集装箱卡车运输公司应广泛开展货源组织工作，掌握船公司和货运代理近期内待装运的箱源，预先做好运力安排。

（2）接受托运

集装箱卡车运输公司通过各种形式接受公路运输代理公司、货运代理公司或货主的托

运申请，在了解掌握待装货物情况和装箱地点后，有能力接受的予以承运，并订立运输合同。

（3）安排作业计划

集装箱卡车运输公司根据承运合同，编制集装箱卡车作业计划。对超重、超高、跨省运输的，提前向有关管理部门办理申请。

（4）向码头申请装卸机械与人力

根据船期的计划，在送箱的前一天，向码头申请装卸机械与人力。

（5）领取空箱

集装箱卡车运输公司凭货运代理签发的出场集装箱设备交接单和托运单，到指定地点提取空箱，送往托运人处装箱。

（6）送交重箱

装箱完毕，集装箱卡车运输公司将重箱连同装箱单、设备交接单送到指定码头交付，办理集装箱设备交接。

2. 分拨业务流程

一般情况下，当班轮运输的集装箱到达目的港卸下以后，需要通过集装箱卡车运往收货人处。一般处理流程如下：

（1）编制进口箱运量计划

集装箱卡车运输公司根据港务局提供的集装箱班轮船期动态，或者船公司、货运代理公司提供的进口船期，载箱量，需要通过公路疏运、送达的箱量等，结合自身的运力情况，编制月、旬、周或日的运量计划。

（2）接受托运

集装箱卡车公司通过各种方式接受公路运输代理公司、货运代理公司或货主等提出的进口集装箱陆上运输申请，根据自身条件许可情况，接受托运。

（3）申请整箱放行计划

在接受托运以后，集装箱卡车运输公司向联合运输营业所申请整箱放行计划；如为拆箱货，则向陆上运输管理处申请批准。

（4）安排运输作业

集装箱卡车运输公司根据“先重点后一般”的原则，合理安排运输计划。对各种超重、超高等超标准箱，应向有关管理部门申请超限证；如属跨省运输，则应开具路单。

（5）申请机械、理货和卫检

如待运的集装箱在码头、公路中转站，应提前向码头与公路中转站申请装车机械和相应人力。如需拆箱，还应代替收货人向有关部门提出理货、卫检和其他一些特殊需要的申请。

（6）提取重箱

完成以上工作后，集装箱卡车运输公司派出集装箱卡车，持集装箱放行单和设备交接单，到指定箱区提取重箱，并在大门检查站办理出场集装箱设备交接。

（7）交箱

集装箱卡车将重箱送往收货人处。如系在收货人处拆箱、同时运回空箱的，须由理货

公司派员理货。货主接受货物后在交接单上签收，集装箱卡车运输的货物交接责任才告结束。

（8）送还空箱

集装箱的空箱应按规定时间、地点送回。集装箱卡车在送回空箱时，应在码头大门检查站进行检查，取得进场集装箱设备交接单，然后到堆场办理空箱交接。

（二）公铁联运公路集装箱货物集运、分拨业务

1. 集运业务流程

（1）接受托运人或其代理人提出的货物托运申请。

（2）向铁路货运站提出联运申请和空箱要箱计划。

（3）待联运申请被答复后，领回铁路进货证和集装箱交接单，凭单提取空箱运至托运人工厂或仓库，或运回中转站堆场。

（4）将拼箱货自托运人工厂或仓库运至中转站，按铁路货运站配箱计划和积载要求装箱，并填写装箱单。

（5）按计划将重箱运至铁路货运站，并按铁路有关规定办理集装箱交接。

（6）托运人按铁路运价交付运费，领回托运人报销联及铁路运单副本。

2. 分拨业务流程

（1）接受收货人或其代理人提交的货物托运单、到货通知和领货凭证。

（2）将到货通知、领货凭证提交铁路货运站办理提箱手续，领取出门证及集装箱交接单。

（3）按计划到铁路货运站提取重箱，将重箱运至收货人仓库或中转站并办理交接手续。

（4）将拼箱货在中转站拆箱后通知货主提货，或送至收货人处。

（5）将用毕的空箱送回铁路货运站，并办理集装箱交接手续。

（6）按规定向收货人收取运费和附加费。

三、集装箱多式联运铁路业务流程

（一）国际铁路联运业务

我国大陆桥运输的核心在于国际铁路集装箱联运。国际铁路集装箱联运是指以集装箱为载体，使用一份统一的国际联运票据，由铁路部门负责经过两国或两国以上的全程运送，并由一国铁路部门向另一国铁路部门移交货物，不需要发货人和收货人参加的货物运输组织方式。

1. 运输范围

主要是从中国内陆运往中国周边国家（如蒙古、俄罗斯、越南、朝鲜和哈萨克斯坦、乌兹别克斯坦、土库曼斯坦、塔吉克斯坦、吉尔吉斯斯坦）和欧洲某些国家，以及以上国家运往中国内地的运输。

2. 运输方式

主要是整车运输和集装箱运输两种形式。在国际铁路联运中，必须是双箱方可办理国

际联运。一般可以租用中国铁路集装箱。

3. 国际联运计划

根据货物运输的具体要求提前在发站提报国际联运计划。

4. 运输程序

(1) 接受客户询价

如有客户询问运往上述国家的铁路联运业务时，应向客户了解有关信息：发送站和运往的国家及到站、货物的品名和数量、预计运输的时间、客户单位名称及联系方式、采取整车还是集装箱运输形式等。

(2) 接受委托

客户接受报价、同意代理运输后，需要托运人以书面形式确认委托。

(3) 运输单证

托运人需提供相关单证，如运输委托书、报关委托书、报检委托书、报关单、报检单(加盖委托单位的专用章)、合同、箱单、发票、商检放行单、核销单等。

(4) 填写铁路国际联运大票

在当地购买铁路国际联运大票，由相关人员填写正式的国际联运大票。

(5) 报关

托运人可以自理报关，也可以委托货运公司报关。在国际联运报关中，海关要求一车一份核销单，同时托运人需要在相应的出口口岸的海关、商检部门办理注册备案手续。

(6) 发车

托运人送货发运时，在发货当地报关时需将报关单、合同、箱单、发票、关封等单据与国际联运单一同随车带到口岸。在口岸报关的需将合同、箱单、发票、报关单、商检证等单据快递给货运公司的口岸代理。货物发运后将运单第三联交给发货人。

(7) 口岸交接

货物到达口岸后需要办理转关换装手续，待货物换到外方车发运后，货运公司应将口岸该货的换装时间、外方换装的车号等信息通知发货人。

(8) 收费

国际铁路联运的运费通常以美元报价。

(二) 集装箱铁路班列业务

集装箱铁路运输的流程和步骤大体如下：

1. 托运受理

托运人向车站提出货物运输申请，填写货物运单和运单副本；车站接到货物运单后，应审核整车货物的申请是否有批准的月度、旬度货物运输计划和日要车计划，检查货物运单上各项内容的填写是否正确。

应按有关规定逐项详细审核下列内容：

(1) 托运的货物能否用集装箱运输。

(2) 所到站能否受理该吨位、种类、规格的集装箱。

(3) 应注明的事项是否准确、完整。

（4）有关货物重量、件数、尺码等是否按规定填写。如确认可以承运，在运单上登记货物应进入车站的日期或装车日期，即表示受理托运。

2. 进行集装箱货物集配计划

受理车站的集配货运员根据掌握的全部受理运单的到站去向和数量，本站可用空箱和待交箱数量，待装车、待装箱和残存箱的方向和数量以及站外集散站的集装箱等资料，作出集配计划。

集配计划完成后，及时通知托运人和承运货运员，以便托运人安排车辆组织进货、货运员做好承运准备工作。

3. 货物装箱

（1）整箱货装箱

整箱货的装箱可在站内完成，也可在站外完成。若在站内装箱，托运人按车站指定的送货日期将货物运至车站，外勤货运员指定拨配空箱，由托运人自己组织装箱，装箱完毕后施封。

若在站外装箱，一般先由托运人根据车站指定的取箱日期将空箱运到本单位组织装箱，并在施封后将重箱送到车站。无论在何处装箱，托运人接到外勤货运员拨配的空箱后，一定要检查集装箱是否有破损、装置是否完好。

箱内货物的数量和质量由托运人负责，因此，施封必须由托运人自己进行，承运人不得接受代为施封的委托。

（2）拼箱货装箱

拼箱货是将若干个不同发货人的货物托运到同一铁路站点的零担货物装箱运输。目前有铁路拼箱和集散站拼箱两种作业形式。

①铁路拼箱货物按零担货物收取运费，但须另收拼箱费用。货物的装、拆箱以及货物受理和交付均由铁路负责，因此货物运单、领货凭证和货票等运输单证上要加盖“铁路拼箱”戳记。同一箱内货物的所有票据应封入“铁路集装箱拼箱货运票据封套”中。

②集散站拼箱是集散站使用铁路集装箱或部分自备集装箱，由集散站面对货主办理承运和交付，将同一到站不同收货人的货物共装于一集装箱内，向铁路部门按整箱办理运输。铁路车站与集散站之间的关系是承运人与托运人之间的关系。

4. 承运

托运人在指定日期将集装箱货物送至车站指定的地点，发送货运员在接受集装箱货物时必须对由发货人装载的集装箱货物逐箱进行检查，符合运输要求的才能接受承运。接受集装箱货物后，车站在货物运单上加盖站名、承运日期戳记，即为承运。铁路向托运人核收运费。

在接受所托运的集装箱货物时，发送货运员应做到：

（1）对由发货人装载的集装箱货物，应逐批次、按箱检查箱门是否已关好、锁舌是否落槽，合格后在运单上批注货位号码。对“门—门”运输的集装箱货物，还要核对是否卸入指定货位，然后在《集装箱“门—门”运输作业单》上签字，返还给发货人一份。

（2）以运单为依据，检查标签是否与运单记载一致、集装箱号码是否与运单记载相符、铅封号码是否正确。

（3）检查铅封的加封是否符合技术要求。

（4）检查箱体是否受损，如有损坏，应编制集装箱破损记录，如损坏系由于发货人过失所致，则要求发货人在破损记录上签字盖章，以划分责任。检查时，如发生铅印失效、丢失、无法辨认站名、未按加封技术要求进行铅封，上述情况均由发货人负责恢复至正常状态。

（5）检查确认无误后，车站便在货运单上签字，交发货人交款发票。

（6）对进行“门—门”运输的集装箱，还应补填集装箱“门—门”运输登记簿有关事项。

5. 装车运输

装车作业时，装车货运员在接到集配计划后到站确定装车顺序，并做到：

（1）装车前，对车体、车门、车窗进行检查，检查是否过了检验期、有无运行限制、是否清洁等。

（2）装车时，装车货运员要做好监装，检查待装的箱子和货运票据是否相符、齐全、准确，并对箱体、铅封状态进行检查。

（3）装车后，要检查集装箱的装载情况是否满足安全运输的要求，如使用篷车装载时还要加封。装车完毕后，要填写货车装载清单、货运票据，除一般内容的填写外，还应在装载清单上注明箱号，在货运票据上填写箱数总和，包括货重和箱体自重。

6. 国际铁路联运货物在国境站的交接

国境站除办理一般车站的事务外，还办理国际铁路联运货物、车辆与邻国铁路的交接，货物的换装或更换轮对，票据文件的翻译及货物运输费用的计算与复核等工作。

国际铁路联运货物在国境站的交接还涉及海关、货代等部门，它们在一国际联运交接所内联合办公，实行流水作业。

国际铁路联运集装箱货物在国境站的交接程序如下：

第一步，国境站接到国内前方站的列车到达预报后，立即通知国际联运交接所，做好交接的准备工作。

第二步，列车进站后由铁路会同海关接车，海关负责对列车监管和检查。未经海关许可，列车不准移动、解体或调离，车上人员亦不得离开。铁路负责将随车代交的票据送至交接所。

第三步，交接所内各单位各司其职，协同完成货物的出境手续。

第四步，相邻两国国境站办理货物、车辆、单证的交接手续并签署交接证件。

7. 到达交付

交货时，交箱的货运员在接到转来的卸货卡片和有关单据后，认真做好与车号、封号、标签的核对工作，核对无误后通知装卸工组交货。

集装箱货物运抵到站后，到站部门应不迟于集装箱卸车后的次日用电话等方式向收货人发出催领通知，通知完毕后，货运员在货票上记载通知的时间和方法。但到站的催领通知仅是通知收货人收货的辅助手段。

货物承运后，托运人应将领货凭证及时寄交收货人，收货人应主动与到站部门联系领取货物，这是到货通知的主要手段。

收货人在到站口领取货物时，须出示本人的身份证明和领货凭证。到站部门核对无误后向收货人交付货物。收货人在货票上盖章或签字，到站部门将收货人的身份证明文件号码记载在货票上。

对到达的货物，收货人有义务及时将货物搬出，铁路部门有义务提供一定的免费留置期限，以便收货人安排搬运工具、办理仓储手续等。留置期限一般为两天，超过这个期限，收货人应向铁路支付延期使用费和货物暂存费。

若货物在站内掏箱，收货人应于领取的当日内掏完；在站外掏箱时，收货人应于领取的次日内将该空箱送回。

四、集装箱多式联运空运业务流程

（一）航空集装箱货物进口业务

1. 代理预报

在国外发货前，由国外代理公司将运单、航班、件数、重量、品名、实际收货人及其他地址、联系电话等内容发给目的地代理公司。

2. 交接单、货

航空货物入境时，与货物相关的单据也随机到达，运输工具及货物处于海关监管之下。货物卸下后，将货物存入航空公司或机场的监管仓库，进行进口货物舱单录入，将舱单上总运单号、收货人、始发站、目的站、件数、重量、货物品名、航班号等信息通过电脑传输给海关留存，供报关用。同时根据运单上的收货人地址寄发取单、提货通知。

航空公司的地面代理人向货运代理公司交接的有：国际货物交接清单、总运单及随机文件、货物。

交接时做到单、单核对，即交接清单与总运单核对；单、货核对，即交接清单与货物核对。

发现货物短缺、破损或其他异常情况，应向民航索要商务事故记录，作为实际收货人交涉索赔事宜的依据。

3. 理货与仓储

理货：逐一核对每票件数，再次检查货物破损情况，确有接货时未发现的问题可向民航提出交涉；按大货、小货、重货、轻货、单票货、混载货、危险品、贵重品、冷冻品、冷藏品分别堆存、进仓；登记每票货储存区号，并输入电脑。

仓储：注意防雨、防潮；防重压；防变形；防升温变质；防暴晒；独立设危险品仓库。

4. 理单与到货通知

理单：集中托运，在总运单项下拆单；分类理单、编号；编制种类单证。

到货通知：尽早、尽快、尽妥地通知货主到货情况。普货到达后24小时内发出通知，急件货物2小时内发出通知；动物、鲜活易腐物品及其他指定日期和航班运输的货物，托运人应负责通知收货人在到达站机场等候领取。

正本运单处理：电脑打制海关监管进口货物入仓清单一式五份，用于商检、卫检、动检各一份，海关二份。

5. 制单、报关

（1）制单、报关、运输的形式

①货代公司代办制单、报关、运输；②货主自行办理制单、报关、运输；③货代公司代办制单、报关，货主自办运输；④货主自行办理制单、报关后，委托货代公司运输；⑤货主自办制单，委托货代公司报关和办理运输。

（2）进口制单

长期协作的货主单位，有进口批文、证明手册等放于货代处的，货物到达、发出到货通知后，即可制单、报关，通知货主运输或代办运输；部分进口货因货主单位缺少有关批文、证明，亦可将运单、提货单等寄给货主单位，由其备齐有关批文、证明后再决定制单、报关事宜；无须批文和证明的，可即行制单、报关，通知货主提货或代办运输。

（3）进口报关

报关大致分为初审、审单、征税、验放四个主要环节。

（4）报关期限与滞报金

进口货物报关期限为：自运输工具进境之日起的14日内，超过这一期限报关的，由海关征收滞报金；征收标准为货物到岸价格的万分之五。

（5）开验工作的实施

客户自行报关的货物，一般由货主到货代监管仓库借出货物，由代理公司派人陪同货主一并协助海关开验。客户委托代理公司报关的，代理公司通知货主，由其派人前来或书面委托代办开验。开验后，代理公司须将已开验的货物封存，运回监管仓库储存。

6. 发货、收费

（1）发货

办完报关、报检等手续后，货主须凭盖有海关放行章、动植物报验章、卫生检疫报验章的进口提货单到所属监管仓库付费提货。

仓库发货时，须检验提货单据上各类报关、报验章是否齐全，并登记提货人的单位、姓名、身份证号以确保发货安全。

（2）收费

货代公司在发放货物前，一般先将费用收妥。收费内容有：到付运费及垫付佣金；单证、报关费；仓储费；装卸、铲车费；航空公司到港仓储费；海关预录入、动植检、卫检报验等代收代付费；关税及垫付佣金。

报关费的收取：①普通货物：自发出到货通知的次日起免费保管3日，分批到达的从通知提取最后一批货物的次日算起，超过免费保管期限的，每日每公斤收取保管费0.1元，不满一日的按一日计算，每票货物最低收取保管费5.00元。

②贵重物品：至到达的次日起，每日每公斤收取5.00元，每票货物最低50元。

③危险物品：至发出到货通知的次日起，免费保管6小时。超过6小时，每日每公斤收取0.50元，每票最低10元。

7. 送货与转运

送货上门业务主要指进口清关后货物直接运送至货主单位，运输工具一般为汽车。

转运业务主要指将进口清关后的货物转运至内地的货运代理公司，运输方式主要为飞机、汽车、火车、水运、邮政。

进口货物转关及监管运输是指货物入境后不在进境地海关办理进口报关手续，而运往另一设关地点办理进口海关手续；在办理进口报关手续前，货物一直处于海关监管之下。转关运输亦称监管运输，意指此运输过程置于海关监管之中。

（二）航空集装箱货物出口业务

航空集装箱货物出口业务程序主要包括以下几个环节：委托运输→审核单证→预配舱→预订舱→接单→制单→接货→标签→配舱→订舱→出口报关→出仓（仓库）单→提板箱→装板箱→签单→交接发运→航班跟踪→信息服务→费用结算。

1. 委托运输

航空公司或其代理与托运人就出口货物运输事宜达成意向后，可以向托运人提供“国际货物托运书”。

托运书（Shippers Letter of Instruction，SLI）是托运人用于委托承运人或其代理人填写开具航空货运单的一种表单，表单上列有填制货运单所需的各项内容，并印有授权承运人或其代理人代其在货运单上签字的文字说明。因此，“国际货物托运书”是一份重要的法律文件。

托运书应包括下列内容栏：托运人、收货人、始发站机场、目的地机场、要求的路线/申请订舱、供运输用的声明价值、供海关用的声明价值、保险金额、处理事项、货运单所附文件、实际毛重、运价类别、计费重量、费率、货物的品名及数量、托运人签字、日期等。[注意：必须指明收货人，不能是“to order”，托运书上显示的是航空公司优惠价加上杂费和服务费或使用协议价格，货运单上是空运货物运价表（The Air Cargo Tariff，TACT）公布的运价]

2. 审核单证

单证应包括：发票、装箱单、托运书、报关单、外汇核销单、许可证、商检证、进料/来料加工核销本、索赔/返修协议、到会保函、关封。

3. 预配舱

代理人汇总所接受的委托和客户的预报，并输入电脑，计算出各航线的件数、重量、体积，按照客户的要求和货物重、泡情况，根据各航空公司不同机型对不同板箱的重量和高度要求，制定预配舱方案，并对每票货配上运单号。

4. 预订舱

代理人根据所指定的预配舱方案，按航班、日期打印出总运单号、件数、重量、体积，向航空公司预订舱。

5. 接受单证

接受托运人或其代理人送交的已经审核确认的托运书及报关单证和收货凭证。将收货记录与收货凭证核对，制作操作交接单，填上所收到的各种报关单证份数，给每份交接单配一份总运单或分运单。将制作好的交接单、配好的总运单或分运单、报关单证移交制单。

6. 填制货运单

航空货运单包括总运单和分运单，填制航空货运单的主要依据是发货人提供的国际货物委托书，委托书上的各项内容一般用英文填写。填制航空货运单是空运出口业务重要的环节，货运单填写的准确与否直接关系到货物能否及时、准确地运达目的地，货运单也是发货人结汇的主要有效凭证，因此必须单货一致、单单一致。

7. 接收货物

接收货物是指航空货运代理公司把即将发运的货物从发货人手中接过来并运送到自己的仓库。

接收货物一般与接单同时进行。对于通过空运或铁路从内地运往出境地的出口货物，货运代理按照发货人提供的运单号、航班号及接货地点日期，代其提取货物。如货物已在始发地办理了出口海关手续，发货人应同时提供始发地海关的关封。

接货时应对货物进行过磅和丈量，并根据发票、装箱单或送货单清点货物，核对货物的数量、品名、合同号或唛头等是否与货运单上所列一致，检查包装是否符合要求。

8. 标记和标签

标记：包括托运人、收货人的姓名、地址、联系电话、传真，合同号等；操作（运输）注意事项；单件超过 150 公斤的货物。(托运人书写)

标签：根据其作用可分为识别标签、特种货物标签、操作标签。按类别可分为航空公司标签和分标签。航空公司标签上三位阿拉伯数字代表所承运航空公司的代号，后八位数字是总运单号码。分标签是代理公司对出具分标签的标识，分标签上应有分运单号码和货物到达城市或机场的三字代码。

一件货物贴一张航空公司标签；有分运单的货物，再贴一张分标签。

9. 配舱

核对货物的实际件数、重量、体积与托运书上预报数量的差别。对预订舱位、板箱进行有效利用、合理搭配，按照各航班机型、板箱型号、高度、数量进行配载。

10. 订舱

接到发货人的发货预报后，向航空公司吨控部门领取并填写订舱单，同时提供相应的信息，包括货物的名称、体积、重量、件数、目的地和要求出运的时间等。航空公司根据实际情况安排舱位和航班。货运代理订舱时，可依照发货人的要求选择最佳的航线和承运人，同时为发货人争取最低、最合理的运价。

订舱后，航空公司签发舱位确认书（舱单），同时给予“集装器领取凭证”，以表示舱位订妥。

11. 出口报关

首先将发货人提供的出口货物报关单的各项内容输入电脑，即电脑预录入；在通过电

脑填制的报关单上加盖报关单位的报关专用章；将报关单与有关的发票、装箱单和货运单综合在一起，并根据需要随附有关的证明文件；以上报关单证齐全后，由持有报关证的报关员正式向海关申报；海关审核无误后，海关官员即在运单正本上加盖放行章，同时在出口收汇核销单和出口报关单上加盖放行章，在发货人用于产品退税的单证上加盖验讫章，粘上防伪标志，完成出口报关手续。

12. 出仓单

配舱方案制定后就可着手编制出仓单，内容包括出仓单的日期、承运航班的日期、装载板箱形式及数量、货物进仓顺序编号、总运单号、件数、重量、体积、目的地三字代码和备注。

13. 提板、箱

向航空公司申领板、箱并办理相应的手续。提板、箱时，应领取相应的塑料薄膜和网；对所使用的板、箱要登记、销号。

14. 货物装箱装板

注意事项有：不要用错集装箱、集装板，不要用错板型、箱型；不要超装箱板尺寸；要垫衬，封盖好塑料纸，防潮、防雨淋；集装箱、板内货物尽可能配装整齐，结构稳定，并接紧网索，防止运输途中倒塌；对于大宗货物、集中托运货物，尽可能将整票货物装一个或几个板、箱内运输。

15. 签单

货运单在盖好海关放行章后还需要到航空公司签单，只有签单确认后才允许将单、货交给航空公司。

16. 交接发运

交接是向航空公司交单交货，由航空公司安排航空运输。

交单就是将随机单据和应有承运人留存的单据交给航空公司。随机单据包括第二联航空运单正本、发票、装箱单、产地证明、品质鉴定证书。

交货即把与单据相符的货物交给航空公司。交货前必须粘贴或拴挂货物标签，清点和核对货物，填制货物交接清单。大宗货、集中托运货，以整板、整箱称重交接。零散小货按票称重，计件交接。

17. 航班跟踪

需要联程中转的货物，在货物运出后，要求航空公司提供二程、三程航班中转信息，确认中转情况。及时将上述信息反馈给客户，以便遇到不正常情况及时处理。

18. 信息服务

从多个方面做好信息服务，包括订舱信息、审单及报关信息、收货信息、交运称重信息、一程/二程航班信息、单证信息。

19. 费用结算

发货人结算费用：在运费预付的情况下，收取航空运费、地面运输费、各种服务费和手续费。

承运人结算费用：向承运人支付航空运费及代理费，同时收取代理佣金。国外代理结算主要涉及付运费和利润分成。

任务四　国际多式联运组织模式设计

一、设计国际多式联运组织模式应考虑的主要因素

一般而言，国际多式联运组织模式设计是指在充分考虑、比较和综合分析的基础上，选择最佳的运输组合方式的过程。其目标是走最少的里程，经最少的环节，用最少的运力，花最少的费用，以最短的时间，求得最佳的效益。设计国际多式联运组织模式时考虑的主要因素有：

（1）客户需求。客户对货物到达时间、费用、运输方式偏好、货物质量安全保证等的要求。

（2）货物状况。货物数量、重量、体积、包装、性质（如冷藏品、危险品、易腐蚀品、超大超长物品、易碎物品等）、装卸地点、运输距离等货物信息。

（3）各种运输方式的技术经济特征与适用范围，如表 3-4-1 所示。每种运输方式都有其自身的技术经济特点和适用范围。因此，应根据货物的实际情况及运输要求在水运、公路、铁路、空运、管道 5 种运输方式及相应的多式联运组合形式之间选择合适的模式，以充分发挥各种运输方式的优势。

表 3-4-1　各种运输方式的特点及适用范围

运输方式	优点	缺点	主要运输对象
铁路	（1）大批量货物能一次性有效运送 （2）运费负担小 （3）轨道运输，事故相对少，安全 （4）铁路运输网完善，可运达各地 （5）受自然和天气影响小，运输准时性较高	（1）近距离运输费用高 （2）不适合紧急运输要求 （3）由于需要配车编组，中途停留时间较长 （4）非沿线目的地需汽车转运，装卸次数多，货损率较高	长途、大量、低价、高密度商品，例如，采掘工业产品、重工业产品及原料、制造业产品及原料、农产品等
公路	（1）可以实现“门到门”运输 （2）适合于近距离运输，较经济 （3）使用灵活，可以满足多种需要 （4）输送时包装简单、经济	（1）装载量小，不适合大量运输 （2）长距离运输运费较高 （3）环境污染较严重 （4）燃料消耗大	短距离具有高价值的加工制造产品和日用消费品，例如，纺织和皮革制品、橡胶和塑料制品、润滑金属产品、通信产品、零部件、影像设备等
水运	（1）运量大 （2）成本低 （3）适于超长、超宽、笨重的货物运输	（1）运输速度慢 （2）港口装卸费用较高 （3）航行受天气影响较大 （4）运输正确性和安全性较差	主要是长途的低价值、高密度大宗货物，例如矿产品、大宗散装货、化工产品、远洋集装箱等

续表

运输方式	优点	缺点	主要运输对象
空运	(1) 运输速度快 (2) 安全性高	(1) 运费高 (2) 重量和体积受限制 (3) 可达性差 (4) 受天气条件限制	通常适用于高价、易腐烂或急需的商品
管道	(1) 运量大 (2) 运输安全可靠 (3) 连续性强	(1) 灵活性差 (2) 仅适用于特定货物	石油、天然气、煤浆等

(4) 托运方式。在实际运输中，每种运输方式下的运输企业都会进一步细分出不同的组织形式，以提高工作效率和满足不同货主的需求。例如，铁路运输可进一步分为集装箱运输、整车运输、零担运输等不同的组织形式。对货主而言，这些不同的组织形式则被称为托运方式。因此，所谓托运方式选择不当，是指货主没有选择最合适的托运方式，从而造成运力浪费及费用支出加大等。例如，应选择铁路整车运输，反而选择了零担运输；应当直达运输而选择了中转运输，应当中转运输而选择了直达运输。在集装箱多式联运系统中由于内陆地区运输发展的不平衡，内陆集疏运的方式并非完全集装箱化，因此，对于多式联运经营人而言，也存在着如何正确选择托运方式的问题。

(5) 地理、法规与环保等因素。须考虑货物经停地区自然地理环境是否具有通航运输条件，包括码头水深、天气、温度等；是否符合国际公约，货物经停地法律、法规以及国内现有法律、法规及政策等；货物的性质应能满足安全、节能和环保的要求。

(6) 其他方面。如考虑季节变化、市场需求的缓急；风险程度、风险控制、风险转移等因素。

二、设计国际多式联运组织模式应注意的事项

国际多式联运组织模式设计过程中应注意同以下方面的协调与衔接。

(1) 运输线路选择。实际上，同一线路上可以选择不同的运输方式。同样，两点间同一运输方式下也可能存在不同的运输线路。因此，运输方式与运输线路的选择最好应结合在一起决策。

(2) 装卸地点。一般来说，应尽量安排直排运输，以减少运输装卸、转运环节，缩短运输时间，节省运输费用。必须中转的进出口货物，也应选择适当的中转港、中转站。以港口为例，进出口货物的装卸港应尽量选择班轮航线经常停靠的自然条件和装卸设备较好、费用较低的港口。进口时卸货港还应考虑货物流向和大宗货物需求地点；出口时装货港还应考虑靠近出口货物产地或供货地点，以减少国内运输里程，节约运力。此外，港口还有基本港和非基本港的区别，还要考虑有些港口可能发生罢工与拥挤。

(3) 装卸搬运设备。应考虑经由的铁路、站场、港口、码头、机场等设施设备的转运及仓储能力是否符合要求。应选用合理的装卸搬运设备，以提高效率，最大限度地防止货物运输事故的发生，重点关注超长、超宽、超高、超重、移动困难、易损坏的货物。

(4) 运输工具的配置。对运输工具的类型、吨位（载重量）、国籍、出厂日期等有关

指标进行合理选择。在运输线路上合理配置不同技术性能与经济性能的运输工具。

（5）集装箱。考虑货物运输的实际情况和运输要求、运输线路和港口、内陆场站及经济合理等因素，合理选择集装箱。

（6）运输包装。在设计运输包装时要考虑运输方式的适应性和方便性，以及何时何地将运输包装转换为销售包装。

（7）货物批量与集运。货物的批量对运输方式的选择有较大的影响，因此应重视不同装货量的拼装，以实现集运、拼装模式。

（8）分批装运和转运。是否需要分批装运和转运对运输方式的选择有重大影响，直接关系到买卖双方的利益，故买卖双方应在考虑有关运输方式特点与要求的基础上，根据需要和可能在合同中作出明确、具体的规定。

三、国际多式联运组织模式的评价指标

一般情况下，对各种运输方式服务性能的评价主要有以下 10 个方面：运费的高低、运输时间的长短、可以运输的次数（频率）、运输能力的大小、运输货物的安全性、运输货物时间的准确性、运输货物的实用性、能适合多种运输需要的伸缩性、与其他运输方式衔接的灵活性、提供货物所在位置信息的可能性。在上述影响因素中，突出的决定因素是运输成本、运输时间、可靠性、运输能力、可用性和安全性。

（1）运输成本或运输费用，是指承运人因提供运输服务收取的报酬。

（2）中转时间，或转运时间，是指从发货人将货物交付承运人到承运人将该货物运送至收货人为止所消耗的全部时间，包括集运和运送时间、货物理货时间以及从发货点到目的地之间的递送时间。

（3）可靠性，是指承运人所提供的运输时间的一贯性。

（4）运输能力，是指承运人提供的转移特定商品所需的设备和设施的能力。

（5）可用性，也称方便性，是指在特定条件下承运人向企业提供所需服务的能力。线路网络的地理限制和所允许的经营范围限制了承运人的可用性。

（6）安全性，是指交付给承运人的商品在相同条件下的到达情况，即在运输途中是否出现破损和污染等情况。

测　试

一、填空

1. 集装箱多式联运的组织体制，可分为________和衔接式多式联运。

2. 按是否拥有运输工具并实际完成多式联运货物全程运输或部分运输，多式联运经营人可分为承运人型和________。

3. 多式联运经营人的经营方式通常有：独立经营型、两企业间联营方式和________。

4. 多式联运单据的证据效力主要表现在它是该单据所载明的货物由多式联运经营人接管的________。

5. 东起中国连云港，西至荷兰鹿特丹港，连接远东和欧洲的陆桥运输线是________。

二、单选题

1.《联合国国际货物多式联运公约》中规定的国际多式联运的责任制为（ ）。

A. 单一责任制　　B. 统一责任制

C. 统一修正责任制　　D. 网状责任制

2. 有关 OCP 的说明，下列（ ）是不正确的。

A. OCP 涉及海铁两种运输方式，但不是真正意义上的多式联运

B. 货物运抵美国的内陆公共点地区

C. 卖方的责任、费用终止于美国西海岸港口

D. 所签发的提单适用于全程运输区段

3. 多式联运经营人对货物承担的责任期限是（ ）。

A. 自己运输区段　　B. 全程运输

C. 实际承运人运输区段　　D. 第三方运输区段

4. NVOCC 是指（ ）。

A. 无船承运人　　B. 班轮公司

C. 托运人　　D. 国际海上货运代理人

5. 东起俄罗斯东部港口，经跨越欧亚大陆的西伯利亚铁路运至波罗的海的沿岸港口，再采用铁路、公路或海运至欧洲各地的陆桥运输线是（ ）。

A. 西伯利亚大陆桥　　B. 新亚欧大陆桥

C. 北美大陆桥　　D. 墨西哥陆桥

6. 集装箱出口货运业务中，制送主要的装船单证（如货物舱单）是（ ）的业务。

A. 发货人　　B. 船公司

C. 集装箱码头堆场　　D. 集装箱货运站

7. 国际多式联运所应具备的特点不包括（ ）。

A. 签订一个运输合同　　B. 采用一种运输方式

C. 采用一次托运　　D. 一次付费

8. 内陆点多式联运又称为（ ）。

A. OCP 运输　　B. MLB 运输　　C. IPI 运输　　D. SLB 运输

9. 在货运代理支付了有关全程运输费用后，海铁联运经营人签发（ ）给货运代理。

A. 海铁联运委托单　　B. 海铁联运提单

C. 运输委托书　　D. 铁路运单

10. 多式联运经营人只要在交给发货人或其代理人的（ ）上签章（必须是海关能接受的），证明接受委托申请，多式联运合同就已经订立并开始执行。

A. 场站收据（空白）副本　　B. 场站收据（空白）正本

C. 多式联运提单　　D. 运输委托书

11. 在国际多式联运中，如果货物在全程运输中发生了灭失、损害和运输延误，如不能确定事故发生的区段时，一般按在（ ）发生处理。

A. 公路段　　B. 海运段　　C. 铁路段　　D. 空运段

12. 国际多式联运经营人将集装箱交付船公司或其代理，船公司应向其签发（　　）。

A. 公路运单　B. 联运提单　C. 海运提单　D. 运输委托书

13. 由多式联运经营人（MTO）完成全程运输组织业务的联运组织方法称为（　　）。

A. 衔接式多式联运　B. 法定联运

C. 协作式多式联运　D. 协作联运

14. 在多式联运中处理货损事故时多采用（　　）。

A. 统一责任制　B. 网状责任制　C. 责任限额制　D. 单一责任制

三、多选题

1. 国际铁路联运货物标记的内容包括（　　）。

A. 发送路、发站及到达路、到站

B. 发货人、收货人的姓名和地址

C. 每件的记号、号码及零担货物的件数

D. 运单号

2. 国际汽车联运货物运单为一式三份，均应有（　　）的签字或盖章。

A. 收货人　B. 发货人　C. 保险公司　D. 承运人

3. 国际铁路联运概念的要点有（　　）。

A. 票据统一

B. 由铁路部门负责从接货到交货的全过程运输

C. 需发货人和收货人参加

D. 两个或两个以上国家的铁路运输

4. 适用国际铁路联运的交货条款主要有（　　）。

A. CPT　B. CIP　C. FCA　D. FOB

5. 国际多式联运的特点是（　　）。

A. 由不同运输企业按照统一的公约共同完成全程运输工作

B. 签订一个运输合同，对货物运输的全程负责

C. 采用两种或两种以上不同运输方式来完成运输工作

D. 采用一次托运、一次付费、一票到底、统一理赔、全程负责的运输业务

6. 目前世界主要的大陆桥运输线有（　　）。

A. OCP 运输线

B. 美国大陆桥运输线和加拿大大陆桥运输线

C. 西伯利亚大陆桥运输路线

D. 新亚欧大陆桥运输线

7. 属于多式联运方式的运输组织方式有（　　）。

A. OCP 运输　B. MLB 运输　C. IPI 运输　D. SLB 运输

8. 按全程收取运费的运输组织方式有（　　）。

A. OCP 运输　B. MLB 运输　C. IPI 运输　D. SLB 运输

9. 提单签发适用于全程运输区段的运输组织方式有（　　）。

A. OCP 运输　B. MLB 运输　C. IPI 运输　D. SLB 运输

10. 多式联运单一费率由（　　）共同组成。

A. 货物成本　　B. 运输成本　　C. 经营管理费用　　D. 利润

四、判断题

1. 签发多式联运单据、组织完成货物的全程运输是多式联运经营人的服务范围。（　　）

2. 投保货物责任险和集装箱保险，不是多式联运经营人的业务范围。（　　）

3. 国际多式联运在集装箱运输产生之后发展起来，目前的国际多式联运基本上是国际集装箱货物多式联运。（　　）

4. 航空公司派汽车上门取货，然后以空运方式运至另一国机场，又以汽车送至客户门上，应视为国际多式联运。（　　）

5. OCP 运输不是真正意义上的多式联运。（　　）

6. OCP 运输条件对于发货人而言，其风险与责任终止于西海岸港口，而不承担西海岸港口到内陆公共点间的运输责任或风险。对于收货人而言，则可享受内陆转运的优惠费率。（　　）

7. 空桥运输的货物通常要在航空港换装入航空集装箱。（　　）

8. 国际集装箱多式联运合同不是要式合同。（　　）

9. 签发国际多式联运提单时，副本提单上必须注明“不可转让副本”字样。（　　）

10. 国际铁路联运中收货人的变量申请只限于在到达国进口国境站，且在货物尚未从该国境站发出时办理。（　　）

11. 国际铁路联运中承运人是以本国铁路的名义与发、收货人订立合同的。（　　）

12. 国际多式联运就是指海、陆、空三种形式的联合运输。（　　）

13. 国际航空联运属于衔接式联运。（　　）

14. 国际铁路联运中发、收货人对已发生法律效力的运输合同不可以提出变更。（　　）

15. OCP 运输中如卸货港为西雅图，目的地为芝加哥，则应在卸货港栏内填写“SEATTLE”，目的地栏或备注栏内填写“CHICAGO”。（　　）

16. 铁路运输的出口货物的报关一般由发货人委托铁路单位在国境站办理。（　　）

17. 内地对香港的铁路运输既不同于国内运输，也不同于国际联运，它是采取“租车方式、两票运输、三段计费、货物承运收据结汇”的一种特殊的运输方式。（　　）

18. 国际铁路零担货物运输是指一份托运单下的一批货物，重量不超过 5000 公斤，按其体积或种类不需要用单独货车运送的货物。（　　）

五、简答题

1. 国际多式联运的优点有哪些？

2. 国际多式联运的基本特征有哪些？

3. 构成国际多式联运必须具备哪些条件？

项目四

集装箱多式联运进出口业务

学习目标

【知识目标】

● 熟悉整箱货运输条款和拼箱货运输条款。

● 了解收发货人、船公司、堆场、集装箱货运站在进出口时的主要业务及信息化作业流程。

【技能目标】

● 掌握整箱货发货人、船公司、码头堆场的出口业务流程，以及收货人、船公司、码头堆场的进口业务流程。

● 掌握拼箱货发货人、船公司、集装箱货运站的出口业务流程以及收货人、集装箱货运站的进口业务流程。

● 能操作国际集装箱运输进出口业务。

任务一　集装箱多式联运整箱货出口业务

集装箱多式联运业务流程实际上是在现有海运、公路运输、铁路运输、航空运输、水运业务流程基础上的优化组合过程，因此，必须熟悉海运、公路、铁路、航空、水运集装箱运输的基本业务流程。

一、整箱货运输条款

整箱货是指由发货人负责装箱、计数、填写装运单，并由海关加铅封的货物。整箱货的主要交接方式（运输条款）如下：

（一）门到门交接（DOOR TO DOOR）

由托运人负责装载集装箱，在其货仓或厂库交承运人验收后，承运人负责全程运输，直到收货人的货仓或工厂仓库交箱为止，这种全程连线运输称为“门到门”运输。此交接方式一般是一个发货人与一个收货人之间的交接方式。

（二）门到场交接（DOOR TO CY）

门到场运输，是指在发货人的工厂或仓库接收货物，由承运人运至卸船港集装箱码头堆场交货的交接方式。此交接方式发生在承运人不负责目的地内陆运输的情况下，一般是一个发货人与多个收货人之间的交接方式。

（三）场到门交接（CY TO DOOR）

场到门运输，是指承运人在起运港的集装箱堆场接受由发货人装箱的整箱货物，负责将整箱货运至收货人的工厂、仓库进行原箱交货的货物交接方式。在此交接方式下，承运人不负责起运地发货人工厂或仓库至集装箱码头堆场之间的内陆运输，一般是多个发货人与一个收货人之间的交接方式。

（四）场到场交接（CY TO CY）

场到场运输，是指承运人在起运港的集装箱堆场接受由发货人装箱的整箱货物，负责将整箱货运至目的港的集装箱堆场进行原箱交货的货物交接方式。一般是多个发货人与多个收货人之间的交接方式。

二、整箱货发货人出口业务

发货人在整箱货出口货运中的主要业务流程如下：

（一）订立贸易合同

作为出口方，发货人（卖方）首先必须与国外的收货人（买方）订立贸易合同，原因在于货物运输是建立在货物贸易基础上的。这一点与普通船运输的做法一样。

（二）备货

出口贸易合同订立后，发货人（卖方）应在合同规定的装运期限前，备妥全部出口货物，其数量、品质、包装、标志等必须符合合同条件的规定。

（三）租船订舱

在以 CIF、C&F 价格条件成交时，发货人负有租船订舱之责任。特别是在出口特殊货物需采用特殊集装箱（如冷藏集装箱、开顶集装箱、牲畜集装箱）运输时，发货人的这一责任则显得更重。一般集装箱船对上述特殊集装箱的装载数量有限，因此应尽早订舱。

（四）报关

整箱货通常采用统一报关，这是因为海关人员到现场审查很方便，既可以更好地发挥集装箱运输的优越性，又可省略一些手续。

（五）提取空箱

在运输整箱货时，由货主自己安排提箱，也可以由货运代理人安排集装箱卡车运输公司到集装箱空箱堆场领取空箱。在领取空箱时，提箱人应与集装箱堆场办理交接手续，并填制设备交接单。

（六）货物装箱

领取空箱后，发货人即可安排装箱。装箱人应根据订舱清单的资料进行装箱，并核对场站收据和货物装箱的情况，填制集装箱货物装箱单。

（七）交接签证

由发货人或其代理人自行负责装箱并加封志的整箱货，是通过内陆运输至承运人的集装箱堆场，并由码头堆场根据订舱清单，核对场站收据和装箱单接收货物。整箱货出运前，也应办妥有关出口手续。

集装箱码头堆场在验收货箱后，即在场站收据上签字，并将签署的场站收据交还给发货人或其代理人。发货人或其代理人可以凭已签署的场站收据要求承运人签发提单。

（八）投保

出口货物如系 CIF 价格条件成交，发货人则负责办理投保手续，并支付保险费。

（九）支付运费和签发提单

如系预付运费，发货人只要出示经码头堆场签署的场站收据，支付全部运费后，承运人或其代理人即签发提单。如系到付运费，只要出示场站收据即签发提单。此外，在对签发清洁提单有异议时，发货人可向承运人出具保证书以取得清洁提单。

（十）向收货人（买方）发出装船通知

在以 FOB、C&F 价格条件成交的出口贸易合同下，发货人在货物装船完毕后向收货人发出装船通知则作为合同的一项要件。如货物的丢失、损害系发货人在货物装船完毕后没有向收货人发出装船通知，使收货人未能及时投保所致，该货物的丢失、损害则由发货人负责赔偿。

三、整箱货船公司出口业务

目前在集装箱运输中，船公司仍占主要地位。作为国际集装箱运输的中枢，船公司如何做好集装箱的配备，掌握货源情况，在各港口之间合理调配集装箱，接受订舱，并以集装箱码头堆场、货运站作为自己的代理人向发货人提供各种服务是极为重要的。从某种意义上说，集装箱业务能否顺利进行，可以说依赖于船公司的经营方式。

在集装箱出口货运业务中，船公司的主要业务有：

（一）掌握待运的货源

船公司通常采用下述两种方法掌握待运的货源情况，并据以部署空集装箱的计划：

1. 暂时订舱

暂时订舱是在船舶到港前 30 天左右提出的，由于掌握货源的时间较早，所以对这些货物能否装载到预定的船上以及这些货物最终托运的数量是否准确，都难以确定。

2. 确定订舱

确定订舱通常在船舶到港前 7~10 天提出，一般都能确定具体的船名、装船的日期。

（二）配备集装箱

在进行集装箱运输之前，首先要配备集装箱，特别是在采用集装箱专用船运输时，这种船舶的特殊结构决定了只能装载集装箱运输。为此，经营集装箱专用船舶的船公司需要

配备适合专用船装载、运输的集装箱。

当然，在实际业务中并不是所有的集装箱都有船公司负责配备，有的货主自己也配有集装箱。此外，还有专门供出租使用的集装箱租赁公司。船公司应配备最低数量的集装箱，在进行特殊货物运输时，还应配备特殊的集装箱。

（三）接受托运

发货人或货物托运人根据贸易合同以及信用证有关条款的规定，在货物装运期限前向船公司或其他代理人以口头或书面形式提出订舱。船公司根据所托运货的运输要求和配备集装箱的情况，决定是否接受这些货物的托运申请。船公司或其代理在订舱单上签字表示已同意接受该货物的运输。船公司接受托运时，一般应了解下述情况：

（1）订舱货物的详细情况；

（2）运输要求；

（3）装卸港、交接货地点；

（4）由谁负责安排内陆运输；

（5）有关集装箱的种类、规格等。

（四）接收货物

集装箱运输时，船公司接收货物的地点有集装箱码头堆场和发货人工厂或仓库两种。

1. 集装箱码头堆场

在集装箱码头堆场接收的货物一般都是由发货人或集装箱货运站负责装箱并运至码头堆场的整箱货。

2. 发货人工厂或仓库

在由船公司负责安排内陆运输时，在发货人工厂或仓库接受整箱货运输。

无论采用上述哪种货物接受方式，船公司都应了解：①是否需要借用空集装箱；②所需集装箱的规格、数量及种类；③领取空箱的时间、地点；④由谁负责安排内陆运输；⑤货物具体的装箱地点；⑥有关特殊事项。

（五）装船

通过各种方式接受的货物，按堆场计划在场内堆存，待船舶靠泊后即可装船。装船的一切工作均由码头堆场负责进行。

（六）制送主要的装船单证

为了能及时向收货人发出装船通知，以及能使目的港集装箱码头堆场编制卸船计划并满足有关内陆运输等工作的需要，在集装箱货物装船离港后，船公司或其代理即缮制有关装船单证，迅速送至卸船港。通常由装船港船公司代理缮制和寄送的单据有：①提单副本或码头收据副本；②集装箱号码单；③货物舱单；④集装箱装箱单；⑤积载图；⑥装船货物残损报告；⑦特殊货物表；等等。

四、整箱货码头堆场出口业务

集装箱码头堆场是指集装箱码头办理集装箱交接、堆存和保管的场所。它是集装箱运输系统中区分运输责任、计算运输和作业费用的一个主要节点。其主要业务包括：出口箱接收、堆存、装船；进口箱卸船、堆存、交付；空箱交接、保管、维护；各类特殊箱接收、堆存等。

（一）码头堆场出口业务

1. 整箱货进场交接

发货人或其代理人负责将装载的集装箱货物运至码头堆场时，设在码头堆场大门的门卫对进场的集装箱货物核对订舱单、码头收据、装箱单、出口许可证等单据。同时，还应检查集装箱的数量、号码、铅封号码是否与场站收据记载相一致，箱子的外表状况以及铅封有无异常情况。如发现有异常情况，门卫应在码头收据栏内注明；如异常情况严重、会影响运输的安全，则应与有关方联系后，决定是否接受这部分货物。对进场的集装箱，堆场应向发货人、运箱人出具设备收据。

2. 制定堆场作业计划

堆场作业计划是对集装箱在堆场内进行装卸、搬运、储存、保管的安排，这是为了经济、合理地使用码头堆场和有计划地进行集装箱装卸工作而制定的。堆场作业计划的主要内容有：

（1）确定集装箱的堆放位置和堆高层数；

（2）装船的集装箱应按先后到港顺序，集装箱的种类、规格，载重的轻、重分别堆放；

（3）同一货主的集装箱应尽量堆放在一起。

此外，对堆存在场内的冷藏集装箱应及时接通电源，每天还应定时检查冷藏集装箱和冷冻机的工作状况是否正常，箱内温度是否保持在货物所需要的限度内，在装卸和出入场内时应及时解除电源。

对于危险品集装箱，应根据可暂时存放和不能存放两种情况分别处理。能暂存的货箱应堆存在有保护设施的场所，而且堆放的数量不能超出许可的限度。对于不能暂存的货箱应在装船预定时间内，进场后即装上船舶。

3. 集装箱装船

为了能在最短时间内完成装船工作，码头堆场应在船舶到港受载前，根据订舱单和先后到港的卸箱顺序，制定出船舶积载图和装船计划。等船靠泊后，码头堆场根据码头收据和装箱单，按装船计划装船。装船完毕后，由船方在装箱单、码头收据、积载图上签字，作为确认货物装船的凭证。

（二）码头堆场业务保障

1. 集装箱码头主要保证

（1）根据船期表提供合适的泊位；

（2）船舶靠泊后，及时提供足够的劳力与机械设备，以保证船舶速遣；

（3）提供足够的场所，作为集装箱作业及堆存之用；

（4）适当掌握和注意船方设备，不违章操作。

2. 船公司主要保证

(1) 向码头确保船期，在船舶到港前一定时间提出确实到港通知。如发生船期改变，则应及时通知码头。

(2) 装船前 2~10 天提供出口货运资料，以满足堆场制定堆场计划、装船计划之需要。

(3) 应及时提供船图，以保证正常作业。如船公司不能按时提供有关资料，则有失去靠泊的可能。

3. 船公司与码头堆场的主要业务

(1) 收、发箱作业以及其附属业务。

(2) 缮制设备收据，签署场站收据。

(3) 装、卸箱作业以及船边至堆场之间的搬运、整理等工作。

(4) 缮制装、卸箱清单、积载图并报送代理公司。

(5) 接受装、拆箱货物的作业，缮制装箱单。

(6) 有关集装箱的堆存、转运、冲洗、熏蒸、修理等事项。

任务二 集装箱多式联运整箱货进口业务

一、整箱货收货人进口业务

收货人在整箱货进口货运中的主要业务流程如下：

(一) 签订贸易合同

作为进口方，收货人（买方）首先必须与国外的发货人（卖方）订立贸易合同。

(二) 租船订舱

在以 FOB 价格条件成交时，收货人负有租船订舱之责任，并有将船名、装船期通知发货人的义务。特别是在采用特殊集装箱运输货物时，更应尽早预定舱位。

(三) 提出开证申请

收货人必须在贸易合同规定的日期向其所在地银行提出开证（信用证）申请，并按合同的内容填写开证申请书，请开证行（所在地银行）开证。由于集装箱运输的特点，一般都应在信用证中证明是否必须签发已装船提单，有的还应具体指定船名。

(四) 投保

进口货物如系 FOB 或 CFR 价格条件成交，收货人则负责办理投保手续，并支付保险费。一般情况下，该种保险都是预约保险，所以，货物只要装上船舶，其货名、数量、保险金额一经确定，即应正式投保。

(五) 取得装船单据

收货人要取得全套装船单据，必须向银行支付货款，购买装船单据，或向银行开信托收据取出装船单据。如按托收汇票结汇，进口地银行对出口地银行负有代收货款的责任。所以，在付款交单条件下，收货人只有在支付货款后才能取得单据。收货人在得到单据后，应仔细审核提单所记载的事项和提单背书的连贯性。

（六）换取提货单

收货人在提货前，应将提单交还给船公司或其代理人，据以取得提货单。在货物从船上卸下后，凭提货单即可提货。

（七）报关报检

目前施行的是关检融合统一申报。收货人或代理人凭背书正本提单/电放副本、装箱单、发票、合同、小提单等完成电子申报。

（八）提箱

收货人凭海关签章的电子提货单，到码头堆场提货。必须注意，整箱货应连同箱子一同取出，同时，还应办理有关集装箱的设备交接单。

（九）还箱

非自有集装箱的情况下，收货人拆空进口货物后，应将空箱返回指定的回箱地点。空箱返回指定堆场后，收货人要及时凭押款凭证，到箱管部办理集装箱费用的结算手续。

（十）索赔

提取货物后，如发现有关货物灭失、损坏，收货人应提出索赔。

二、整箱货船公司进口业务

船公司在整箱货进口货运中的业务有：

（一）做好卸船准备工作

集装箱船舶要求在最短的时间内卸完集装箱，但若没有一个完整的卸船计划，集装箱则有可能停滞在码头上，影响船舶装卸，使码头工作陷入混乱，延迟对收货人的交货，从而在一定程度上削弱了集装箱运输能缩短装卸作业时间和提高船舶周转率的优越性。因此，船公司主管进口货运的人，应在船舶从最后装船港开出后，即着手制定船舶预计到港的计划，并从装船港代理那里得到有关货运单证；与此同时与港方、收货人、海关和其他有关部门尽早取到联系，船舶靠泊稳妥后，尽快将集装箱卸下，并办理海关手续，做好交货准备工作。

从装船港代理取得的主要单证有：

（1）提单副本或码头收据副本

提单副本或码头收据副本是制定船舶预计到港通知书、交货通知书、交货凭证、货物舱单、动植物清单以及答复收货人有关货物方面的各种询问的依据。

（2）积载图

积载图是编制集装箱卸船计划、堆场计划、交货计划以及有关集装箱、机械设备的保管、管理的资料的依据。

（3）集装箱装箱单

集装箱装箱单是办理保税内陆运输以及办理货物从码头堆场运出手续，集装箱货运站办理掏箱、分类、交货的依据。

（4）集装箱号码单

集装箱号码单是向海关办理集装箱暂时进口手续、设备管理的依据，并为与其他单据核对所用。

（5）装船货物残损报告

收货人可凭装船货物残损报告向责任方提出索赔，它是货损事故处理中的主要单证之一。

（二）制作并寄送有关单据

船公司或其他代理公司在收到装船港寄来的单据后，应从速制作下述有关单据并寄送有关方：

（1）船舶预计到港通知书

船舶预计到港通知书是向提单副本所记载的收货人或通知方寄送的单据，其内容和提单大致相同，除货物情况外，还记载该船预计抵港日期。普通船运输下，船公司一般没有给收货人船舶预计到港通知书的义务，也就是说可以不送。但在集装箱运输下，为了能使码头堆场顺利地进行工作，防止货物积压，使集装箱获得有效的利用而不发生闲置，加速周转，则有必要将货物预计到达的日期通知收货人，让收货人在船舶抵港前做好收货准备工作，等集装箱货物一从船上卸下即可提走。

（2）交货通知

交货通知是货物具体交付日期的通知，是在确定了船舶抵港日期和时间并且决定了集装箱的卸船计划和时间后，船公司或其代理人把货物的交付时间通知收货人的单据。货物交付通知习惯上先采用电话通知，然后寄送书面通知，以防止纠纷。

（3）货物舱单

货物舱单主要作为向海关申请批准卸货之用。

（三）卸船与交货

集装箱的卸船与交货计划主要由码头堆场负责办理，但收货人在接到船公司寄送的船舶预计到港通知后，有时会通知船公司，在其方便的时间提供提货的可能机会。对收货人的这一要求，船公司应转告集装箱码头堆场，在交货时尽可能满足收货人的要求。

（四）签发提货单

除特殊情况外，船公司或其代理人只要收到正本提单，就有义务对提单持有人签发提货单。因此，提货单的签发是采用与正本提单相交换的形式进行的。提货单仅仅是作为交货的凭证，其不具有提单那样的流通性。

在签发提货单时，首先要核对正本提单签发人的签署，签发提单的日期，提单背书的连贯性，判定提单持有人是否正当，然后再发给提货单。提货单应具有提单所记载的内容，如船名、交货地点、集装箱号码、铅封号、货物名称、收货人等交货所必须具备的项目。在到付运费和未付清其他有关费用的情况下，则应收讫后再签发提货单。

在正本提单尚未到达、而收货人要求提货时，可采用与有关银行共同向船公司出具担保书的办法。担保书内应保证：

（1）正本提单一到，收货人应立刻交船公司或其代理人。

（2）没有凭正本提单下发生的提货，对船公司由此而遭受的任何损失，收货人应负一切责任。

此外，如收货人要求更改提单上原指定的交货地点时，船公司或其代理人应收回全部的正本提单后，才能签发提货单。

三、整箱货码头堆场进口业务

（一）集装箱的卸船准备

如果来港靠泊的集装箱船是定期班轮，则船公司根据协议或业务章程的规定，在一定时间内将船期计划告知码头，在船舶靠泊前正式通知码头。如由于天气或其他原因未能按期到港，应提早通知码头。在船舶抵港前一定时间内，船公司或其代理人应将下述单证送交码头业务部门：①货物舱单（Cargo Manifest）；②集装箱号码单；③积载图（Stowage Plan）；④集装箱装箱单（Container Load Plan，CLP）；⑤船舶预计到港通知书；⑥装船货物残损报告；⑦特殊货物表。

码头堆场根据这些单证，结合码头实际情况，安排卸货准备，并制定出集装箱卸船计划、堆场计划、交货计划等。

（1）集装箱卸船计划

为了能缩短船舶在港时间，卸船与装船往往需要同时进行，卸船计划的制定就是为了能在最短的时间内使大量的集装箱顺利装上或卸下。

（2）集装箱堆场计划

集装箱能否合理地安放在集装箱码头堆场内，除了会影响卸船计划的执行外，还会影响交货计划的执行。因此，码头堆场应充分考虑卸船的集装箱数量、种类以及向内地运输和交给收货人的数量，有条不紊地将集装箱卸下，并立即交给内陆运输的承运人或收货人。为达到这一目的，有必要制定堆场计划。

（3）集装箱交货计划

交货计划是为了使船上卸下的集装箱不积压在堆场内，并向最终目的地继续运输或直接交收货人所制定的计划。

（二）卸船与堆放

码头堆场根据制定的卸船计划、堆场计划从船上卸下集装箱，堆放到堆场指定的箱位，应注意以下事项：

（1）空箱与重箱应分开堆放。

（2）了解重箱内货物的详细情况。

（3）是否要安排中转运输。

（4）确认在码头堆场交货，还是在货运站交货。

（5）预定的交货日期。

（三）交货

从船上卸下的整箱货，交货对象大致分为收货人、内陆承运人两种。针对不同的交货对象，交货时需办理的手续有所不同。

（1）交付给收货人

当收货人或其代理人前来提取集装箱时，应出具船公司或其代理人签发的提货单，经核对无误后，码头堆场将集装箱交给收货人或其代理人。交货时，码头堆场和收货人双方在交货记录上签字。

（2）交给内陆承运人

如集装箱原封不动运往内地交货地点，码头应与船公司或其代理取得联系后，把集装箱交给内陆承运人。如海上承运人责任终止于码头堆场，则以交货记录进行交接；如内陆承运人作为海上承运人的分包承运人，海上承运人则对全程运输负责，码头堆场和内陆码头堆场在将集装箱交给收货人时，应查核货物是否发生了保管费。

（四）有关费用收取

码头堆场在将集装箱交给收货人时，应查核货物是否发生了保管费、再次搬运费等费用；如发生了上述各项费用，则码头堆场应在收取费用后，再交付集装箱。

（五）编制交货报告及未交货报告

码头堆场在交货结束后，编制交货报告送交船公司或其代理，作为船公司在处理收货人提出货物丢失或损坏要求赔偿的依据；如收货人不按时提货，应编制未交货报告送交船公司，由船公司据以催提，如收货人长期不来码头堆场提货，则应按有关规定处理。

任务三　集装箱多式联运拼箱货出口业务

一、拼箱货运输条款

集装箱拼箱货运输有直拼运输和混拼运输两种主要形式。直拼运输是指在装船港把托运的同类性质、同一流向和目的港的若干票货物拼装在同一集装箱内并运至目的港拆箱的运输方式。混拼运输是指在装船港把托运的同类性质但不同目的港的若干票货物拼在同一集装箱内，运至既定的中途转运港交由转运代理人接箱拆拨，再按直拼的条件与要求拼箱后直接运至目的港拆箱的运输方式。混拼运输要重视装运港和货运代理人的选择以及货物的安全。过去集装箱运输大部分是整箱业务，在现阶段国际金融危机的影响下，传统欧美市场的需求量小了，因此小运量的货物增加，这使得集装箱拼箱货运的市场潜力不断扩大。目前，很多物流或货代企业也开始关注拼箱业务的发展。

拼箱货的主要交接方式（运输条款）有以下几种：

（一）门到站交接（DOOR TO CFS）

门到站交接方式是指运输经营人在发货人的工厂或仓库接收货物，并负责将货物运至卸货港码头的集装箱货运站或其在内陆地区的货运站，经拆箱后向各收货人交付。在这种交接方式下，运输经营人一般是以整箱形态接受货物，以拼箱形态交付货物，也可以理解为一个发货人、几个收货人。

（二）场到站交接（CY TO CFS）

场到站交接方式是指运输经营人在装货港的码头堆场或其内陆堆场接受货物（整箱），负责运至卸货港码头集装箱货运站或其在内陆地区的集装箱货运站，一般经拆箱后向收货人交付。

（三）站到门交接（CFS TO DOOR）

站到门交接方式是指运输经营人在装货港码头的集装箱货运站及其内陆的集装箱货运站接受货物（经拼箱后），负责运至收货人的工厂或仓库交付。在这种交接方式下，运输经营人一般是以拼箱形态接受货物，以整箱形态交付货物。

（四）站到场交接（CFS TO CY）

站到场的交接方式是指运输经营人在装货港码头或其内陆的集装箱货运站接受货物（经拼箱后），负责运至卸货港码头或其内陆地区的货场交付。在这种方式下货物的交接形态一般也是以拼箱形态接受货物，以整箱形态交付货物。

（五）站到站交接（CFS TO CFS）

站到站的交接方式是指运输经营人在装货码头或内陆地区的集装箱货运站接受货物（经拼箱后），负责运至卸货港码头或其内陆地区的集装箱货运站，经拆箱后向收货人交付货物。在这种方式下，货物的交接方式一般都是拼箱交接，也可以理解为多个发货人、几个收货人。

二、拼箱货发货人出口业务

发货人在拼箱货出口货运中的主要业务流程如下：

（一）订立贸易合同

作为出口方，发货人（卖方）首先必须与国外的收货人（买方）订立贸易合同。这是因为货物运输是建立在货物贸易基础上的，这一点与整箱货运输下的做法一样。

（二）备货

出口贸易合同订立后，发货人（卖方）应在合同规定的装运期限前备妥全部出口货物，其数量、品质、包装、标志等必须符合合同条件的规定。

（三）租船订舱

因船公司只接受整箱货物的订舱，而不直接接受拼箱货的订舱，在实务中，发货人通常只有通过货运代理（个别实力雄厚的船公司通过其物流公司）将拼箱货拼整后才能向船

公司订舱。几乎所有的拼箱货都是通过货代公司“集中办托，集中分拨”来实现运输的。一般的货运代理由于货源的局限性，只能集中向几家船公司订舱，很少能满足指定船公司的需求，因此在成交拼箱货时，尽量不要接受指定船公司，以免在办理托运时无法满足要求。

出口商在与客户洽谈成交时，应特别注意相关运输条款，以免对方的信用证开出后在办理托运时才发现无法满足运输条款。日常操作中我们时常遇到L/C（信用证）规定拼箱货运输不接受货运代理的提单的情况。因船公司不直接接受拼箱货的订舱，船公司的海运提单是签发给货代的，而由货代再签发HOUSE B/L（俗称“小提单”）给发货人；如果L/C规定不接受货代的HOUSE B/L，那么在办理实际运输业务时就会造成L/C的不符。

在拼箱货运输条件下，发货人需把托运单传给货运代理，写明整箱还是拼箱，并提供货名、包装类别、数量、重量、体积、目的港等资料。如果被委托方无法接受或满足委托书上的某些要求，被委托方要及时作出反应，以免耽误船期。

（四）报关

在安排拖车运输货物前（或者与运输同时），发货人需要提供出口报关所必需的报关资料（出口合同、发票、装箱单、报关委托书以及海关监管出口需要的证书，如许可证等）。出口报关可自行申报，也可委托货代方或报关公司报关。

（五）货物托运

经报关后即将拼箱货运至集装箱货运站，由货运站负责装箱并签署场站收据。

（六）投保

出口货物如系CIF价格条件成交，发货人负责办理投保手续，并支付保险费。

（七）支付运费和签发提单

如系预付运费，发货人只要出示经码头堆场签署的场站收据，支付全部运费后，船公司或其代理人即签发提单。如系到付运费，只要出示场站收据即签发提单。此外，在对签发清洁提单有异议时，发货人可向船公司出具保证书以取得清洁提单。

（八）向收货人（买方）发出装船通知

在以FOB、C&F价格条件成交的出口贸易合同下，发货人在货物装船完毕后向收货人发出的装船通知则作为合同的一项要件。如货物的丢失、损害系由于发货人在货物装船完毕后没有向收货人发出装船通知，使收货人未能及时投保所致，该货物的丢失、损害则由发货人负责赔偿。

三、拼箱货船公司出口业务

在集装箱出口货运业务中，船公司的主要业务有：

（一）掌握待运的货源

之前，船公司针对集装箱拼箱货业务采取了一系列措施，并相应地制定了运价，以运价本形式予以公布；承运拼箱货时，就按运价本的规定计收运费。但是，由于一些主观和客观的原因，如船公司在某一航线上因集装箱货运场地问题或因揽货能力等问题，经常没有条件或无法拼足相同目的港的一整箱的货物，因此，船公司并没有全面提供这种由其承揽运输集装箱拼箱货业务的服务。随着船公司逐渐退出拼箱货承揽运输市场，在目前的集装箱拼箱货运输实践中，基本上是由国际货代企业从货主那里承揽拼箱货，并在货物装箱后，以整箱货交船公司，再由船公司将整箱货运输至目的港后交国际货代企业，最后由国际货代企业向收货人交付拼箱货。

在实务中，船公司通常根据货代企业向其订舱的情况来了解货源的情况。

（二）配备集装箱

要想有效地利用船舶的载箱能力，船公司应配备最低数量的集装箱，在进行特殊货物运输时，还应配备特殊的集装箱。

（三）接受托运

拼箱货主要是由货代企业向船公司或其代理人以口头或书面形式提出订舱。船公司根据所托运的货物运输要求和配备集装箱的情况，决定是否接受这些货物的托运申请。船公司或其代理在订舱单上签字后，则表示已同意接受该货物的运输。船公司接受托运时，一般应了解下述情况：

（1）订舱货物的详细情况；

（2）运输要求；

（3）装卸港、交接货地点；

（4）由谁负责安排内陆运输；

（5）有关集装箱的种类、规格等。

（四）接收货物

在拼箱货运输中，船公司接收货物的地点是集装箱货运站。集装箱货运站作为船公司的代理接受拼箱货的运输。

（五）装船

通过各种方式接受的货物，按堆场计划在场内堆存，待船舶靠泊后即可装船。装船的一切工作均由码头堆场负责进行。

（六）制送主要的装船单证

为了能及时向收货人发出装船通知，以及能使目的港集装箱码头堆场编制卸船计划和满足有关内陆运输等工作的需要，在集装箱货物装船离港后，船公司或其代理立即缮制有关装船单证，从速送至卸船港。通常，由装船港船公司代理缮制和寄送的单据有：①提单副本或码头收据副本；②集装箱号码单；③货物舱单；④积载图；⑤装船货物残损报告；⑥特殊货物表，等等。

四、拼箱货集装箱货运站出口业务

集装箱货运站是为拼箱货装箱和拆箱的船、货双方办理交接的场所。它是集装箱运输

关系方的一个组成，在集装箱运输中起到重要作用。出口时，它办理拼箱货的交接，配载积载后，将箱子送往堆场。

（一）集货与配货

出口拼箱货的集货与配货是为拼箱做好各种前期准备工作。在货物不足以装满一整箱而贸易合同、信用证条款又规定要用集装箱装载运输时，货物托运人一般将货物送至集装箱货运站，由集装箱货运站根据所托运货物的种类、性质、包装、目的地，将其与其他货物拼装在集装箱内，并将已装货的集装箱运至码头堆场。集装箱货运站在根据订舱单接受前来托运的货物时，应查明这些货物是否已订舱。如货物已订舱，货运站则要求货物托运人提供码头收据、出口许可证等，然后检查货物的件数是否与码头收据记载相符，货物的包装是否正常，能否适合集装箱运输。如无异常情况，货运站即在场站收据上签字。反之，则应在码头收据的备注栏内注明不正常的情况，然后再签字；如不正常的情况较严重，可能会影响以后的运输安全，则应同有关方联系决定是否接受这些货物。

（二）积载装箱

集装箱货运站在货物达到一定数量后，即开始配箱、装箱。拼箱货装箱应根据货物的积载因数和集装箱的箱容系数，尽可能充分利用集装箱的容积，并确保箱内货物安全无损。装箱时应注意：

（1）当不同货物混装在同一箱内时，则应根据货物的体积、重量、外包装的强度、货物的性质等情况，将货物区分开。包装牢固、重货装在底部，包装不牢、轻货则应装在箱子上部。

（2）货物在箱内的重量分布应均衡，如箱子某一部位的负荷过重，则有可能使箱子底部发生弯曲或有脱开的危险；应根据货物的包装强度，决定堆码的层数。

（三）制作装箱单

货运站在进行货物装箱时，必须清楚、准确地制作集装箱装箱单。

（四）将拼箱的货箱运至码头堆场

在装箱完毕后，货运站代表承运人在海关监管之下对集装箱加海关封志，并签发场站收据。同时，应尽快与码头堆场取得联系，将拼装的集装箱运至码头堆场。

任务四 集装箱多式联运拼箱货进口业务

一、拼箱货收货人进口业务

收货人在拼箱货进口业务中，主要的流程是：准备进口单据→换单→报关报检→提取货物。

（一）准备进口单据

收货人向货代提供进口全套单据，包括带背书的正本提单或电放副本、装箱单、发票、合同、许可证等。

“背书正本提单”有两种形式：①提单上收货人栏显示“订舱人”，则由发货人背书；②提单上收货人栏显示真正的收货人，则需收货人背书。

（二）换单

拼箱收货人在目的港以货代提单（HOUSE B/L）在交付相关费用后从拼箱公司的代理处换取提货的凭证，并据此及相关单据进行清关。

（三）报关报检

收货人需要提供进口报关所必需的报关资料（出口合同、发票、装箱单、报关委托书以及海关监管出口需要的证书，如许可证等）。收货人可自行通过“关检融合统一申报”平台进行申报，也可委托货代方或报关公司进行申报。

（四）提取货物

对于拼箱货，应在集装箱货运站提取货物。

（五）索赔

提取货物时，若发现有关货物灭失、损坏，收货人应立即提出索赔。

二、拼箱货集装箱货运站进口业务

针对拼箱货，由货运站从码头堆场领取货物后在货运站拆箱，并按提单分类，将货物交给前来提货的人。集装箱货运站主要的进口货运业务如下。

（一）取得进口箱相关信息

集装箱货运站在船舶到港前几天，从船公司或其代理人处取到以下单证：

（1）提单副本或场站收据副本；

（2）货物舱单；

（3）集装箱装箱单；

（4）装船货物残损报告；

（5）特殊货物表。

货运站根据以上单据做好拆箱交货准备工作。

（二）发出交货通知

货运站根据船舶进港时间及卸船计划等情况，联系码头堆场决定提取拼箱集装箱的时间，制定拆箱交货计划，并对收货人发出交货日期的通知。

（三）从码头堆场领取重箱

货运站经与码头堆场联系后，即可以从码头堆场领取重箱，双方应在集装箱单上签字，对出堆场的集装箱应办理设备交接手续。

（四）拆箱交货

货运站从堆场取回重箱后，即开始拆箱作业；拆箱后，应将空箱退回码头堆场。收货

人前来提货时，货运站应要求收货人出具船公司签发的提货单，经单货核对无误后，即可交货，双方应在交货记录上签字。如发现货物有异常，则应将这种情况记入交货记录的备注栏内。

（五）收取有关费用

集装箱货运站在交付货物时，应检查保管费是否缴纳及有无发生再次搬运费，如已发生有关费用，则应收取费用后再交付货物。

（六）制作报告

制作交货报告或未交货报告交送船公司，以便船公司据此处理有关事宜。

测　试

一、填空题

1. 集装箱运输货物的交货类型有________和________两种。

2. 国际多式联运进出口业务中，最常见的交付方式为________，最具优越性的交付方式为________。

3. FCL 由________负责施封，LCL 由________负责施封。

4. 进口集装箱换取提货单时，需向承运人或其代理人提供________份正本提单。

5. 集装箱货物交接场所有________、________和________三处。

6. 出口货物装箱单由________填写。

7. 多式联运提单的签发人是________。

8. 进口拼箱货提箱的地点是________。

9. 发货人凭经________签署的________向负责集装箱运输的人或其代理人换取提单。

10. 提单属于格式合同，关于货主和承运人的权利义务已事先拟定好，并印制于提单背面，称为________。

二、单选题

1. 制作载货清单的依据是（　　）。

A. 装货单　　B. 收货单　　C. 理货报名单　　D. 托运单

2. CY—CY 集装箱运输条款是指（　　）。

A. 一个发货人，一个收货人　　B. 多个发货人，多个收货人

C. 一个发货人，多个收货人　　D. 多个发货人，一个收货人

3. SOC 是（　　）的集装箱的英文缩写。

A. 船公司　　B. 租船公司　　C. 货主　　D. 租船人

4. 拼箱交、拆箱接的交接方式最适合于集装箱的（　　）的运输。

A. CY—CY　　B. CFS—CFS　　C. CFS—CY　　D. CY—CFS

5. 货物装船时对外状况良好，提单上也无任何批注，该提单是（　　）。

A. 略式提单　　B. 指示提单　　C. 顺签提单　　D. 清洁提单

6. CY—CFS 运输条款是（　　）。

A. 门—门　　B. 场—门　　C. 场—站　　D. 站—场

7. 下列票据中可作为物权凭证的是（　　）。

A. 提单　　B. 空运单　　C. 铁路货运单　　D. 公路货运单

8. 制作装货清单的依据是（　　）。

A. 托运单　　B. 装货单　　C. 收货单　　D. 理货报告

9. 载货清单就是（　　）。

A. 装货清单　　B. 托运单的留底　　C. 舱单　　D. 积载图

10. 进出场设备交接单一般均为三联单，下列不属于设备交接单联的为（　　）。

A. 箱管单位留底联　　B. 码头堆场联

C. 船代联　　D. 用箱人/运箱人联

11. 集装箱货物出口的一般程序包括：①发放空箱；②订舱；③集装箱交接签证；④换取提单；⑤装船；⑥整箱货装运交接。排序正确的是（　　）。

A. ①②③④⑤⑥　　B. ②①③④⑤⑥

C. ②①③⑥④⑤　　D. ②①⑥③④⑤

12. 以下哪个单证是发货人向船公司提出托运的单证，一经船公司确认，即成为船、货双方订舱的凭证？（　　）

A. 订舱单　　B. 订舱清单　　C. 装箱单　　D. 提单

13. 以下哪个单证是船公司承接货物运输的凭证，也是码头接货的通知，要分送集装箱码头堆场和集装箱货运站，以便安排空箱及办理货运交接？（　　）

A. 订舱单　　B. 订舱清单　　C. 装箱单　　D. 提单

14. 以下哪个单证是证明托运的集装箱货物已经收讫，也是明确表示船公司开始对货物负责的依据？（　　）

A. 订舱单　　B. 场站收据　　C. 装箱单　　D. 提单

15. 以下哪个单证是详细记载装进集装箱内货物的名称、数量等资料情况的唯一单据？（　　）

A. 订舱单　　B. 订舱清单　　C. 装箱单　　D. 提单

16. 集装箱货物进口的一般程序包括：①代理公司根据正本提单签发提货单；②收货人向银行付款购单；③代理公司向收货人发到货通知；④收货人凭进口许可证及提货单到集装箱码头堆场办理提箱提货手续。排序正确的是（　　）。

A. ①②③④　　B. ③②①④　　C. ③②④①　　D. ②①③④

17. 以下哪个单证是收货人向集装箱码头或集装箱货运站提货的凭证，也是船公司向码头或货运站指示交货的通知？（　　）

A. 理货单证　　B. 集装箱催提单　　C. 提单　　D. 提货单

18. 集装箱出口货运业务中，以 CIF 价格条件成交时，租船订舱是以下（　　）的业务。

A. 发货人　　B. 船公司

C. 集装箱码头堆场　　D. 集装箱货运站

19. 集装箱出口货运业务中，制送主要的装船单证（如货物舱单）是以下（　　）的业务。

A. 发货人　　B. 船公司

C. 集装箱码头堆场　　D. 集装箱货运站

20. 集装箱出口货运业务中，提供足够的集装箱作业及堆存场地是（　　）的业务。

A. 发货人　　B. 船公司

C. 集装箱码头堆场　　D. 集装箱货运站

21. 集装箱出口货运业务中，将拼装的货箱运至码头堆场是（　　）的业务。

A. 发货人　　B. 船公司

C. 集装箱码头堆场　　D. 集装箱货运站

22. 集装箱进口货运业务中，根据卸船计划从船上卸下集装箱并进行堆放是（　　）的业务。

A. 发货人　　B. 船公司

C. 集装箱码头堆场　　D. 集装箱货运站

23. 集装箱进口货运业务中，对拼箱货拆箱交货是（　　）的业务。

A. 发货人　　B. 船公司

C. 集装箱码头堆场　　D. 集装箱货运站

24. 集装箱进口货运业务中，签发提货单是（　　）的业务。

A. 发货人　　B. 船公司

C. 集装箱码头堆场　　D. 集装箱货运站

25. 集装箱进口货运业务中，申请进口许可证是（　　）的业务。

A. 发货人　　B. 船公司

C. 集装箱码头堆场　　D. 集装箱货运站

26. 提单上收货人一栏内填写“凭指示”字样的提单是（　　）。

A. 清洁提单　　B. 记名提单　　C. 不记名提单　　D. 指示提单

27. 在提单正面“收货人”一栏内写着“to order”字样的提单是（　　）。

A. 指示提单　　B. 记名提单　　C. 不记名提单　　D. 预借提单

28. FBL 是指（　　）。

A. 不可转让联运货运单　　B. 可转让多式联运提单

C. 货代仓库收据　　D. 货运代理收货凭证

29. 详细记载每一个集装箱内所装货物的名称、数量及箱内货物记载情况的单证是（　　）。

A. B/L　　B. D/R　　C. CLP　　D. D/O

30. 下列何种术语属于集装箱整箱接受、拆箱交付方式？（　　）

A. DOOR TO CY　　B. DOOR TO CFS

C. TACKLE TO DOOR　　D. CY TO TACKLE

三、判断题

1. 集装箱货物交接类型有两种，交接方式有九种。（　　）

2. 出口货物装箱单由场站填写盖章。（ ）
3. 进口货物到货通知书由码头向收货人发出。（ ）
4. 进口集装箱的海关放行章盖在装箱单上。（ ）
5. 位于集装箱码头的货运站，也必须要有自己单独的堆箱场地。（ ）
6. 集装箱货运站最主要的任务是拼箱货的拆装箱。（ ）
7. S. O. C. 是承运人的集装箱，C. O. C. 是货主的集装箱。（ ）
8. FCL 是拼装箱，LCL 是整箱货。（ ）
9. 货物装箱后，出口商即可到承运人处换取提单。（ ）
10. 出口整箱货可以在厂家装货也可以在 CFS 装箱。（ ）
11. 一个提单号下可以有多个集装箱，而一个集装箱内的货物也可有多个提单号。（ ）
12. 船公司发放提货单表示箱内货物完好无缺。（ ）
13. 整箱货的装箱单由货运站制作。（ ）
14. 整箱货（FCL）是指由承运人在集装箱货运站负责装箱和计数，填制装箱单，并加封志的集装箱货物。（ ）

四、简答题

1. 集装箱联运提单与普通海运提单有什么本质区别？
2. 什么叫倒签提单？什么叫预借提单？
3. 集装箱货物交接方式有哪些？

项目五

集装箱多式联运单证业务

学习目标

【知识目标】

- 了解集装箱多式联运单据的性质、分类及主要内容。
- 了解集装箱多式联运提单的制作、签发与批注。
- 熟悉集装箱场站收据、集装箱提货单、设备交接单的主要内容及构成。
- 了解集装箱提货单与提单的区别。

【技能目标】

- 掌握多式联运提单与直达提单、转船提单、联运提单的区别。
- 掌握集装箱多式联运提单的审核与交付。
- 熟悉出口订舱操作、进口换单操作、装箱操作及设备交接单的流转。

任务一　集装箱多式联运单据操作

一、集装箱多式联运单据认知

（一）多式联运单据的定义与性质

1. 多式联运单据的定义

我国 1997 年 10 月 1 日施行的《国际集装箱多式联运管理规则》中规定：“国际集装箱多式联运单据（以下简称多式联运单据），是指证明多式联运合同以及证明多式联运经营人接管集装箱货物并负责按合同条款交付货物的单据。该单据包括双方确认的取代纸张单据的电子数据交换信息。”

2. 多式联运单据的性质

多式联运单据并不是多式联运合同，而只是多式联运合同的证明，同时是多式联运经营人收到货物的收据和凭其交货的凭证。多式联运经营人接收货物时，应由本人或其授权的人签发多式联运单据。多式联运单据上的签字，可以是手签、盖章或双方确认的电子数据。签发一份以上正本多式联运单据时，应注明正本份数，副本单据应注明不可转让。在实务中，我们通常把多式联运单据也叫作多式联运提单。

（1）多式联运提单与海运提单的比较

①责任范围

多式联运提单负责自收货地至交货地的运输全过程，而海运提单只负责自装运港至目的港的运输。

②单证性质

多式联运提单证明已收妥货物负责运输，所以多为备运提单或收货待运提单（Received For Shipment B/L），不要求必须标明货已装船或具体的装运船只名称，而海运提单则须证明货已装船或已装上指定船只。

③签发人与签发地点

多式联运提单的签发人是多式联运经营人，未必是海运承运人，签发地点通常为收货地，而海运提单必须由海运承运人签发，签发地点通常为装运港。

④运输方式

多式联运提单要求至少有两种不同的运输方式（包含海运在内，如海陆、海空、陆空、陆海等），并不要求第一程必须是海运。而海运提单只适用于海运一种方式。

⑤制作与签发依据

在《跟单信用证统一惯例（2007 年修订版）》（即国际商会第 600 号出版物，简称《UCP600》）中，多式联运提单的制作与签发应符合《UCP600》第 19 条有关多式联运单据的规定，而海运提单的制作与签发应符合《CUP600》第 20 条有关提单的规定。

多式联运提单中船名、装货港、卸货港如有“预期”（INTENDED）或类似意义的修饰词，银行可予接受，这是因为，多式运输是从起运地至目的地的全程运输，只要起运地和交货地符合信用证规定，海运段的船名和装卸港口即使不确定，如信用证无特别规定，银行就可不予过问。

（2）多式联运提单与集装箱提单的比较

集装箱提单是指为集装箱运输所签发的提单。它既可能是港到港的直达提单，也可能是转船提单或联运提单，还可能是海上运输与其他运输方式接续完成全程运输的多式联运提单。虽然习惯上常将这三种提单统称为集装箱提单，甚至认为集装箱提单就是多式联运提单，然而应该明确的是，由于集装箱运输并不一定都是多式联运，因而在集装箱运输下所签发的集装箱提单也不一定都是集装箱多式联运提单。不过，在实务中，集装箱提单大都以“港到港或多式联运”（port to port or multimodal transport）为提单的“标题”，以表明本集装箱提单兼具直达提单和多式联运提单的性质，而且都在提单中设置专门条款按“港到港”运输和多式联运分别为承运人规定了不同的责任。

（3）多式联运提单与联运提单的比较

多式联运与联运是两个不同的概念，前者系指两种或两种以上不同运输方式间的联合运输，而后者系指同一种运输工具间的联运。

在目前的实际运输业务中，从责任形式或提单的签发看，多式联运提单与联运提单的不同点有：

①责任形式

联运提单对承运人规定的责任形式为“单一责任制”或“网状责任制”。前者系指各承运人对自己运输区段内的货物灭失、损害负责，对货物从其运输工具卸离后所造成的货损概不负责，这种规定在实际业务中极易产生纠纷。如发货人与第二承运人发生有关货损的争议，则产生了该承运人与发货人是否系合同当事人的问题，因而在当前集装箱联运提单中已很少使用该种责任形式。后者虽有签发提单的人对全程运输负责，但损害赔偿却仍依据造成货损区段的法规来执行。多式联运公约规定的多式联运提单采用统一责任制，即由签发提单的多式联运经营人对全程运输负统一责任，受损方只需向多式联运经营人提出索赔，如这一索赔成立，即可得到赔偿。

②提单签发人

从现行的运输业务看，习惯上由拥有运输工具的海上承运人或其代理人签发联运提单，而多式联运提单的签发人不一定是运输工具的所有人，凡有权控制多式联运并对运输负有责任的人都可签发，诸如无船承运人、国际货运代理人等。

③提单签发时间、地点

习惯上，联运提单在货物的装船港，且待货物实际装船后签发；而在进行多式联运时，多式联运经营人有时在内陆集装箱货运站、码头堆场、发货人的工厂或仓库接收货物，而且当发货人将货交给多式联运经营人后即签发场站收据。因此，多式联运提单的签发有时不在装船港，而且，接收货物后至实际装船有一个“待装期”。随之，提单签发的时间也并不一定在货物实际装船后。

多式联运提单与直达提单、转船提单、联运提单的比较如表 5-1-1 所示。

表 5-1-1　多式联运提单与直达提单、转船提单、联运提单的比较

主要内容	直达提单	转运提单	联运提单	多式联运提单
英文名称	Direct B/L	Trans-shipment B/L	Through B/L	CT B/L，MT B/L，IT B/L
运输方式	海	海/海	海/海，海/陆等	海/陆，陆/海，空/海等
责任期间	船—船	船—船	船—船	收货—交货
提单类型	已装船提单	已装船提单	已装船提单	收货待运提单
签发人	海上承运人	海上承运人	海上承运人	多式联运经营人
签发时间	装船后	装船后	装船后	收货后
签发地点	装港	装港	装港	收货地
银行处理依据	UCP600 号 20 条	UCP 600 号 20 条	UCP 600 号 20 条	UCP 600 号 19 条

（二）多式联运单据的分类

多式联运单据分为可转让的和不可转让的。根据《联合国国际货物多式联运公约》的要求，多式联运单据的转让性在其记载事项中应有规定。

1. 可转让的多式联运单据

可转让的多式联运单据通常称为国际多式联运提单（multimodal transport B/L，combined transport B/L）。它类似于海运提单，具有多式联运合同的证明、货物收据与物权

凭证（Document of title）三大功能。目前，常见的国际多式联运提单格式主要由行业协会拟定，比如，国际货运代理协会联合会（FIATA）的联运提单（FBL）、波罗的海航运公会（BIMCO）的多式联运提单（MT B/L）及船公司拟定的多式联运提单。

可转让的多式联运单据具有流通性，可以像提单那样在国际货物买卖中扮演重要角色。《多式联运公约》规定，多式联运单据以可转让方式签发时，应列明“按指示”或“向持票人交付”。如列明“按指示交付”，须经背书后转让；如列明“向持票人交付”，无须背书即可转让。此外，如签发一套一份以上的正本，应注明正本份数；如签发任何副本，每份副本均应注明“不可转让副本”字样。对于签发一套一份以上的可转让多式联运单据正本的情况，如多式联运经营人或其代表已按照其中一份正本交货，则该多式联运经营人已履行其交货责任。

对于多式联运单据的可转让性，我国的《国际多式联运管理规则》也有规定。根据该规则，多式联运单据的转让依照下列规定执行：①记名单据：不得转让；②指示单据：经过记名背书或者空白背书转让；③不记名单据：无须背书，即可转让。

2. 不可转让的多式联运单据

不可转让的多式联运单据通常被称为多式联运运单。它不具有物权凭证功能，即类似于运单（如海运单、空运单），仅具有多式联运合同的证明和货物收据两大功能。比如FIATA制定的FWB（Non-negotiable FIATA Multimodal Transport Waybill）就是不可转让的多式联运提单。

不可转让的多式联运单据则没有流通性。多式联运经营人凭单据上记载的收货人而向其交货。按照《多式联运公约》的规定，多式联运单据以不可转让的方式签发时，应指明记名的收货人。同时规定，多式联运经营人将货物交给此种不可转让的多式联运单据所指明的记名收货人或经收货人通常以书面正式的方式指定的其他人后，该多式联运经营人即已履行其交货责任。

从表5-1-2中可以看出，可转让多式联运单据和不可转让多式联运单据的共同点是均具有运输合同证明和货物收据的功能。两者最大的区别在于：可转让多式联运单据具有物权凭证功能，可以转让，多式联运经营人及其代理在交付货物时遵循“认单不认人”的原则；不可转让多式联运单据则不具有物权凭证功能，不具有流通性，收货人一栏必须是记名的，多式联运经营人及其代理在交付货物时遵循“认人不认单”的原则。

表5-1-2　　两类多式联运单证的差异

比较项目	可转让的多式联运单证	不可转让的多式联运单证
物权凭证	是	不是
货物收据	是	是
合同证明	是	是
证明效力	承托之间为初步证据， 对第三人为绝对证据	初步证据
收货人记载	记名、指示、不记名	记名

续表

比较项目	可转让的多式联运单证	不可转让的多式联运单证
是否全套正本单据交付托运人	是	不是
是否凭正本单据提货	凭全套正本提单提货	不需要（仅需要核对身份）
是否需要托运人签字	不需要	需要（实际业务中有例外）

（三）多式联运单据的内容

对于国际集装箱多式联运单据的记载内容，《联合国国际货物多式联运公约》以及我国的《国际集装箱多式联运管理规则》都作了具体规定。根据我国的《国际集装箱多式联运管理规则》的规定，多式联运单据应当载明下列事项：

（1）货物名称、种类、件数、重量、尺寸、外表状况、包装形式；

（2）集装箱箱号、箱型、数量、封志号；

（3）危险货物、冷冻货物等特种货物应载明其特性、注意事项；

（4）多式联运经营人名称和主营业所；

（5）托运人名称；

（6）多式联运单据表明的收货人；

（7）接收货物的日期、地点；

（8）交付货物的地点和约定的日期；

（9）多式联运经营人或其授权人的签字及单据的签发日期、地点；

（10）交接方式，运费的支付，约定的运达期限，货物中转地点；

（11）在不违背我国有关法律、法规的前提下，双方同意列入的其他事项。

当然，缺少上述事项中的一项或数项，并不影响该单据作为多式联运单据的法律效力。《联合国国际货物多式联运公约》对多式联运单据所规定的内容与上述规则基本相同，只是公约中还规定多式联运单据应包括下列内容：

（1）表示该多式联运单据为可转让或不可转让的声明；

（2）如在签发多式联运单据时已经确知预期经过的路线、运输方式和转运地点等，则列明。

（四）多式联运单据的证据效力

除非多式联运经营人已在多式联运提单上作了保留，否则多式联运提单一经多式联运经营人或经他授权的人签发，便作为：

（1）多式联运经营人收到货物的初步证据；

（2）多式联运经营人对收到的货开始负有责任；

（3）多式联运提单在以可转让的方式签发时，并已转让给包括收货人在内的善意的第三方时，多式联运经营人提出的相反证据无效。

多式联运提单是多式联运经营人已收到该提单上所记载的货物的初步证据，当然这是对发货人而言。假如该提单已由发货人转让给善意的第三方，提单上所记载的内容不再是初步证据，而是终局性的证据。作为国际多式联运合同证明的多式联运单据，其记载事项与其证据效力是密切相关的。多式联运单据主要对以下几个方面起到证明作用：一是当事人本身的记载；二是有关货物状况的记载；三是有关运输情况的记载；四是有关法律约束方面的记载。

根据《联合国国际货物多式联运公约》的规定，多式联运经营人对多式联运单据中的有关记载事项可以作出保留。该公约规定，如果多式联运经营人或其代表知道、或有合理的根据怀疑多式联运单据所列货物的品种、主要标志、包数或件数、重量或数量等事项没有准确地表明实际接管的货物的状况、或无适当方法进行核对，则该多式联运经营人或其代表应在多式联运单据上作出保留，注明不符之处、怀疑的根据、或无适当的核对方法。如果多式联运经营人或其代表未在多式联运单据上对货物的外表状况加以批注，则应视为其已在多式联运单据上注明货物的外表状况良好。

多式联运经营人不能对多式联运单据的受让人就提单中记载的事项提出异议。因为，多式联运单据的受让人在购买该提单时，并没有机会检查货物，而只相信提单上所记载的内容事实，多式联运经营人也不能对该提单的受让人提出抗辩。《多式联运公约》的这一规定保护了提单受让人的利益，而且，只有这样，才能使提单具有流通性的作用。如美国、英国的法律均规定，对于提单的受让人，提单是承运人凭其交货的终局性证据。为了能保证做到这一点，《多式联运公约》规定多式联运经营人或其代表在接收货物时，对于货物的实际情况与提单中注明的有关货物的种类、主要标志、包数或件数、重量或数量等持有怀疑，而此时又无适当方法进行核对或检查时，多式联运经营人或其代表可在多式联运提单中提出保留，注明不符的地方、怀疑的根据等。

多式联运经营人如在单据上对有关货物或运输方面加了批注，其证据效力就会产生疑问。多式联运单据有了这种批注后，可以说丧失了其作为货物收据的作用：对发货人来说，这种单据已不能作为多式联运经营人收到单据上所列货物的证明，不能成为初步证据；对收货人来说，这种单据已失去了其应有的意义，是不能被接受的。

如果多式联运单据上没有这种保留性批注，其记载事项的证据效力是完全的，对发货人来说是初步证据，但多式联运经营人可举证予以推翻。不过，根据《多式联运公约》的规定，如果多式联运单据是以可转让方式签发的，而且已转让给正当信赖该单据所载明的货物状况的、包括收货人在内的第三方时，该单据就构成了最终证据，多式联运经营人提出的反证将不予接受。

另外，《多式联运公约》对一些经过协议达成的记载事项，如交货日期、运费支付方式等并未作出法律规定，这符合合同自由原则，但公约对由于违反此类记载事项带来的责任还是作了规定：如果多式联运经营人意图诈骗，在多式联运单据上列入有关货物或其他规定应载明的任何资料的不实资料，则该联运经营人不得享有该公约规定的赔偿责任限额，而须负责赔偿包括收货人在内的第三方因信赖该多式联运单据所载明的货物的状况行事而遭受的任何损失、损坏或费用。

二、集装箱多式联运提单的制作与签发

在信用证结算下，集装箱多式联运提单的制作与签发应符合国际商会公布的《UCP600》

《关于审核跟单信用证项下单据的国际标准银行实务》（即国际商会第 681 号出版物）和《UCP600 注释》（即国际商会第 680 号出版物）等相关规定（见表 5-1-3 所示）。

表 5-1-3　　多式联运提单样本

<table>
<tr><td colspan="4">1. Shipper Insert Name, Address and Phone</td><td>B/L No.</td></tr>
<tr><td colspan="4">2. Consignee Insert Name, Address and Phone</td><td>中远海运集装箱运输有限公司
COSCOSHIPPING LINES

TLX: 33057 COSCO CN
FAX: +86 (021) 6545 8984
ORIGINAL</td></tr>
<tr><td colspan="4">3. Notify Party Insert Name, Address and Phone
(It is agreed that no responsibility shall attach to the Carrier or his agents for failure to notify)</td><td rowspan="2">Port-to-Port or Combined Transport
BILL OF LADING
RECEIVED in external apparent good order and condition except as other-wise noted. The total number of packages or unites stuffed in the container, The description of the goods and the weights shown in this Bill of Lading are furnished by the Merchants, and which the carrier has no reasonable means of checking and is not a part of this Bill of Lading contract. The carrier has issued the number of Bills of Lading stated below, all of this tenor and date, one of the original Bills of Lading must be surrendered and endorsed or signed against the delivery of the shipment and where upon any other original Bills of Lading shall be void. The Merchants agree to be bound by the terms and conditions of this Bill of Lading as if each had personally signed this Bill of Lading.
SEE clause 4 on the back of this Bill of Lading (Terms continued on the back hereof, please read carefully).
* Applicable Only When Document Used as a Combined Transport Bill of Lading.</td></tr>
<tr><td colspan="2">4. Combined Transport *</td><td colspan="2">5. Combined Transport *</td></tr>
<tr><td>Pre-carriage by</td><td></td><td>Place of receipt</td><td></td><td></td></tr>
<tr><td colspan="2">6. Ocean Vessel Voy. No.</td><td colspan="2">7. Port of Loading</td><td></td></tr>
<tr><td colspan="2">8. Port of Discharge</td><td colspan="2">9. Combined Transport *</td><td></td></tr>
</table>

续表

		Place of Delivery			
Marks & Nos. Container / Seal No.	No. of Containers or Packages	Description of Goods (If Dangerous Goods, See Clause 20)		Gross Weight kgs	Measurement
	Description of Contents for Shipper's Use Only (Not part of This B/L Contract)				
10. Total Number of containers and/or packages (in words)					
Subject to Clause 7 Limitation					

11. Freight & charges	Revenue Tons	Rate	Per	Prepaid	Collect
Declared Value Charge					

Ex. Rate:	Prepaid at	Payable at	Place and date of issue
	Total Prepaid	No. of Original B (s) /L	Signed for the Carrier, COSCO CONTAINER LINES
LADEN ON BOARD THE VESSEL			
DATE		BY	

(一) 货主栏

1. 托运人

根据《UCP600》第 14 条(K)“在任何单据中注明的托运人或发货人无须为信用证的受益人(the shipper or consignor of the goods indicated on any document need not be the beneficiary of the credit)”的规定可知,《UCP600》并不要求托运人(Shipper)或者发货人(consignor)是信用证的受益人;根据需要,其也可以是受益人以外的人,比如贸易中间商、实际收货人、货运代理或者无船承运人等。因此,本栏填写一般有如下几种情况:

(1)一般情况下,如果信用证无特殊规定,应当以受益人作为托运人,即在本栏中填写受益人的名称和地址。

(2)当托运人一栏填写信用证的受益人以外的人时,该提单往往被称为第三者提单

(Third party B/L)。当受益人以外的人作为托运人时，该托运人又称为中性托运人(neutral as shipper)，因此，第三者提单有时也被称为中性提单（neutral B/L）。如果信用证规定必须采用第三者提单（比如，Third party B/L is acceptable，B/L must be made out in the neutral name），则此栏应记载受益人以外的人。

（3）在中美航线上，如果托运人与承运人签署了服务合约，则除了应填写托运人全名外，还应注明合约号；如有货物分组号码，也应打在提单上，否则不能享受服务合约规定的优惠运价。

2. 收货人（consignee）

此栏可采取不记名式、记名式或指示式三种，采用何种形式取决于信用证的规定。实务中，一般多为指示式或记名式。

根据此栏记载的不同，相应的提单可分为不记名提单、记名提单和指示提单。

（1）不记名提单（open B/L，bearer B/L，blank B/L）是指提单“收货人”栏内没有指明任何收货人，而只注明提单持有人（bearer）字样的提单。不记名提单无须背书即可转让，流通性较强。但由于谁持有提单，谁就可以提货，故一旦丢失或被窃，风险极大。

（2）记名提单（straight B/L）是指在提单上的“收货人”栏中具体写明收货人名称的提单。我国《海商法》规定记名提单不能通过背书方式转让给第三人，即不能流通，只能由该特定收货人提货。

（3）指示提单（order B/L）是指提单“收货人”栏填写“凭指示”（to order）或“凭某某人指示”(to order of ……）字样的提单。前者称为不记名指示，也称空白抬头，后者称为记名指示。

如果信用证要求多式联运单据为记名提单（如收货人为“××银行”而不是“凭指示”或“凭××银行指示”等)，则多式联运单据不能再出现“凭指示”或“凭××指示”的字样，不论该字样是打印上的还是预先印好的。同样，如果信用证要求多式联运单据为“凭指示”或“凭某具名人指示”的提单，则多式联运单据不得做成以该具名人为收货人的记名形式。

如果多式联运单据做成指示提单，则该单据必须经托运人背书以实现转让。托运人或代表托运人做的背书可以接受。在转让时有空白背书和记名背书两种形式。空白背书(endorsed by blank）仅由背书人（提单转让人）在提单的背面签字盖章，而不注明被背书人（提单受让人）的名称；记名背书则是在提单背面既有背书人签字盖章，又有被背书人名称（endorsed to the order of sb.)。由此可见，指示提单经空白背书后即成为不记名提单，经记名背书后即成为记名提单。

在中美航线上，如果收货人以货主身份与船公司签订服务合同，并指示发货人使用该船公司的船舶运输时，在“收货人”栏中应填入服务合同签约方的名称，并将服务合同号码打在提单上，如有货物分组号码，也应打在提单上。

3. 被通知人（notify party）

此栏应按信用证的规定填写。如果信用证上未注明被通知人，则提单正本中此栏可保持空白，但提供给承运人的提单副本中应注明实际被通知人，以便承运人目的港代理向其寄送提货通知。

有些国家、地区要求通知方必须为当地企业，否则不允许货物进口，如巴基斯坦、沙特阿拉伯、印度等。还有些国家，比如巴西，要求提单上收货人（记名提单时）或通知方（指示提单时）必须是在巴西境内，且应提供完整的名称和地址等。

（二）运输栏

1. 前程运输工具（pre-carriage by）

在多式联运情况下，在该栏内注明铁路（rail）、卡车（truck）、空运（air）或江河（river）等运输方式。

2. 收货地（place of receipt）

在多式联运情况下，该栏内填写多式联运经营人开始接收货物的地点。

3. 海运船舶（ocean vessel）

此栏填写船名和航次号，但在多式联运情况下填写此栏需注意：当船名不能确定时，可填写“to be named”或“××（船名）OR HER SUBSTITUTE”。

4. 装货港（port of loading）

此栏填写货物装船的港口名称。

5. 卸货港（port of discharging）

此栏填写货物卸船的港口名称。

6. 交货地（place of delivery）

在多式联运情况下，此栏填写多式联运经营人最终交货的地点。

7. 目的地（final destination for the merchant’s reference，final destination of the goods-not the ship）

此栏仅供进出口商参考，应填写货物实际将到达的目的地。

值得注意的是，如果托运人提供了拼写错误的卸货港名称或交货地点，承运人或代理未经托运人核实不能自行更正，这是因为：提单必须符合信用证的要求，必须与舱单一致。故应联系托运人书面确认并进行更改，否则不予接受。此外，如果信用证给出了收货地、装货港、卸货港、交货地的地理区域（如“任一欧洲港口”），则多式联运单据必须注明实际的收货港、装货港、卸货港、交货地，且该地点必须在规定的地理区域或范围内。

（三）货物栏

1. 标志和序号、箱号和铅封号（marks & numbers，container seal number）

在通常情况下，托运人会提供货物的识别标志和编号以填入此栏，同时此栏需填写装载货物的集装箱号和铅封号；如果托运人未能提供铅封号，建议加注“SEAL NUMBER NOT NOTED BY SHIPPER”；如果有海关铅封号，还需要在此栏加注海关铅封号。

2. 集装箱数/货物件数及货物描述（numbers of container or packages，description of goods）

在整箱货运输中，此栏通常填写集装箱数量和型号，如果信用证有要求，可在货物描述项下加注托运人提供的件数，但应在货物描述栏加注“STC”字样，表示“SAID TO CONTAIN”，即“据称内装”，以保护承运人的利益。例如，一个内装6箱机械的20ft干

货箱可表示为1×20DC，在货物描述栏中加注“STC 6 cases machinery”。在拼箱货运输中，此栏填写货物件数。

3. 毛重（gross weight），体积（measurement）

毛重应与发货单、装箱单一致，且应填货物总毛重。货物的毛重以KG为计量单位，并取整数，体积一般以M^3为计量单位，且保留小数点后3位，但信用证另有规定的除外。

4. 总箱数/货物总件数（total number of containers and / or packages）

用英文大写字母而不是阿拉伯数字来填写集装箱的总箱数（整箱货）或货物的总件数（拼箱货），总箱数或总件数是指本提单项下的总箱数或货物总件数。在件数前面加上“SAY”字样，相当于“合计”，在件数后须加上“ONLY”字样，相当于“整”。比如，“25 carton cotton yard and 36 bales cotton piece goods，总件数61 packages”，完整的表达应为“SAY SIXTY ONE PACKAGES ONLY”。

（四）运费栏

1. 运费和其他费用（freight & charges）

此栏通常不填写，除非当地政府、信用证等要求必须标明相关的运费和其他费用。比如，巴西涉及进口运费税的问题，因此，提单上必须显示运费——包括基本运费、燃油附加费、目的地码头操作费（terminal handing charge，THC）。有时，为保证目的港代理能够合法地向收货人收取目的港装卸费等，要求在提单上必须明确相关费用。比如，在提单上注明“DESTINATION THC TO COLLECT”。

此外，“货物声明价值”（optional declared value）是在客户声明货物价值并愿意多支付运费的情况下填写，填写的货物声明价值应与货物实际价值相接近。

2. 预付和到付（prepaid / collect）

此栏通常必须填写，以表明运费是由托运人还是收货人支付。提单上注明运费预付（freight prepaid）的提单，称为运费预付提单（freight prepaid B/L）；提单上注明运费到付（freight collect）的提单，称为运费到付提单（freight collect B/L）。

3. 预付地点（prepaid at）

此栏填写提单缮制和运费支付地点（仅在运费预付情况下填写）。

4. 付费地点（payable at）

此栏通常不填写。

由于保密的原因，提单上一般仅注明运费支付的方式，通常不注明运费，除非托运人要求将运费金额打在提单上。

（五）承运人栏

1. 正本提单份数（number of original B/L）

此栏应按信用证规定的份数出具，不得缺省。一般正本提单为三份。若信用证无特别规定，仅要求出具全套正本提单，可出具一份。《UCP600》规定：标有副本字样的、没有注明正本字样的、无签署的均属于副本提单。副本提单不具有法律效力，不能凭此提货或转让。

2. 提单签发地或签发日期（place and date of issue）

提单的签发地通常为收货地（多式联运提单）或装货港（港到港提单），如果托运人欲申请异地签订，则应注意以下三点：

（1）托运人向收货地或装货港的代理申请异地签单。收货人或装货港代理在接到货主订舱后，如货主要求异地签单，收货人或装货港代理应将货主订舱单发送给签单地代理，委托其签单、代收运杂费，并在收到货物或者货物装船后立即通知其签单。

（2）托运人向非收货地或装货港的代理申请异地签单。非收货地或装货港的代理在签发提单前，应得到收货地或装货港的代理书面确认已收妥运杂费、货物已收妥或装船等，并在签单后及时通知收货地或装货港的代理提单已签发，以避免收货地或装货港的代理重复签发提单。

（3）一些国家禁止异地签发提单，比如，巴西规定目的地为巴西的货物不能在非目的港签发提单。

提单的签发日期应与实际收货日期（多式联运提单）或装船日期（港到港提单）相一致，既不能提前，也不能延后，否则将使提单变成倒签提单、预借提单或顺签提单，承运人将面临较大风险。

倒签提单（ANTI-DATED B/L）是指在货物装船后，承运人或其代理应托运人的要求签署提单的签发日期早于实际装船日期的提单。

预借提单（ADVANCED B/L）是指货物尚未装船或未装船完毕时承运人或其代理应托运人的要求而签发的提单。

顺签提单（DEFERRED B/L）是指在货物装船后，承运人或其代理应托运人的要求签署提单的签发日期晚于实际装船日期的提单。

以上是针对海运提单而言的，对于多式联运提单，则应以签发日期是否与收货日期相一致为标准。

在实际业务中，如果托运人提出要求签发预借、倒签等提单时，应尽量说服其修改有关贸易合同，或延长信用证的装船期。如在特殊情况下签发预借、倒签等提单时，一方面，应事先根据航线货运特点、航线特点对诸如天数限制、权限、货值限制、季节、保函格式等作出明确的规定；另一方面，在签发预借、倒签等提单时，原则上必须是船舶到港（如船舶未抵港而签发预借提单，会因客观上存在船舶不能抵港或取消挂靠的可能，导致巨大风险），货物经海关放行并送达船方控制的码头、堆场或库场后。

3. 承运人签名（signed for the carrier）

根据《UCP600》的规定，单据的签署（signature）应满足如下条件：

（1）签署可以用手签（handwriting）、摹印（facsimile signature）、打透花字（perforated signature）、印戳（stamp）、符号（symbol）或任何其他机械电子的证实方法。不过，有些国家或地区可能有特殊规定，比如，巴西要求提单必须手签。

（2）根据《UCP600》第19条的规定，多式联运单据必须在表面上显示承运人名称，并由承运人、船长或具名代理签署。多式联运单据必须按《UCP600》第19条（a）款（i）项规定的方式签字，且承运人的名称必须出现在运输单据表面，并表明承运人的身份。如果多式联运单据由代理人代表承运人签署，则必须表明其代理人身份，并且必须表明被代理人是谁，除非多式联运单据的其他地方已表明承运人的名称。如果船长签署多式

联运单据，则船长的签字必须表明船长身份。在这种情况下，不必注明船长的姓名。如果由代理人代表船长签署多式联运单据，则必须表明其代理人身份。在这种情况下，不必注明船长的姓名。

三、集装箱多式联运提单的批注

（一）装船批注

多式联运提单的出具日期应视为发运、接管或装船的日期，除非提单上另有单独的注明日期的批注，表明货物已在信用证规定的地点发运、接管或装船。在此情况下，该批注日期即视为装运日期，而不论该日期是早于还是迟于单据的出具日期。

（二）货物外观不良状况的批注

如果承运人在提单上加注了有关货物及包装状况不良或存在缺陷等批注，则该提单构成不清洁提单（Unclean B/L）。反之，则称为清洁提单（Clean B/L）。

值得注意的是，根据国际航运公会（international chamber of shipping，ICS）的规定，下列批注不构成不清洁提单：

（1）没有明确表示货物或包装不能令人满意的字句，如“旧箱”“旧桶”等。

（2）强调承运人对因货物或包装性质所引起的风险不承担责任的字句。

（3）承运人否认知道货物的内容、重量、体积、品质或技术规格的字句。

由此可见，只有附有明示货物或包装缺陷的附加条文或批注的提单，才构成不清洁提单。有关数量短少方面的批注并不构成不清洁提单。

根据《UCP600》第 27 条的规定，银行只接受清洁运输提单。此外，《UCP600》进一步明确：“清洁”一词并不需要在运输提单上出现，即使信用证要求运输提单为“清洁已装船”。

载有明确声明货物或包装状况有缺陷的条款或批注的提单是不可接受的，未明确声明货物或包装状况有缺陷的条款或批注（如“包装状况可能无法满足海运航程”），不构成不符点。这说明包装“无法满足海运航程”的声明不可接受［参见《关于审核跟单信用证项下单据的国际标准银行实务》（简称 ISBP681）第 106 条］。

如果提单下出现“清洁”字样，但又被删除，并不视为有不清洁批注或不清洁，除非提单载有明确声明货物或包装的缺陷的条款或批注（参见《ISBP681》第 107 条）。

正因为银行拒绝接受不清洁提单，因此，在实践中，为了顺利结汇，发货人往往通过出具保函换取清洁提单。

一般在两种情况下，托运人需要提供保函。第一种情况是当托运人与承运人之间在货物数量、重量或包装等问题上存在分歧时。如承运人怀疑托运人提供的情况有问题，但又没有适合的方法加以检查，或者承运人认为货物的包装不适合长途运输，而托运人这时已不可能另换包装，此时承运人会要求托运人出具保函，以保护承运人的利益，否则承运人会在提单上加注不利于托运人的批注。第二种情况是托运人为了某种个人目的，要求承运人在提单上记入与实际货物情况不一致的内容，承运人为了保护自己的利益而要求托运人出具保函，凭保函签发清洁提单（包括要求承运人签发倒签提单和预借提单）。对于第一种情况下的保函，各国法律一般都采取认可的态度。这是一种为了使货物及时出口的变通做法，对收货人不存在隐瞒事实的问题。而第二种情况的保函在法律上是无效的，因为这种保函的实际意义在于共同欺骗无辜的第三者。

对于保函的法律效力，《海牙规则》和《维斯比规则》都没有作出规定。考虑到保函在海运业务中的实际意义和保护无辜的第三方的需要，《汉堡规则》第一次就保函的效力问题作出了明确的规定。《汉堡规则》第 17 条规定：保函是承运人与托运人之间的协议，不得对抗第三方，承运人与托运人之间的保函只是在无欺骗第三方意图时才有效；如发现有意欺骗第三方，则承运人在赔偿第三方时不得享受责任限制，且保函也无效。

（三）其他批注

其他批注包括整箱货下的“不知”批注等。此外，多式联运提单可以另外显示不同的发运、接受监管或装载地点或最终目的地，只要显示的装运地及最后的目的地符合信用证，银行不会介意包含“预期”（intended）的船舶、装货港或卸货港的批注。这说明，与海运提单不同，多式联运提单可以显示预期的船舶、装运港或卸货港，而无须另加批注。

四、集装箱多式联运提单的审核与交付

（一）审核

在实践中，应根据《UCP600》的规定，审核多式联运提单是否满足如下要求：

（1）运输提单的类型必须符合信用证的规定。

（2）起运地、转运地、目的地必须符合信用证的规定。

（3）装运日期/出单日期必须符合信用证的规定。

（4）收货人和被通知人必须符合信用证的规定。

（5）运输提单上的商品名称可使用货物统称，但不得与发票上货物说明的记载相抵触。

（6）运费预付或运费到付必须在运输提单上予以正确标明。

（7）正副本份数应符合信用证的要求。

（8）运输提单上不应有不良批注。

（9）包装件数必须与其他单证相一致。

（10）唛头必须与其他单证相一致。

（11）全套正本都必须盖妥承运人的印章及签发日期章。

（12）应加背书的运输单证，必须加背书。

（二）交付

提单原则上必须签发给记载于提单中托运人栏内的托运人。如货运代理代表托运人领取提单，应要求其出示有权利代领的证明，如托运人的授权书等。

五、集装箱多式联运提单的更改与重签

（一）船舶开航前的更改

对于船舶开航之前的提单更改，各港可自行参照提单缮制的有关程序，确定更改提单的费用和手续。

（二）船舶开航后的更改

（1）托运人在船舶开航后，需要更改已签发的正本提单上的以下内容时，必须出示全套正本提单，提供正式的书面申请和银行保函，并填写提单更改单，经船公司或其代理公司书面确认后，方可办理：

①发货人、收货人和通知方的更改；

②卸货港的更改；

③唛头的更改；

④货名的更改；

⑤货物的件数、重量和尺码的变更；

⑥货物包装形式的变更；

⑦运费支付形式的变更；

⑧交货条款的变更；

⑨涉及船方利益的变更。

对②项的更改，船舶代理应先和船公司联系确认操作可行性及倒载费用，在客户确认费用之后再同意更改；对③~⑥项的更改，必须审核客户的重新报关单；对⑦项的更改，如由预付改到付，必须先联系确认尚未放货。

（2）提单在缮制过程中出现的个别字母的差错，可以加盖更正章予以更正，但该字母的差错必须是不影响该词或该语句的含义的。

（3）每一份提单的更改不得超过三处，否则必须重新签发提单。

（4）对手签提单的更改应从严掌握。

（5）提单流转过程中的提单持有人提出的更改提单的要求不予接受。

（6）如在正本提单签发后（即船舶开航后）发生变更，必须及时通知与该提单项下货物装卸、转运、收发货有关的各公司或代理。

（7）具体可否更改及实际更改程序的确定必须符合当地法律法规的规定，尤其是海关的规定。

（8）因提单的更改而需要重新签发提单的，必须要求托运人交还原来已签发的全套正本提单。

（三）重新签发提单

（1）遗失时，在当地主要报刊刊登遗失作废声明，并要得到货主书面证实。

（2）如果原提单为记名提单，托运人、收货人都需要按承运人要求出具公司保函（如表5-1-4所示）；如果原提单为指示提单，则提供一流银行担保，且无担保期限限制。

（3）重新签发的提单除自身印刷流水号之外，其他的内容必须与原提单一致。提单重新签发之后必须立即通知目的港代理。

表 5-1-4　　　　重新签发提单保函样本

重新签发提单保函

致：中外运集装箱运输有限公司

　　　　船务代理公司

________轮及其船东

船名、航次：

装货港：

卸货港：

提单号：

箱号：

由于题述的提单不慎丢失，我司请求贵司重新签发正本提单。我司愿意为贵公司提供下述担保：

1. 保证在题述货物运输所经地采取公告等形式宣告原提单无效。

2. 保证赔偿贵司及其代理因根据我司要求重新签发提单而产生的一切损失。

3. 如因题述事由而使贵司及贵司代理卷入诉讼、仲裁或其他司法程序时，保证提供充分、及时的法律费用。

4. 如贵公司的船舶或者财产因题述事由遭到扣押，滞留，或者受到此种威胁时，我司保证及时为贵公司提供所需的保证金或者其他形式的担保，以保障贵公司的权益不受到损害；此外，不论前述扣押，滞留是否合理，我司都将保证承担贵公司因此遭受的任何损失以及相关费用。

5. 该保函中的担保银行将承担连带责任。

6. 本担保函将根据中国有关法律进行解释，任何本担保函项下的纠纷提交中国境内海事法院审理。

申请人：(公章)

年　月　日

担保银行：(公章)

年　月　日

任务二　集装箱场站收据与订舱操作

一、场站收据认知

(一) 场站收据的含义

场站收据（Dock Receipt，D/R）又称港站收据或码头收据，是国际集装箱运输专用出口货运单证，是由承运人委托 CY（堆场）、CFS（集装箱货运站）或内陆 CFS 在收到 FCL（整箱货）或 LCL（拼箱货）后，签发给托运人的证明已收到托运货物并对货物开始负有责任的凭证。场站收据一般是在托运人口头或书面订舱，与船公司或船代达成货物运

输的协议，船代确认订舱后由船代交托运人或货代进行填制，在承运人委托的码头堆场、CFS 或内陆 CFS 收到 FCL 或 LCL 后签发生效；托运人或其代理人可凭场站收据向船代换取已装船或待装船提单。

（二）场站收据的作用

场站收据是一份综合性单证，它把货物托运单（订舱单）、装货单（关单）、大副收据、理货单、配舱回单、运费通知等单证汇成一份，这对于提高集装箱货物托运效率和流转速度有很大意义。一般认为，场站收据的功能作用有：

（1）船公司或船代确认订舱并在场站收据上加盖有报关资格的单证章后，将场站收据交给托运人或其代理人，意味着运输合同开始执行。

（2）它是出口货运报关的凭证之一。

（3）它是承运人已收到托运货物并对货物开始负有责任的证明。

（4）它是换取海运提单或联运提单的凭证。

（5）它是船公司、港口组织装卸、理货、配载的资料。

（6）它是运费结算的依据。

（7）如信用证中有规定，可作为向银行结汇的单证。

（三）场站收据的组成

场站收据是集装箱运输重要的出口单证，其组成、格式在许多资料上说法不一。不同的港、站使用的也有所不同，联数有七、十、十二不等。这里以十联单格式为例说明场站收据的组成情况，如表 5-2-1 所示。

标准格式为十二联的，其第十一、十二联供仓库收货和点数使用。标准格式为七联的，无上述第三、四、十联，但增加了集装箱理货留底联。

表 5-2-1　　场站收据各联的名称与用途

顺序	名称	主要用途
1	第一联 集装箱货物托运单——货主留底	系托运合同，托运人留存备查
2	第二联 集装箱货物托运单——船代留底	系托运合同，据此编制装船清单等
3	第三联 运费通知（1）	计算运费
4	第四联 运费通知（2）	运费收取通知
5	第五联 场站收据副本——装货单（关单）	报关单证之一，并作为海关放行的证明
6	第六联 场站收据副本——大副联	港方计算港杂费
7	第七联 场站收据（正本联）	报关单证之一，证明货已装船等
8	第八联 货代留底	报关单证之一，船舶代理凭此签发提单
9	第九联 配舱回单（1）	货代缮制提单等
10	第十联 配舱回单（2）	根据回单批注修改提单

二、场站收据的流转

在集装箱货物出口托运过程中，场站收据要在多个机构和部门之间流转。在流转过程中涉及的有托运人、货代、船代、海关、堆场、理货公司、船长或大副等。现以十联单为例说明场站收据的流转过程及程序。

(1) 发货人或代理填制场站收据一式十联，留下第一联（发货人留底联），将其余九联送船代订舱。

发货人或代理填制场站收据时应注意：

①“场站收据”各栏目由托运人用电脑填制以求清晰。托运人应正确完整地填写场站收据的各项目，尤其是下列栏目的内容：

A. 货物装卸港、交接地；

B. 运输条款、运输方式、运输要求；

C. 货物详细情况，如种类、唛头、性质、包装、标志等；

D. 装船期，能否分批出运；

E. 所需箱子、规格、种类、数量等。

②场站收据的收货方式和交货方式应根据运输条款如实填写，同一单内不得出现两种收货方式或交货方式。

③冷藏货出运应正确填写冷藏温度。

④危险品出运应正确填报类别、性能、《国际海上危险货物运输规则》(International Maritime Dangerous Goods，IMDG Code) 页数和联合国编号。如《国际危规》规定主标以外还有副标，在性能项目栏用“主标/副标”方式填报。

⑤第二、三、四联和第八、九、十联右下角空白栏供托运人备注用。

⑥托运人对场站收据内容进行变更必须及时通知变更时已办好手续的有关各方，并在24小时内出具书面通知，办理变更手续。

(2) 船代接受场站收据第二至十联，经编号后自留第二联（船代留底联）、第三联[运费计收联（1）]、第四联[运费计收联（2）]，并在第五联（关单联）上盖章确认订舱，然后退回发货人或代理第五至十联。

船代订舱签单时，应将场站收据编号用打字机打上，在第五联上盖章签单时应仔细核对托运人所填项目是否完整，如有问题应及时联系托运人或其货运代理。应注意的栏目主要有：

①是否指定船公司、船名；

②是否规定货物运抵日期或期限；

③有无特殊运输要求；

④对发货人提出的运输要求能否做到；

⑤是否应收订舱押金。

(3) 发货人或货代将第五至十联送海关报关，海关核对无误后放行。海关对于放行货物，不再在场站收据上加盖放行章，港务部门仅凭海关的电子放行信息办理货物装运手续。发货人或承运人应切记，未经海关放行的货物不能装箱出运，一旦发现以走私论处。

(4) 发货人或代理负责将箱号、封志号、件数等填入第五至七联，并将货物连同第五至八联、第十联在规定时间内一并送交堆场或集装箱货运站。

对于场站收据中出口重箱的箱号，允许装箱后由货代或装箱单位正确填写，海关验放时允许无箱号，但进场完毕时必须正确填写所有箱号、封志号和箱数。

(5) 堆场或集装箱货运站在接收货物时进行单、货核对。如果无误，则在第七联

(场站收据正本)上填入实收箱数、进场完毕日期并加盖场站公章签收，然后退回发货人。堆场或集装箱货运站自留第五联（关单联）。

各承运人委托场站签发场站收据时必须有书面协议，各场站与承运人签订委托协议后，可以凭借签发的场站收据向船代换取提单，已签出场站收据的集装箱货物在装船前的风险和责任由船公司承担。如采用堆场交接条款，货主对箱内货物的准确性负责；采用集装箱货运站交接条款，装箱单位对货物负责。签发时应注意的栏目主要有：

①没有海关放行，不得签发场站收据，且不安排集装箱装船；

②进堆场或集装箱货运站的货物与单证记载内容是否相符；

③进堆场的箱号、关封号是否与单证记载相符；

④一起送交的单证，其内容是否单单相符；

⑤货箱未进堆场或集装箱货运站不能签收；

⑥船公司是否已给舱位；

⑦堆场内一旦发生倒箱，新箱号是否报海关；

⑧一批货分批进堆场，最后一批进场完毕后签发场站收据；

⑨拼箱货物以箱为单位一票一单签发场站收据。

（6）发货人凭签收的第七联去船代处换取待装船提单，或在装船后换取已装船提单。

注意事项主要有如下几点：

①货物是否已经装上船舶；

②货物是否在装运期内装船出运场；

③如货物是预付运费，该运费是否已经支付；

④提单记载内容是否与装箱单、商检证、发票、信用证一致；

⑤场站收据上运输条款与提单记载内容是否一致；

⑥场站收据上对货物有无批注；

⑦货运代理人是否已经先签发 HOUSE-B/L（无船承运人签发的提单，也叫“小提单”）；

⑧签发几份正本提单。

船代在货箱装船后，应核对单据与集装箱装船的情况是否一致。如不一致，应迅速与港方和理货方联系，避免出现差错。船代应凭场站收据正本立即签发待装船提单。在船舶开航后 24 小时内，船代应核对并签发已装船提单。

（7）货物装船时，堆场将第六、八、十联送外轮理货人员，外轮理货人员（外理）于货物实际装船后在第八联（外理联）上签收并自留。

（8）等货箱全部装上船舶，外理将第六联（大副联）和第十联（空白联）交船方留存。第十联也可供有关方使用。

堆场业务员必须在装船前 24 小时内将场站收据第六联（大副联）分批送外轮理货人员，最后一批不得迟于开装前 4 小时。在港区的理货员收齐港区场站业务员送来的场站收据（大副联）后，在装船时将装船集装箱与单据核对无误后交大副。

外轮理货人员根据交接条款在承运人指定的场站和船边理箱，并在有关单证上加批注，提供理货报告和理箱单。如有变更应及时更正场站收据，并在船舶开航后 24 小时内通知船代。船舶开航后 24 小时内，外轮理货人员将装船集装箱理箱单交给船代。

港区堆场业务员在船舶开航后立即将已签场站收据而未装上船舶的出口箱信息通知船代，并在 24 小时内开出工作联系单。港区场站受船公司委托签发场站收据，应对由于其工作中的过失而造成的后果负责。具体流程如图 5-2-1 所示。

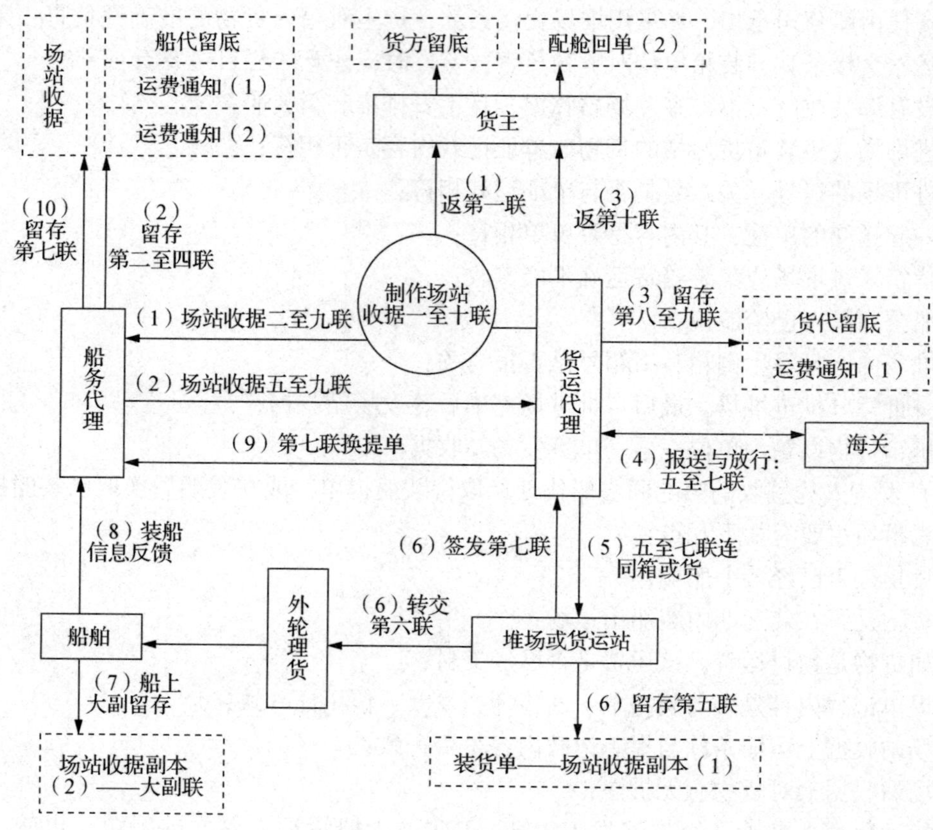

图 5-2-1　场站收据的流转

三、场站收据的制作

在实际业务中，场站收据的第一联为托运单，故有时也将场站收据称为托运单。

（一）制作依据

托运单缮制的依据是买方开立给卖方或经卖方回函修改的最终信用证条款，若该贸易业务未采用信用证结汇方式，而是在托收或其他结汇方式下完成的，则托运单内容缮制的依据是贸易合同的条款。

（二）制作要点

在实际业务中，场站收据（如图 5-2-2 所示）由发货人填制，由发货人或其代理人交船舶代理确认订舱。应如实申报场站收据中的收货人、通知人、箱号、封志号、箱数、收货方式和交货方式，不允许一票场站收据上同时出现两种收货方式、两种交接方式。对填制栏目内容如有任何变更或整票退关，应向船公司或船舶代理人和其他有关单位分送更

正通知单。发货人或其代理人应在海关放行后将货物装箱。各装箱点应将每票场站收据的箱号、封志号、箱数及时报告发货人或其代理人，发货人或其代理人应在场站收据正本和副本的相应栏目上填明箱号、封志号、箱数。场站业务员在集装箱进场时，重点核对场站收据装货单上的海关放行章、箱号、封志号、箱数等栏，并在实收栏目内批注、签字，在签章栏目注明签章日期，加盖场站章。

Shipper(发货人):	Forwarding agents	委托号:
	B/L No.	编号

第一联

Consignee(收货人):

集装箱货物托运单
船代留底

Notify Party(通知人)

Pre carriage by(前程运输)		Place of Receipt(收货地点)	
Ocean Vessel(船名)	Voy. No.(航次)	Port of Loading(装货港)	
Port of Discharge(卸货港)	Place of Delivery(交货地点)	Final Destination for Merchant	Destination(目的地)

Container No.(集装箱号)	Seal No.(封志号) Marks & Nos.(标记与号码)	No. of containers Or P' kgs. 箱数或件数	Kind Packages: Description of Goods (包装种类与货名)	Gross Weight 毛重(公斤)	Measurement 尺码(立方米)

TOTAL NUMBER OF CONTAINERS OR PACKAGES (IN WORDS) 集装箱数或件数合计(大写)	

FREIGHT & CHARGES (运费与附加费)	Revenue Tons (运费吨)	Rate(运费率) Per(每)	Prepaid(运费预付)	Collect(到付)

Ex Rate: (兑换率)	Prepaid at(预付地点)	Payable at(到付地点)	Place of Issue(签发地点) BOOKING(订舱确认) APPROVED BY
	Total Prepaid(预付总额)	No.of Original B(s)/L(正本提单份数)	货值金额:

Service Type on Receiving □-CY, □-CFS, □-DOOR		Service Type on Delivery □-CY, □-CFS, □-DOORS		Reeter Temperature Required(冷藏温度)	℉	℃
TYPE OF GOODS (种类)	□Ordinary, (普通)	□Reefer, (冷藏)	□Dangerous, (危险品)	□Auto, (裸装车辆)	危险品	Glass: Property: IMDG Code Page: UN No.
	□Liquid, (液体)	□Live Animal, (活动物)	□Bulk, (散货)	□ ______		

发货人名称地址:			联系人:	电话:
可否转船:	可否分批	装期:	备注	装箱场站名称:
效期:		制单日期:		
运费由　　　支付，如预付运费托收承兑，请填准银行账号				

图 5-2-2　场站收据（第一联）

有关场站收据各栏目的填制，说明如下：

1. 编号

此栏由承运人或其代理填写，通常填写的是提单号码。在实际业务中，一旦一票货物被承运人承运，承运人或其代理即为这一票货分配一个提单号。当提单号和船名填写在托运单上后，托运人和承运人之间的运输合同关系就得以确立，同时也进一步说明承运人或其代理经办的配船工作已完成。

2. 发货人、收货人、通知人

这些栏目由托运人或其代理根据货物买卖合同或信用证的规定填写。

3. 前程运输工具、收货地点、船名、船次、装货港、卸货港、交货地点和目的地

在实际业务中，由托运人根据买卖合同或信用证的规定填写这些栏目，并向承运人或其代理订舱，如果托运人所要求的船名、船次等未能订上或有所变动，在征得托运人同意的情况下可改订其他船或航次。

4. 标志、货名、包装种类、箱数件数、重量体积等货物说明栏

由托运人根据买卖合同或信用证的规定，结合货物托运的实际情况如实填写。

5. 箱号和封号

在托运订舱时，由于货物尚未装箱，此栏可先空白不填，待货物装箱完毕后，根据装箱点报上的箱号和封号，再补充填入有关单证中。

6. 运费及支付方式

运费栏可以先空白不填，由承运人或其代理人填写。承运人或其代理在计算运费后，将应收的运费额填入此栏。托运人或其代理在得知运费总金额后，应由专人核对。运费支付方式栏由托运人或其代理根据买卖合同规定的价格术语填写运费到付或运费预付，承运人或其代理核实运费支付方式，如不予接受则应向托运人提出更改要求。

7. 收货方式与交货方式

托运人或其代理根据买卖合同的规定在相应的栏目上选择收货方式与交货方式。在同一张单证上不得出现两种收货方式或交货方式。如果未列明或填写不清楚，根据航运惯例，一般按站到站交货方式办理。

8. 货物种类

由托运人根据货物的情况，在相应栏上选择货物的种类。

9. 冷藏温度

如果是冷藏货物装箱出运，托运人或其代理应正确填写冷藏货物所需的温度，并采用摄氏度表示。

10. 危险货物栏

如果是危险货物装箱出运，托运人或其代理必须正确填写货物品类、性能、在《国际海运危险货物规则》中的页数和联合国的编号。如果《国际海运危险货物规则》规定主标以外还有副标的，在性能栏目上，采用“（主标/副标）”的形式填写。

11. 可否装船、可否分批、装货日期、有效期、金额、制单日期

制单日期可以按实际开立托运单的日期填写，其他项目应严格按买卖合同和信用证的

规定填写。

12. 提单份数和签发地点

提单份数按信用证的规定填写。签发地点一般应填写实际装货港口。

13. 集装箱箱号、封志号、件数，以及实收数、场站员签字、场站章、接收日期

托运人送货/箱进货运站或堆场时，场站人员将核对之后的箱号、封号、件数等填入表格内，并签字盖章，注明收货/箱日期。

14. 订舱确认

承运人或其代理在此栏处签章，以确认订舱。

由上述可见，场站收据类似传统的大副收据。比如：两者都表明承运人已收到发货人或其代理人交来指定的货物，即从签发时起就意味着风险已由发货人转给承运人。在集装箱货物运输中，信用证若未强调提供已装船提单，场站收据同大副收据一样，都是发货人或其代理人向船公司或船代换取提单的凭证。但它们也有不同之处：集装箱货物运输承运人或其代理人委托场站签发场站收据，意味着承运人的责任风险由传统运输中的“过船舷”延伸到“场站”。

任务三 集装箱提货单与换单操作

一、提货单认知

（一）提货单的含义

提货单（Delivery order，D/O）是收货人凭正本提单或副本提单随同有效的担保向承运人或其代理人换取的、可向港口装卸部门提取货物的凭证。因为进口时才有提货单，所以也叫进口提货单，常见的是进口集装箱货物提货单。

在业务处理中，收货人或通知人收到船公司或其代理发的《到货通知》（Arrival Notice 或 Notice of Arrival，简称 AN，也叫到港通知）之后，要按照《到货通知》上的要求，拿着相关资料（主要是发货人给的提单；如果是电放提单，先要收货人背书。如果是正本提单就不用背书）去《到货通知》上指定的换单代理（船公司或船代）处换取 D/O，拿到 D/O 之后才可以进入检疫、报关等环节；向海关办理抵关纳税手续后，就可以凭提货单从船上或仓库提取货物。当货物已到而提单未到时，如果收货人是信用证申请人，他可以填写担保提货请求书，请求开证银行签署保证书，凭此向船公司领取提货单提货；等提单到达时，再换回担保提货书，以解除银行的责任。

虽然收货人或其代理人提取货物是以正本提单为交换条件，但在实际业务中则是由收货人或其代理人先向船公司在卸货港的代理人交出正本提单，再由船公司的代理人签发一份提货单给收货人或其代理人，收货人或其代理人再到码头仓库（仓库交货）或船边（船边交货）提取货物。

船公司或其代理人在签发提货单时，首先要认真核对提单和其他单证的内容是否相同，然后才详细地将船名、货物名称、件数、质量、包装标志、提单号、收货人名称等记载在提货单上，并由船公司或其代理人签字交给收货人到现场提货。若同意收货人在船边提货，亦应在提货单上注明。

提货单的性质与提单完全不同，它只不过是船公司或其代理人指令仓库或装卸公司向收货人交付货物的凭证而已，不具备流通或其他作用。为了慎重起见，一般都在提货单上记有"禁止流通"（non negotiable）字样。

（二）提货单和提单的区别

D/O 是清关和提货时必需的凭证，与发货人基本无关，没有物权凭证的功能，不能流通和转让。B/L 是货物的物权凭证，可以流通转让，由承运人签发给发货人，发货人再给收货人，收货人拿着发货人给的 B/L 去换取 D/O，再凭 D/O 去港口提货。

实际上，提单 B/L 是不能直接用于进口清关的。在清关提货前，必须拿着提单去船公司或其代理处换取提货单 D/O，拿到提货单之后，才能开始正式清关，清关完毕，最后凭 D/O 去提取货物。D/O 上所记载的信息和提单差不多。

（三）提货单的构成

为了规范单证管理和提高效率，承运人通常将到货通知书、提货单、交货记录等单证以联单形式一并印制，构成复合式的交货记录或提货单。提货单各联的名称与用途如表 5-3-1 所示。

表 5-3-1　　提货单各联的名称与用途

顺序	名称	主要用途
1	第一联 到货通知（arrival notice）	通知提货及确认提货日期和日后结算箱子或货物堆存费的依据
2	第二联 提货单（delivery order）	报关单证之一，用以提取货物和便于货主进行某些贸易、交易（拆单）
3	第三联 费用账单（1）	用于场站向收货人结算港杂费
4	第四联 费用账单（2）	用于场站向收货人结算港杂费
5	第五联 交货记录（delivery record）	证明货物已经交付，承运人对货物运输的责任已告终止的单证

二、提货单的制作

提货单在船舶抵港前由承运人或其代理依据舱单、提单副本等卸船资料预先制作。到货通知书除进库日期外，所有栏目由承运人代理填制，其余四联相对应的栏目同时填制完成。提货单盖章位置由负责单位负责盖章；费用账单剩余项目由场站、港区填制；交货记录、出库情况由场站、港区的发货员填制，并由发货员、提货人签名。具体栏目可参见图 5-3-1 所示。

（1）各联中的船、货等栏目，除进库场日期外均由船舶代理填制，费用计算栏和交货

记录栏由港区、场站经营人填制。

中国外轮代理公司上海分公司
CHINA OCEAN SHIPPING AGENCY SHANGHAI BRANCH
提　货　单
DELIVERY ORDER　　NO.0043601

致：__________________港区、场、站
收货人：________________

下列货物已办妥手续，运费结清，准予交付收货人。

船名	航次	起运港	目的地
提单号	交付条款	到付海运费	
卸货地点	到达日期	进库场日期	第一程运输

标记与集装箱号	货名	集装箱数	件数	重量(Kg)	体积（m³）

请核对放货。

中国外轮代理公司上海分公司
年　月　日

凡属法定检验、检疫的进口商品，必须向有关监督机构申报。

收货人章	海关章		
1	2	3	4
5	6	7	8

图 5-3-1　提货单

（2）有关盖章、签名栏由相关责任单位盖章签名。

（3）船舶代理填制箱号时，可在标记与箱号栏前面加序号，港区、场站在填写交货记录联的记录栏时，可只填写序号、不填写箱号。各联的标记与箱号栏的空格为 10 个，当每票货的箱数超过10个时，可加附页。附页各联填写方法与正页相同，但在各联附页的右上角需要加上附一、附二等标志。

三、进口换单操作

一旦签发了提单，收货人提货时就必须以正本提单为凭。多式联运经营人交付货物时必须收回正本提单并在提单上加注“作废”的批注后，才能签发提货单，供收货人办理报关、提货等手续。因此，进口换单是指多式联运企业或其代理在收货人提交正本提单并支付到付运费等以后向其签发提货单的过程。换单需注意如下事项：

（1）提单的背书应当正确、适当、连续背书。

（2）提交正本提单地点。正常情况下，提交正本提单的地点应该与提单上记载的卸货地点一致。

（3）提交正本提单数量。正常情况下，收货人交回一份正本提单即可，但当一票货物有多个收货人主张提货或者提单交付地点或实际卸货地与提单记载不一致时，应交回全套正本提单。

（4）提单上的非清洁批注应转到提货单上。

（5）其他方面。例如，提单是否完整有效，正本提单与舱单所载内容是否一致，是否已付运费，是否接到承运人的放货通知，是否满足了承运人对放货的特殊要求（如有的话）。

目前，我国各港口正逐步实现提货单和设备交接单电子化流转。船代公司将换单通知直接推送至“单一窗口”口岸物流协同平台。货代公司通过“单一窗口”、根据提单号获取换单地点、费用等信息，只需要去船公司或船代公司指定的换单场所提交纸质正本提单，然后登录“单一窗口”口岸物流公共服务信息平台进行线上换单和押箱操作；换单和押箱完成后，平台即时将电子提货单和电子设备交接单推送给港口内部作业系统，企业即可线上办理提箱手续。

实行提货单电子化放行后，码头凭检验检疫电子放行指令直接提货。未抽中查验的货物“即报即放”，查验合格的货物“即查即放”，真正实现了放行“零等待”。

四、交货记录的签收

在集装箱运输中，承运人的责任是从接收货物开始到交付货物为止。场站收据是证明承运人责任开始的单证，而交货记录是证明责任终了的单证。因此，收货人与堆场、货运站正确的签收交货记录十分重要。

（一）收货人如何签收交货记录

（1）接收整箱货时，应检查箱子外表状况，以及箱号、关封号是否与单据记载相符，如有异议，则应会同有关方做好记录。

（2）接收拼箱货时，应检查货物外包装、唛头、数量等是否与单据记载相符，如有异

议，或已发现有货损，则应做好货损报告，并交有关方签字确认。

（3）未提取货物或货物未全部提取完毕时，不能签收交货记录。

（4）提货时发现货损或箱损，而又无法确定责任方或损害区段时，则不能将货提走，以免日后无法提出索赔。

（二）堆场或货运站如何签收交货记录

（1）注意货物的提取地点和提取人。对于站到站、场到站交付的货物，应先由货运站在堆场整箱提取，然后再由收货人在货运站提货；对于门到门、场到门交付的货物，应由转运承运人在堆场整箱提取并安排转运至目的地；对于场到场、门到场、站到场交付的货物以及站到站交付但注明整箱货字样的，则由收货人在堆场整箱提取；对于场到场交付但注明拼箱货字样的，则由堆场拆箱并由收货人在堆场提货。

（2）交货前应查核费用账单，确认收货人是否已全部支付货物在堆场或货运站发生的所有费用。

（3）核对提货单上是否加盖了海关放行章，未盖章的不能交付货物。

（4）核对和查验提箱凭证、交货记录等，如符合要求则办理货/箱的发放，并要求提货人对所提货物进行查验并在交货记录上签收确认，然后交由堆场或货运站业务人员留存，作为提货人已收货的凭证。

（5）对整箱提货，双方还应办理箱子交接检查，共同签发设备交接单；

（6）同一张交货记录上的货物分批提取时，必须等最后一批货物提取完毕后才能签收。

（7）在交接过程中如货物或箱子与单证不符或已发现有货损，则应做好货损报告，并交有关方签字确认，同时在有关的设备交接单上做好批注。

（8）堆场、货运站发货/箱后应在自己的作业申请单上销账，并将交货记录等单证交由有关部门存档备查。

五、无人提货的处理

（一）确认收货人拒收或找不到收货人

卸货港代理应及时统计重箱在港情况，确认是否已换提货单。如果重箱在港时间超过一个月，应立即报告承运人，说明原因，计算已产生的各种费用。对收货人已明确拒收的货物或在一段时间内（如一个月）始终联系不到收货人的情况，应采取如下措施：

（1）联系托运人，确认其有权利（指持有提单或货款未收到等）处理货物后，按照托运人要求将货物回运或转运，托运人必须先确认承担有关费用。

（2）如托运人对货物有货权但放弃货物，或托运人无实际货权，则安排拍卖货物或申请拍卖。

（二）拍卖

卸货港代理应先确认当地法律是否允许承运人自行拍卖。如允许，则及时向当地拍卖行申请拍卖。为避免日后可能产生的纠纷，请勿自己直接拍卖，可以及时向海关申请拍卖；如海关不能及时拍卖，则应争取将货物拆箱，转入海关仓库，以待日后拍卖。

（三）费用

有关超期堆存费、滞箱费、转运或回运运费应由托运人承担；在货物被拍卖的情况下，有关超期堆存费、滞箱费、拍卖费等从拍卖所得款中支取，余下的交还有货物所有权的一方。拍卖所得款项在支付拍卖费之后不足以弥补多式联运经营人损失的，由多式联运经营人根据实际情况决定是否向托运人及收货人追偿。

任务四　集装箱设备交接单与箱管操作

一、集装箱设备交接单认知

（一）设备交接单的定义

对承运人集装箱的发放与交接，应根据进口提货单、出口订舱单、场站收据及这些文件内列明的集装箱交付条件，实行集装箱设备交接单制度。

集装箱设备交接单（Equipment Interchange Receipt or Equipment Receipt，简称 EIR 或 E/R），是指集装箱所有人或租用人委托集装箱装卸区、中转站或内陆站与货方即用箱人或其代表之间交接集装箱及承运设备的凭证，在我国港台地区俗称提柜纸。集装箱设备交接单由承运人或其代理人签发给货方，据以向港区、场站领取或送还重箱或轻箱。集装箱设备交接单第一张背面印有交接使用条款，主要内容是集装箱及设备在货方使用期中，产生的费用以及遇有设备及所装货物发生损坏、灭失的责任划分，及对第三者发生损害赔偿的承担。

（二）设备交接单的分类

设备交接单是集装箱进出港区、场站时，用箱人、运箱人与管箱人或其代理人之间交接集装箱的凭证。设备交接单分“出场（港）设备交接单”和“进场（港）设备交接单”两种（如图 5-4-1 所示），各有三联，分别为管箱单位（船公司或其代理人）留底联、码头与堆场联、用箱人与运箱人联。设备交接手续一般在港区、场站大门口办理。

集装箱进码头堆场时，码头堆场的工作人员与用箱人、运箱人就设备交接单上的下列内容共同进行审核：集装箱、机械设备归还日期、具体时间及归还时的外表状况，集装箱、机械设备归还人的名称与地址，进堆场的目的，整箱货交箱货主的名称和地址，拟装船的船次、航线、卸箱港等。集装箱出码头堆场时，码头堆场工作人员与用箱人、运箱人就设备交接单上的以下主要内容共同进行审核：用箱人名称和地址，出堆场时间与目的，集装箱箱号、规格、封志号以及是空箱还是重箱，有关机械设备的情况（正常还是异常等）。

赫伯罗特船务（中国）有限公司 IN/OUT

Hapag-Lloyd(China) Shipping Limited 进场/出场

集装箱发放/设备交接单

EQUIPMENT INTERCHANGE RECEIPT NO:

用箱人/运箱人（CONTAINER USER/HAULIER）		提箱地点(PLACE OF DELIVERY)	
发往地点(DELIVERED TO)		返回/收箱地点(PLACE OF RETURN)	

航名/航次 (VESSEL/VOYAGE NO.)	集装箱号 (CONTAINER)	尺寸/类型 (SIZE/TYPE)	营运人(CNTR. ORTR.)

提单号(B/L NO.)	铅封号(SEAL NO.)	免费期限(FREE TIME PERIOD)	运载工具牌号(TRUCK WAGON. BARG NO.)

出场目的/状态(PPS OF GATE-OUT/STATUS)	进场目的/状态(PPS OF GATE-IN/STATUS)	出场日期 进场日期 (TIME-OUT)(TIME-IN)
		月 日 时/ 月 日 时

出场/进场检查记录 (INSPECTION AT THE TIME OF INTERCHANGE)

普通集装箱(GP CONTAINER)	冷藏集装箱(RF CONTANINER)	特种集装箱(SPECIAL CONTAINER)	发电机(GEN SET)
□ 正常（SOUND） □ 异常 (DEFECTIVE)	□ 正常（SOUND） □ 异常 (DEFECTIVE)	□ 正常（SOUND） □ 异常（DEFECTIVE)	□正常（SOUND） □异常 (DEFECTIVE)

损坏记录及代号 (DAMAGE & CODE)

BR 破损 (BROKEN) D 凹损 (DENT) M 丢失 (MISSING) DR 污箱 (DIRTY) DL 危标 (DG LABEL)

左侧 (LEFT SIDE) 右侧 (RIGHT SIDE) 前部 (FRONT) 集装箱内部 (CONTAINER INSIDE)

顶部 (TOP) 底部 (FLOOR BASE) 箱门 (REAR)

如有异状，请注明程度及尺寸 (REMARK)

除列明者外，集装箱及集装箱设备交换时完好无损，铅封完整无误。

THE CONTAINER/ASSOCIATED EQUIPMENT INTERCHANGED IN SOUND CONDITION AND SEAL INTACT UNLESS OTHERWISE STATED

用箱人/运箱人签署 码头/堆场值班员签署

(CONTAINER USER/HAULIERS SIGNATURE) (TERMINAL/DEPOT CLERKS SINGATURE)

图 5-4-1 集装箱设备交接单（进/出场）

（三）设备交接单的主要内容

1. 出场集装箱设备交接单的主要内容

（1）提箱（用箱人和运箱人）。

（2）发往地点。

（3）用途（出口载货、修理、进口重箱等）。

（4）集装箱号、封号（铅封号、关封号）。

（5）集装箱尺寸、类型。

（6）集装箱所有人。

（7）提离日期。

（8）提箱运载工具牌号。

（9）集装箱出场检查记录（完好或损坏）。

2. 进场集装箱设备交接单的主要内容

（1）送箱人。

（2）送箱日期。

（3）集装箱号、封号。

（4）集装箱尺寸、类型。

（5）集装箱所有人。

（6）用途：①返还重箱；②出口集装箱，此时需登记该集装箱发往的时间、地点（航次、时间）。

（7）送箱运载工具牌号。

（8）集装箱进场检查记录。

对于集装箱交接地点，应详细认真进行检查记录，并将进出场集装箱的情况及时反馈给集装箱代理人，积极配合集装箱代理人的工作，使集装箱代理人能够及时、准确地掌握集装箱的利用情况，及时安排集装箱的调运、修理，追缴集装箱延期使用费，追缴集装箱的损坏灭失费用等。

二、设备交接单的流转

设备交接单作为集装箱在流转过程中每个环节所发生的变化和责任转移的事实记录，除了用于对集装箱的盘存管理和对集装箱进行跟踪外，还可代替集装箱发送通知单，兼作箱管单位提供用箱人或其代理据此向港站办理提取、交接或回送集装箱及其设备的依据，更是划分箱体在使用过程中的损坏责任的唯一依据。集装箱设备交接单的流转过程如下：

（1）由管箱单位填写设备交接单交用箱人/运箱人。

（2）由运箱人/用箱人到码头、堆场提箱或还箱时出示设备交接单，由经办人员对照设备交接单，检查集装箱的表面状况后，双方签字，码头、堆场留下箱管单位联和码头、堆场联，将用箱人、运箱人联退还给用箱人/运箱人。

（3）码头、堆场将留下的箱管单位联退还给船公司或船代。

目前，我国各港口正逐步实现提货单和设备交接单电子化流转。船代公司将换单通知直接推送至“单一窗口”口岸物流协同平台，货代公司通过“单一窗口”、根据提单号获取换单地点、费用等信息，只需要去船公司或船代公司指定换单场所提交纸质正本提单，然后登录“单一窗口”口岸物流公共服务信息平台进行线上换单和押箱操作；换单和押箱完成后，平台即时将电子提货单和电子设备交接单推送给港口内部作业系统，企业即可线上办理提箱手续。

三、设备交接单的制作

经交接双方签字的设备交接单是划分交接双方责任和核算有关费用的依据，同时也是对集装箱进行跟踪管理的必要单证。因此其内容填写要如实，明确，任何人不得擅自更改。

设备交接单位的各栏分别由箱管单位的船公司或其代理人，用箱人、运箱人，码头、堆场的经办人填写。船公司或其代理人填写的栏目有：用箱人/运箱人、船名/航次、集装箱的类型及尺寸、集装箱状态（空、重箱）、免费使用期限和进（出）场目的等。由用箱人、运箱人填写的栏目有：运输工具的车号；如果是进场设备交接单，还须填写来自地点、集装箱号、提单号、铅封号等栏目。由码头、堆场填写的栏目有：集装箱进、出场日期、检查记录；如果是出场设备交接单，还须填写所提集装箱号和提箱地点等栏目。

（一）用箱人/运箱人名称

用箱人/运箱人可以是货主或其代理，或受货主或其代理委托的内陆（水路、公路、铁路）承运人，或者根据委托关系向海上承运人或其代理提供集装箱检验、修理、清洗、租赁、堆存等服务的单位。此栏由船舶代理填写。

（二）提箱地点

进口拆箱及进口空箱由船舶代理填写；出口装箱由港区或场站填写；因检验、修理、清洗、租赁、堆存、转运出口而提离有关港区或场站的空箱，由船舶代理填写。

（三）发往地点与来自地点

发往地点：进口拆箱由船舶代理填写；出口装箱由用箱人填写。此栏是实施集装箱动态管理的重要栏目，船舶代理通过统计分析，可随时掌握海上口岸集装箱分布情况。

来自地点：进口拆箱由船舶代理填写；出口装箱由用箱人填写。如进口箱复用于装运出口（即俗称套箱），则用箱人必须于套箱前到船舶代理处办理套箱手续，更正进场联的来自地点栏并加盖船舶代理“同意套箱”字样；否则，港区、场站不予收箱，船舶代理将视其为超期使用。

（四）返回/收箱地点

进出口全部由船舶代理填写。

（五）船名/航次

进出口全部由船舶代理填写。因出口货物短装或退关造成集装箱不能按设备交接单规定的船名/航次使用的，用箱人/运箱人可持该单证进场联到船舶代理处办理更正手续后继续使用，但不能违背用箱原则。

（六）集装箱号

进口拆箱由船舶代理填写；出口装箱，除指定箱号外，均由港区、场站填写。

（七）尺寸/类型

类型采用代号表示，如 OH（超高集装箱）、FR（框架集装箱）、PF（平板集装箱）、OT（开顶集装箱）、RF（冷藏集装箱）、OW（超宽集装箱）、GP（通用集装箱）等。此栏进出口全部由船舶代理填写。

（八）营运人

进出口全部由船舶代理填写。该栏是港区、场站按集装箱分属营运人对集装箱进行管理的主要依据。设备交接单签发后，营运人发生变更时必须由船舶代理及时通知港区、场站。

（九）提单号

进口拆箱由船舶代理填写；出口装箱由用箱人要求装箱点填写。凡货运站交付或拆箱交货的进出口集装箱，只需在该栏内列明一票货物的提单号码即可，但必须清楚正确。

（十）铅封号

进口拆箱由船舶代理填写；出口装箱由用箱人要求装箱点填写。

（十一）免费期限

进出口全部由船舶代理填写。

（十二）运载工具牌号

进出口全部由运箱人填写。填写时必须列明内陆承运人的单位简称及承运车牌号码。

（十三）出场目的/状态与进场目的/状态

此栏由船舶代理填写。集装箱使用的各种移动状态用英文缩写表示，比如：TV（terminal vanning）即码头装箱，TD（terminal devanning）即码头拆箱，TT（terminal transit）即码头调箱，LV（local vanning）即当地装箱，LD（local devanning）即当地拆箱，LR（local repair）即当地修箱，OTE（overland transit - empty）即外地回空箱，OTF（overland transit-full）即外地回重箱等。

（十四）出场日期与进场日期

由港区、场站大门（道口）填写。

（十五）出场检查记录与进场检查记录

由运箱人与港区、场站大门（道口）人员进行联合检查，如有异状，由港区、场站大门（道口）人员注明其程度及尺寸。

（十六）用箱人/运箱人与码头/场站值班员签署

分别由用箱人/运箱人和港区码头/场站大门（道口）人员签署。

四、集装箱交接的责任

（一）交接责任划分

在指定的收、发箱地点，凭集装箱代理人签发的集装箱设备交接单受理集装箱的收、发手续。凭出场集装箱设备交接单发放集装箱，并办理出场集装箱设备交接手续；凭进场集装箱设备交接单收取集装箱，并办理设备交接。

收、发双方在交接时，无论有无问题，都需要签字并以设备交接单作为分清双方责任的依据。不过，基于交接地点和集疏运方式的不同，有关各方的交接责任划分如下：

（1）船方与港方交接以船边为界。

（2）港方与货主（或其代理人）、内陆（公路）承运人交接以港方检查桥为界。

（3）货运站、中转站或货主（或其代理人）、内陆（公路）承运人交接以货运站或中转站的道口为界。

（4）港方、货运站、中转站与内陆（铁路、水路）承运人交接以车皮、船边为界。

（二）进出口重箱的交接

1. 进口重箱提箱（出场的交接）

进口重箱提离港区、堆场、中转站时，货方（或其代理人）、内陆（水路、公路、铁路）承运人应持海关放行的进口提货单到集装箱代理人指定的现场办理集装箱发放手续。

集装箱代理人依据进口提货单、集装箱交付条款和集装箱运输经营人有关集装箱及其设备使用和租用的规定，向货方（或其代理人）、内陆承运人签发出场集装箱设备交接单和进场集装箱设备交接单。货方、内陆承运人凭出场集装箱设备交接单到指定地点提取重箱并办理出场集装箱设备交接，凭进场集装箱设备交接单将拆空后的集装箱及时交到集装箱代理人指定的地点并办理进场集装箱设备交接。

2. 出口重箱交箱（进场的交接）

出口货箱进入港区，货方、内陆承运人凭集装箱出口装箱单或场站收据、进场集装箱设备交接单到指定的港区交付重箱，并办理进场集装箱设备交接。指定的港区依据出口集装箱预配清单、进场集装箱设备交接单、场站收据收取重箱，并办理进场集装箱设备交接。

（三）空箱的发放和交接

空箱提离港区、堆场、中转站时，提货人（货方或其代理、内陆承运人）应向集装箱代理人提出书面申请。集装箱代理人依据出口订舱单、场站收据或出口集装箱预配清单向提箱人签发出场集装箱设备交接单或进场集装箱设备交接单。提箱人凭出场集装箱设备交接单到指定地点提取空箱，办理出场集装箱设备交接；凭进场集装箱设备交接单到指定地点交付集装箱，并办理进场集装箱设备交接。

五、箱务管理岗位操作流程

（一）调度员

1. 职责范围

（1）与各航线经营人密切配合，合理调配集装箱。

（2）负责检查所管辖地区内的港口集装箱保有量，制定区域内港口间集装箱平衡及调运计划。

（3）根据开放港口（允许提、还箱的港口）的进出口箱量，确定开放港口的集装箱合理保有量，并根据市场变化及时调整。

2. 操作流程

（1）根据港口及地区的集装箱保有量，制定周、月度空箱调运计划。

（2）与航线经营人联系落实该计划。

（3）向航线经营人发送集装箱调运计划通知书。

（4）经许可后，向代理发布调箱指令，同时抄报箱管分部和航线经营人。

（二）租赁业务员

1. 职责范围

（1）申请起租、退租号，安排有关场地，车队提、还箱并取得设备交接单。

（2）负责对每个租箱进行拍照留底工作，并针对租箱损坏部位开设修理项目，确保修理项目准确无误。

（3）对损坏的项目进行更细化的分类，并区分费用的归属方。

（4）陪同租箱公司对租箱进行检验。

（5）完善租箱的各项信息。

2. 操作流程

（1）确定集装箱的租赁方式。

（2）签订集装箱租赁合同。

（3）还箱管理。

（三）验箱员

1. 职责范围

（1）对堆场上的集装箱进行检验。

（2）对破损集装箱做好拍照、记录、签单及安排指定修箱区堆放。

（3）对破损集装箱做评估及填写报表。维护验箱工具。

2. 操作流程

（1）外部检查。首先要检查集装箱外表面有无损伤，如发现表面有弯曲、凹痕、褶痕、擦伤等痕迹，则应在这些损伤处的附近严加注意，要尽量找出其破口在何处，并且在该损伤处的内侧也要特别仔细地检查。

在外板连接处，要检查铆钉是否紧固；若铆钉松动和断裂，就容易发生漏水现象。箱顶部分要检查有无气孔等损伤。由于箱顶上容易有积水，因此箱顶破损就会造成货物湿损事故，而且检查时往往容易漏掉箱顶的检查，因此要严加注意。对于已修理过的部分，应特别注意检查其现状如何、有无漏水现象等。

（2）内部检查。检查人员应进入箱内，把箱门关起来，检查箱子有无漏光之处。这样就能很容易地发现箱顶和箱壁四周有无气孔、箱门能否严密关闭。检查时，要注意箱壁内衬板上有无水湿痕迹，如发现水迹，则应在四周严加检查，必须追究产生水迹的原因。对于箱壁或箱底板上突出的钉或铆钉头、内衬板的压条缺损，应尽量设法去除或修补；如无法去除或修补，则应用衬垫物遮挡起来，以免损坏货物。

（3）箱门检查。要检查箱门能否顺利开启、关闭，开启时能否正常转动至 270°，关闭后是否密封，门周围的密封垫是否紧密，能否保证水密，还要检查箱门的把手动作是否灵便，箱门能否完全锁上。

（4）附件检查。要检查固定货物时用的系环、孔眼等附件安装状态是否良好，板架集装箱上的立柱是否齐备、立柱插座有无变形，开顶集装箱上的顶扩伸弓梁是否齐全、是否弯曲变形，还应把板架集装箱和开顶集装箱上使用的布篷打开，检查其有无破损、安装用的索具是否完整无缺。

另外，还要检查通风集装箱上的通风口能否顺利关闭，其储液槽和放水龙头是否畅通，通风管、通风口是否堵塞等。

（5）清洁状态检查。检查集装箱内有无垃圾、恶臭、生锈，有无污迹，是否潮湿，如这些方面不符合要求，应向集装箱提供人提出调换集装箱或进行清扫、除臭作业。无法采取上述措施时，要在集装箱内铺设衬垫或塑料薄膜等以防货物污损。

特别需要注意的是，集装箱用水冲洗并晾晒后，很可能从表面上看好像已经干燥，但箱底板和内衬板里面仍有大量的水分，这是造成货物湿损的重要原因之一。另外，当箱内发现有麦秆、草屑、昆虫等动植物检疫对象的残留物时，即使箱内装的是动植物检疫完全无关的货物，也必须将这些残留物彻底清除掉。

（四）箱管员

1. 职责范围

（1）进口集装箱管理

任务 1：根据各家船公司进口集装箱清单，录入箱管系统。

任务 2：根据货主的不同需求，整箱放给协议车队或各货主办理拆箱手续。

任务 3：安排进口空箱报关，及时疏港到指定堆场。

任务 4：跟踪进口重箱返空、拆提箱的拆空时间及安排拆空箱的疏港。

任务 5：根据场地的日报表，录入系统，用以查询及结算费用。

任务 6：根据船公司的要求，给船公司发进口箱盘存报表。

（2）出口集装箱管理

任务 1：根据出口部门及船公司的订舱确认，放箱给协议车队；安排发送内支线运输信息。

任务 2：根据出口部门提供的实际装船明细及场站码头提供的报表，及时跟踪集装箱的动态。

任务 3：平衡进出口箱量，及时保证出口用箱量；对于长期箱，请示船公司，安排出口到指定港口；当保有量不能满足出口需求时，联系船公司安排特定空箱调进。

任务 4：根据空箱调运的方式，办理不同的海关及其他手续。

2. 操作流程

（1）装箱用箱

第一步，录入提箱计划，包括船名、航次、提单号、箱型、箱量、箱经营人、客户委托代码等，并打印提箱小票。将小票与设备单装订在一起交给车队提箱。

第二步，车队提完箱回场，在提箱小票中填写箱号交给卡口，卡口根据提箱小票信息进行进场确认并指定场位。司机到指定场位等待落箱。

第三步，重机司机根据车载信息将集装箱卡车上的空箱落在指定箱位并作落箱确认。

第四步，落箱后根据船期、船名及运抵场地情况指定场位、生成归垛计划。

第五步，对已在运抵区中的重箱，查询预配舱单，发送运抵报告。

第六步，根据集港动态安排集港计划，重机须根据车载信息压箱集港。

第七步，卡口作出场确认。

第八步，监控箱子动态。

（2）运抵落重

第一步，录入进场计划、运抵信息、客户代码、现结/月结、费率、收费等信息。

第二步，运抵箱进场，卡口录入进场信息，指定落箱场位。

第三至第八步，同装箱用箱流程第三至第八步。

（3）进口拆箱

第一步，录入进场计划，包括船名、航次、提单号、箱型、箱重、箱量、箱经营人、客户委托代码。

第二步，卡口作进场检查，指定场位。

第三步，重机落箱，作落箱确认。

第四步，录入拆箱信息，使箱状态由重变空，生成归垛计划或出场计划。

第五步，重机根据车载信息归垛或提箱。

第六步，卡口作出场确认。

第七步，监控箱子状态。

（4）暂存箱（空重箱提送货）

第一步，录入进场计划。

第二步，卡口作进场确认，指定场位。

第三步，重机作落箱确认。

第四步，使箱状态由重变空或由空变重，生成归垛计划或出场计划。

第五步，提箱确认。

第六步，卡口作出场确认。

第七步，监控箱子动态。

（五）维修员

1. 职责范围

（1）执行公司的各项管理制度，学习、钻研专业技术。

（2）服从主管领导的安排，执行安全操作规程，按照集装箱维修技术规范和工艺要求进行维修作业，并做好维修记录。

（3）修理好集装箱以后，要及时报上级主管，并做好验收、交接工作。

（4）及时清理维修场地，保持维修场地的清洁。

（5）完成领导交办的其他任务。

2. 操作流程

（1）闸口验箱。

（2）集装箱平移至维修区。

（3）验箱师验箱，确定修理工艺、材料、范围。

（4）发送集装箱修理报价表至船公司。

（5）船公司确认报价。

（6）组织修箱。

（7）修后验收。

（8）交箱管分类归垛。

（9）将箱状态录入计算机，发送空箱报表至船公司。

（10）费用核查、收费。

任务五　装箱单据与装箱操作

一、装箱单证认知

（一）集装箱装箱单

1. 集装箱装箱单的定义

这里所讲的集装箱装箱单（container load plan，CLP），是指由装箱人根据已装入集装箱内的货物制作的，记载每一个集装箱内所装货物名称、数量、尺码、重量、标志和箱内货物积载情况的单证。对于特殊货物还应加注特定要求，比如对冷藏货物要注明箱内温度的要求等。每一个集装箱制作一份装箱单，一式五联，其中码头、船代、承运人各一联，发货人、装箱人两联。

2. 集装箱装箱单的流转

当集装箱货运站装箱时，由装箱的货运站缮制装箱单；当发货人装箱时，由发货人或其代理人的装箱货运站缮制装箱单。其流转程序如下：

（1）发货人或货运站将货物装箱，缮制装箱单一式五联后，连同装箱货物一起送至集装箱堆场。

（2）集装箱堆场的业务人员在五联单上签收后，留下码头联、船代联和承运人联，将发货人、装箱人联退还给送交集装箱的发货人或集装箱货运站。

（3）除自留一份发货人或集装箱货运站联备查外，将另一份寄交给收货人或卸箱港的集装箱货运站，供拆箱时使用。

（4）对于集装箱堆场留下的三联装箱单，除集装箱堆场自留码头联、据此编制装船计划外，还须将船代联及承运人联分送船舶代理人和船公司，据此缮制积载计划和处理货运事故。

有的国家，如澳大利亚，对动植物检疫有特别要求，装箱单上须附有申请卫生检疫机关检验申请联。该项申请联由发货人和船公司或其代理人分别签署。在申请联的申请检验事项中，与货运有关的内容包括货物本身及其包装用料是否使用了木材，如木板、木箱、货板、垫板。如使用了，是否有已经经过防虫处理的说明。如果已经经过处理，应由发货人将发票、海运单证和熏蒸证书一并寄交收货人；就集装箱而言，则应由船公司或其代理人连同集装箱适航证书一并寄交卸货港的船公司的代理人。

显见，集装箱装箱单的内容记载得准确与否，与集装箱货物运输的安全有着非常密切的关系。

3. 集装箱装箱单的作用

装箱单主要用途有以下几方面：

（1）它是发货人向承运人提供集装箱内所装货物的明细清单。

（2）它是在装箱地向海关申报货物出口的单据，也是集装箱船舶进出口报关时向海关提交的载货清单的补充资料。

（3）它是集装箱货运站与集装箱码头之间的货物交接单。

（4）它是集装箱装、卸两港编制装、卸船计划的依据。

（5）它是集装箱船舶计算船舶吃水和稳性的基本数据来源。

（6）在卸箱地它是办理集装箱保税运输手续和拆箱作业的重要单证。

（7）当发生货损时，它是处理索赔事故的原始依据之一。

4. 集装箱装箱单的主要内容

集装箱装箱单的主要内容包括船名、航次、装货港、收货地点、卸货港、交货地点、箱号、集装箱规格、铅封号、场站收据号或提单号、收/发货人、通知人、货名、件数、包装种类、标志和号码、重量、尺码、装箱日期及地点、驾驶员签收、堆场/货运站装箱人签署等（如图 5-5-1 所示）。另外，对于需要检疫的货物，必须注明是否已检疫；对于危险品，要注明危险品标志、分类及危规号；对于冷藏货或保温货，要注明对温度的要求。

装　箱　单 CONTAINER LOAD PLAN	集装箱号 Container NO.	集装箱规格 Type of Container: 20　40
	铅封号 Seal NO.	冷藏温度　℉　℃ Reefer.Temp.Required

船名　航次 Ocean Vessel Voy.No.	收货地点 Place of Receipt □—场 □—站 □—门 CY　CFS　Door	装货港 Port of Loading	卸货港 Port of Discharging	交货地点 Place of Delivery □—场 □—站 □—门 CY　CFS　Door

箱主 Owner	提单号码 B/L No.	1.发货人　2.收货人 3.通知人 Shipper Consignee Notify	标志和号码 Marks & Numbers	件数及包装种类 NO.& Kind of Pkgs	货　名 Description of Goods	重量（公斤） Weight kgs.	尺寸 （立方米） Measurement Cu.M.
		底 front 门 Door					
					总件数 Total Number of Packages 重量及尺码 总计 Total Weight & Measurement		

危险品要注明危险品标志分类及闪点 In case of dangerous goods, please enter the label classification and flash point of the goods.	重新铅封号 New Seal No.		开封原因 Reason for Breaking seat	装箱日期Date of vanning:... 装箱地点：at:............ （地点及国名Place＆Country）		皮重 Tare Weight
	出口 Export	驾驶员签收 Received by Drayman	场堆签收 Received by CY	装箱人 Packed by: 发货人 货运站 (Shipper/CFS)		总毛重 Gross Weight
	进口 Import	驾驶员签收 Received by Drayman	货运站签收 Received by CFS	（签署）Signed	发货人或货运站留存 1.SHIPPER/CFS （1）一式十份此栏每份不同	

图 5-5-1　装箱单（CLP）

对于整箱货，由货主或货代填制装箱单；对于拼箱货，则由货运站填制装箱单。无论由谁填制，装箱单上所填的内容必须与托运单上的相关内容一致，如互不一致，后果会十分严重。例如，装货港若与托运单上的不符，可能会造成退关；卸货港若与托运单不符，会造成配舱错位。此外，如箱内所装货物品种不一，则货物在箱内的位置必须按照装箱单上标示的底（front）到门（door）的顺序填写，不能随意乱填，否则会给查验、拆箱等造成困难。

目前，我国集装箱码头已实行装箱单电子化。实行电子装箱单的码头将不再凭纸质装箱单进港，因此，货代或其委托方必须提供正确、完整的电子装箱单数据。货代或其委托方在提供电子装箱单数据后，码头将不再核对纸质装箱单与电子装箱单数据的一致性，并默认在集装箱进闸口前的最后一份电子装箱单数据为准确的装箱单数据。集装箱在码头场地卸下后，码头即以运抵报告的格式把电子装箱单信息发送给海关。虽然电子装箱单系统在接收运抵报告前一直允许更新电子装箱单数据，但海关运抵报告是以集装箱进闸口前最后一份电子装箱单数据为准的。因此，对于此类进港的集装箱，各货代可委托海关批准的相关装箱单预录入机构予以预录入，以便码头能向海关提供准确的装箱单数据。

5. Container Load Plan 和 Packing List 的区别

实际业务中，虽然 CLP 和 P/L 两者都称为装箱单，但两者内容不太一样，用途也不一样。CLP 是指集装箱装箱单，是在货物出口时工厂、货主、码头、船公司、货代用以核对装箱数据的单证。P/L（如图 5-5-2 所示）是发货公司出的发票的补充单据，它列明了信用证（或合同）中买卖双方约定的有关包装事宜的细节，便于国外买方在货物到达目的港时供海关检查和核对货物，通常可以将其有关内容加列在商业发票上；但是在信用证有明确要求时，就必须严格按信用证约定制作。

CLP 是集装箱的装箱单，装箱时由装箱人制作，必须与场站收据一致；P/L 是作为报关资料的装箱单，由发货人出具，并提供给进口方报关用。CLP 是舱单，标明箱子中货物的运输时间、船舶、航次等信息，是由船公司或者承运人出具的；P/L 是为了在报关时便于让海关将其与电脑中的舱单数据进行核对。

有的箱子是整箱货，有的是拼箱货，货主可能不同，货物情况也不同。从这个意义上讲，P/L 是记载某批货物情况的装箱单，CLP 是记载某一个集装箱内货物信息的装箱单。

（二）危险品装箱证明书

装箱人在危险货物装箱后，除提供装箱单外，还应提供“集装箱装箱证明书”（Container Packing Certificate），以证明已正确装箱并符合有关规定。装载危险货物的集装箱卸完后，应采取措施保证集装箱没有被污染，使集装箱不具有危险性。

集装箱装运危险货物装箱证明书，指的就是在装箱完毕后，对符合《国际海上危险货物运输规则》相关要求的，由持证的装箱现场检查员签署的证明文件（如图 5-5-3 所示）。

<table>
<tr><td colspan="4">ISSUER
AIGE IMPORT & EXPORT COMPANY
ROOM 2501, JIAFA MANSION, BEIJING WEST ROAD, SHANGHAI
200001, P.R.CHINA</td><td colspan="3">PL0000020
装箱单
PACKING LIST</td></tr>
<tr><td colspan="4" rowspan="2">TO
RIQING EXPORT AND IMPORT COMPANY
P.O.BOX 1589, NAGOYA, JAPAN</td><td colspan="2">INVO ICE NO.</td><td>DATE</td></tr>
<tr><td colspan="2">IV0000068</td><td>2017-08-29</td></tr>
<tr><td>Choice</td><td>Marks and Numbers</td><td>Description of goods</td><td>Package</td><td>G.W</td><td>N.W</td><td>Meas.</td></tr>
<tr><td></td><td>CANNED LITCHIS
JAPAN
C/NO.1-1000
MADE IN CHINA</td><td>CANNED LITCHIS
850Gx24TINS/CTN</td><td>1000 CARTONS</td><td>22440 KGS</td><td>20400 KGS</td><td>22.588 CBM</td></tr>
<tr><td colspan="3">Total:</td><td>[1000]
[CARTONS]</td><td>[22440]
[KGS]</td><td>[20400]
[KGS]</td><td>[22.588]
[CBM]</td></tr>
<tr><td colspan="7">SAY TOTAL: ONE THOUSAND CARTONS ONLY

艾格进出口贸易公司
AIGE IMPORT & EXPORT COMPANY
AIGE ZHANG</td></tr>
</table>

图 5-5-2　装箱单（P/L）

集装箱装运危险货物装箱证明书
CONTAINER PACKING CERTIFICATE

船名 Ship's Name		航次 Voyage No.	目的港 Port of Destination			
集装箱编号 Container Serial No.						
集装箱所装危险货物 Dangerous Goods Packed Therein						
品名 Proper Shipping name	危规编号 UN No.	危险货物类别 IMDG Code Class	包装 Packing	件数 Package Quantity	箱数 Total Container	总量 Total weight

兹证明：装箱现场检查员已根据《国际海运危险货物规则》的要求，对上述集装箱和箱内所装危险货物及货物在箱内的积载情况进行了检查。并声明如下：

1. 集装箱清洁、干燥、外观上适合装货。
2. 如果托运货物中包括除第1.4类外的第1类货物，集装箱在结构上符合《国际危规》第1卷第7.4.6节的规定。
3. 集装箱内未装有不相容的物质，除经有关主管机关按第1卷第7. 2.2.3节的规定批准者外。
4. 所有包件均已经过外观破损检查，装箱的包件完好无损。
5. 所有包件装箱正确，衬垫、加固合理。
6. 当散装危险货物装入集装箱时，货物已均匀地分布在集装箱内。
7. 集装箱和所装入的包件均已正确地加以标记、标志和标牌。
8. 当将固体二氧化碳（干冰）用于冷却目的时，在集装箱外部门端明显处已显示标记或标志。
   注明："内有危险气体—二氧化碳（干冰），进入之前务必彻底通风。"
9. 对集装箱内所装的每票危险货物,已经收到根据《国际危装》第1卷第5.4.1节所要求的危险货物申报单。

以上各项准确无误。

This is to certify that the above mentioned container,dangerous goods packed therein and their stowage condition have been inspected by the undersigned packing inspector according to the provisions of INTERNATIONAL MARTITIME DANGEROUS GOODS CODE and to declare that:

1. This container was clean, dry and apparently fit to receive the goods.
2. If the consignments includes goods of class 1 except division 1.4, the container is structurally serviceable in conformity with section 7.4.6, volume 1 of the IMDG Code.
3. No incompatible goods have been packed into container, unless approved by the competent authority concerned in accordance with section 7.2.2.3,volume 1 of the IMDG Code.
4. All packages have been externally inspected for damage,and only sound package have been packed.
5. All packages have been properly packed in container and secured, dunnaged.
6. When dangerous goods are transported in bulk, the cargo has been evenly distributed in the container.
7. The container and packages therein are properly marked, labelled and placarded.
8. When solid carbon dioxide (dry ice) is used for cooling purpose, the container is externally marked or labelled in a conspicuous place at the door and,with the words: "DANGEROUS CO2-GAS (DRY ICE) INSIDE, VENTILATE THOROUGHLY BEFORE ENTERING".
9. The dangerous goods declaration required in subsection 5.4.1, volume 1 of the IMDG Code has been received for each dangerous goods consignment packed in the container.

That all stated above are correct.

装箱现场检查员签字：
Signature of packing inspector:

检查地点：
Place of Inspection

装箱现场检查员证书编号：
No. of certificate of packing inspector:

装箱单位（公章）：
Packing unit (seal)：

装箱日期：
Date of packing:

签发日期：
Date of Issue：

此证明书应由装箱现场检查员填写一式两份，一份于集装箱装船三天前向海事主管机关提交，另一份应在办理集装箱移交时交承运人。

Two copies of the certificate should be filled by the packing inspector. One should be submitted to Maritime Safety Administration three days prior to shipment and the other should be given to the carrier on container delivery.

中华人民共和国海事局监制

图5-5-3 危险品装箱证明书

出口危险品货物集装箱进入码头检查口时，承运人须附送经海上安全监督局审核同意后盖章的集装箱装箱证明书。装箱证明书即是监督部门允许危险品装箱的证明文件。此证书应由装箱现场监督员填写，一式两份，正本应于集装箱货物装箱 3 天前向港务监督提交，副本应在办理集装箱移交时交付给承运人。

实际业务中，装箱检查员对经港口与口岸局审批后同意作业的危险货物装箱后，及时通过网上报送集装箱装运危险货物装箱证明书，并以附件形式附送装箱情况的照片（照片内容应包括作业前、作业中、作业后，要求能看到箱号、标牌和箱内货物标记、标志及绑扎、衬垫等情况）。同提单号、同种货物、一次性装箱的集装箱可只发送其中一个集装箱作业的照片（所有照片存放在一个 WORD 文档中），货物申报员应积极督促场站及时报送。

集装箱场站的书面集装箱装箱证明书及当月装箱情况统计表于每月 5 日前集中报送海事局危防处。

二、装箱操作流程

（一）集装箱装运的操作规范

（1）装货前检查集装箱空箱情况，并拍照留存。

（2）对装箱货物进行提前备货，并检查货物，确保无损坏、捆扎不牢的情况，对备货在装箱前拍照留存。

（3）将货物装进集装箱，每装一层货物必须对装载情况拍照留存，使得每件货物的装载情况都有记录。

（4）装箱完成后，在关闭箱门前拍照留存，拍照记录必须清晰反映出车号、集装箱号和封号。

（二）操作要求

（1）装箱前务必对货物做好检查，确保货物装箱单及唛头完整、包装无损坏、装载稳固。

（2）集装箱装货时尽量减少间隙，零散货物进箱后用缠绕膜、木方或绳索固定住；装载小型木箱时，如箱门留有较大的空隙，则必须利用木板和木方加以固定或撑紧，避免箱门打开时货物跌落造成损伤。

（3）若货物装不满集装箱，尽量将货物平铺满箱底。

（4）重心较低的重、大的木箱只能装一层且不能充分利用箱底面积时，应装在集装箱的中央，底部横向用木方加以固定。

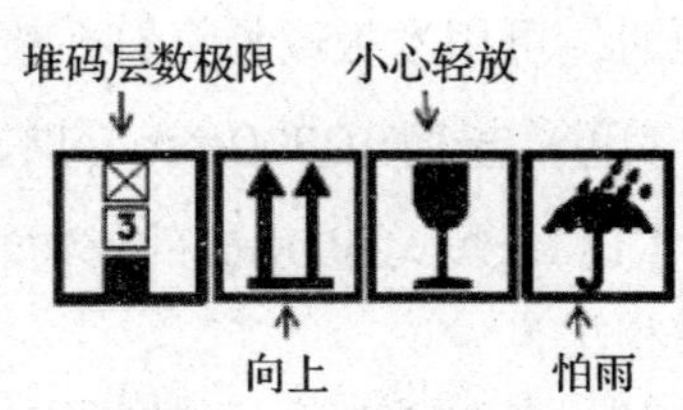

图 5-5-4　装箱标识

（三）装箱注意事项

（1）注意木箱上的运输标识，装箱时严格按照标识（如图 5-5-4 所示）要求执行。

（2）裸包类产品（如重框架或本身刚度较好的产品）尽量放在柜底，若需与木箱混叠，尽量将木箱放在裸包产品上面；如需要将裸包产品放在木箱上面时，裸包产品宽度尺寸必须大于木箱尺寸，否则易将木箱压坏。

（3）装柜时，尽量使柜内物品的堆叠高度差不多，能起到相互固定的作用。若箱子一侧有物品完全高出另一侧物品时，运输过程中箱子易产生移位，损坏产品。

（4）装柜时，若装在上层的货物宽度小于下层的货物宽度，则需在上层的木箱下垫上2根以上长度大于下层木箱宽度，高度不小于垫木的辅助木方，且木方需用钉固定。若辅助木方高度小于垫木高度，则辅助木方起不到作用，上层货物会压坏下层货物。

（5）装在货柜里的货物必须平稳，若有裸包产品表面不平整，可将此裸包产品放在最上层或此产品上不能再放其他物品。

（6）若货物装不满货柜或柜门处有小件货物或是横着装的货物，可用扎带或在出口、有间隙侧用木方采用如图 5-5-5 所示的方式固定货物，且木方与木方、木方与箱体之间需用钉固定。

图 5-5-5　装箱不满柜时货物固定方式

（7）重的货物放在下层，轻的货物放在上层；纸箱包装货物放在上层，木箱或刚度好的裸包产品放在下层；宽度小的货物放在下层（但上层货物宽度不得大于 1.5 倍下层货物宽度），宽度大的物品放在下层时必须使用长度大于下层货物宽度、高度大于等于下层垫木高度的辅助木方将上层货物垫高。

（8）集装箱内所用到的固定木方及木板必须全部为多层胶合板，不得使用原木。

（9）间隙较大或木箱较小易造成木箱倒塌时，必须对木箱进行固定；宽度相同的箱子堆叠时，可用木板或长钉钉在垫木位置，将其联结成一个整体，再装入集装箱内。

（四）长度>2300mm 的木箱装箱方法

（1）长度>2300mm 的货物装柜需要堆叠的，必须在装进货柜之前就堆叠好，再一起推进柜里。

（2）长度>2300mm 的货物装箱时必须使用两台以上的叉车，先用一台叉车将木箱一端放进集装箱，再用另外一台叉车将箱平推进集装箱。

（3）长箱尽量放在柜门处，若需继续往里推，可借助放在其外端的箱子将其推进去，以免推坏长箱的端木。

测 试

一、单选题

1. L/C 的有效期是对（ ）的规定。

A. L/C 开证申请人　　B. L/C 受益人

C. 发货人　　D. 收货人

2. L/C CFS-CFS，但 B/L 记载 CY-CY，通常可结汇的 B/L 是（ ）。

A. H-B/L　　B. S-B/L　　C. M-B/L　　D. SWBL

3. 多式联运人对货物承担运输责任是（ ）。

A. 对自己运输区段　　B. 根据 B/L 签发

C. 对实际承运人运输区段　　D. 对第三方承担责任

4. 在提单正面“收货人”一栏内写着“to order”字样的提单是（ ）。

A. 指示提单　　B. 记名提单　　C. 不记名提单　　D. 预借提单

5. H-B/L、S-B/L 同时签发时，S-B/L 中的收货人是（ ）。

A. 船公司代理　　B. 国内 NVOCC

C. 国外 NVOCC 代理　　D. 收货人代理

6. H-B/L、S-B/L 同时签发时，H-B/L 中的收货人是（ ）。

A. 船公司代理　　B. NVOCC

C. NVOCC 代理　　D. 根据 L/C 确定

7. 提单是（ ）。

A. 运输合同　　B. 运输合同证明　　C. 仓库收据　　D. 仓库凭证

8. 提货单的签发表明（ ）。

A. 已交货完毕　　B. 发货人责任终止

C. 收货人有权提货　　D. 承运人责任已终止

9. 集装箱进出港区时确定箱体交接责任的单证是（ ）。

A. 提单　　B. 大副收据　　C. 提货单　　D. 设备交接单

10. 设备交接单的当事人是（ ）。

A. 发货人与承运人　　B. 收货人与承运人

C. 用箱人与箱主　　D. 租箱人与租箱公司

11. 已知运输条款 CY-CY，提单内容记载装船港、卸船港，该提单是（ ）。

A. 直达海运提单　　B. 海海转运提单

C. 海海联运提单　　D. 多式联运提单

12. 已知运输条款 CY-CY，提单内容记载装船港、卸船港、VIA（经由）××港口，该提单是（ ）。

A. 直达海运提单　　B. 海海转运提单

C. 海海联运提单　　D. 多式联运提单

13. 已知运输条款 CY-CY，提单记载装船港、卸船港、一程船、二程船，该提单是

(　　)。

A. 直达海运提单　　　　B. 海海转运提单

C. 海海联运提单　　　　D. 多式联运提单

14. 已知运输条款 CY-CY，提单记载装船港、卸船港、接货地、交货地，该提单是(　　)。

A. 直达海运提单　　　　B. 海海转运提单

C. 海海联运提单　　　　D. 多式联运提单

15. FCL 进场如发现箱体外表有损坏，堆场应在(　　)单证上批注。

A. D/O　　B. CLP　　C. S/O　　D. EIR

16. FCL-FCL 提单上批注 SLCAS，在(　　)下有效。

A. 发货人委托承运人装箱　　　　B. 承运人委托其他人装箱

C. 发货人自行装箱　　　　D. 任何情况

17. COC 是(　　)的集装箱的英文缩写。

A. 船公司　　B. 租船公司　　C. 货主　　D. 租船人

18. 多式联运下货物包括(　　)。

A. 非承运人提供的集装箱、托盘及类似装运工具

B. 集装箱

C. 集装箱、托盘

D. 由发货人提供的集装箱、托盘及类似装运工具或包装

19. 多式联运提单在契约承运人与实际承运人之间是(　　)。

A. 货物收据　　B. 物权凭证　　C. 运输合同的证明　D. 其他

20. 除非多式联运经营人在多式联运单据上作了保留，在签发人与收货人间是(　　)。

A. 初步证据　　B. 运输合同　　C. 最终证据　　D. 运输合同证明

21. 多式联运单据的签发的地点一定是(　　)。

A. 装船港　　　　B. 堆场、货运站

C. 发货人的工厂门口　　　　D. 皆可能

22. 能证明承运人对货物的责任已告终止的单证是(　　)。

A. 交货记录　　B. 运单　　C. 装箱单　　D. 设备交接单

23. 详细记载每一个集装箱内所装货物的名称、数量及箱内货物记载情况的单证是(　　)。

A. B/L　　B. D/R　　C. CLP　　D. D/O

24. (　　)的签发意味着承运人责任终止而收货人责任的开始。

A. 设备交接单　　B. 装箱单　　C. 交货记录　　D. 运单

25. 反映集装箱内货物内容的原始单证是(　　)。

A. 装箱单　　B. 场站收据　　C. 提单　　D. 舱单

26. 集装箱进口专用单证是(　　)。

A. 装箱单　B. 场站收据（出）　C. 交货记录　D. 设备交接单

27. 提单上的批注依据（　　）单证。

A. 提货单　B. 场站收据　C. 设备交接单　D. 装箱单

28. 集装箱进出堆场对箱体起交接责任的单证是（　　）。

A. 设备交接单　B. 提单　C. 场站收据　D. 装箱单

29. 场站收据、提单流转流程是（　　）。

①场站收据换提单 ②重箱进港 ③签场站收据 ④签提单

A. ③-②-①-④　B. ②-③-①-④　C. ③-①-④-②　D. ④-②-③-①

30. 提单、提货单流转流程是（　　）。

①提单转国外银行 ②凭提单换提货单 ③凭提货单提货 ④付款买单 ⑤签提货单

A. ①-④-②-⑤-③　B. ②-⑤-③-①-④

C. ①-②-⑤-④-③　D. ④-①-②-③-⑤

31. M/R（收货单）换 B/L 的运作程序是（　　）。

①货物装船 ②发货人凭 M/R 换取 B/L ③发货人凭 B/L 结汇 ④货进港区 ⑤船方签 M/R

A. ⑤-②-④-①-③　B. ④-⑤-②-①-③

C. ④-⑤-②-③-①　D. ④-①-⑤-②-③

二、多选题

1. 由多个承运人共同完成货物全程运输下使用的提单有（　　）。

A. 转运提单　B. 联运提单　C. 多式联运提单　D. 直达提单

E. 港到港提单

2. 美国地区运输条款有（　　）。

A. OCP　B. MLB　C. IPI　D. DDC

E. DDP

3. B/L 是（　　）。

A. 运输合同证明　B. 货物收据

C. 交货凭证　D. 物权凭证

E. 运输合同

4. NVOCC 是（　　）。

A. 订合同的人　B. 收运费的人

C. 收差价的人　D. 对运输承担责任的人

E. 签 H-BL 的人

5. 集装箱运输单证有（　　）。

A. CLP　B. EIR　C. D/R　D. B/L　E. L/C

6. 承运人凭保函签发清洁提单所带来的风险有（　　）。

A. 承运人不能以保函对抗善意第三人

B. 承运人可能丧失责任限制的权利

C. 船东保赔协会通常不负责给予赔偿

D. 向托运人追偿也比较困难

7. 下列属于集装箱装箱单作用的是（　　）。

A. 可以证明货物已经交付或货物交付时的状态

B. 可以提供箱内货物的明细清单

C. 船方编制船舶积载计划的依据

D. 可凭此向船方换取已装船提单

8. 对设备交接单，下列说法正确的是（　　）。

A. 托运人可凭此单向船代换取已装船提单

B. 英文简称 D/R

C. 分为出场和进场两种

D. 是划分箱体责任的唯一单证

9. 集装箱提单的正面条款通常由（　　）组成。

A. 管辖条款　　B. 确认条款　　C. 承诺条款　　D. 签署条款

三、判断题

1. 场站收据签发表明货物实际已装船。（　　）

2. L/C 中的有效期是指卖方结汇期。（　　）

3. 除非信用证特别规定，通常银行不接受舱面货提单。（　　）

4. D/O（提货单）签发表明收货人有权提货。（　　）

5. D/R（场站收据）签收表明承运人已收到货物。（　　）

6. M/R（大副收据）签收表明货物已装船。（　　）

7. ORDER-B/L 应背书方可转让。（　　）

8. 倒签 B/L 签发日期早于货物实际装船日期。（　　）

9. 顺签 B/L 签发日期早于货物实际装船日期。（　　）

10. 国际多式联运经营人根据发货人的要求，可签发转让或不可转让的多式联运单证。（　　）

11. 无船承运人不是运输合同当事人。（　　）

12. 集装箱进出港区时确定箱体交接责任的单证是 B/L。（　　）

13. 托运人或代理的出口货物一般要求在装箱前 24 小时向海关申报，海关在场站收据上加盖放行章后方可装箱。（　　）

14. 不清洁提单是指承运人加注了货物及包装物不良或存在缺陷等批注的提单。（　　）

四、案例

一货主将一批货交由无船承运人，并由其签发 HBL，无船承运人将货交由船公司，并由船公司签发 SBL，收货人将 HBL 转让给第三方，而目的港的无船承运人代理却在第三方未调换提单的情况下，主动将 SBL 交由原 HBL 持有人，问：

1. HBL 未调换 SBL 情况下，产生的后果是（　　）。

A. 出口方有可能收不到货款　　B. 进口方不可以凭提单提货

C. 船公司无法收回 HBL　　D. 无船承运人无法收回 SBL

2. 是否已构成无船承运人无单放货？(　　)

A. 不是　　B. 根据是否提供保函

C. 是　　D. 根据是否提供保函与担保

3. 无船承运人对（　　）承担赔偿责任。

A. 船公司　　B. 原收货人　　C. 第三方　　D. 货运代理人

4. HBL、SBL 哪一张是全程提单？(　　)

A. HBL　　B. SBL

C. HBL、SBL 均可作为全程提单　　D. 根据 L/C

5. HBL、SBL 哪一张是结汇提单？(　　)

A. HBL　　B. SBL

C. 根据 L/C　　D. HBL、SBL 均可作为结汇提单

项目六 集装箱多式联运收费业务

学习目标

【知识目标】

- 掌握集装箱多式联运费用的基本结构及不同交接方式运费的基本构成。
- 熟悉集装箱海运运费的基本构成及不同计算方法。
- 了解集装箱内陆运输的构成及其计算方法。

【技能目标】

- 能够根据货物及集装箱的基本信息正确计算集装箱的海运运费。
- 能够根据货物及集装箱的基本信息正确计算集装箱的内陆运费。
- 能够根据货物及集装箱的基本信息正确计算集装箱的航空运费。

任务一 集装箱多式联运运价认知

一、集装箱多式联运费用的构成

集装箱多式联运费用是指集装箱多式联运企业根据约定向托运人或收货人收取的全程运杂费。

由于集装箱多式联运企业开展业务时，需要借助于船公司、港口、内陆运输公司、装卸仓储公司等运输供应商来完成具体的运输业务，因而，集装箱多式联运企业的总成本包括两个部分：一是企业自身付出的成本；二是企业为获得运输、仓储等服务而支付给各运输供应商的报酬。与国际货运代理、国际船舶代理不同，集装箱多式联运企业在其业务经营过程中并不存在代收、代付费用项目，其收入与支出取决于经营过程中的报价和必需开支，按其经营要求和财务管理作相应的安排，自负盈亏，自担风险。显然，支付给各运输供应商的报酬，直接影响了多式联运企业的成本费用。受运输市场供求关系的影响，各运输供应商的价格变动大，这种不确定性导致集装箱多式联运企业承担一定的成本费用风险。

综上所述，集装箱多式联运运费=运输总成本+经营管理费+合理利润。

（一）运输总成本

运输总成本的构成及高低与很多因素有关，其中影响最大的因素是集装箱交接方式和运

输方式。表 6-1-1 展示的是在包括海上运输方式在内的多式联运情况下，多式联运经营人应承担的运输总成本的结构。值得注意的是：第一，此处的运输成本，除了运费、港站费用外，也包括政府监管机构所征收的费用，如报关、报检费等。第二，在实践中，为了简化计算，场站通常以拆装箱服务费的形式收取有关取送空箱、装拆箱、储存等费用；同时，班轮公司收取的海运费中也往往包括在港口产生的装卸费用。因此，多式联运经营人在计算运输总成本时，应了解相关承运人、场站经营人的收费标准与规定，避免多收或少收有关费用。

（二）经营管理费

经营管理费主要包括集装箱多式联运企业与货主、各派出机构、代理人、实际承运人之间信息、单证传递费用、通信费用、单证成本和制单手续费，以及各派出机构的管理费用。这部分费用既可单独计算，也可分别加到不同区段的运输成本中一并计算。

（三）经营利润

经营利润是指集装箱多式联运企业预期所获得的毛利润。利润的多少受多种因素的制约，应坚持合理收费、薄利多运的原则。

运输过程中口岸管理机关所收取的检查费、检验费、检疫费与管理费等费用，原则上应由实际承运人和货主各自支付。如果多式联运企业代收代付了这些费用，可向相关责任人追偿这些费用。

表 6-1-1　　集装箱多式联运运输总成本的结构

交接方式	交接形态	费用结构								
		运输	货运站	运输	码头/堆场	海上运输	码头/堆场	运输	货运站	运输
		A	B	C	D	E	D	C	B	A
门—门（DR to DR）	FCL / FCL	√		√	√	√	√	√		√
门—场（DR to CY）	FCL / FCL	√		√	√	√	√			
门—站（DR to CFS）	FCL / LCL	√		√	√	√	√	√	√	
场—门（CY to DR）	FCL / FCL				√	√	√	√		√
场—场（CY to CY）	FCL / FCL				√	√	√			
场—站（CY to CFS）	FCL / LCL				√	√	√	√	√	
站—门（CFS to DR）	LCL / FCL		√	√	√	√	√	√		√
站—场（CFS to CY）	LCL / FCL		√	√	√	√	√			
站—站（CFS to CFS）	LCL / LCL		√	√	√	√	√	√	√	

说明：表中的字母 A、B、C、D、E 所代表的含义如下：

A 代表工厂至货运站之间的内陆运输费用及其杂费（Inland Transportation Charge）。

B 代表货运站所发生的拆拼箱服务费（LCL Service Charge），包括装箱、拆箱及理货、期间的堆存、签单、制单等各种业务所发生的费用。

C 代表货运站至码头/堆场之间所发生的取送重箱、空箱的运输费用及杂费。

D 代表码头/堆场所发生的服务费（Terminal Charge），包括船与堆场间搬运、期间的堆存、装卸及单证制作等费用。

E 代表海运费及杂费（Ocean Freight）

二、集装箱多式联运的计费方式与运价表结构

（一）集装箱多式联运的计费方式

国际集装箱多式联运全程运费是由多式联运经营人向货主一次计收。随着集装箱多式联运市场竞争的日趋激烈，不少国际多式联运企业采取了灵活的费用计收方法，比如分项计收法、分项加总计收法、包干计收法、部分包干计收法、照实计收法等。这些计收方式归纳起来主要有单一制、分段制和混合制三种。

1. 单一运费制

单一运费制是指集装箱从托运到交付，所有运输区段均按照一个相同的运费率计算全程运费。比如在西伯利亚大陆桥（SLB）运输中采用的就是这种计费方式，即采用不分货种的以箱为计费单位的FAK（freight for all kinds）统一费率。

2. 分段运费制

分段运费制是按照组成多式联运的各运输区段，分别计算海运、陆运（铁路、汽车）、空运及港站等各项费用，然后合计为多式联运的全程运费，由多式联运经营人向货主一次计收，最后再由多式联运经营人与各区段的实际承运人分别结算。目前，大部分多式联运的全程运费均采用这种计费方式，例如欧洲到澳大利亚的国际集装箱多式联运和日本到欧洲内陆或北美内陆的国际集装箱多式联运等。

3. 混合运费制

理论上讲，国际多式联运企业制定全程运价表，且应采用单一运费率。然而，由于制定单一运费率是一个较为复杂的问题，因此，作为过渡方法，目前有的多式联运经营人尝试采取混合计收办法：从国内接收货物地点至到达国口岸采取单一运费率，向发货人收取（预付运费）；从到达国口岸到内陆目的地的费用按实际成本确定，另向收货人收取（到付运费）。当然，也有采取分段累加计收，或者根据分段累加的总费用换算出单一运费率计收的。

（二）集装箱多式联运运价表的结构

作为国际集装箱多式联运经营人的两种主要类型，无船承运人和有船承运人在很多方面具有不同的特征。然而，从多式联运运价表的内容与结构来讲，这两种多式联运经营人却并无大的区别。任何一个多式联运经营人，在制定多式联运运价表之前，首先必须确定出具体的经营线路，并就有关各运输区段的各单一运输方式做好安排，在此基础上，依据各单一运输方式的运输成本及其他有关运杂费，估算出各条营运线路的实际成本，从而制定出一个真正合理的多式联运运价表。

国际集装箱多式联运运价表从结构上讲，可采用以下两种形式：

1. 城市间的“门—门”费率

这种费率结构可以是以整箱货或拼装货为计费单位的货物等级费率，也可以是以20ft货柜（Twenty-foot equivalent unit，TEU）或40ft货柜（Forty-foot equivalent unit，FEU）为计费单位计费的包箱费率。这是一种真正意义上的多式联运运价。

2. “港一港”间费率加上内陆运费率

这种费率结构与海运运价表相似，形式较为灵活。但从竞争的角度来看，由于这种形式将海运运价与内陆运价分开，因而于竞争不利。

(三) 集装箱多式联运运价的制定

为充分发挥国际集装箱多式联运的优越性，国际多式联运运价应该比分段运输的运价对货主更有吸引力，而绝对不能是各单一运输方式运费率的简单相加。因此，任何多式联运企业在制定多式联运运价表之前，必须先确定具体的经营线路，并就有关运输区段的各单一运输方式做好安排，在此基础上，依据各单一运输方式的运输成本及其他有关运杂费，估算出各条营运线路的实际成本，然后结合本企业的成本与盈利水平，制定出真正合理的多式联运运价表。

1. 选择合适的定价方法

通常而言，多式联运企业采取的定价方法可以归纳为以下三类：

(1) 成本导向定价方法 (cost-oriented pricing)

这是基于运输服务成本原则 (the cost of service)，依据多式联运企业的总成本支出制定企业运价的方法。

(2) 需求导向定价方法 (demand-oriented pricing)

这是基于运输服务价值原则 (the value of service) 和运输承受能力原则 (what the traffic can bear)，从多式联运服务需求者的角度出发，依据多式联运服务所创造的价值的多少及承运商品的价值的高低制定企业运价的方法。

(3) 竞争导向定价方法 (competition-oriented pricing)

这种方法主要是多式联运企业依据竞争对手的运价水平来确定自身运价水平的方法。

上述三种方法各有优缺点 (见表 6-1-2)。多式联运企业应在综合考虑诸如企业的成本支出、市场供求关系、市场结构模式、客户购买力、货物价值、经营航线的状况等因素的基础上，选择合适的定价方式。

表 6-1-2　　三种定价方法的优缺点

定价方式	优缺点
成本导向定价法	主要优点是简单明了、适应需求状况、保持合理的盈利水平，在需求旺季时，价格显得较为公平，在需求淡季时可以适当降低价格，较为灵活。但是此方法主要从企业自身获得利润或投资回报出发，缺乏市场应对能力和竞争力
需求导向定价法	基于市场需求的定价，可以随市场行情变化而调整，而且贴近行业的平均价格，易于被客户接受。但是由于企业对市场的需求情况的了解存在一定的滞后性和偏差，其定价只是粗略的预计，无法准确量化，所以使用该方法制定的价格有可能使企业失去部分利润或客户
竞争导向定价法	虽然使用此方法制定的价格更容易吸引到客户，但是以竞争对手的价格作为定价基础，容易造成价格战，故意压低价格或哄抬价格都不利于市场的良性竞争和保障企业的利润及长期发展

2. 适时调整运价

运输时间和运输成本是与多式联运企业竞争力密切相关的两个因素。对于组织、管理水平较高的多式联运企业来说，运输时间是比较容易控制的。然而，运输成本的高低在很大程度上受制于各区段的承运人和市场竞争状况，因此，在制定运价时，应根据国际集装箱运输市场运价的变化及时调整费率水平，以使集装箱多式联运运价始终处于一种最新的状态。

通常，内陆运费率及有关费用的变化比海上运费率的变化要频繁得多。因此，当内陆运费率及有关费用发生变化时，必须尽快对多式联运运价作出相应的调整。如果内陆运输成本上升而多式联运运价仍保持在原有的水平，那么，多式联运企业的盈利就会减少；相反，如果内陆运输费用降低而多式联运运价没有相应地降低，则多式联运企业的竞争地位就会受到影响。

任务二　集装箱海运区段运杂费计算

一、海运区段集装箱运杂费的概念及定价原则

海运区段集装箱运杂费，是指在集装箱多式联运过程中多式联运经营人向海运区段承运人及有关码头、货运站所支付的运杂费，具体包括船舶在运行过程中的运费，货物在起运、到达、中转时的装卸、仓储、保管、搬运等作业费和业务费。它包括海运运费（货物移送过程中产生的运输费）和杂费（其他一些小费用，如装卸费、包装费等）两个部分。海运运费是按照班轮运价表的规定计算，为垄断性价格。不同的班轮公司或不同的轮船公司有不同的运价表，但它都是按照各种商品的不同积载系数、不同的性质和不同的价值结合不同的航线加以确定的。

国际海运运价大体可以分为两种类型：不定期船运价和班轮运价。其中，前者的费率水平随航运市场的供求关系而波动。在市场繁荣时期，不定期船运费率就会上涨；在市场不景气时，运费率就会随之下跌。后者由班轮公会和班轮经营人确定，它们多与经营成本密切相关，在一定时期内保持相对稳定。通常，班轮公会或班轮经营人对其确定班轮运费率的基本原则并不是公开的。不过，一般来说，传统的“港—港”或称“钩—钩”交接方式下的海运运价的确定，通常基于下列三个基本原则。

（一）运输服务成本原则

所谓运输服务成本原则（The Cost of Service），是指班轮经营人为保证班轮运输服务连续有规则地提供，以运输服务所消耗的所有费用及一定的合理利润为基准确定班轮运价。根据这一原则确定的班轮运价可以确保班轮运费收入不至低于实际的运输服务成本。该原则被广泛应用于国际航运运价的制定。

（二）运输服务价值原则

运输服务价值原则（The Value of Service），是从需求者的角度出发，依据运输服务所

创造的价值的多少进行定价。它是货主根据运输服务能为其创造的价值水平而愿意支付的价格。运输服务的价值水平反映了货主对运价的承受能力。如果运费超过了其服务价值，货主就不会将货物交付托运，因为较高的运费将使其商品在市场上失去竞争力。因此，如果说按照运输服务成本原则制定的运价是班轮运价的下限的话，那么，按照运输服务价值原则制定的运价则是其上限。基于运输服务价值水平的班轮运价可以确保货主在出售其商品后能获得一定的合理收益。

（三）“运输承受能力”原则

这是一个很古老，也是在过去普遍采用的运价确定原则。考虑到航运市场供求对班轮运输的巨大影响，“运输承受能力”原则（“What the Traffic Can Bear”）采用的定价方法是以高价商品的高费率补偿低价商品的低费率，从而达到稳定货源的目的。按照这一定价原则，承运人运输低价货物可能会亏本，但是，这种损失可以通过对高价货物收取高费率所获得的盈利加以补偿。

虽然价值较高货物的运价可能会高于价值较低货物的运价很多倍，但从运价占商品价格的比重来看，高价货物比低价货物要低得多。根据联合国贸发会的统计资料显示，低价货物的运价占该种货物 FOB 价格的 30%～50%，而高价货物运价仅占该类货物 FOB 价格的 1%～28%。因此，尽管从某种意义上说，运输承受能力定价原则对高价商品是不大公平的，但是这种定价方法消除或减少了不同价值商品在商品价格与运价之间的较大差异，从而使得低价商品不致因运价过高失去竞争力而放弃运输，实现了稳定货源的目的，因而对于班轮公司来说，这一定价原则具有十分重要的意义。

毋庸置疑，上述定价原则在传统的件杂货海上运输价格的制定过程中确实起了十分重要的作用。然而，随着集装箱运输的出现，如何确定一个合理的海运运价，确实是集装箱班轮运输公司面临的全新课题。在过去，由于零散的件杂货种类繁多，实际单位成本的计算较为复杂，因而运输承受能力原则比运输服务成本原则更为普遍地被班轮公会或船公司所接受。但是，使用标准化的集装箱运输使单位运输成本的计算更加简化，特别是考虑到竞争的日趋激烈，现在承运人更多地采用运输服务成本原则制定运价。当然，在具体的定价过程中，应该是以运输服务的成本为基础，结合考虑运输服务的价值水平以及运输承受的能力，综合地运用这些定价原则。如果孤立地运用某一个原则，都不可能使定价工作做得科学合理。

目前，集装箱班轮运输已进入成熟期，运输工艺的规范化使各船公司的运输服务达到均一化程度，尤其是随着集装箱船舶的大型化，船舶运输的损益平衡点越来越高，使得扩大市场占有率以迅速突破损益平衡点，成为集装箱船公司获利的基础。因此，维持一定水平的服务内容，合理地降低单位运输成本，采用低运价渗透策略迅速扩大市场占有率，应是合理制定集装箱海运运价的重要前提。

二、国际集装箱海运运价的基本形式

目前，国际集装箱海上运输有几种不同的运价形式，其中主要包括：均一费率

(FAK)、包箱费率（CBR）以及运量折扣费率（TVC）等。

（一）均一费率

均一费率（Freight for All Kinds Rates，简称 FAK）是指对所有货物均按箱型收取统一规定的运价。它的基本原则是集装箱内装运什么货物与应收的运费无关。换句话说，所有相同航程的货物征收相同的费率，而不管其价值如何，不细分箱内货物的货类级别，不计货量。它实际上是承运人将预计的总成本分摊到每个所要运送的集装箱上所得出的基本的平均费率。

这种运价形式从理论上讲是合乎逻辑的，因为船舶装运的以及在港口装卸的都是集装箱而非货物，且集装箱占用的舱容和面积也是一样的。但是，采用这种运价形式，对低价值商品的运输会产生负面影响，因为低费率货物再也难以从高费率货物那里获得补偿。这对于低费率商品的货主来说是难以接受的。例如，集装箱班轮公司对托运瓶装水和瓶装酒的货主统一收取同样的运价，瓶装酒的货主对此并不在意，但瓶装水的货主则会拒绝接受这种状况，最终，船公司被迫对这两种货物分别收取不同的运价。因此，在目前大多数情况下，均一费率实际上还是将货物分为 5~7 个费率等级。

采用这种费率时，货物仅分普通货物、半危险货物（Semi-hazardous Cargo)、危险货物（hazardous Cargo）和冷藏货物（Reefer of Refrigerated Cargo）4 类。不同类的货物、不同尺寸（20ft/40ft）的集装箱费率不同。

（二）包箱费率

包箱费率（Commodity Box Rates，简称 CBR)，或称货物包箱费率，是为适应海运集装箱化和多式联运发展的需要而出现的一种运价形式。这种费率形式是按不同的商品和不同的箱型规定了不同的包干费率，即将各项费率的计算单位由“吨”（重量吨或体积吨）简化为按“箱”计。对于承运人来说，这种费率简化了计算，同时也减少了相关的管理费用。

按不同货物等级制定的包箱费率，等级的划分与件杂货运输的等级分类相同（1~20 级）。不过，集装箱货物的费率级别，大致可分为 4 组，如：1~7 级、8~10 级、11~15 级和 16~20 级，或 1~8 级、9 级、10~11 级以及 12~20 级等；但也有仅分 3 个费率等级的，采用这种集装箱费率的有《中远第 6 号运价表》的中国—澳大利亚航线、中国—新西兰航线、中国—波斯湾航线、中国—地中海航线、中国—东非航线等。

（三）运量折扣费率

运量折扣费率（Time-volume Rates，又称 Time-volume Contracts，简称 TVC）是为适应集装箱运输发展需要而出现的又一费率形式。它实际上就是根据托运货物的数量给予托运人一定的费率折扣，即：托运货物的数量越大，支付的运费率就越低。当然，这种费率可以是一种均一费率，也可以是某一特定商品等级费率。由于这种运量激励方式是根据托运货物数量确定运费率，因而运量大的货主通常可以从中受益。

起初，这种折扣费率的尝试并不十分成功，原因是有些多式联运经营人在与承运人签订 TVC 合同时承诺托运一定数量的集装箱货物，比如说 500TEU，从而从承运人那里获得

了一定的费率折扣；但到合同期满时，他们托运的集装箱并未达到合同规定的数量，比如说仅托运了250TEU。显然，承运人就会认为自己遭受了损失。正因如此，所谓的“按比例增减制”越来越普遍。根据这种方式，拥有500TEU集装箱货物的货主，当他托运第一个100TEU集装箱时支付的是某一种运价，那么，他托运第二个100TEU集装箱时支付的是比第一次低的运价，而他托运第三个100TEU集装箱时支付的是一个更低的运价，以此类推。目前，这种运量折扣费率形式被广泛采用，尤其是多式联运经营人可以充分利用这种方式节省费用，不过，采用TVC形式并非都是有利可图的。一个新的、当然经营规模也可能是较小的多式联运经营人，相比规模大的多式联运经营人而言如果采用TVC费率形式，将处于不利的局面，这是因为其集装箱运量十分有限，从而不得不支付较高的运费率。

三、国际集装箱海运运费的计算

由于海上集装箱运输大都是采用班轮营运组织方式经营的，因此集装箱海运运价实质上也属班轮运价的范畴。集装箱海运运费的计算方法与普通的班轮杂货运输的运费计算方法是一样的，也是根据运价表规定的费率和计费办法计算运费的，同样有基本运费和附加运费之分。不过，由于集装箱货物既可以交集装箱货运站（CFS）装箱，也可以由货主自行装箱、整箱托运，因而，集装箱货物运价与普通班轮杂货运价在运费计算方式上也有所不同。主要表现在：当集装箱货物是整箱托运，并且使用的是承运人的集装箱时，集装箱海运运费计收有“最低计费吨”和“最高计费吨”的规定；此外，对于特种货物运费的计算以及附加费的计算也有其规定。表6-2-1显示了海上班轮杂货运价与集装箱货物运价的主要差别。

表6-2-1　海上班轮杂货运价与集装箱货物运价主要项目对比

对比项目	集装箱货物		班轮杂货
	整箱货	拼箱货	
普通货物费率级别	一般为4个级别费率，比如1~7级，8~10级，11~15级，16~20级；或者1~8级，9级，10~11级，12~20级等		21个级别费率，由商品20级与Ad. Val构成
货类划分	分为普通货、一般化工品、半危险品、全危险品、冷藏货5类，有的还单列出挂衣箱费率		普通货、冷藏货、活牲畜等
计费方式	除采用与班轮杂货相同的计费方式外，大多采用FCS、FCB、FAK等包箱计费	与班轮杂货计算方法相同	按等级费率或商品列名费率计收运费
超长、超重附加费	无（因为是货主自行装箱，与船公司无关）	收取，如站到场交付则减半收取	收取
变更目的港附加费	有	无（不允许变更卸货港）	有
选择目的卸货港附加费	有	无（不允许选择卸货港）	有
轮船附加费	有	有	有

续表

对比项目	集装箱货物		班轮杂货
	整箱货	拼箱货	
对于家具、行李和服装的计费	对于非成组装箱的载于集装箱的家具或行李，运费按箱内容积的100%计收；对于挂衣箱，运费按箱内容积的85%计收		按实际运费吨计收运费
最低运费	每箱规定最低运费，计算办法与班轮杂货不同	每份提单规定最低运费	每份提单规定最低运费
最高运费	有	无	无
货物滞期费	有	有	有
箱滞期费	有	无	无
运价表费率适用范围	港至港（包括港区附近的货运站）间费用		舷（钩）至舷（钩）间的费用

（一）拼箱货海运运费的计算

目前，集装箱拼箱货的运价仍沿用班轮杂货运费的计算方式，即以每运费吨为单位（俗称散货价）。

1. 基本费率与附加费

海上班轮杂货运费由基本费率与附加费构成。

基本费率（basic rate）是运价表中针对货物规定的必收费用的基本运费单位，是运价的主要部分，是其他按百分比收取的附加费的计算基础。

基本费率只是根据一般商品在班轮公司定期挂靠的基本港口之间进行运输的平均水平定制，并不包括在运输、装卸、积载过程中以及由于经济等原因而额外增加的费用。因此，运价表中除了列明基本费率外，还列明了名目繁多的附加费（additionals or surcharges）。

集装箱海运附加费是班轮公司为了保持一定时期内基本费率的稳定，又能正确反映各港中各种货物的航运成本，在基本费率之外，规定的各种额外加收的费用。各种附加费用的计算办法，要么是在基本费率的基础上以一定的百分比计算，要么按绝对数增收若干美元。常见的附加费主要有以下几种：

（1）因商品的特点而需要特殊设备或作业所发生的附加费，比如，超重附加费（heavy lift additional）、超长附加费（long length additional）等。

（2）因商品的运达港口的不同情况而增收的附加费，比如，港口附加费（port surcharge）、直航附加费（direct additional）、转船附加费（transshipment additional）、港口拥挤费（port congestion surcharge）、选择卸货港附加费（additional for optional destination）、变更卸货港附加费（additional for alteration of destination）等。

（3）因经济变化、汇率浮动、原油产量增减等而面临增加的附加费，比如，燃油附加费（bunker surcharge，BS；bunker adjustment factor，BAF）、货币贬值附加费（currency adjustment factor，CAF）等。

2. 计费标准

目前，运费的计算标准不尽相同。重货一般按重量吨（weight ton）作为运费吨/计费吨［freight ton（FT），revenue ton（RT）；西方常用RT，中国常用FT］计收运费，轻泡货按体积吨（measurement ton，MT）计收。有些价值高的商品按照离岸价（free on board，FOB）货值的一定百分比计收；有的商品按照混合标准计收，例如先按重量吨或体积吨计收，然后再加若干从价运费。上述计费方式在运价表中分别有其相应的标注。

（1）注明“W”：表示按照商品的毛重计费，以重量吨为计费单位，每1t（1t=1000kg）为1重量吨。

（2）注明“M”：表示货物按“满尺丈量”的体积计算，以m^3为计费单位，每$1m^3$为1体积吨。

（3）注明“W/M”：表示分别按重量吨和体积吨计算运费，择取其中运费高者计收。

（4）注明“Ad . Val”：表示按货物离岸价（FOB价格）的一定百分比收取运费，即采取从价计费。

（5）注明“W/M or Ad. Val”：表示分别按照重量吨、体积吨和从价运费计算运费，选择其中运费高者计收。

（6）注明“W/M plus Ad. Val”：表示按重量吨或体积吨再加上从价运费计算。

一般情况下是按重量或体积计算运费；对于贵重商品，则按其货价的一定百分比计算运费。当货物以重量吨或体积吨或从价运费计算时，择其运费收入高者进行计费，称为择大计费。至于各种商品应按何种计算标准计收运费，在承运人公布的运价表中均有具体的规定。

3. 等级运价与商品运价

（1）等级运价（class rate）是以航线为基础，即按照货物的价值、易受损程度等因素把商品分为若干等级，每个等级都规定了不同航线上的基本费率，等级越高运价越贵。等级费率表由航线、基本港、货物等级、计费标准、东行费率、西行费率、计费币种等构成。如果是集装箱货物，还需要增加交付方式项。等级运价需要与货物分级表配套使用。付费人首先在货物分级表中确定商品所属的等级，然后再根据指定航线的等级费率表查出该商品等级所对应的运价，即为该类商品的运价。

（2）商品运价（commodity rate）也称单项运价（single rate），是对各种不同的货物在不同的航线上分别制定一个基本运价，将每项商品及其基本费率逐一列出，付费人只需要根据货物的名称及所运输的航线即可直接查找出该货物的费率来计收运费。这种方式无须与货物等级表配套使用，因此使用方便，但缺点是有些商品未能列入运价表中，计费时需要将这些商品合理地“靠”和“套”在与运价表中商品相同或相似的费率上。

在船公司公布的航线运价表中，有的采取商品等级运价，有的采取商品费率运价，有的则混合以上两种运价，即有些货物采用商品等级运价，有些货物采用商品费率运价表。实践中大多数公司采用商品等级运价的形式制定运价。

4. 运费的计算

目前，各船公司对集装箱运输的拼箱货运费的计算，基本上是依据件杂货运费的计算标准，按所托运货物的实际运费吨计费，即尺码大的按尺码吨计费，重量大的按重量吨计费。另外，在拼箱货海运运费中还要加收与集装箱有关的费用，如拼箱服务费等。由于拼箱货涉及不同的收货人，因而拼箱货不能接受货主提出的有关选港或变更目的港的要求。所以，在拼箱货海运运费中没有选港附加费和变更目的港附加费。

运费计算并非一项困难的工作，但却是一项具体而细致的工作。在进行运费计算时，一般应按照选用运价表，确定航线、基本港等，确定是否采取协议运价或特价，确定商品的基本费率，查出各项应收附加费的计算方法及费率，确定商品的计量单位和计量单位的换算的步骤列式进行具体计算。

【例 6-2-1】 我国某公司以 CFR 价格出口加拿大温哥华一批罐头水果汁，重量为 8 公吨，尺码为 10 立方米。求该批货物的总运费。

解析：(1) 水果汁的英文名称“FRUIT JUICE”，从货物运费表中的货物等级表中查得该货为 8 级，计算标准为 M，即按照货物的尺码计算运费。(2) 查中国—加拿大航线的等级费率表，得知该航线的基本费率为每吨 219 元。(3) 查附加费率表，知有燃油附加费 20%。(4) 计算运费：总运费＝基本运费＋附加费＝219×10×（1+20%）＝2628 元。

【例 6-2-2】 从广州出口伦敦一批货物 50 箱，每箱体积 41cm×33. 5cm×29cm，每箱毛重为 44. 5kg。经查船公司的“货物分级表”，得知该货运费计算标准为 W/M，等级为 10 级，又查“广州—伦敦”航线的等级费率表，10 级基本费率为港币 222 元，另外加燃油附加费 21%，港口拥挤费 20%，船公司应收取的运费是多少？

解析：

商品总重量＝50×44. 5 公斤＝2. 225（MT）

商品总体积＝50×（0. 41×0. 335×0. 29）＝1. 99（m^3）

W 大于 M，取 W

运费＝222×2. 225×（1+21%+20%）＝696. 47（港元）

【例 6-2-3】 某公司出口到某国家商品 1000 箱，每箱体积 40 cm×30 cm×20 cm，毛重为 30 kg。经查，该商品计费标准为 W/M，等级为 10 级，每吨运费率为 200 港币。另查得知该国要加收港口附加费 20%，问：我公司应付轮船公司运费多少？

解析：

商品总体积＝（0. 4×0. 3×0. 2）×1000＝24（m^3）

商品总重量＝30×1000÷1000＝30（T）

因为该商品计费标准为 W/M，总重量 W>总体积 M

所以运费吨以 W 为标准，即 30T

海运运费＝基本运费＋港口附加费

基本运费＝运价×运费吨＝200×30＝6000（港币）

港口附加费＝6000×20%＝1200（港币）

海运运费＝6000+1200＝7200（港币）

（二）整箱货海运运费的计算

对于整箱托运的集装箱货物运费的计收，有两种方法：一种方法是同拼箱货一样，按实际运费吨计费；另一种方法，也是目前采用较为普遍的方法，是根据集装箱的类型按箱

计收运费。

1. 基本费率的计费方式

对于整箱货，运价也由基本费率和附加费构成。基本费率目前普遍实行与传统班轮杂货不同的计费方式——包箱费率（box rates）。其特点是以每个箱子为计费单位，不计实际装货量。目前，这种包箱费率可分为三种形式。

（1）FAK（freight for all kinds）包箱费率。这是指针对每个集装箱，不细分箱内货类、不计货量（当然不能超过规定的重量限额），而只按普通货、一般化工品、半危险品、全危险品、冷藏货分别制定出不同箱型的费率计收运费。

（2）FCS（freight for class）包箱费率。这是在FAK包箱费率计费方式的基础上，将其中的普通货细分为3~4个等级并制定相应的费率。显然，在这种费率下，对于整箱货，应先根据货名查到等级，然后按等级和交货条件及箱子规格查到每只箱子对应的费率。

（3）FCB（freight for class and basis）包箱费率。这是在FCS包箱费率计费方式的基础上，针对货物计算标准的不同分别制定包箱费率。显然，在这种费率下，以重量吨或体积吨为计费吨时，其包箱费率并不相同。

2. 最低运费与最高运费

在整箱托运集装箱货物且所使用的集装箱为船公司所有的情况下，存在托运人按集装箱最低利用率（container minimum utilization）和集装箱最高利用率（container maximum utilization）支付海运运费的规定。前者称为最低运费，后者称为最高运费。

（1）最低运费

一般说来，班轮公会在收取集装箱海运运费时通常只计算箱内所装货物的吨数，而不对集装箱自身的重量或体积进行收费，但是对集装箱的装载利用率有一个最低要求，即“最低利用率”。不过，对有些承运人或班轮公会来说，只有当采用专用集装箱船运输集装箱时，才不收取集装箱自身的运费，而当采用常规船运输集装箱时则按集装箱的总重（含箱内货物重量）或总体积收取海运运费。

规定集装箱最低利用率的主要目的是，如果所装货物的吨数（重量或体积）没有达到规定的要求，则仍按该最低利用率时相应的计费吨计算运费，以确保承运人的利益。在确定集装箱的最低利用率时，通常要包括货板的重量或体积。最低利用率的大小主要取决于集装箱的类型、尺寸和集装箱班轮公司所遵循的经营策略。当然，在有些班轮公会的费率表中，集装箱的最低利用率通常仅与箱子的尺寸有关，而不考虑集装箱的类型。目前，按集装箱最低利用率计收运费的形式主要有三种：最低装载吨、最低运费额以及上述两种形式的混合形式。

最低装载吨可以是重量吨或体积吨，也可以是占集装箱装载能力（载重或容积）的一个百分比。以重量吨或体积吨表示的最低装载吨数通常是依集装箱的类型和尺寸的不同而不同，但在有些情况下也可以是相同的。而当以集装箱装载能力的一定比例确定最低装载吨时，该比例对于集装箱的载重能力和容积能力通常都是一样的，当然也有不一样的。比如，远东航运公会（Far East Freight Conference，FEFC）规定：一个20ft干货集装箱的最低运费吨按重量吨计算为17.5t，按体积吨计算为21.5m^3。

最低运费额则是每吨或每个集装箱规定一个最低运费数额，其中后者又被称为最低包箱运费。

至于上述两种形式的混合形式，则是根据下列方法确定集装箱最低利用率：①集装箱载重能力或容积能力的一定百分比加上按集装箱单位容积或每个集装箱规定的最低运费额；②最低重量吨或体积吨加上集装箱容积能力的一定百分比。

当集装箱内所装载的货物总重或体积没能达到规定的最低重量吨或体积吨，而导致集装箱装载能力未被充分利用时，货主将支付亏箱运费（short fall freight)。亏箱运费实际上就是对不足计费吨所计收的运费，亏箱吨即是所规定的最低计费吨与实际装载货物数量之间的差额。在这种情况下，最低运费由实装货物的全部运费与亏箱运费构成。其中，实装货物的全部运费是按照具体航线的货物等级费率及计费标准计算出来的基本运费和附加运费之和，而亏箱运费的计算有两种方法。

一是以亏箱吨乘以以箱内货物计费吨为权数平均计算的平均每吨的费率，即：

亏箱运费=（实装货物的全部运费÷计费吨）×亏箱吨

式中，计费吨=规定的最低运费吨-亏箱吨。

二是以亏箱吨乘以箱内计费最高的货物费率。

在计算亏箱运费时，通常是以箱内所载货物中费率最高者为计算标准。当集装箱最低利用率是以“最低包箱运费”形式表示时，如果箱内所载货物吨数与基本费率相乘所得运费数额，再加上有关附加费之后仍低于最低包箱运费，则按后者计收运费。

【例 6-2-4】 整箱托运一个 20ft 集装箱，内装有 10 级货的厨具（重量 16MT，体积 $18M^3$，W/M)，查知所走航线上 10 级货的费率为 USD160/FT，求其运费。(20ft 通用集装箱最低运费吨为：重量吨为 17.5t，尺码吨为 $21.5m^3$)

解析：

M>W，此货计费标准为尺码吨。

由于 FT=18 < 21.5

故运费=21.5×160=3440USD

【例 6-2-5】 有一个 20ft 的干货集装箱，箱内装有电器（重量为 5t，体积为 $10m^3$）和五金（重量为 8t，体积为 $7m^3$），费率分别为 USD 25 W/M 和 USD 30 W/M。该箱的最低运费吨为：重量吨为 17.5t，尺码吨为 $22m^3$。试采用亏箱运费的两种计算方法计算该箱的亏箱运费。

解析：采用亏箱运费的两种计算方法计算的实装货物全部运费与亏箱运费如表 6-2-2 所示。

表 6-2-2 最低运费计算

货种	体积吨 M^3	重量吨 T	计费吨 FT	费率	运费
电器	10	5	10	25	10×25＝250USD
五金	7	8	8	30	8×30＝240 USD
合计	17	13	18		490 USD

续表

货种	体积吨 M^3	重量吨 T	计费吨 FT	费率	运费
最低运费吨	21.5	17.5	21.5		
亏箱吨	4.5	4.5	3.5		
按加权平均费率计算亏箱费 =3.5×（490/18）= 95.278 USD					
按箱内最高费率计算亏箱费 =3.5×30=105 USD					

（2）最高运费

最高运费的含义是指当托运人箱中所装的货物体积吨超过承运人所规定的最高运费吨时，承运人仅按照最高运费吨计收运费，超过最高运费吨的部分免收运费。设置最高运费的目的在于鼓励托运人采用集装箱运货物并最大限度地利用集装箱的容积。最高运费仅适用于按体积吨计费且使用船公司箱并由货主自行装箱的商品，不适用于按重量吨计算运费的商品以及货主使用自备箱、由承运人货运站装箱或采用包箱费率的商品，当然也不适用于非集装箱货。

最高运费吨一般用体积吨而不用重量吨为计算单位，这是因为：每一集装箱都有其最大载重量，在运输中超重是不允许的。因此，在正常情况下，不应出现超重的集装箱，更谈不上鼓励超重的做法。目前，大多数船公司通常按箱子的规格和类型规定一个按集装箱的内部容积折算的最高运费吨。比如：20ft 集装箱的最高运费吨为 $31m^3$，而 40ft 集装箱的最高运费吨为 $67m^3$。至于运费计收的费率标准，如果箱内货物的费率等级只有一种，则按照该费率计收；如果箱内装有不同等级的货物，则通常是按照费率高低，从高费率起往低费率计算，直至货物的总体积吨与规定的集装箱内容积相等为止。

需指出的是，如果货主没有按照承运人的要求，详细申报箱内所装货物的情况，则运费按集装箱内容积计收，而且费率按箱内装货物所适用的最高费率计。如果箱内货物只有部分没有申报数量，那么未申报的部分运费按箱子内容积与已申报的货物运费吨之差计收。

【例 6-2-6】一只 40ft 超高集装箱中装有 A、B、C 三种货（同一货主的 FCL 货），分别属于第 5、8、15 级货。查此柜所走航线的费率为：5 级货 USD85/FT，8 级货 USD100/FT，15 级货 USD130/FT。运价表规定 40ft 最高运费吨为 $67M^3$。A、B、C 货物的体积与重量情况如下：

情况 1：A 的体积为 $15M^3$，重量为 10MT；B 的体积为 $20M^3$，重量为 9MT；C 的体积为 $40M^3$，总量为 8MT。

情况 2：A 的体积为 $4M^3$，重量为 2MT；B 的体积为 $10M^3$，重量为 10MT；C 的体积为 $60M^3$，总量为 15MT。

情况 3：A 的体积为 $1M^3$，重量为 1MT；B 的体积为 $2M^3$，重量为 1.7MT；C 的体积为 $68M^3$，总量为 19MT。

求此集装箱的运费及免收的运费。

解析：三种情况下此箱货物应计收的运费如表 6-2-3 所示。

表 6-2-3 最高运费计算

货种	费率	计费吨（情况 1）	计费吨（情况 2）	计费吨（情况 3）
A	85	15	4	1
B	100	20	10	2
C	130	40	60	68
合计	-	75	74	71
免计运费吨		75-67=8T （免 8 吨 A 货）	74-67=7T （免 4 吨 A 货、3 吨 B 货）	71-67=4T （免 1 吨 A 货、2 吨 B 货、1 吨 C 货）
运费		7×85+20×100+ 40×130=7795 USD	7×100+60×130 =8500 USD	67×130=8710 USD

3. 堆存费和滞箱费

（1）堆存费

堆存费是指因集装箱或货物存放在码头堆场或货运站而需支付的费用。对于进口集装箱而言，集装箱运抵目的地之后，堆场通常会给予一定的免费堆存期（通常称为免堆期）；如果未在规定的免费期内前往堆场提取集装箱，那么对超过规定免费堆存时间而没有提取的集装箱，货主应支付超期堆存费。对于出口集装箱，则没有免费的堆存期。货物的免费堆存期通常系从货箱卸下船时起算，其中不包括星期六、星期天和节假日。但一旦进入滞期时间，便连续计算，即在滞期时间内若有星期六、星期天或节假日，该星期六、星期天及节假日也应计入滞期时间。免费堆存期的长短以及滞期费的计收标准与集装箱箱型、尺寸以及港口的条件等有关，同时也依班轮公司而异；有时对于同一港口，不同的船公司有不同的计算方法。

根据班轮公司的规定，在货物超过免费堆存期后，承运人有权将箱货另行处理。对于使用承运人的集装箱装运的货物，承运人有权将货物从箱内卸出，存放于仓储公司仓库，由此产生的转运费、仓储费以及搬运过程中造成的事故损失费与责任均由货主承担。

（2）滞箱费

如货主所使用的集装箱和有关设备为承运人所有，而货主未能在免费使用期届满后将集装箱或有关设备归还给承运人，或送交承运人指定地点，承运人则按规定对超出时间向货主收取集装箱超期使用费。对于整箱货，若货主所使用的集装箱为承运人所有，承运人通常给予货主免费使用集装箱的期限（通常称为免箱期），但如果货主未能在免费使用期届满后将集装箱归还给承运人或送交承运人指定地点，承运人就要向货主收取一定的超期使用费，即集装箱超期使用费，也称集装箱滞期费（简称滞箱费）。至于免费用箱的期限和滞箱费收费标准，各船公司的规定不尽相同。

4. 附加费（cargo additional）

集装箱附加费是海运运费的组成部分，不论按哪一种费率和计算标准收费，不论是整箱货还是拼箱货，集装箱运输都要加收各种附加费。附加费的标准与项目，根据航线和货种的不同而有不同的规定。附加费通常包括以下几种形式：

（1）货物附加费（Cargo Additional）

某些货物，如钢管之类的超长货物、超重货物、需洗舱（箱）的液体货等，由于它们

的运输难度较大或运输费用增加，因而要增收货物附加费。当然，对于集装箱运输来讲，货物附加费的计收对象、方法和标准有所不同。例如对超长、超重货物加收的超长、超重、超大件附加费（Long Length Additional、Heavy-lift Additional），只是针对由集装箱货运站装箱的拼箱货收取，其费率标准与计收办法与普通班轮相同。如果是 CFS/CY 交付的货物，则对超长、超重、超大件附加费减半计收。而依据 CY/CY 条款交付的整箱货，因为是货主自行装箱，故不应收取此项附加费。

（2）币值附加费（Currency Adjustment Factor，CAF）

币值附加费指因某一挂靠港所在国货币币值与美元相比升值，为补偿船舶港口使用费而征收的附加费。

（3）燃油附加费（Bunker Adjustment Factor，BAF）

燃油附加费是因国际市场上燃油价格上涨而征收的附加费。针对集装箱，分别按拼箱货和整箱货不同计算标准征收。如整箱货以 20ft 或 40ft 为标准加收若干元。

（4）变更目的港附加费（Alteration of Discharging Port Additional）

变更目的港仅适用于整箱货，并按箱计收变更目的港附加费。提出变更目的港的全套正本提单持有人，必须在船舶抵达提单上所指定的卸货港 48 小时前以书面形式提出申请，经船方同意后变更。如变更目的港的运费超出原目的港的运费时，申请人应补交运费差额，反之，承运人不予退还。由于变更目的港所引起的翻舱及其他费用也应由申请人负担。

（5）选卸港附加费（Optional Additional）

选择卸货港或交货地点仅适用于整箱托运整箱交付的货物，而且一张提单的货物只能选定在一个交货地点交货，并按箱收取选卸港附加费。选港货应在订舱时提出，经承运人同意后，托运人可从承运人经营范围内直航的或经转运的三个交货地点内选择指定卸货港，其选卸范围必须按照船舶挂靠顺序排列。此外，提单持有人还必须在船舶抵达选卸范围内第一个卸货港 96 小时前向船舶代理人宣布交货地点，否则船长有权在第一个或任何一个选卸港将选卸货卸下，即应认为承运人已终止其责任。

（6）直航附加费（Direct Additional）

直航附加费是指当运往非基本港的货物达到一定的货量，船公司可安排直航该港而不转船时所加收的附加费。

（7）绕航附加费（Deviation Surcharge）

由于正常航道受阻不能通行，船舶必须绕道才能将货物运至目的港时，船方所加收的附加费即为绕航附加费。

（8）港口拥挤附加费（Port Congestion Surcharge）

在集装箱运输中由于港口拥挤或集装箱进出不平衡，导致船舶长时间等泊或集装箱在港积压而增收的附加费即为港口拥挤附加费。

（9）旺季附加费（Peak Season Surcharge）

旺季附加费是指大多数航线在运输旺季时可能被临时使用，船公司舱位不足所征收的一种附加费。

（10）空箱调运费（Equip Rest Surcharge）

空箱调运费是集装箱海运成本中一项可大可小又很难避免的成本，由于它是间接的开支，故不太受人注意。

(11) 港口附加费（Port Additional）

某些港口（包括基本港和非基本港）的情况比较复杂（如船舶进出需要通过闸门），装卸效率低或者港口收费较高。这种情况会增加承运人的运输经营成本，承运人为弥补这方面的损失所增收的附加费即为港口附加费。

(12) 转船附加费（Transhipment Surcharge）

转船附加费是指运入非基本港的货物需转船运往目的港时，船方收取的附加费，其中包括转船费和二程运费。

此外，对于贵重货物，如果托运人要求船方承担超过提单上规定的责任限额时，船方要增收超额责任附加费（Additional for Excess of Liability）。需指出的是，随着世界集装箱船队运力供给大于运量需求的矛盾越来越突出，集装箱航运市场上削价竞争的趋势日益蔓延，因此，目前各船公司大多减少了附加费的增收种类，将许多附加费并入运价当中，给货主提供一个较低的包干运价。这就达到了吸引货源的目的，同时也简化了运费结算手续。

5. 其他杂费

海运价格除了“纯”运费外，还有各种杂费，这些杂费有些是船东收取的，有些是出货港/目的港码头收取的，还有些是货代立名目收取的，如订舱费、集装箱码头操作费、代理出口费、商检或商检换单费、铅封费、换包装费、压箱费、空柜押金等。很多杂费并无明确的标准，非常灵活。

常见的杂费包括：

(1) 订舱费：这是船东委托货代或其他订舱代理收取的，有些船东是不收取此项费用的。值得注意的是，签订运输合同和订舱是两回事。比如，FOB 条款规定，由买方签订运输合同，但需要由卖方（发货人）订舱并支付订舱费（如果有的话）。

(2) 文件费：主要用于支付签单等服务支出，一般按票数计收。此外，对于拼箱货物和分票货物，按并单或拆单后实际签发提单的票数收取文件费。

(3) 码头操作（吊柜）费（Terminal Handling Charge，THC）：该费用在不同国家和地区有不同的叫法。例如，在中国南方地区称为 ORC（Original Receiving Charges），即始发地交接费用，这是相对于作为出口方的发货人而言的；在上海称为 SPS（Shanghai Port Surcharge），即上海港附件费；在美国称为 DDC（Destination Delivery Charge），即目的港提货费，这是相对于作为进口方的收货人而言的；在日本则称为 CYC（CY Charges），即码头的集装箱货场发生的堆放费。但无论名称如何变化，其所指的内容都是集装箱码头操作费用，即船—堆场或堆场—船之间所产生的所有与集装箱有关的操作费用，具体包括集装箱装卸费、码头过磅费、拖头使用费、底盘车费、绑扎费等。

在出口整柜货物时都需要收取 THC 或 ORC 费用。至于是收 THC 还是 ORC，是针对不同地区和国家而定的。一般船公司收 ORC 就不收 THC，收 THC 就不收 ORC。目前，THC 费用标准因航线不同而有所差别，而且船公司也随时进行调整。

(4) 集装箱有关费用：主要包括铅封费、设备交接单费、空柜押金、压箱费等。

(三) 特殊货物海运运费的计算

一些特殊货物如成组货物、家具、行李及服装等在使用集装箱进行装运时，在运费的

计算上有一些特别的规定。

1. 成组货物

班轮公司通常对符合运价本中有关规定与要求，并按拼箱货托运的成组货物，在运费上给予一定的优惠。在计算运费时，应扣除货板本身的重量或体积，但这种扣除不能超过成组货物（货物加货板）重量或体积的10%，超出部分仍按货板上货物所适用的费率计收运费。但是，对于整箱托运的成组货物，则不能享受优惠运价，并且整箱货的货板在计算运费时一般不扣除其重量或体积。

2. 家具和行李

对装载在集装箱内的家具或行李，除组装成箱子再装入集装箱外，应按集装箱内容积的100%计收运费及其他有关费用。该规定一般适用于搬家的物件。

3. 服装

当服装以挂载方式装载在集装箱内进行运输时，承运人通常仅接受整箱货“堆场—堆场”（CY/CY）的运输交接方式，并由货主提供必要的服装装箱物料如衣架等。运费按集装箱内容积的85%计算。如果箱内除挂载的服装外，还装有其他货物，服装仍按箱容的85%计收运费，其他货物则按实际体积计收运费。但当两者的总计费体积超过箱容的100%时，其超出部分免收运费。在这种情况下，货主应提供经承运人同意的公证机构出具的货物计量证书。

4. 回运货物

回运货物是指在卸货港或交货地卸货后的一定时间以后由原承运人运回原装货港或发货地的货物。对于这种回运货物，承运人一般给予一定的运费优惠，比如，当货物在卸货港或交货地卸货后6个月内由原承运人运回原装货港或发货地，对整箱货（原箱）的回程运费按原运费的85%计收，拼箱货则按原运费的90%计收回程运费。但货物在卸货港或交货地滞留期间发生的一切费用均由申请方负担。

任务三　集装箱铁路区段运杂费计算

铁路区段集装箱运杂费，是指在集装箱多式联运过程中多式联运经营人向铁路区段承运人支付的运杂费，具体包括铁路车辆在运行过程中的运费，货物在起运、到达、中转时的装卸、仓储、保管、搬运等作业费和业务费。

铁路集装箱货物运输费用的计算有两种方法：一种是常规计算法，由运费、杂费、装卸作业费和铁路部门规定的其他费用组成；另一种是为适应集装箱需要而制定的集装箱一口价计算方法。

一、常规计算方法

（一）集装箱运费

集装箱运费计算以箱为单位，由发到基价和运行基价两部分组成，其计算公式为：

集装箱每箱运价=发到基价+运行基价×运价里程
=基价1+基价2×运价里程

计算步骤为：①集装箱分箱型按《铁路货物运价率表》（如表6-3-1所示）确定适用的发到基价和运行基价率；②按《货物运价里程表》确定发站至到站的运价里程，再根据上述公式计算出每箱运价。

表6-3-1 铁路货物运价率表

办理类别	运价号	基价1		基价2	
		单位	标准	单位	标准
整车	1	元/吨	7.40	元/吨公里	0.0565
	2	元/吨	7.90	元/吨公里	0.0651
	3	元/吨	10.50	元/吨公里	0.0700
	4	元/吨	13.80	元/吨公里	0.0753
	5	元/吨	15.40	元/吨公里	0.0849
	6	元/吨	22.20	元/吨公里	0.1146
	7	—	—	元/轴公里	0.4025
	机械冷藏车	元/吨	16.70	元/吨公里	0.1134
零担	21	元/10千克	0.168	元/10千克公里	0.00086
	22	元/10千克	0.235	元/10千克公里	0.00120
集装箱	20ft箱	元/箱	387.50	元/箱公里	1.7325
	40ft箱	元/箱	527.00	元/箱公里	2.3562

注：整车货物每吨运价=基价1+基价2×运价公里
零担货物每10千克运价=基价1+基价2×运价公里
集装箱货物每箱运价=基价1+基价2×运价公里

集装箱货物的运费按照使用的箱数和《铁路货物运价率表》中规定的集装箱运价率计算，但危险货物集装箱、罐式集装箱、其他铁路专用集装箱的运价率，按《铁路货物运价率表》的规定分别加30%、30%和20%计算。自备集装箱空箱运价率按其适用的货物运价率的50%计算。承运人利用自备集装箱回空捎运货物，在货物运单铁路记载事项栏内注明，免收回空运费。

使用铁路集装箱装运货物时，向托运人核收集装箱使用费。使用铁路危险品专用集装箱装运货物时，集装箱使用费加20%核收。使用铁路集装箱超过规定期限，核收集装箱延期使用费。托运人使用自备集装箱在铁路上运输时，向承运人缴纳自备箱管理费。

若集装箱货物超过集装箱标记总重量，对其超过部分，1t箱每10kg，5t、6t箱每50kg，10t箱、20ft箱、40ft箱每100kg，按该箱所装货物运价率的5%核收违约金。

（二）铁路集装箱货物装卸作业费用

铁路集装箱货物的装卸作业，实行综合作业费率计费的办法。

（三）集装箱货物运杂费

铁路集装箱运输收取的杂费主要包括以下项目：过秤费、取送车费、铁路集装箱使用

费和延期使用费、自备集装箱管理费、地方铁路集装箱使用费、铁路集装箱清扫费、货物暂存费、集装箱拼箱费、变更手续费、运杂费迟交金等（如表 6-3-2 所示）。

表 6-3-2　　铁路集装箱货物运杂费率表

项目		单位	费率
表格材料费	普通货物	元/张	0.1
	水陆联运货物	元/张	0.2
	国际联运货物	元/张	0.2
	纸制	元/个	0.1
	其他材料制	元/个	0.2
	危险货物包装标志	元/个	0.2
	物料清单	元/张	0.1
	施封材料费（承运人装车、箱除外）	元/个	1.5
冷却费		元/吨	20.00
取送车费		元/车・千米	6.00
机车作业费		元/0.5 小时	60.00
货物装卸作业费		按《铁路货物装卸作业计费办法》的规定核收	
货物保价费		按《铁路货物装卸作业计费办法》的规定核收	

项目	单位	费率				
		1t 箱	5t、6t 箱	10t 箱	20ft 箱	40ft 箱
过秤费	元/箱	1.5	7.5	15.00	30.00	60.00
物暂存费	元/箱二日	1.5	5.00	7.50	15.00	30.00
集装箱清扫费	元/箱	0.2	1.00	1.50	2.50	5.00
集装箱延期使用费	元/箱・日	2.00	10.00	20.00	40.00	80.00
自备集装箱管理费	元/箱	3.00	15.00	25.00	100.00	200.00
地方铁路集装箱使用费	元/箱・日	2.00	10.00	20.00	40.00	80.00
使用费（元/箱）	500 千米以内	5.00	30.00	50.00	100.00	200.00
	501～2000 千米每增加 100 千米加收	0.40	3.00	5.00	10.00	20.00
	2001～3000 千米每增加 100 千米加收	0.20	1.50	2.50	5.00	10.00
	3001 千米以上计收	13.0	90.00	150.00	300.00	600.00
一箱多批（铁路拼箱）	元/10 千克	0.2				

（四）其他费用

根据货物运输的具体情况，铁路部门还可能向托运人或收货人征收其他费用，如铁路电气化附加费、铁路建设基金等。

二、集装箱运输一口价

集装箱运输一口价是指集装箱自进发站货场至出到站货场铁路运输全过程中各项价格的总和，是原铁道部为增加铁路运输价格透明度，规范收费项目，满足货主需要，开拓铁路集装箱运输市场而制定的一种新的运输费用征收办法，并出台了相应的《集装箱运输一口价实施办法》。

（一）集装箱运输一口价的组成

集装箱运输一口价由发送运输费用、发站其他费用和到站其他费用三部分组成。

（1）发送运输费用：在零担运费中出现的费用除押运人乘车费、过秤费、保价费外全部包含在发送运输费用中，发送运输费用是这些费用相加之和。

（2）发站其他费用（即发站合计）：集装箱装卸综合作业费、运单表格费、货签表格费、施封材料费、组织服务费。

（3）到站其他费用（即到站合计）：集装箱装卸综合作业费、铁路集装箱清扫费、护路联防费、地方铁路的到达运费、自备集装箱管理费和合资铁路或地方铁路的到达运费、自备集装箱管理费、合资铁路或地方铁路的集装箱使用费等，依实际情况而定。

（二）集装箱运输一口价包含的费用

集装箱运输一口价除包括了本节前面所介绍的铁路基本运价、装卸作业费、杂费和建设基金、电气化附加费等符合国家规定的运价和收费外，还包括了“门—门”运输取空箱、还空箱的站内装卸作业费、专用线取送车作业费、港站作业的费用和经铁道部门确认的转场货场费用等。

但集装箱运输一口价不包括下列费用：①要求保价运输的保价费用；②快运费；③委托铁路部门装掏箱的装掏箱综合作业费；④专用线装卸作业的费用；⑤集装箱在到站超过免费暂存期产生的费用；⑥由于托运人或收货人的责任而发生的费用。

（三）不适用一口价运输的铁路集装箱货物

（1）使用集装箱国际铁路联运。

（2）集装箱危险品运输（可按普通货物运输的除外）。

（3）冷藏、罐式、板架等专用集装箱运输。

任务四　集装箱公路区段运杂费计算

一、集装箱公路区段运杂费的定义

集装箱公路区段运杂费，是指在集装箱多式联运过程中多式联运经营人向公路区段承运人及有关货运站所支付的运杂费，具体包括车辆在运行过程中的运费，货物在起运、到达、中转时的装卸、仓储、保管、搬运等作业费和业务费。

二、公路集装箱运费的特点

（一）实施最低运价标准

为了避免不正当竞争和相互压价，许多地区或者城市的集装箱道路运输行业协会统一制定了《国际集装箱道路运输价格自律公约》，要求其会员承诺在与货主签订集装箱运输业务合同时，长、短途集装箱运价均不得低于该自律公约中规定的最低运价标准。

（二）集装箱运价与油品价格联动机制

2008 年 9 月 11 日，天津市交通与物流协会、大连市道路运输协会集装箱卡车分会、连云港市交通运输协会、青岛港物理协会、江苏省交通运输协会、苏州市交通运输协会、上海市交通运输协会、宁波市交通运输协会、福州市港口协会集装箱储运分会、厦门市集装箱运输协会、深圳市集装箱拖车运输协会、广州市物流协会共 12 家集装箱道路运输协会在厦门召开了全国集装箱道路运输行业协会联席会议，并决定自 2008 年 10 月 1 日起，全国的集装箱运价将与油价联动，若油价涨，运价也将上调。具体的联运机制为：油品价格上涨少于 3%（包括 3%）时，运输价格不予调整；若油品价格上涨超过 3%，运输价格将上调 1%；若油品价格上涨 4%，运输价格将上调 1.32%；若油品价格上涨 5%，运输价格将上调 1.65%；若油品价格上涨 6%，运输价格将上调 1.98%……若油品价格上涨 35%，运输价格将上调 11.55%（见表 6-4-1）。

表 6-4-1　　集装箱运输价格与油品价格联动（涨/跌）系数表　　（%）

油价（涨/跌）	≤3	>3	4	5	6	7	8	9	10	11	12
运价（涨/跌）	不变	1.00	1.32	1.65	1.98	2.31	2.64	2.97	3.30	3.36	3.96
油价（涨/跌）	13	14	15	16	17	18	19	20	25	30	35
运价（涨/跌）	4.29	4.62	4.95	5.28	5.61	5.94	6.27	6.60	8.25	9.90	11.55

三、集装箱公路运费的构成

集装箱货物公路运输运费由基本运价、箱次费和其他收费构成。其计算公式为：

重箱运费 = 重箱运价 × 计费箱数 × 计费里程 + 箱次费 × 计费箱数 + 货物运输其他费用

空箱运费 = 空箱运价 × 计费箱数 × 计费里程 + 箱次费 × 计费箱数 + 货物运输其他费用

（一）基本运价

集装箱基本运价，是指各类标准集装箱重箱在等级公路上的每箱·千米运价。主要分以下三种：

标准集装箱运价：标准集装箱重箱运价按照不同规格的箱型的基本运价执行，标准集装箱空箱运价在标准集装箱重箱运价的基础上减成计算。

非标准箱运价：非标准箱重箱运价按照不同规格的箱型，在标准集装箱基本运价的基础上加成计算，非标准集装箱空箱运价在非标准集装箱重箱运价的基础上减成计算。

特种箱运价：在箱型基本运价的基础上按装载不同特种货物的加成幅度加成计算。

（二）箱次费

按不同箱型分别确定。

（三）其他收费

根据集装箱货物运输的具体情况，承运人代征代收其他附加费用，如车辆通行费、调车费、装卸机械延滞费、车辆延滞费、装箱落空损失费、道路阻塞停车费、查验拖车服务费、车辆处置费、运输变更手续费、人工费等。

四、集装箱公路运费的计收

集装箱公路运输的运费，有三种计收方法：①单程重箱、单程空箱，即同一托运人托运的重箱去空箱回，或空箱去重箱回，均按一程重箱的基本包干费用计收（空箱免费）；同一托运人托运的双程重箱，按二程重箱基本包干费计收。②按照重箱货的总里程运费加上空箱返回运费来计收。③按集装箱的往返行程划分不同的计程费率等级来计收。

目前，第一种收费方式较为普遍，也就是说，只对重载行程和重箱收费，并采用基本包干费用形式。这里说的基本包干费，包括重箱运输、辅助装卸作业等所发生的费用。

五、公路货运站费用

国际集装箱内陆中转站的收费项目主要由装卸包干费、站内搬移费、掏装箱费、集装箱堆存费、集装箱一般清洗费、集装箱熏蒸费、冷藏箱预冷费、货物堆存费、辅助作业费、服务手续费等构成。

通常情况下，公路货运站费用往往按不同的交付条款采用包干收费的形式。

（一）以内陆 CY 为交接条款的基本包干费

进口箱：基本包干费包括重箱进入货运站后卸卡车、装卡车，以及空箱返回的卸车作业所发生的费用，即：

基本包干费=重箱卸车费+重箱装车费+空箱卸车费

出口箱：基本包干费包含的作业范围与进口箱相同，方向相反，即：

基本包干费=空箱装车费+重箱卸车费+重箱装车费

（二）以内陆 CFS 为交接条款的基本包干费

进口箱：基本包干费包括重箱进入货运站后卸车、拆箱作业所发生的费用，即：

基本包干费=重箱卸车费+拆箱包干费

出口箱：基本包干费包含的作业范围与进口箱相同，方向相反，即：

基本包干费=装箱包干费+重箱装车费

任务五　集装箱航空区段运杂费计算

一、航空运价概述

（一）航空运价的构成和货币单位

（1）航空运价

航空运价是指从机场到机场之间的航空运费，除非运价本有特别说明，否则公布的运价仅指基本运费，不包括声明价值附加费和其他附加费用。

（2）声明价值附加费

当货物的价值毛重每千克超过 20 美元（或等值其他货币）时，托运人可办理货物声明价值，并缴纳声明价值附加费。

一般此费用按超过 20 美元部分的 0.5%计收，即附加费=（整批货物的声明价值-20 美元×货物毛重×汇率）×0.5%。

（3）货币单位

运价的货币单位一般是以起运地当地货币单位为准，汇率以承运人或其授权代理人签发空运单时的汇率为准。

（二）计费重量

计费重量（chargeable weight）是指用以计算货物航空运费的重量。在航空运输中，通常按照货物的实际毛重与体积重量两者中较重者，作为计费重量。

（1）重货与轻泡货的划分标准

重货与轻泡货的划分界限为 $6000cm^3/kg$ 为基准。当货物每千克体积小于 $6000cm^3$ 时为重货；反之，当货物每千克体积大于 $6000cm^3$ 时为轻泡货。

（2）计费重量单位

空运计费重量以 0.5kg 为单位，尾数不足 0.5kg 者，按 0.5kg 计费。如果货物为 300.15kg，则计费重量为 300.5kg；尾数在 0.5kg 以上按 1kg 计费，如货物为 300.54kg，则计费重量为 301.0kg。若用 Lb 表示重量的话，不足 1Lb 的尾数进为 1Lb。

（3）体积重量的确定

空运中的体积重量不是指货物的实际体积，而是指货物的实际体积除以 6000cm³/kg 的值。实际体积应按照货物的长、宽、高的最大值的乘积求得。比如，一批货物的毛重为 250kg，体积为 1908900cm³，则体积重量 = 1908900/6000 = 318.15（kg），计费重量为 318.5kg。

（三）最低运费（M）

最低运费（Minimum Charge）也叫起码运费，是指一票货物自始发地机场至目的地机场航空运费的最低限额，即航空公司办理一票货物所能接受的最低运费。最低运费不包括声明价值附加费。不同地区规定的最低运费不同，比如：从广州到香港，从福州、昆明、宁波、上海到香港的最低运费分别为 35 元和 65 元。

（四）不得办理运费到付的情况

（1）到达国国家的货币管理制度不允许从收货人处收取费用。

（2）承运人不允许运输费用到付。

（3）收货人是托运人本人或政府临时代理机构（除非货物是由有适当证书的政府机构托运）或自由受到限制的人。

（4）收货人所在地为机场、宾馆或其他临时性地址。

（5）无价样品不能办理运费到付。例如报纸或其他印刷品，新闻图片、影片或电视片，礼品，酒精、饮料，尸体、骨灰，活体动物，易腐货物，私人用品、无商业价值的家具以及本身商业价值低于运输费用的货物等。

二、航空集装箱货物运费的计算

目前，航空集装箱货物运费的计算采用以下方法。

（一）常规运价计算法

常规运价计算法，指的是采用普通航空货物运费的计算方法，先对两个机场城市间的航线制定出经营航班的运价，航空公司根据货物的重量或体积计算出应收的运费。

按照常规方法计算航空集装箱运费时，要首先确定三个因素：货物计费重量、运价种类和货物的声明价值。

目前，常规的运价主要包括普通货物运价（general cargo rates，GCR）、指定商品运价（specific commodity rates，SCR）和等级货物运价（class commodity rates，CCR）。

1. 普通货物运价

普通货物运价是指为运输所使用的除等级运价或指定商品运价以外的运价，分为适用于普通货物 45kg 以下没有数量折扣的 N 运价（normal rate）及诸如 45kg、100kg、200kg、300kg、500kg、1000kg、1500kg、2000kg 等不同重量点的有数量折扣的 Q 运价（quantity rate）。

普通货物运价的计算步骤如下：

（1）计算体积（volume）

（2）计算体积重量（volume weight）

（3）计算毛重（gross weight）

（4）计算计费重量（chargeable weight）

（5）计算适用运价（applicable weight）

（6）计算航空运费（weight charge）

如果计算结果低于最低运费（M），则按最低运费计费。托运的货物越多，运价就越低，因此为了保证货方的利益，便产生了运价临界点规定，即如果一批货物的重量接近于下一个较高重量等级的分界点，应该将计算的运费结果与下一个较高重量等级分界点的最低值比较，将其中的较低者作为该批货物的运价。

【例 6-5-1】空运出口一票货物，具体商品信息如下，计算该票货物的航空运费。

Routing：BEIJING，CHINA（BJS）to Tokyo，JAPAN（TYO）

Commodity：Sample

Gross Weight：25. 2kgs

Dimensions：82cm×48cm×32cm

公布运价如下：

BENJING	CN		BJS
Y. RENMINBI	CNY		KGS
TOKYO	JP	M	230. 00
		N	37. 51
		45	28. 13

解析：

Volume（体积）：82cm×48cm×32 cm=125952cm^3

Volume weight（体积重量）：125952cm^3÷6000cm^3/kg=20. 99kgs≈21. 0kgs

Gross weight（毛重）：25. 2kgs

Chargeable weight（计费重量）：25. 5kgs

Applicable rate（适用运价）：GCR N 37. 51 CNY/KG

Weight charge（航空运费）：25. 5×37. 51=CNY956. 51

No. of Pieces RCP	Gross Weight	Kg 1b	Rate Class	Chargeable Weight	Rate/ Charge	Total	Nature and Quantity of Goods (incl. Dimensions or Volume)
1	25. 2	K	N	25. 5	37. 51	956. 51	SAMPLE DIMS：82cm×48cm×32cm

【例 6-5-2】空运出口一票货物，具体商品信息如下，计算该票货物的航空运费。

Routing：SHANGHAI，CHINA（SHA）to PARIS，FRANCE（PAR）

Commodity：TOY

Gross Weight：5. 6kgs

Dimensions：40cm×28cm×22cm

公布运价如下：

SHANGHAI	CN		SHA
Y. RENMINBI	CNY		KGS
PARIS	FR	M	320.00
		N	50.37
		45	41.43

解析：

Volume：40cm×28cm×22cm=24640cm^3

Volume weight：24640cm^3÷6000cm^3/kg=4.11kgs≈4.5kgs

Gross weight：5.6kgs

Chargeable weight：6.0kgs

Applicable rate：GCR N 50.37 CNY/KG

Weight charge：6.0×50.37=CNY302.22

Minimum charge：CNY320.00

No. of Pieces RCP	Gross Weight	Kg lb	Rate Class	Chargeable Weight	Rate/Charge	Total	Nature and Quantity of Goods (incl. Dimensions or Volume)
1	5.6	K	M	6.0	320.00	320.00	TOY DIMS：40cm×28cm×22cm

【例6-5-3】空运出口一票货物，具体商品信息如下，计算该票货物的航空运费。

Routing：Beijing，CHINA（BJS）to Amsterdam，HOLLAND（AMS）

Commodity：PARTS

Gross Weight：38.6kgs

Dimensions：101cm×58cm×32cm

公布运价如下：

BEIJING	CN		BJS
Y. RENMINBI	CNY		KGS
AMSTERDAM	NL	M	320.00
		N	50.22
		45	41.53
		300	37.52

解析：

(1) 按实际重量计算

Volume：101cm×58cm×32cm=187456cm^3

Volume weight：187456cm^3÷6000cm^3/kg=31.24kgs≈31.5kgs

Gross weight：38.6kgs

Chargeable weight：39.0kgs

Applicable rate：GCR N 50.22 CNY/KG

Weight charge：39.0×50.22=CNY1958.58

（2）采用较高重量分界点的较低运费计算

Chargeable weight：45.0kgs

Applicable rate：GCR Q 41.53 CNY/KG

Weight charge：45.0×41.53=CNY1868.85

（1）与（2）比较，取运费较低者，即

Weight charge：CNY1868.85

No. of Pieces RCP	Gross Weight	Kg lb	Rate Class	Chargeable Weight	Rate/ Charge	Total	Nature and Quantity of Goods (incl. Dimensions or Volume)
1	38.6	K	Q	45.0	41.53	1868.85	PARTS DIMS：101cm×58cm×32cm

2. 指定商品运价

指定商品运价是指为某些从指定始发地至指定目的地的指定商品而公布的运价。指定商品运价是一种优惠性质的运价，一般比普通货物运价低。

目前，自中国运出的货物，采用指定商品运价的主要是中国至日本、美国、加拿大或新加坡的食品、海产品、药品、纺织品等。

为了使用方便，国际货运代理协会联合会（FIATA）在公布指定商品运价时，将指定商品以品名编号（item number），并根据货物的性质、特点、用途按每1000号为一组，分成10大组，每一大组内又以100号为一小组，分成若干小组，以便更详细地分列各种货物（如表6-5-1所示）。在空运单中，指定商品通常用字母“C”与商品品名编号组成，如“C1201”表示“1201号指定商品”。

表6-5-1　　指定商品运价的分组和编号

品名编号	品类
0001~0999	可食用的动植物产品
1000~1999	活动物及非食用的动植物产品
2000~2999	纺织品、纤维及其制品
3000~3999	金属及其制品，不包括机器、汽车和电器设备
4000~4999	机器、汽车和电器设备
5000~5999	非金属材料及其制品
6000~6999	化工材料及其相关产品
7000~7999	纸张，芦苇、橡胶和木材制品
8000~8999	科学仪器、专业仪器、精密仪器、器械及配件
9000~9999	其他

指定商品运价的计算步骤如下：

（1）先查询运价表，如运输始发地至目的地之间有公布的指定商品运价，则考虑使用指定商品运价。

（2）查找《国际航空货运费率手册》（TACT RATES BOOKS）的品名录，找出与运输品名相对应的指定商品编号，然后查看在公布的运价表上该指定商品编号是否有指定商品运价。

（3）计算计费重量，此步骤与普通货物的计算步骤相同。

（4）找出适用运价，然后计算航空运费。

此时需要比较计费重量和指定商品的最低重量。如果货物的计费重量高于指定商品的最低重量，则优先使用指定商品运价作为商品的适用运价。如果货物的计费重量没有达到指定商品的最低重量，则需要比较计算：一是按照普通货物运价算出运费。二是按照指定商品运价算出运费。此时，因货量不足，托运人希望适用指定商品运价，那么货物的计费重量就要以所规定的最低运量为准，即该批货物的运费=最低运量×所适用的指定商品运价。三是比较根据普通货物运价和指定货物运价算出的运费，取最低者。

（5）比较第四步计算出的航空运费和最低运费 M，取高者。

【例 6-5-4】 空运出口一票货物，具体商品信息如下，计算该票货物的航空运费。

Routing：BEIJING，CHINA（BJS）to OSAKA，JAPAN（OSA）

Commodity：FRESH APPLES

Gross Weight：EACH 65.2kgs，TOTAL 5 PIECES

Dimensions：102cm×44cm×25cm×5

公布运价如下：

BEIJING	CN		BJS
Y. RENMINBI	CNY		KGS
OSAKA	JP	M	230.00
		N	37.51
		45	28.13
	0008	300	18.80
	Q300	500	20.61

解析：

Volume：102cm×44cm×25cm×5＝561000cm^3

Volume weight：561000cm^3÷6000cm^3/kg＝93.5 kgs

Gross weight：65.2×5＝326.0kgs

Chargeable weight：326.0kgs

Applicable rate：SCR 0008/Q300 18.80 CNY/kg

Weight charge：326.0×18.80＝CNY6128.80

No. of Pieces RCP	Gross Weight	Kg lb	Rate Class	Chargeable Weight	Rate / Charge	Total	Nature and Quantity of Goods (incl. Dimensions or Volume)
			Commodity Item No.				
5	326.0	K	C 0008	326.0	18.80	6128.80	FRESH APPLES DIMS:102cm×44cm×25cm×5

【例 6-5-5】空运出口一票货物，具体商品信息如下，计算该票货物的航空运费。

Routing：BEIJING，CHINA（BJS）to NAGOVA，JAPAN（NGO）

Commodity：FRESH ORANGE

Gross Weight：EACH 47. 8kgs，TOTAL 6 PIECES

Dimensions：128cm×42cm×36cm×6

公布运价如下：

BEIJING	CN		BJS
Y. RENMINBI	CNY		KGS
NAGOVA	JP	M	230. 00
		N	37. 51
		45	28. 13
	0008	300	18. 80
	0300	500	20. 61

解析：

（1）按普通运价使用规则计算

Volume：128cm×42cm×36cm×6=1161216cm^3

Volume weight：1161216cm^3÷6000cm^3/kg=193. 536kgs≈194. 0kgs

Gross weight：47. 8×6=286. 8kgs

Chargeable weight：287. 0kgs

☆计费重量没有满足 0008 最低要求 300 公斤

Applicable rate：GCR Q45 28. 13 CNY/kg

Weight charge：287. 0×28. 13=CNY8073. 31

（2）按指定商品运价使用规则计算

Actual gross weight：47. 8×6=286. 8kgs

Chargeable weight：300. 0kgs

Applicable rate：SCR 0008/Q300 18. 80 CNY/kg

Weight charge：300. 0×18. 80=CNY5640. 00

对比（1）和（2），取运费较低者，即

Weight charge：CNY5640. 00

No. of Pieces RCP	Gross Weight	Kg lb	Rate Class	Commodity Item No.	Chargeable Weight	Rate Charge	Total	Nature and Quantity of Goods (incl. Dimensions or Volume)
6	286.8	K	C 0008		300.0	18.80	5640.00	FRESH APPLES DIMS:128cm×42cm×36cm×6

3. 等级货物运价

等级货物运价（CCR）是指在规定地区范围内，在普通货物运价的基础上附加或附减一定百分比作为某些特定货物的运价。等级货物运价包括附减等级货物运价（运价种类代号为R）和附加等级货物运价（运价种类代号为S）两类。前者适用于报纸、杂志、作为货物运输的行李等；后者适用于活体动物、贵重物品、尸体、骨灰等。

等级货物运价计算步骤如下：

（1）根据货物品名判断其是否适用于等级货物运价。

（2）用适用的公布运价×百分比，并将计得的运价进位。

（3）适用的等级货运运价×计费重量即可得出结果。

比如，从北京发运至东京的杂志500千克，经查杂志属于附减等级货运运价，其公布的运价为：M：230. 00，N：37. 51，45：28. 13，附减比例为N运价的50%，则适用的运价 = 37. 51 × 50% = 18. 755 元，进位得 18. 76 元，因而，最终运价 = 500 × 18. 76 = 9380. 00 元。

【例6-5-6】空运出口一批书籍，具体商品信息如下，计算该票货物的航空运费。

Routing：Beijing，CHINA（BJS）to London，United Kingdom（LON）

Commodity：Books

Gross weight：980. 0kgs

Dimensions：20 Pieces 70cm×50cm×40cm each

公布运价如下（经查，书籍的附减比例为N运价的50%）：

BEIJING Y. RENMINBI	CN CNY		BJS KGS
LONDON	GB	M	320. 00
		N	63. 19
		45	45. 22
		100	41. 22
		500	33. 42
		1000	30. 71

解析：

Volume：70cm×50cm×40cm×20=2800000cm^3

Volume weight：$2800000cm^3 \div 6000cm^3$/kgs=466.67kgs≈467.0kgs

Gross weight：980.0kgs

Chargeable weight：980.0kgs

Applicable rate：R 50% of the Normal GCR

50%×63.19CNY/KG=31.595CNY/KG=31.60CNY/KG

Weight charge：980.0×31.60=CNY30968.00

由于计费重量已经接近下一个较高重量点1000kg，此时用较高重量点的较低运价计算，并比较。

Chargeable weight：1000.0kgs

Weight charge：1000.0×30.71=CNY30710.00

此运价低于上述利用等级运价减价计算出的运价，则取较低者。

∴ Weight charge：CNY30 710.00。

No. of Pieces RCP	Gross Weight	Kg lb	Rate Class	Chargeable Weight	Rate / Charge	Total	Nature and Quantity of Goods (incl. Dimensions or Volume)
20	980.0	K	Q	1000.0	30.71	30710.00	BOOKS DIMS:70cm×50cm×40cm×20

此题中，假设Q1000对应的运价为32.00CNY/KG，则用较高重量点的较低运价计算时，得：

Chargeable weight：1000.0kgs

Weight charge：1000.0×32.00=CNY32000.00

此运价高于上述利用等级运价减价计算出的运价，取较低者。

∴ 运费为CNY30968.00

No. of Pieces RCP	Gross Weight	Kg lb	Rate Class / Commodity Item No.	Chargeable Weight	Rate / Charge	Total	Nature and Quantity of Goods (incl. Dimensions or Volume)
20	980.0	K	S N50	980.0	31.60	30968.00	BOOKS DIMS:70cm×50cm×40cm×20

【例6-5-7】 空运出口一只活鹦鹉，具体商品信息如下，计算该票货物的航空运费。

Routing：Shanghai，China（SHA）—Rome，Italy（ROM）

Commodity：Parrots（鹦鹉）

Gross weight：3kgs

Dimension：40cm×30cm×30cm×1

Payment：全部预付

公布运价如下（经查，活动物的运价为 Normal GCR 的150%，活体动物的最低运费标准为 200% M）：

SHANGHAI Y. RENMINBI	CN CNY		SHA KGS
ROMA	IT	M	125.00
		N	16.43
		45	12.08
		100	11.08
		300	9.17
		500	7.96

解析：

Volume：40cm×30cm×30cm×1=36000cm^3

Volume weight：36000cm^3÷6000cm^3/kgs =6kgs

Gross weight：3kgs

Chargeable weight：6kgs

Applicable rate：150%N=150%×16.43=24.645 CNY≈24.65CNY

Weight charge：6×24.65=147.90CNY

Minimum charge：200%M=200%×125.00=250.00CNY

∴ Weight charge：250.00CNY

No. of Pieces RCP	Gross Weight	Kg lb	Rate Class	Commodity Item No.	Chargeable Weight	Rate / Charge	Total	Nature and Quantity of Goods (incl. Dimensions or Volume)
1	3	K	S M200			250.00	250.00	PARROTS DIMS:40cm×30cm×30cm LIVE ANIMAL

【例 6-5-8】空运一批活的一日龄鸡，具体商品信息如下，计算该票货物的航空运费。

Routing：Brussels（布鲁塞尔），Belgium（比利时）- Sharjah（沙迦），United Arab（阿拉伯联合酋长国）

Commodity：day old chicks（一日龄鸡）

Chargeable weight：7×10kgs

Dimensions：100cm×60cm×20cm×10

Payment：全部预付

公布运价如下（经查，72 小时以内家禽的运价为 N）：

BRUSSELS	BE		BRU
EURO	EUR		KGS
SHARJAH	AE	M	61.97
		N	11.58
		45	8.75
		100	3.92
		500	2.88
		1000	2.45

解析：

Volume：$100cm \times 60cm \times 20cm \times 10 = 1200000cm^3$

Volume weight：$1200000cm^3 \div 6000cm^3/kgs = 200kgs$

Gross weight：70kgs

Chargeable weight：200kgs

Applicable rate：Normal GCR=11.58EUR

Weight charge：200×11.58=2316.00EUR

No. of Pieces RCP	Gross Weight	Kg lb	Rate Class / Commodity Item No.	Chargeable Weight	Rate / Charge	Total	Nature and Quantity of Goods (incl. Dimensions or Volume)
10	70	K	S N100	200	11.58	2316.00	Day Old Chicks DIMS:100cm×60cm×20cm×10 LIVE ANIMAL

（二）新型运价计算法

新型运价计算法是为了适用航空集装箱运输的快速发展而使用的一种运价计算法，它不区分货物的种类、等级，只要将货物装在集装箱或成组器中运输，就可以将装在飞机货舱里的集装箱或成组器作为计价单位来计算运费，即成组货物运价，适用于托盘或集装箱货物。

对于航空集装箱货物运价，目前主要采取如下三种形式：

1. 大宗货集装器运价（Bulk Unitization Charge，BUC）

大宗货集装器运价是以一个集装器为单位，对装有货物的集装器规定了最低收费重量和最低收费金额。当装有货物的集装器重量超过规定的最低收费重量时，超出部分（扣除集装器的自重部分）应按规定的费率支付附加超重费。

2. 集装器（ULD）运价

集装器运价是按照集装器的重量与规定的费率予以收费的。它通常会根据使用航空公司的集装器还是使用货方自备的集装器分别定价。目前，我国始发站不办理由托运人或代理人自备集装器的货运业务。

使用航空公司的集装器托运货物时，ULD 运价按以下规定计算：

（1）目前除了特别公布的指定商品运价外，《国际航空货运费率手册》（The Air Cargo Tariff Books，TACT Books）公布的运价适用于所有货物。

（2）在计算集装货物运价时应考虑以下内容：集装器运价种类代号、集装器最低计费重量（pivot WT）、集装器最低运费率（pivot rate）、超过最低计费重量的货物重量（over pivot WT）和相应的费率（over pivot rate）。

（3）如果货物的实际重量未超出最低计费重量，则按最低计费重量计算运费，在货运单中用符号 U 表示；如果货物重量超过最低计费重量，则超出部分的货物运费应使用超出的重量乘以第一个超重费率（over pivot rate）作为集装箱货物附加运价，在货运单中用符号 E 表示。比如，假设公布的某种集装器各重量点及其对应费率为 700kg：40 元；1000kg：30 元。如果货物重量低于 700kg，则运费应按 700kg 计费，即运费＝700×40＝28000（元）；如果货物重量超过 700kg，假设货物重量为 800kg，则对超出的 100kg 应按 30 元/kg 计算附加运费，即附加运价＝100×30＝3000（元），因此，合计运费＝28000+3000＝31000（元）。

（4）对于货物已包装好、不需要把集装器作为包装物的集装货物而言，计算运费时不需要考虑集装器的自重；对于需要用集装器作为包装使用的集装货物，应在上述运费计算的基础上加上集装器租赁费。目前，各航空公司集装器租费标准各不相同，有些航空公司还对集装器的最低收费重量、最低租赁费、是否扣除集装器自重以及集装器租费是否可议价等作出详细的规定。比如，我国某航空公司对于我国始发的挂装箱的计费作出如下规定：运费按装完货物的集装器计收，并不扣除集装器自重，而且还规定最低收费重量不得少于 600kg，集装器的租赁费可协商。

3. 包箱运价（Freight For All Kinds，FAK）

包箱运价不考虑装运货物的种类，而是根据装运在集装器中的货物体积制定统一的费率，从而简化了手续，也有利于市场竞争。

在使用集装器运输货物时，货方还可能要支付其他费用，如集装器延滞费、装拆箱服务费等。一般而言，托运人、收货人或其代理人在始发站和目的站提取航空公司的集装器装卸货，在 48 小时内不收取费用，如果超过 48 小时，则要收取滞期费。其时间的计算如下：在始发站自托运人或其代理人提取集装器当日午夜 24 时起算，在目的站则是自货物到达后第 2 天午夜 24 时起算。星期六、星期天、节假日不计在内。此外，装拆箱板、送提箱板、重整箱板及其他服务一般由货方自己负责，如果由承运人提供这些服务，则另外收取服务费。

测　试

一、单选题

1. 凡运往非基本港的货物，需转船运往目的港，船方收取的附加费叫（　　）。

A. 旺季附加费　　B. 绕航附加费　　C. 转船附加费　　D. 直航附加费

2. 承运人在提单中列明有关运价本的条款，说明承运人的运价本与提单正面所记载的运价不一致时，(　　)。

A. 以运价本为准　　B. 以提单记载为准

C. 提单条款无效　　D. 双方另行商定

3. 出租人只提供船舶，不提供船员，需承租人自己配备船员，负责经营管理，承担一切风险和营运费用的是（　　）方式。

A. 航次租船　　B. 定期租船　　C. 光船租船　　D. 航次期租船

4. 船方提供给租方一定吨位的运力，在确定的港口之间，以事先约定的时间、航次周期和每航次较均等的运量，完成运输合同规定的全部货运量的租船方式是（　　）。

A. 航次租船　　B. 包运租船　　C. 定期租船　　D. 光船租船

5. 对于成交量小、批次多、交接港口分散的货物运输比较适宜（　　）。

A. 班轮运输　　B. 租船运输　　C. 不定期船运输　　D. 定期租船

6. OCP（内陆公共点）运输下，卖方承担风险、责任、费用终止于（　　）。

A. 美西港口　　B. 美东港口　　C. 中转港口　　D. 目的港口

7. MLB（小陆桥运输）背景下，发货人承担的责任、费用终止于（　　）。

A. 装船港　　B. 最终交货地　　C. 卸船港　　D. 最初接货地

8. CPT 由（　　）负责投保，支付保险费。

A. 发货人　　B. 买方　　C. 收货人　　D. 卖方

9. 国际多式联运的费率是（　　）。

A. 单一费率　　B. 分别计收　　C. 等级费率　　D. 包箱费率

10. 在集装箱班轮运输中，FAK 是指（　　）。

A. 不同等级费率　　B. 均一包箱费率

C. 重量/尺码选择费率　　D. 选择航线费率

11. （　　）是指对所有的货物均收取统一的运价。

A. 包箱费率　　B. 均一费率　　C. 尺码费率　　D. 申报价费率

12. 在国际海上集装箱班轮运输中，运价本中没有的内容是（　　）。

A. 条款和规定　　B. 船期　　C. 基本运价　　D. 附加运价

13. 班轮条件是指货物装卸费由（　　）。

A. 买方负担　　B. 卖方负担

C. 承运方负担　　D. 买方卖方各负担一半

14. 在 FOB 的贸易术语下，由（　　）负责租船订舱。

A. 买方　　B. 卖方　　C. 船舶代理人　　D. 承运人

15. W/M 是指（　　）。

A. 空箱运费　　B. 重量/尺码选择费率

C. 尺码费率　　D. 申报价费率

16. 船期表一般以（　　）为周期发布。

A. 天　　B. 月　　C. 季　　D. 年

二、多选题

1. 集装箱运费的组成包括（　　）。

A. 海运运费　　B. 港区服务费　　C. 集疏运费　　D. 海事救援费

2. 集装箱船期表的内容包括（　　）。

A. 航线编号和船舶名称　　B. 挂靠港名

C. 到达驶离各港时间　　D. 航次编号

3. 编制船期表通常要满足一下（　　）基本要求。

A. 船舶的往返航次时间（班期）应是发船间隔的整数倍

B. 船舶到达和驶离港口的时间要恰当

C. 船期表要有一定弹性

D. 船期表的班期航线配船数可以用公式计算确定

4. 下列属于集装箱海运附加费的是（　　）。

A. 燃油附加费　　B. 港口拥挤费　　C. 码头速遣费　　D. 空箱调运费

5. 铁路集装箱运输实行“一口价”的意义是（　　）。

A. 铁路运输改革的需要　　B. 缓解铁路运输能力紧张的需要

C. 集装箱业务发展的需要　　D. 拓展运输市场的需要

E. 集装箱分类管理的需要

6. 堆场服务费主要有（　　）、理货费或公证费、修理费。

A. 集装箱货交、接费用，装、卸货港码头堆场服务费等

B. 集装箱堆存费

C. 翻箱与搬运费

D. 集装箱装卸费

E. 打单费

7. 下列关于超重、超长及超大件附加费的说法中正确的有（　　）。

A. 整箱货不加收超重、超长及超大件附加费

B. 拼箱货按运价本的规定，对超重、超长及超大件货物加收附加费

C. 如系整箱货接收、拼箱货交付或拼箱货接收、整箱货交付，则按运价本的规定，对超重、超长及超大件货物加收50%的附加费

D. 整箱货加收超重、超长及超大件附加费

E. 拼箱货按运价本的规定，对超重、超长及超大件货物不加收附加费

三、判断题

1. 提单记载CY-CY运输条款，但在提单交货地一栏内未记载具体交货地点，收货人提出由承运人支付卸港至内陆交货地的拖箱费，但船公司认为在CY-CY运输条款下由收货人自行承担内陆拖箱费。（　　）

2. 班轮运输下的装卸费用通常应由班轮公司担负。（　　）

3. CBR是按货物的类别、级别和不同箱型规定的包箱费率。（　　）

4. 为了保证核收运输合同规定的一切费用，铁路部门对货物有留置权。（　）

5. 集装箱多式联运单一运费构成包括运输总成本、经营管理费用和经营利润。（　）

6. 在集装箱班轮运输中，进口货物的收货人没有在规定的时间内及时地将空箱还给班轮公司，则收货人要向船公司支付滞箱费。（　）

7. 重量吨和尺码吨统称为运费吨。（　）

8. FAK 是按货物的类别、级别和不同箱型规定的包箱费率。（　）

9. 集装箱货物运价都按航线包箱费率计算。（　）

10. 集装箱提单条款规定，有关的承运人运价本是提单的组成部分，运价本与提单内容发生矛盾时，以运价本为准。（　）

11. 集装箱海运运价的基本形式有单一费率（FAK）、包箱费率（CBC）、运量折扣费率（TVC）。（　）

12. 集装箱运输运价实质上也属于班轮运价的范畴。（　）

13. 商品分级表主要是列出各集装箱航线不同等级商品及集装箱箱型的费率。（　）

14. 以“Ad. Val . Or W/M”表示，是指该种商品分别按其 CIF 价格的一定百分比、毛重和体积计算运费，并选择其中运费较高者收取运费。（　）

四、简答题

1. 简述集装箱多式联运单一费率的构成。

2. 简述集装箱最低、最高运费的计算原则。

项目七

集装箱多式联运保险业务

学习目标

【知识目标】

- 了解集装箱多式联运保险的特征，责任保险与货物保险之间的关系及各自的特点。
- 熟悉集装箱多式联运货运险的险别与保险责任期限。
- 了解多式联运责任险的险种及承保范围。
- 了解集装箱定期保险及其种类。

【技能目标】

- 掌握货运险的保险业务流程，能够根据货物的基本信息投保合适的货运险。
- 能够办理集装箱定期保险的投保业务。
- 能够根据具体保险事故完成责任险、货运险的索赔业务。

任务一　集装箱多式联运保险基础知识

国际货物运输保险是一种当被保险货物遭受承保范围内的风险而受到损失时由保险人（Insurer）负赔偿责任的制度。它通常分为两种类型：一是运输货物保险；二是运输责任保险。随着现代货物运输方式的不断变化，运输保险的内容、范围和方式也随之发生变化。运输保险已从原来的海上运输保险单一形式发展成为与现在的陆上运输、航空运输保险同时并存的综合运输保险体系。

国际货物运输保险作为国际贸易业务中的一个重要交易条件已成为国际经济不可缺少的组成部分。它是随国际贸易和国际航运业的发展而发展起来的，同时，国际货物运输保险的发展又对国际贸易和国际航运业的发展起着重要的促进作用。

一、国际集装箱多式联运保险的概念

目前的集装箱多式联运保险有广义和狭义之分。广义的集装箱多式联运保险包括国际多式联运过程中涉及的全部保险，既包括货运险、财产险，又包括责任险。狭义的集装箱

多式联运保险指的是责任险。

（1）货运险。货运险的保险标的是集装箱多式联运下的货物本身，应由货主向货物保险公司投保货物险。投保人和受益人都是货主。

（2）财产险。财产险的保险标的是集装箱多式联运下的集装箱、底盘车、拖车以及其他在承保时提供的设备表中列明的设备。一般而言，财产险以一切险或全损险为承保条件受理，通常由设备的所有人或者租赁人作为投保人。集装箱多式联运经营人可以对本公司所有的或者租赁的运输设备如集装箱、底盘车及拖车等投保一切险或全损险。

（3）责任险。责任险的保险标的是集装箱所有人/租赁人或集装箱多式联运经营人所承担的赔偿责任。它分为两种情形：一是承保集装箱所有人或租赁人的赔偿责任；二是承保集装箱多式联运经营人的赔偿责任。

二、集装箱多式联运与传统运输方式风险比较

国际集装箱多式联运的发展，在为货主提供便利的门到门服务，减少部分集装箱货物运输风险的同时，也增加了一些新的风险，从而给运输保险提出了一些新的问题，如保险人责任期限的延长、承保责任范围的扩大、保险费率的调整以及集装箱运输责任保险等。

与传统的运输方式相比，国际集装箱多式联运使货物在运输过程中的许多风险得以减少，其中包括：

（1）装卸过程中的货损事故；

（2）货物偷窃行为；

（3）货物水湿、雨淋事故；

（4）污染事故；

（5）货物数量溢短现象等。

然而，随着集装箱多式联运的开展，也出现了一些新的风险，包括：

（1）由于使用集装箱运输，因此货物包装从简，在箱内易造成损坏；

（2）货物在箱内由于堆装不当、加固不牢造成损坏；

（3）在发生货物灭失或损坏时，责任人对每一件或每一货损单位的赔偿限额大为增加；

（4）装运舱面集装箱货物的风险增大等。

由于上述原因，尤其是舱面装载集装箱，运输风险增大，因此保险公司会提出缩小承保责任范围，或对舱面集装箱征收高保险费率，或征收保险附加费。

与此同时，在以集装箱进行多式联运时，保险利益所涉及的范围有所扩大。主要的保险利益人归纳如下：

（1）海运经营人：从某种意义上讲，由谁投保集装箱，与谁拥有集装箱或对集装箱承担责任有关。如果该集装箱由船公司拥有，则应该由船公司进行投保。可采取的投保方式包括延长集装箱船舶保险期、扩大承保范围、单独的集装箱保险等。在实际保险业务中，单独的集装箱保险比延长船舶保险期应用得更为广泛。

（2）陆上运输经营人：陆上运输经营人通常是指国际货运代理人、公路承运人、铁路

承运人等。当他们向货主或用箱人提供集装箱并提供全面服务时，必须对集装箱进行投保，以保护其巨额资金投入。

（3）租箱公司：在租箱业务中，不仅要确定租赁方式，同时，确定由谁对集装箱进行投保也是十分重要的。根据目前的实际情况看，无论是集装箱的长期租赁还是程租，较为可靠的做法是由租箱公司继续其保险，而向承租人收取费用。

（4）第三者责任：在集装箱多式联运过程中，除箱子损坏产生经济损失外，还有可能对第三方产生法律责任，如集装箱运输过程中造成人身伤亡及其他财产损失等。由于对第三者的损失责任可能发生在世界任何用箱地，因此其签订的保险单也必须是世界范围内的。

三、国际集装箱多式联运保险的特征

国际集装箱多式联运保险承保的是运输货物从一国（地区）到另一国（地区）之间的“位移”风险。在整个运输过程中，无论是地理位置，还是运输工具以及操作人员等均频繁变更，使得承保标的时刻暴露在众多的自然或人为的风险之中，因此与其他财产保险相比，多式联运运输保险有着下列不同的特征。

（一）事故发生的频度高，造成损失的数量大

国际集装箱多式联运以其安全、简便、优质、高效和经济的特点已被国内外贸易界和运输业所接受，业务量迅猛增加。与此同时，由于其覆盖面广、涉及环节多，因而不可避免地使得货物在运输过程中发生事故的频率增加，造成的损失也大。

（二）集装箱多式联运保险具有国际性

国际集装箱多式联运保险的国际性主要表现在它涉及的地理范围超越了国家的界限。多式联运所涉及的保险关系方不仅包括供箱人、运箱人、用箱人和收箱人，而且包括不同国家和地区的贸易承运人和货主等。因此，运输保险的预防与处理，必须依赖于国际公认的制度、规则和方法。这是国际集装箱多式联运保险的一个显著特征。

（三）运输保险人责任确定的复杂性

国际集装箱多式联运保险涉及多种运输方式，一般以海运为主体，铁路运输、公路运输以及内河运输等为辅助。在承运过程中，保险人对被保险货物所遭受的损失是否负赔偿责任，首先应以导致该损失的危险事故是否属于保险合同上所约定的承保事项为依据。也就是说，只有因保险合同上所约定的危险事故造成的损失，保险人才负赔偿责任。其次是货物受损的程度限制。当损失尚未达到保险合同约定的程度时，保险人也不负赔偿责任。由此可见，多式联运下货物损失赔偿的确定是一个非常复杂的问题。它不仅涉及保险合同本身的承保范围，同时也涉及与运输有关的货物承运人的责任问题。因此，为了划清损失的责任范围，必须深入了解各国以及国际上公认的法律和惯例。

四、国际集装箱多式联运与海上货物运输保险

无论是从保险的基本概念，还是从保险合同条款的内容来看，海上货物运输保险与国

际多式联运的风险保护，在某种意义上说是一致的。

目前，以国际贸易运输货物为承保对象的英文保险单大都是以英国《1906 年海上保险法》为准据法的。该法的第 3 条中规定："海上保险合同可以根据明文规定或商业习惯，扩大其承保范围，向被保险人赔付因海上航行前后发生于海上或陆上的风险所造成的损害。"也就是说，在货物运输过程中，保险应就运输全程所发生的危险，向被保险人提供连续、不间断的保障。从这一基本概念来看，海上货物运输保险与保护因集装箱化而出现的真正意义上的多式联运过程中所发生的货物风险，从体制上讲是相适应的。

此外，从保险合同的条款和保险期限等方面看，海上货物运输保险也能提供适应于集装箱化和国际多式联运下的"门到门"运输的全程货物保险体制。以目前世界各国保险市场上使用的英国保险协会货物条款为例，根据其中"运输条款"中所规定的"仓到仓"条款（Warehouse to Warehouse Clause），不论贸易当事人之间对于货物的风险、责任转移的时间和地点等的约定有什么差异，从货物离开起运地仓库或其他场所时开始，至进入最终目的地的仓库时止（但有时有卸船后 60 天的限制或其他约束），货物保险均应对货物运输给予全程保险。

五、国际多式联运经营人的责任限制与保险

在保险实务中，货物的损坏或灭失首先是由货物保险人予以赔偿的。根据国际保险法有关代位追偿权（Subrogation）的规定，与支付保险金相对应，保险人可以代位继承（保险代位）被保险人对第三者享有的权利。多式联运经营人责任制的主要作用就是确定保险人对经营人行使代位追偿的权利。

对于多式联运经营人的责任制，如前所述，国际多式联运公约采用了"修正的统一赔偿责任制"。也就是说，在责任原则方面，遵循由债务人（经营人）承担举证责任的严格责任主义，采用统一责任制；而在责任限额方面，则采用网状责任制。关于责任限额，《多式联运公约》规定了三种赔偿标准。其中，该公约规定的第一赔偿标准，即包括水运的赔偿标准，比《海牙规则》相应的责任限额提高了 4.7 倍，分别是《维斯比规则》和《汉堡规则》赔偿限额的 1.35 倍和 1.1 倍。同时该公约的第三赔偿标准规定，如果货物的灭失或损坏已确定发生在多式联运的某一地区段，而该区段适用的国际公约或强制性国家法律规定的赔偿限额高于多式联运公约的标准，则经营人的赔偿应以该国际公约或强制性国家法律予以确定。

很显然，在上述情况下，多式联运经营人的赔偿责任将会超过其分承运人，而且难以从其分承运人那里得到与其支付给索赔人（货主）数额相同的赔偿金额。多式联运经营人对其分承运人的追偿请求不能适用多式联运公约，只能适用多式联运某运输区段所对应的单一运输国际公约，而有些单一运输方式所适用的国际公约规定的赔偿责任却低于多式联运公约的规定，如上述的《海牙规则》或《汉堡规则》。为弥补此差额，多式联运经营人除提高运费外，只得向保险公司进行责任投保，以避免此类损失。

由此可见，随着多式联运经营人责任的严格化和扩大化，以经营人的责任为对象的货物赔偿责任保险的保险费将会大幅度提高，而这种保险费本来就是包括于运费之中的。所

以，多式联运经营人的责任制对其运输成本所产生的影响是很大的。

六、多式联运经营人的责任保险和货物保险之间的关系

在多式联运条件下，多式联运经营人应对多式联运全程负责。简单地说，运输保险可以分为两种形式：一种是由货主向货物保险公司投保的货物保险；另一种是由承运人（经营人）向互保协会（TTCLUB）投保的责任保险。

在多式联运条件下，多式联运经营人作为多式联运单证的签发人，当然应对该多式联运全程负责。不过，多式联运经营人对于运输过程中造成的货物损坏或灭失的赔偿责任，通常都是以货物赔偿（Cargo Indemnity）责任保险（简称责任保险）的形式向保险公司或保赔协会投保的。当然，经营人的责任保险所承担的风险，取决于他签发的提单中所规定的责任范围，即货物保险承保的是货主所承担的风险，而责任保险所承保的则是经营人所承担的风险。

尽管很难确切地说明货物保险和责任保险之间的关系，但根据有关国际公约和规则可以看出，两者之间既存在着互为补充的关系，也存在着共同承保货物运输风险的关系。也就是说，尽管以多式联运经营人所签发的提单上规定的赔偿责任为范围的责任保险和以与货主（托运人或收货人）的可保利益（除作为所有人利益的货物的CIF价格外，还包括预期利益、进口税、增值利益等）有关的各种损害为范围的货物保险存在着不同领域的保护范围，但是两者之间的相互补充作用也是很明显的。例如，在多式联运提单下，由于不可抗力以及罢工、战争原因所造成的损害是免责的，而在全损险和战争险、罢工险条件下的货物保险则包括上述事项。换句话说，不论把多式联运经营人的责任扩大到什么范围，或严格到什么程度，货主都不会不需要货物保险。

另外，责任保险是以由运输合同约束的货主与承运人（经营人）之间的权利、义务为基础的保险。与此相对，货物保险则是由有无损害发生的事实约束的货主与保险人之间通过损害赔偿合同约定的保险。因承运人保留权利而不得不由货主负担的各种风险，理所当然地属于货物保险的范围。这一点不但是货物保险的实质功能，而且也是国际贸易中货物保险之所以不可缺少的重要原因。

七、货物保险和责任保险的特点

在货物保险中，保险人面临着激烈的自由竞争。货物保险的保险费率是保险人在考虑了该种货物的性质、数量、包装、运输船舶或其他运输工具的详细情况、运输区间、港口条件、季节和其他自然条件、签约人（被保险人）过去承保的得失等因素后，精确地计算出来的。由于签约人可以直接和保险人交涉保险条件和费率，所以他可以将商品的运费和保险费置于自己的监管之下。发生索赔时，只要损害属于承保范围，就能迅速地从分布于世界各地、港口的理赔代理人那里得到保险金。

与此相对，在责任保险中，承运人以一定的赔偿责任限额为基础，根据运输合同将应由自己承担的责任，向保险人投保。因此，这种保险费率的确定，难以考虑各种货物和不

同货主的差别，只能以承运人的责任限额和船舶吨位为基准统一决定。这种做法对货主是很不利的，这是因为：即使货主在包装、托运、运输工具、保管方法或其他方面都采取了非常有效的防止损害的措施，他也不能直接享受到因采取这些措施而取得的实效。而且，这种保险不论对索赔保险费比率（损失率）低的货主，还是比率高的货主，都是以同一的保险费率承保。另外，即使货主是与承运人签订运输合同的当事人，对于承运人承保的责任保险来说，货主也是局外人，所以发生损害时，仅由承运人举证证明所发生的损害属于运输合同所规定的承运人的责任范围，而货主则只能通过承运人间接地享受责任保险的利益。

因此可以说，虽然同属于保险制度，但是货物保险和货物损害赔偿责任保险却是功能完全不同的两种保险。作为国际贸易主体的货主，在责任保险中只能通过承运人间接地享受保险利益，而在货物保险中，货主本身就是保险合同的当事人，他可以直接享受全部保险范围内的利益。

从多式联运的货主（托运人或收货人）、多式联运经营人和保险公司之间的关系来看，货物保险和责任保险之间也存在差别。在货物保险中，通过签发保险单，保险公司与托运人和收货人建立了关系，不过，索赔求偿方面则是仅由收货人与保险公司的索赔代理人直接发生关系。而在责任保险中，托运人和收货人与保险公司之间并无直接关系，通常只是以承运人（经营人）为媒介，享受保险赔偿的利益。

任务二　集装箱多式联运货运险的投保业务

一、集装箱多式联运货运险的险别

货物运输保险以运输途中的货物作为保险标的，保险人对由自然灾害和意外事故造成的货物损失负赔偿责任，简称货运险。集装箱多式联运条件下，货运险的保险标的正是集装箱内的货物本身，投保人即是受益人。

在国际贸易买卖业务中，货物保险是一个不可缺少的条件和环节，以保险标的的运输工具种类可划分为海洋货物运输保险、陆上货物运输保险、航空运输货物保险、邮包保险以及联运保险。

货运险的期限多以一次航程或运程计算。凡在货物运输中具有保险利益的人均可投保，如货主、发货人、托运人、承运人等。货物运输保险承保的危险事故包括雷电、海啸、地震等自然灾害，船舶搁浅、触礁、沉没、失踪、碰撞等意外事故，火灾、偷窃、短量、破碎、船长船员恶意行为等外来危险等。承保保险事故造成的损失，从性质上分为单独海损与共同海损，从程度上分为全部损失与部分损失。所投保的险种不同，承保损失范围也不同，有的险种对单独海损不赔，有的险种对部分损失不赔，投保人须视需要选择投保的险种。此外，保险人除承担规定的保险事故的损失外，还承担事故发生后对保险标的的施救与救助费用。在中国，按适用范围，货物运输保险可分为涉外海洋货物运输保险与国内货物运输保险两大类。货物运输保险除设有基本险外，还有附加险、特别附加险、特殊附加险等多种。

（一）海洋货物运输保险

海洋货物运输保险条款所承包的险别，分为基本险别和附加险别两类。基本险别有平安险（free from particular average，简称 F. P. A. ）、水渍险（with average or with particular average，简称 W. A. 或 W. P. A. ）和一切险（all risks，简称 A. R. ）。

1. 平安险

平安险（F. P. A. ），国际上称为“不包括单独海损险”。保险人赔偿责任范围是：①被保货物在运输过程中，由于自然灾害造成整批货物的全部损失或推定全损（被保货物用驳船运往或远离海轮的，每一驳船所装货物可视为一整批）。②由于运输工具遭受意外事故造成货物全部或部分损失。③在运输工具已经发生意外事故的情况下，货物在此前后又在海上遭受自然灾害落海造成的全部或部分损失。④在装卸或转运时，由于一件或数件货物落海造成的全部或部分损失。⑤被保人对遭受承保范围内的货物采取抢救、防止或减少货损的措施而支付的合理费用，但以不超过该批被救货物的保险金额为限。⑥运输工具遭难后，在避难港由于卸货所引起的损失以及在中途港、避难港由于卸货、存仓以及运送货物所产生的特别费用。⑦共同海损的牺牲、分摊和救助费用。⑧运输合同订有“船舶互撞责任条款”，根据该条款规定应由货方偿还船方的损失。

2. 水渍险（W. P. A. ）

水渍险，国际上称为“包括单独海损险”。保险人除承担平安险的责任外，还承担因自然灾害事故造成货物部分损失的赔偿责任。

3. 一切险（A. R. ）

在一切险条件下，保险人除承担平安险和水渍险的保险责任外，还承担各种外来原因，如短少、短量、渗漏、碰损、钩损、雨淋、受潮、发霉、串味等造成货物的全部损失或部分损失的赔偿责任。

附加险别是基本责任的扩大和补充，它不能单独投保。附加险别又可分为一般附加险、特别附加险和特殊附加险三类。

一般附加险承保各种外来原因造成的货物全损或部分损失，包括偷窃、提货不着险（Theft，Pilferage and Nondelivery - T. P. N. D），淡水雨淋险（Fresh Water and/or Rain Damage），短量险（Risk of Shortage in Weight），渗漏险（Risk of Leakage），混杂、沾污险（Risk of Intermixture and Contamination），碰损、破碎险（clash and breakage），串味险（Risk of Odour），受潮受热险（Sweating and Heating Risk），钩损险（Hook Damage Risk），包装破裂险（Breakage of Packing Risk），锈损险（Risk of Rust）等 11 种。

偷窃、提货不着险：在保险有效期内，保险货物被偷走或窃走以及货物运抵目的地以后整件未交的损失，由保险公司负责赔偿。

淡水雨淋险：货物在运输中，由于淡水、雨水以至雪融所造成的损失，保险公司都应负责赔偿。淡水包括船上淡水舱、水管漏水等。

短量险：负责保险货物数量短少和重量的损失。针对包装货物的短少，保险公司必须

要查清外包装是否有异常，如破口、破袋、扯缝等，如属散装货物，则以装船重量和卸船重量之间的差额作为计算短量的依据，但不包括正常损耗。

混杂、沾污险：这是指保险货物在运输过程中混进了杂质所造成的损坏。例如矿石等混进了泥土、草屑等因而质量受到影响。此外也包括保险货物因为和其他物质接触而被沾污，例如布匹、食物、服装等被油类或带色的物质污染所引起的经济损失。

渗漏险：这是指流质、半流质的液体物和油类物质，在运输过程中因为容器损坏而引起的渗漏损失。如以液体装存的湿肠衣，因为液体渗漏而使肠衣发生腐烂、变质等损失，均由保险公司负责赔偿。

碰损、破碎险：碰损主要是针对金属、木质等货物来说的，破碎则主要是针对易碎性物质来说的。前者是指在运输途中，因为受到震动、颠簸、挤压而造成货物本身的损失；后者是指在运输途中由于装卸野蛮、粗鲁、运输工具的颠震造成货物本身的破裂、断碎的损失。

串味险：这是指承保货物在运输过程中因受其他物品影响，发生串味所致的损失。通常易串味的货物有食品、茶叶、饮料、药材、香料等。例如茶叶和皮张堆放在一起，皮张中的畜味或者樟脑味会串及茶叶。

受热、受潮险：例如，船舶在航行途中，由于气温骤变，或者因为船上通风设备失灵等使舱内水汽凝结、发潮、发热引起货物的损失。

钩损险：保险货物在装卸过程中因为使用手钩、吊钩等工具所造成的损失，例如粮食包装袋因吊钩钩坏、粮食外漏所造成的损失，保险公司在承保该险的情况下，应予赔偿。

包装破裂险：这是指由包装破裂造成物资的短少、沾污等损失。此外，对于因运输过程中续运安全需要而产生的候补包装、调换包装的费用，保险公司也应负责。

锈损险：保险公司负责保险货物在运输过程中因为生锈造成的损失。不过这种生锈必须在保险期内发生，如原装时就已生锈，保险公司不负责任。

上述 11 种附加险不能独立承保，它必须附属于主要险种下。也就是说，只有在投保了主要险别以后，投保人才可投保附加险。投保“一切险”后，上述险别均包括在内。

特别附加险是指必须附属于主要险别项下，对因特殊风险造成的保险标的的损失负赔偿责任的附加险，包括交货不到险（Failure to Deliver Risk），进口关税险（Import Duty Risk），舱面险（On Deck Risk），拒收险（Rejection Risk），黄曲霉素险（Aflatoxin Risk），卖方利益险（Seller's Contingent Risk）等。特别附加险与一般附加险的区别在于：一般附加险均已包括在一切险的责任范围内，凡已投保一切险的就无须加保任何一般附加险，而特别附加险所承保的责任已超过了一切险的范围。

特殊附加险则包括罢工险（Strikes Risk），海运战争险（Ocean Marine Cargo War Risk）等。

（二）陆上货物运输保险

陆上货物运输保险分为陆运险和陆运一切险两种。投保人除投保陆运险或陆运一切险外，经过协商还可以加保附加险，如陆运战争险。

1. 陆运险

保险公司对陆运险的承保范围大致相当于海运险中的“水渍险”。陆运险的责任范围是：①保险人负责赔偿被保险货物在运输途中遭受暴风、雷电、洪水、地震等自然灾害或由于运输工具遭受碰撞倾覆、出轨或在驳运过程中因驳运工具遭受搁浅、触礁、沉没、碰撞，或由于遭受隧道坍塌、崖崩或失火、爆炸等意外事故造成的全部损失或部分损失。②被保险人对遭受承保范围内危险的货物采取抢救、防止或减少货损的措施而支付的合理费用，但以不超过该被救货物的保险金额为限。

2. 陆运一切险

陆运一切险的责任范围除了陆运险的责任外，还包括被保险货物在运输途中由于外来原因所致的短少、短量、偷窃、渗漏、碰损、破碎、钩损、雨淋、生锈、受潮、霉、串味、沾污等全部损失或部分损失。

（三）航空货物运输保险

航空货物运输保险是以航空运输过程中的各类货物为保险标的，当投保了航空货物保险的货物在运输途中发生保险范围内的损失时，由保险公司提供经济补偿的一种保险业务。需要指出的是，蔬菜、水果、活牲畜、禽鱼类和其他动物不在航空货物保险的保险标的范围以内；而金银、珠宝、钻石、玉器、首饰、古币、古玩、古书、古画、邮票、艺术品、稀有金属等珍贵财物，除非投保人与保险人特别约定，并在保险单（凭证）上载明，否则也不在保险标的范围以内。

航空货物运输保险分为航空运输险和航空运输一切险两种。被保险货物在投保航空运输险或航空运输一切险后，还可经协商加保航空运输货物战争险等附加险。

1. 航空运输险

航空运输险的责任范围是：①被保险货物在运输途中遭受雷电、火灾、爆炸或由于飞机遭受恶劣气候或其他危难事故而被抛弃，或由于飞机遭碰撞、倾覆、坠落或失踪等意外事故所造成的全部或部分损失。②被保险人对遭受承保范围内危险的货物采取抢救、防止或减少货损的措施而支付的合理费用，但以不超过该批被救货物的保险金额为限。

2. 航空运输一切险

航空运输一切险的责任除包括上列航空运输险责任外，还负责被保险货物由于外来原因所致的全部或部分损失。

（四）邮包运输保险

邮包运输保险是指承保邮包通过海、陆、空三种运输工具在运输途中由于自然灾害、意外事故或外来原因所造成的包裹内物件的损失。

邮包运输保险承保通过邮政局邮包寄递的货物在邮递过程中发生保险事故所致的损失。以邮包方式将货物发送到目的地可能通过海运，也可能通过陆上或航空运输，或者经过两种或两种以上的运输工具运送。不论通过何种运送工具，凡是以邮包方式将货物运达目的地的保险均属邮包保险。

邮包运输通常须经海、陆、空辗转运关，实际上是属于“门到门”运输，在长途运送

过程中遭遇自然灾害、意外事故以及各种外来风险的可能性较大。寄件人为了转嫁邮包在运送途中的风险损失，故须办理邮包运输保险，以便在发生损失时能从保险公司那里得到承保范围内的经济补偿。

邮包保险按其保险责任分为邮包险（parcel post risks）和邮包一切险（parcel post all risks）两种。邮包险与海洋运输货物保险水渍险的责任相似，邮包一切险与海洋运输货物保险一切险的责任基本相同。

1. 邮包险

邮包险负责赔偿被保险邮包在运输途中由于恶劣气候、雷电、海啸、地震、洪水等自然灾害或由于运输工具遭受搁浅、触礁、沉没、碰撞、倾覆、出轨、坠落、失踪，或由于失火、爆炸等意外事故所造成的全部或部分损失。此外，该保险还负责被保险人对遭受承保范围内危险的货物采用抢救、防止或减少损失的措施而支付的合理费用，但以不超过获救货物的保险金额为限。

2. 邮包一切险

邮包一切险除包含邮包险的责任外，还负责被保险邮包在运输途中由于外来原因所致的全部或部分损失。

二、保险责任期限

对于保险责任期限，按照国际保险业的习惯，基本险采用的是“仓至仓的条款”（warehouse to warehouse clause），即保险责任自被保险货物单所载明的起运地发货人仓库或储存处所开始生效，包括正常运输过程中的海上、陆上、内河和驳船运输在内，直至该货物到达保险单所载明目的地仓库为止，但最长不超过被保险货物卸离海轮或车站后60天。航空货物保险的保险责任期限则以被保险货物在最后卸货地卸离飞机后30天为限。战争险的保险责任是以水面危险为限，即自货物在起运港装上海轮或驳船时开始，直至目的港卸离海轮或驳船为止；如不卸离海轮或驳船，则从海轮到达目的港的当天午夜起算满15天，保险责任自行终止。

三、保险除外责任

保险除外责任是指保险公司不予负责的损失或费用，一般都属于非意外的、非偶然的或需特约承保的风险。

为了明确保险人承保的责任范围，《中国人民保险公司海洋运输货物保险条款》中对海运基本险别的除外责任规定了下列5项：

（1）被保险人的故意行为或过失所造成的损失。

（2）属于发货人责任所引起的损失。

（3）保险责任开始前，被保险货物已存在的品质不良或数量短差所造成的损失。

（4）被保险货物的自然损耗、本质缺陷、特性以及市价跌落、运输延迟所引起的损失或费用。

(5) 战争险条款和罢工险条款规定的责任范围和除外责任。

陆运、空运、邮运保险的除外责任与海运基本险别的除外责任基本相同。集装箱货物运输保险既适用以上除外责任，也应受下列限制：

(1) 凡集装箱箱体无明显损坏，铅封完整，经启封开箱后，发现内装货物数量、规格等与合同规定不符，或因积载或配载不当所致的残损，不属保险责任。

(2) 装载货物的集装箱必须具有合格的检验证书，如集装箱因不适货而造成的货物残损或短少，不属保险责任。

(3) 对放置在船舶甲板上的集装箱货物，可按照舱内货物责任范围负责，但开顶式和框架式集装箱所载货物除外。

(4) 被保险货物运抵保险单所载明的目的港（地）或启封开箱地以后，如发现集装箱箱体有明显损坏，或铅封损坏或丢失，或铅封号码与提单、发票所列号码不符时，被保险人应立即向保险单所规定的检验理赔代理人申请检验，并必须向责任方或有关当局取证，同时保留索赔权。

四、货运险的险别选择

主险的选择、主险和附加险的搭配应用需要较强的专业知识。因此，如何灵活运用保险，回避出口货物运输中的风险，是技巧性很强的专业工作。

(1) 在投保时，应在保险范围和保险费之间寻求平衡点。多投险种，被保险人的利益会更加有保障，但是保险费的支出肯定也要增加。因此，投保时，应该在对货物的种类、性质和特点，货物的包装情况，货物的运输情况（包括运输方式、运输工具、运输路线），发生在港口和装卸过程中的损耗情况，目的地的政治局势等五大因素进行综合考虑的基础上，对货物所面临的风险进行评估，甄别哪种风险最大、最可能发生，并结合不同险种的保险费率来加以权衡。

(2) 视情况选用“一切险”。“一切险”是最常用的一个险种。买方开立的信用证也多要求出口方投保“一切险”。投保“一切险”最方便，因为它的责任范围包括平安险、水渍险和一般附加险，投保人不用费心思去考虑选择什么样的附加险。但是，往往最方便的服务需要付出的代价也是最大的，因为就保险费率而言，水渍险的费率就相当于一切险的1/2，平安险的费率相当于一切险的1/3。因此，是否选择“一切险”作为主险要视具体情况而定。例如，毛、棉、麻、丝、绸、服装类和化学纤维类商品，遭受损失的可能性较大，如沾污、钩损、偷窃、短少、雨淋等，有必要投保“一切险”。而低值、大宗的货物，如矿砂、钢材、铸铁制品，主险投保“平安险”就可以了，也可以根据实际情况再投保舱面险作为附加险。对于不大可能发生破损、破碎或容易生锈但不影响使用的货物，如铁钉、铁丝、螺丝等小五金类商品以及旧汽车、旧机床等二手货，可以投保“水渍险”作为主险。

相反，有的货物投保了“一切险”作为主险外，还需要投保特别附加险。如花生、油菜籽、大米等食品可能含有过量的黄曲霉素，被进口国拒绝进口、没收或强制改变用途，从而造成损失，那么，在出口这类货物的时候，就应该就黄曲霉素作为特别附加险予以

承保。

（3）主险与附加险灵活使用。保险公司在理赔的时候，首先会确认导致损失的原因，只有在投保险种的责任范围内导致的损失才会予以理赔，因此，附加险的选择要针对易出险因素来加以考虑。例如，玻璃制品、陶瓷类的日用品或工艺品等产品会因破碎造成损失，投保时可在平安险或水渍险的基础上加保破碎险；麻类商品在受潮后因发热引起霉变、自燃等损失，应在平安险或水渍险的基础上加保受热受潮险；石棉瓦（板）、水泥板、大理石等建材类商品易受破碎损失，应该在平安险的基础上增加投保破碎险。

此外，货主在选择险种的时候应根据市场情况选择附加险，比如，要将货物发运到菲律宾、印度尼西亚、印度，考虑到当地码头混乱，风险较大，应该选择偷窃、提货不着险和短量险作为附加险，或者直接投保一切险。

五、货运险的保险业务流程

货运代理企业应按委托人指定的险别办理保险业务，如无指定险别时，应视货物的特点，分析各种风险的影响，并结合运输情况、市场情况等提供适当的险别供投保人选择确定，以保证货物在投保时获得充分的经济保障。具体的流程如图 7-2-1 所示。

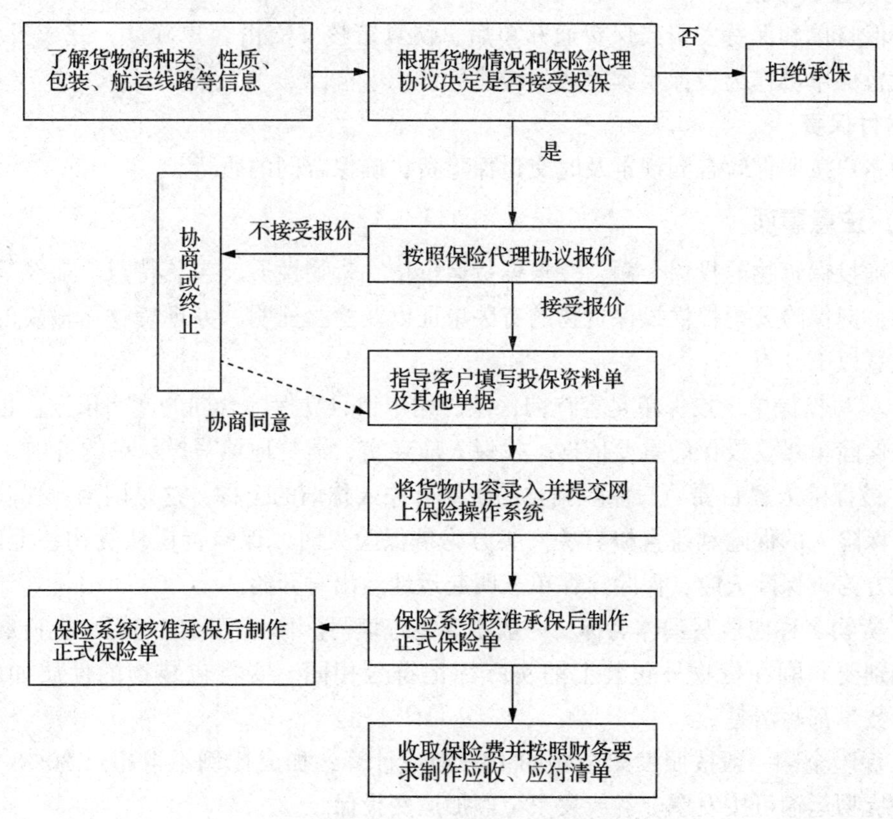

图 7-2-1　货运保险业务流程图

（一）货运险的保险业务流程

1. 接收客户委托

委托内容应明确货物名称、标记、规格、数量、投保价值、投保金额、投保币种、投保险别、保险起讫地、客户能接收的保险费率。如果客户指定保险人，需要明确其所指定保险人的具体名称。

2. 协商保险条件

协助客户与保险人协商保险条件，包括保险责任、附加承保条件、保险人义务、被保险人义务、除外责任、保险费率、免赔率/免赔额、赔偿处理等事项。

3. 代办投保手续

按照客户的指示，向满足客户投保要求的保险人办理投保手续，协助客户填制投保单，并以客户的名义（投保单由客户签章）向保险人投保。客户在一定时间内分批装运或者货运代理分批接收货物的，协助客户和保险人订立预约保险合同，提高保险操作效率。预约保险合同须逐票核实并以起运通知的形式，在客户和保险人之间建立完整的起保通知机制。

4. 完善投保手续

取得保险单和保费发票或保费通知单后，认真审核并交由客户确认，完成投保手续，但应注意暂保单不作为投保手续完成的最终凭证。

5. 缴付保费

协助客户按照保险合同规定及时交付保险费，确保合同的履行。

（二）注意事项

在明确投保货物的投保金额，并根据货运价格、货物性质、包装特点、航线等确定投保险别后，向保险公司提供投保货物的有关单证以及检验证明，办理货物运输险的投保手续，需注意以下几点：

（1）填写投保单。投保单是客户向保险公司申请订立保险合同的文字依据，也是保险公司签发保险单接受投保的重要依据。投保人应翔实、清楚地填写投保单的各项。

（2）被保险人栏目要填写保险利益的实际有关人称谓的全称，这是因为：保险是否有效，同被保险人的保险利益直接有关。买方为被保险人时，保险责任从货物装上船开始；反之，卖方为被保险人时，保险自保单载明起运地运出时开始。

（3）货物名称应填写具体名称，一般不要笼统填写。作标记时应与提单上所载的标记一致，特别要同刷在货物外包装上的实际标记符号相同。要将包装物的性质如箱、包、件、捆及数量都写清楚。

（4）保险金额一般按照发票金额的10%加成计算，加成比例不得超过30%；国内水路、陆路货物运输可按发票金额或发票金额加运费投保。

（5）运输工具，如是轮船运输，应写明船名，需转运的也要写明确；如是火车、汽车或航空运输的，仅写明火车、汽车牌号或空运（或航班号）即可。联运的最好写明联运方式。

（6）有确切开航日期的，要填写具体日期；无确切日期的，则填上约于×月×日。

（7）提单或运单号码、航程或路程应按实际填写。

（8）要将需要投保的险别明确填写清楚，如有附加险别或与保险人有其他特别约定的也要在此栏注明。

（9）货运险投保日期要求是在船舶开航或运输工具开行之前。

在填写货运险投保单时还应注意，投保的险别、币值与其他条件必须与销售合同、信用证上所列保险条件一致。投保后发现投保项目有错漏，要及时向保险人申请批改；若在发生损失后发现与货运险投保单所填情况不符，将影响保险人及时、准确地理赔。对于特殊的货物，投保人要根据保险人的要求，提供货物的有关单证（如发票、提单复印件）及必需的检验证书。

任务三　集装箱多式联运责任险的投保业务

一、集装箱多式联运责任险认知

（一）集装箱多式联运责任险的含义与特征

从责任的对象来看，集装箱多式联运责任险（本节所称的集装箱多式联运责任险是指多式联运经营人责任险）既包括对客户（发货人或收货人）的法律责任，也包括对第三方的法律责任。例如，多式联运经营人由于失误造成货物的毁损丢失或者错发错运、错误交货的，属于对客户的法律责任；而在运输过程中造成他人的财产损害或人身伤亡的，则属于对第三方的损害赔偿责任。

广义的集装箱多式联运责任险包括以上两种情况的责任险，是指一旦集装箱多式联运经营人因为事故或其他因素须对其索赔者（包括第三人）负担赔偿责任时，由保险人予以补偿的保险。换言之，集装箱多式联运经营人为避免事故发生而必须承担赔偿责任，而与保险公司订立保险合同，称为集装箱多式联运责任险。

狭义的集装箱多式联运责任险通常是指集装箱多式联运经营人对因集装箱运输过程中产生的货物损坏或灭失而向客户承担的赔偿责任所进行的保险，即并不包括第三者（除集装箱多式联运经营人和客户以外的人）责任险。当然，实务中，集装箱多式联运责任险的范围是由合同双方在保险合同中具体规定的。

与货物运输保险不同，集装箱多式联运责任险具有自己的特征。

（1）责任险的标的为一定范围内的违约或侵权损害赔偿责任，非损害赔偿责任不能作为责任险的标的，如刑事责任就不能作为责任险的标的。

（2）责任险不能及于多式联运经营人的人身或其财产。责任险的目的在于转移多式联运经营人对客户（收货人或发货人）应当承担的赔偿责任，所以，当多式联运经营人的人身或财产发生损失时，保险人不承担保险责任。从这个意义上讲，责任险合同是为第三人

(收货人或发货人)的利益而签订的保险合同。

(3)保险人承担多式联运经营人的赔偿责任。虽然责任险的直接补偿对象是与保险人签订责任险合同的被保险人，但多式联运经营人的利益损失首先表现为因多式联运经营人的行为导致第三方(收货人或发货人)的利益损失，即第三方利益损失客观存在并依法应由多式联运经营人负责赔偿时，才会产生被保险人的利益损失，因此，尽管责任险保险人的赔款是支付给多式联运经营人的，但这种赔偿实际上是对多式联运经营人之外的受害方的赔偿。保险人的赔款既可以直接支付给受害人，也可以在多式联运经营人赔偿受害人之后补偿给多式联运经营人。责任险是由保险公司直接保障多式联运经营人利益，间接保障受害人利益的一种双重保障机制。

(4)保险最高限额给付。保险事故所造成的损害具有不确定性，在订立保险合同时，多式联运经营人和保险人不可能约定保险金额，只能约定保险责任的最高限额，而保险人给付保险金额均以合同约定的最高限额为限。

(5)责任险的理赔复杂。其一，每一起责任险的理赔，均以多式联运经营人对第三方的损害并依法应承担经济赔偿责任为前提，从而必然要涉及受害的第三者，这就表明责任险的理赔对象并非像一般财产险或人身保险赔付案一样只是保险双方的事情。其二，责任险的承保以法律制定的规范为基础，责任险的理赔也是以法院的判决或执法部门的判决为依据，从而需要更全面地运用法律制度。其三，责任险赔款最终并非归多式联运经营人所有，实质上是支付给了受害方。

(二)集装箱多式联运责任险的作用

集装箱多式联运业务涉及海运、空运、陆运、快递、多式联运、仓储、包装、展览、工程物流及报关、报检、保险等众多领域，业务环节多、服务链长、专业性强，在法律健全、监督严格的发达国家和地区，投保责任险是从事集装箱多式联运的行业惯例和市场准入条件。我国缺少统一的运输法律、法规，海、陆、空、邮政快递分属不同政府职能部门管理，遇有责任纠纷，多是依据各运输区段的法律法规和部门规章进行责任认定，这种“网状责任”的管理格局更需要一种简单、有效的途径转移集装箱多式联运企业的经营风险，因此，投保责任险尤为重要。

(1)有利于转移企业的经营风险。责任风险是集装箱多式联运企业面临的最大风险，投保责任险是转移责任风险最有效的途径。近年来，责任险在很多国民经济重要领域发挥了积极作用，如公众责任险、产品责任险、道路交通承运人责任险、旅行社责任险、校园责任险等，在产品生产领域、公众服务领域、医院学校等基础领域及各类职业服务领域越来越受到重视。

(2)有利于保证企业的经营成果。绝大部分集装箱多式联运企业资产规模小，一票货物的价值往往超过企业自身资产，一旦因责任事故造成货物损失，企业往往无力赔偿。投保责任险可缓解这种小企业、大责任的矛盾。

(3)有利于稳定客户关系，增加揽活机会。投保责任险的企业，既保证了自身利益，又维护了货主利益不受损失，是一箭双雕之举。集装箱多式联运企业可将投保责任险信息向客户进行广泛宣传，以显示为货主负责的态度，争取新的揽活机会。很多实例证明，大

型项目运输服务招标中，投保责任险的集装箱多式联运企业夺标机会更大。

（4）有利于改变企业的弱势地位。因集装箱多式联运企业的专业性和复杂性，实务中经常会出现责任认定不清的现象。集装箱多式联运企业为稳定货源关系，不可避免地会承担过多的责任。引入责任险，通过保险公司进行责任认定和损失检验，在一定程度上可以改变企业尴尬的弱势处境。同时，保险公司对责任事故进行第三方调查，会在很大程度上约束骗单、骗货等欺骗行为。

（三）责任险保险人的选择

集装箱多式联运经营人可选择向联运保赔协会或商业保险公司投保责任险。

（1）保赔协会：联运保赔协会不同于商业保险，它是由有相同风险倾向的公司结合起来，实行集体自保（一个“协会”）的组织，实质上是互助（mutuality）保险。协会以专业精神和损失补偿作为理赔原则。被保险人实际也是保险人，被保险人拥有保险基金，互保的目标是承担损失，而非营利。

（2）商业保险公司：商业保险公司不具备保赔协会的互助功能，其与被保险人的合同关系是单一的，不具备保赔协会与会员之间的“双重合同”（入会证书证明了两个合同——保险合同和会员合同）关系。两者的区别如表 7-3-1 所示。

表 7-3-1　　保赔协会与商业保险公司的区别

项目	保赔协会	商业保险公司
经营目的	非营利性	利润最大化
董事会	来自会员且由会员选举	由股东选举，受股东利益支配
主要业务	以责任风险为主	以货运险或财产险为主，责任风险非依特别约定不予赔偿
保险合同	入会证书	保险单
保费或会费	会费不固定，受缴纳会费或返还额约束——互助	保险费是固定的，不发生追加保费或收取退会费的问题
二者关系	协会/会员	供应商/客户

保赔协会的会员，既是投保人，又是承保人。保赔协会与一般保险人的区别主要是：

（1）一般保险人基本上只承保船壳、机器和船上属具，而保赔协会则承保一般保险人所不承保的有关船舶的风险，主要是船东对第三人的赔偿责任。

（2）一般保险人是专营保险业的经济实体，它以营利为目的，向社会上的被保险人承担保险责任，并收取保险费。而保赔协会则是船东之间相互保险的互助性组织。作为会员的船东之间通过保赔协会，相互投保，又相互提供保险保障，不以营利为目的，也可接受协会以外的船舶投保。

（3）一般保险人出于营利目的，向被保险人提供有偿性的保险保障，按照承保标的的保险价值和承保的保险金额承担有限赔偿责任。它与被保险人之间是一种保险商品交换关系。而保赔协会则是处理船东赔偿责任的专业机构，除了为保证赔偿能力和维持必要开支向会员收取保险费外，不追求经营利润，却向会员提供无限的赔偿责任（油污责任例外），所以，它与会员船东的利益是一致的，是一种无偿的保障关系。

目前，保赔协会大致可分为船东保赔协会（shipowners' protection and indemnity club），租船人保赔协会（charters' protection and indemnity club），由运输经营人组成的联运保赔协会（through transport club，TT Club），由船舶代理、船舶经纪公司、船舶管理公司、船员管理公司、海运检验公司以及运输行业的其他专业公司组成的国际运输中介人协会（ITIC）。

联运保赔协会是一家专业为货运代理、无船承运人、物流公司、港口及码头经营人和集装箱运输公司提供责任险及风险管理服务的互保协会。协会实行会员制，国际货代、物流公司、无船承运人、多式联运经营人、拖车公司、堆场和货物集散站等运输经营人是其承保对象。该协会不接受非会员的商业性投保。联运保赔协会成立于 1968 年，已经拥有 50 多年的承保经验、世界一流的服务团队和全球化的理赔网络，目前在 150 个国家拥有 7500 家运输企业会员，年会费总收入超过 2.5 亿美元。会员公司包括马士基物流、韩进物流、汉宏集团（Hellmann）、美集物流、东方海外物流、以星物流、拓亚环球货代、乔达国际等，国内大中型货运企业如中远货运、维佳物流、伟航集运、环发（天津）、世航集团、上海运泽化工物流等也是其会员。

（四）责任险险种的选择

实践中，有关集装箱多式联运责任险的名称不尽相同，比如运输服务商责任险、运输专业经营者法律责任险、运输及相关责任险等。一般而言，集装箱多式联运经营人可根据实际业务情况，在以下险种中作出选择。

1. 联运保赔协会的运输经营人责任险（transport operator liability insurance）

运输经营人责任险的承保对象包括国际货运代理、无船承运人（NVOCC）、空运承运人、多式联运经营人、物流公司、集装箱卡车运输公司、堆场和集装箱货运站等。联运保赔协会为运输经营人提供一套完整的责任险计划，承保经营人所产生的各种合同责任和法律责任。基于行业的特性，运输经营人为客户所提供的服务是多种多样的。以"无船承运人"为例，它需要承担在提单和中国海商法项下一个承运人的全部责任；尤其在门到门运输中，无论哪一个环节出现差错，无船承运人都要首先对货主承担责任，再根据事实情况向相关的责任方进行追偿。而"货运代理"则承担各种代理人角色，如只安排订舱但直接出具船公司提单时，是"发货人代理"；接受海外无船承运人的委托，处理进口货的提单和收取运费是"放货代理"；接受货主委托处理进口货物的报关业务是"报关代理"；或以代理人的身份安排仓储、陆路运输；等等。其他经营人如从事物流配送、多式联运、集装箱卡车运输或货物集散等，业务范畴均有所不同，责任也有所差异。

TT Club 进行承保风险评估后，将企业的经营范围纳入"承保服务"中，提供适合的保险保障，最大限度地保护运输经营人的利益，规避风险。

会费收取是根据每个会员不同的风险状况、业务种类和业务规模来决定的，也考虑该公司过去的理赔记录和总体管理水平等。运输经营人需要填写一份"保险信息表"，提供相关资料，由 TT Club 的核保人员进行会费评估。

2. 货代责任险中的提单责任险或无船承运人责任险

一些保险公司在承保国际货物运输代理责任险时，将承保范围分为两个方面：一是承

保其作为纯粹货运代理的风险；二是承保其作为当事人的风险，这其中就包括无船承运人、海运承运人、公路承运人、国际多式联运经营人、租船人、仓库管理人甚至第三方物流经营人的责任风险。比如，目前由中国最具实力的人民保险集团、平安保险公司、太平洋保险公司、大地保险公司四家保险公司联合承保的货代责任险由代理人责任险和提单责任险两款险种组成，其中的提单责任险即是承保国际货运代理人作为当事人（包括集装箱多式联运经营人）的责任风险，因此，集装箱多式联运经营人可以选择投保此险种，以规避其责任风险。

3. 物流责任险

2004 年，人民保险集团正式推出了物流责任险条款，该条款仅适用国内物流业务，且责任范围较小，不能充分满足市场需求。根据该保险条款，保险人仅承保被保险人在物流业务过程中，由于火灾、爆炸、运输工具发生碰撞、出轨、倾覆、坠落、搁浅、触礁、沉没、碰撞、挤压导致的包装破裂或容器损坏以及装卸人员违规装卸、搬运等五种原因造成的物流货物损失，不包括被保险人因上述原因而给第三者造成的人身伤亡或其他财产损失(除非附加投保危险货物第三者责任险)。从引起被保险人赔偿责任的环节来看，该险种基本限于被保险人在运输、储存、装卸、搬运、配送货物过程中造成的物流货物损失，而不包括被保险人在提供包装、流通加工、信息处理服务过程中造成的物流货物损失。

随后，大地保险公司推出了物流综合保险。该险种涵盖了货运和责任风险，便于第三方物流企业同时代货主投保货运险和自行投保物流责任险，能有效避免上述保险公司独自承担赔款而无法追偿的窘境，费率也更加优惠。为了满足市场的个性化的要求，该条款还包括盗窃和不明原因遗失保险，错发错运费用损失保险，流通加工、包装第三者责任险以及清理残骸保险四个附加险。

此外，针对个别物流企业，有些保险公司还推出了物流综合责任险。比如，2006 年，人民保险集团和中国远洋物流有限公司达成了《中远物流综合责任险保险协议》，为中远物流全资或控股的 165 家企业承担货差责任、第三者责任、额外费用损失、物流费用损失四项风险。

物流责任险虽然面临较大的发展机遇和上升空间，但其仍未得到快速发展，其原因在于：一方面，保险公司认为第三方物流企业良莠不齐、管理水平差、发生风险多，且保费收取困难，导致其无利可图；另一方面，物流公司则抱怨保险公司保险费率过高、保险范围太小等。

在实务中，有些物流企业同时投保物流责任险和国际货代提单责任险。这两个险种分别涵盖了国内物流风险和国际物流风险，属统筹险种，解决了物流过程多环节分开投保、多环节责任无法界定清楚以及多重交保费的问题；同时，这两个险别涵盖了货运险及财产险所无法赔偿的损失，无须逐票投保，提高了投保效率。

二、多式联运经营人责任险的承保范围

在实践中，有些保险条款的承保范围较宽，几乎承担了集装箱多式联运经营人的所有赔偿责任，比如联运保赔协会的运输经营人责任险；而有些承保范围则较窄，比如，我国国际

货运代理责任险主要承保对货主的赔偿责任，如欲投保第三者责任险，则应增加附加条款。

一般而言，多式联运经营人可以同保险公司就其承保范围包括的具体内容进行事先约定。当然，承保范围的大小影响到保费的高低，因此，应根据双方当事人的需要来确定其承保的范围。限于篇幅，以下仅介绍联运保赔协会的运输经营人责任险的承保范围。

（一）货物的损失和灭失责任

这主要指无船承运人因货物的实际损失或灭失所造成的责任，以及由此引起的间接损失的责任。

【例 7-3-1】 上海某家无船承运人出具自己的提单，承运 118 桶化学品到德国汉堡港。货物运抵目的港拆箱时，发现化学品在集装箱内泄漏。联运保赔协会马上指派当地的代理人和检验人员调查，经核查共计 35 桶化学品全损，另有 83 桶需要重新包装。对此，收货人向无船承运人索赔 20000 美元作为货损、额外包装费用和经济损失的赔偿。

【例 7-3-2】 一票散货共计 44 箱手表，由上海装箱运抵意大利的那不勒斯港。在目的港拆箱时发现只有 40 箱货，另有 4 箱手表不见踪影。意大利货代公司立即与上海联系，上海方面在拼箱仓库进行了彻底查找，但一无所获。在这次事故中虽然无法判明 4 箱货物遗失的原因，但作为契约承运人的无船承运人仍需承担赔偿责任。联运保赔协会对由其承保的这宗货物给予了赔偿。

（二）错误操作和疏忽责任

这里包括延误、交货错误、海外的第三方代理无单放货、不正确填写单证资料等责任。

但必须强调的是，联运保赔协会对会员公司职员的故意放货行为或基于商业考虑而作出的无单放货不予承保。

【例 7-3-3】 某货运代理作为无船承运人承运一批货物，从新加坡运抵伦敦，并签发了提单，该提单符合信用证的要求。货运代理将实际承运人签发的海运提单交给了伦敦代理人，并指示其一定要凭无船承运人的提单换海运提单。但该代理在未收到无船承运人提单的情况下，就将海运提单交给了收货人。收货人提货后，拒付运费和货款，为此发货人为索赔货物价值起诉无船承运人，作为无船承运人的货运代理则通知其责任险保险人赔偿。本案无船承运人的伦敦代理人未按其指示行事，如果这一行为确属偶然，由于“疏忽或过失”所致，则在查清责任之后责任险保险人应予以赔偿。即使代理人的行为带有欺诈性质且为故意，只要无船承运人能证明自己并非欺诈一方，责任险保险人仍需予以赔偿。

【例 7-3-4】 一票共 80 箱时尚杂志从中国香港运往澳大利亚悉尼港，在当地销售。由于货代公司职员文件交接错误，该货未能配上前往悉尼港的船舶，造成两星期的延误，该杂志运抵悉尼港时已经过了销售期限。为此，发货人向货代公司索赔所有的货价、商誉损失和其他经济损失共 10 万美元。

【例 7-3-5】 1 个 20ft 集装箱共 248 箱棉纺产品从青岛港运往阿联酋的迪拜港，国内货代向发货人出具了“已装船”的货代提单。3 个月后发货人突然向货代公司提起索赔，称该货物已被收货人提走，但到目前为止，他仍未收到货款。同时他也正在向银行要求退

单。联运保赔协会马上指派在迪拜港的代理进行调查，证明货物确实已经被目的港代理无单放货。联运保赔协会在发货人提供全套正本提单证明货权的情况下，进行了赔偿谈判，最终赔付4.8万美元结案，同时凭全套正本提单，在目的港向收货人及“无单放货”的货代提起诉讼，追偿损失。

（三）第三者责任

第三者责任险承保会员公司因操作经营中的错误或疏忽，造成第三方的财产损失或人员伤亡。

第三者指的是除联运保赔协会和会员公司以外的其他任何人。而第三者财产则指第三者的任何财产，但不包括货物（货物已在“对货物的损失和灭失责任”中承保）以及任何会员承租的财产，如设备、场地或建筑物等。

联运保赔协会承保的第三者责任险也包括一般的公众责任险，即访客、朋友或家属在会员公司的经营场所内，因会员公司的过错或疏忽而受到伤害或引致财产损失，均在保险保障范围内。但是，会员公司的雇员并不归类为“第三者”。雇员意外人身伤亡保险已在法定的劳工保险中予以承保，联运保赔协会运营经营人责任险中为了避免重复，故予以除外。

【例7-3-6】联运保赔协会会员托运20卷新闻纸到美国。该纸张用于印刷报纸，每一卷重达1吨。由于在装箱时并没有做好充分的紧固工作，当集装箱在美国拆箱时，箱门一打开纸卷就滚落下来了，把一位美国装卸工人的脚压断，引致索赔，索赔额超过50万美元。

（四）罚款与关税

运输经营人可能因职员在业务操作中违反了有关政府规定，从而遭受罚款，也有可能因货主的过错，譬如货主隐瞒托运危险品而不申报，或提供虚假的发票、装箱单等遭受罚款。虽然有时过错不在货代企业，但许多国家的海关当局（尤其是南美洲和印度等地的海关），仍然会对货代企业处以巨额罚款。

【例7-3-7】两票相同的货物从香港空运至巴西的VCP（Viracopos，维拉科波斯）和MAO（Manaus，玛瑙斯）两地。因为会员的一时疏忽，将一盒运往VCP的货加以MAO的标签，结果被VCP的海关罚款1.2万美元，同时运往MAO的货也因有一箱被误标了VCP的标签，被罚款2.1万美元。巴西的海关条例极为严格，对任何出错文件都将处以巨额的罚款，罚款最高达到货价的50%以上，另加37.5%的附加费。在此案中，虽然是同样的错误，由于货物的总价不同，罚款金额也不同。

（五）费用

联运保赔协会主要承保减少损失的费用（mitigation），调查、抗辩的费用（investigation &defence），处理费用（disposal），检疫和消毒费用（quarantine & disinfection），货物错运费用（mis-direction），共同海损和海滩救助的分摊费用（general average &salvage），无主货处理费用（uncollected cargo），为完成运输合同而产生的额外费用（completion of carriage costs）等的针对运输经营人的特殊行业风险。联运保赔协会在费用承保方面提供多达八项保障，除了“减少损失的费用”一项适用相应的免赔额外，其余费用均由联运保赔协会全额承担。

三、集装箱多式联运责任险的除外责任

（一）全部除外责任

全部除外，是指保单中明确规定的除外责任，通常适用于所有险种中的除外条款和限制，包括责任险，主要有：

（1）在承保期间以外发生的危险或事故；

（2）索赔时间超过承保条例或法律规定的时效；

（3）承保合同或保险人条例中规定的除外条款，即不在承保范围内的损失；

（4）违法行为造成的后果，如运输毒品、枪支、弹药、走私物品或国家禁止的物品；

（5）蓄意或故意行为，如倒签提单、预借提单引起的损失；

（6）战争、入侵、外敌、敌对行为（不论是否宣战）、内战、反叛、革命、起义、军事或武装占领、罢工、停业、暴动、骚乱、戒严或没收、充公、征购等的任何后果，以及为执行任何政府、公众和地方权威的指令而造成的任何损失或损害；

（7）任何由核燃料或核燃料爆炸所致、核废料产生之离子辐射或放射性污染所致、引起或可归咎于此的任何财产灭失、摧毁、毁坏或损失及费用，不论直接或间接，均作为其后果损失。

（二）部分除外责任

部分除外，通常表现为免赔额或最高限额的规定，如超出承保合同关于赔偿限额规定的部分。

（三）以投保人履行的义务为前提的除外责任

事先未征求保险人的意见，擅自赔付对方，也可能从保险人处得不到赔偿或得不到全部赔偿。例如，当货物发生残损或短少后，集装箱多式联运经营人认为是自己的责任，未征求保险人的意见，就自作主张赔付给了对方。事后证明不属于或不完全属于集装箱多式联运经营人的责任，保险人将不承担损失或仅承担其应负责任部分的损失。

四、集装箱多式联运责任险投保时须履行披露义务

集装箱多式联运经营人向保险人投保责任险时，需要填写一份保险信息表，提供相关资料，由保赔协会或保险公司的核保人员进行评估并拟定保单条款，确定保险费率或会费。集装箱多式联运经营人须遵循诚信原则，提供相关资料，对所有应披露的材料予以披露。如未能做到，其行为将令所签发的任何保单或证明失去效力或部分失效。集装箱多式联运经营人须提供的资料一般包括如下几项。

（一）基本资料

基本资料包括：①申请人名称：列出保单所承保的多式联运企业名称，含所有附属及分支机构的名称；②地址及联系方式：申请人的地址、电话、传真、电子邮件、投保地点及联系人的姓名、地址、电话、传真、电子邮件；③公司：成立日期、所有人、合伙人，

执行董事或职员的名字、职务、工作经验及年龄。

（二）业务活动

（1）业务区域：需列出主要的业务区域，例如，远东至美国。

（2）运输合同：与客户签订有效的运输合同。在签订合同（无论口头或书面形式）后，若保险人认为所承担的责任属提单或常规性服务条款以外的责任，则保险人不予赔偿。

（3）业务项目：指适用于多式联运企业业务运作的每一个项目。

（4）单证签发。提供单证签发的情况通常指是否签发了集装箱多式联运单。

（三）营业额

（1）收入估算：指所有运费及有关业务的收入，包括支付给船公司的运费，但不包括税款。

（2）产品和运输：具体包括两部分，即收入占20%以上的产品及其所占的比例说明，以及需要控制温度的货物、易变质的货物、建筑安装类货物、二手设备货物等在运输中所占的比例。

（四）实际承运人

集装箱多式联运经营人需提供实际承运人的资料，并明确实际承运人是否接受集装箱多式联运经营人对委托人所承担的同等责任。

（五）需说明的限制事宜

集装箱多式联运经营人如有以下限制，需向保险人说明：货物之法律责任，如索赔额上限/免赔额；错误和疏忽，如每一保险年度内累计的最高限额/免赔额；集装箱风险，指拖头车拥有/租用/租赁情况；集装箱总金额；区域限制。

（六）以往保险历史

这一要求适用于此保险的所有项目，包括：过去历年内是否在此类保险下发生过索赔案及其赔偿结果，此前是否对此类保险进行过投保，此类保险之申请是否曾经被拒绝或取消，是否曾遭拒绝续保。

任务四　集装箱定期保险的投保业务

一、集装箱保险的认知

（一）集装箱保险的含义与特点

集装箱保险有广义和狭义之分。广义的集装箱保险是指集装箱所有人或租借人对在集装箱运输管理中的各种风险所产生的集装箱箱体的灭失、损坏等进行的保险，或者是集装箱运输事故对第三人（人或物）造成损害时，因集装箱所有人或租借人负有法律上的责任而预先对此赔偿责任进行保险。同时，集装箱运输中的事故也可能使装在集装箱内部的货物发生损害，此时由于集装箱的运输管理者也负有法律上以及运输合同上的赔偿责任，所以运输管理者也必须把对货主的损害赔偿责任风险用保险的形式加以分摊。也就是说，广义的集装箱保险包括集装箱货物保险、集装箱箱体保险、集装箱责任保险。

狭义的集装箱保险，即集装箱箱体保险，是指集装箱所有人或租借人对在集装箱运输管理中的各种风险所产生的集装箱箱体的灭失、损坏等进行的保险。本节所称的集装箱保险，即指集装箱箱体保险，是以集装箱本身作为保险标的的保险。

集装箱保险具有以下的特点：

（1）集装箱保险是定期保险。集装箱保险一般是定期保险，这是因为作为保险对象的集装箱有很多，同时集装箱又和船舶一样频繁流动，定期保险适合集装箱运输的特性。

（2）集装箱保险约定赔偿限额。保险人对于集装箱的损坏、灭失等的赔偿责任一般限定赔偿限额。同时，为了避免小额、频繁的索赔，集装箱保险通常也采用免赔额的做法。

（3）集装箱保险单一般不转让。因集装箱一般不作为买卖的货物，因此，集装箱保险单通常不转让。

集装箱自身的保险一般是由集装箱所有人作为投保人，而在租赁集装箱的情况下，则由租借人（lessee）以准所有人（quasi-owner）的身份作为投保人。每一集装箱作为一个单独的保险单位，各有明确的唛头标记，被保险人对投保的集装箱应定期做好维修和保养工作。

（二）集装箱定期保险的种类

集装箱和货物运输联在一起，且和运输工具有密切关系，但其有自身的特点，不同于货物或一般的运输工具，因此国内的集装箱保险（定期）分为全损险和综合险（又叫一切险）两种。

1. 全损险

全损险只负责集装箱的全损损失，即只有在集装箱全部损失或推定全损时，保险公司才予赔偿。

2. 综合险

综合险负责集装箱的全部损失或部分损失，并负责下列原因造成的集装箱的机器部分损失：①运输船舶的沉没、触礁、搁浅、碰撞引起的（包括同冰碰撞）；②陆上或空中运输工具的碰撞、倾覆及其他意外事故引起的；③外来的火灾、爆炸引起的。

在集装箱保险中，无论是全损险还是综合险，对于共同海损分摊、救助和集装箱受损后的施救费用，保险人均予负责，但对上述抢救和防损费用的补偿金额以不超过被救集装箱的保险金额为限。而若集装箱不符合国际标准或其存在内在缺陷或正常磨损以及战争危险、第三者责任等，保险公司都作为除外责任不予承保。

此外，投保人也可在投保了集装箱的全损险或综合险之后，加保战争险。按照国际惯例，集装箱战争险承保集装箱装在海船或其他船上或飞机上时因战争、敌对行为或武装冲突，以及这些原因引起的拘留、扣押、没收或封锁，各种常规武器包括水雷、鱼雷或炸弹所造成的损失、费用和责任。对由于上述战争、敌对行为、武装冲突和各种常规武器引起的共同海损牺牲、分摊和救助费用，保险人也负责赔偿，但对陆上发生战争引起的损失不

予负责。集装箱战争险同样规定保险人有权在任何时候向被保险人发出注销战争险的通知，在发出通知后14天期满时终止责任。

二、集装箱保险的责任期间与赔偿

（一）集装箱保险的责任期间

集装箱保险是定期保险，其起止时间以保险单规定为准。一般情况下，集装箱定期保险以年为时间单位投保。中国集装箱保险条款规定，保险人和被保险人都可以终止保险，不过必须提前30天向对方发出注销保险的通知。如果是由保险人提出的，保险人应按日比例计算，把未到期的保险费退还给被保险人。如果是由被保险人提出的，则按短期费率计算退费，不满1个月的按1个月计算。

（二）集装箱保险的除外责任

保险公司对下列损失和费用不负责赔偿：

（1）由于集装箱不符合国际标准或由于其内在缺陷和特性或工人罢工、延迟所引起的损失和费用。

（2）正常磨损及其修理费用。

（3）集装箱战争险条款规定的承保责任和除外责任。

（4）与投保集装箱经营有关的或由其引起的第三者责任和费用。

（三）集装箱的赔偿

被保险集装箱发生损失时，被保险人应即刻通知保险公司或就近的保险公司检验代理人，并采取一切可能的措施以减少损失。属于保险责任范围以内的修理应事先取得保险公司的同意。如损失应由船方、其他受托人或任何第三者负责，应办好向这些责任方追偿的一切手续。

集装箱全损时，保险公司按保额全部赔付。集装箱发生部分损失时，保险公司按合理的修理费用扣除免赔额后赔付。如果后者超过保险金额，可作为推定全损处理。被保险人在收取赔款时，必须将向船方、其他受托人或任何第三者责任方的追偿权利转给保险公司。

任务五　集装箱多式联运保险事故的索赔业务

索赔与理赔是两个相对应的概念，是被保险人行使权利和保险人履行义务的具体表现。索赔是指投保人或被保险人在保险事故发生后，根据保险合同条款的规定，请求保险人履行义务的行为。理赔是指保险人接到投保人或被保险人的请求，根据保险合同的规定，对保险事故的发生以及造成的物质损失或人身伤害进行一系列调查审核并予以赔偿的行为。简单地讲，索赔与理赔是投保人或被保险人行使权利和保险人履行义务的过程，它是保险合同履行的核心环节，直接体现了保险的职能。

一、集装箱多式联运责任险的索赔

图 7-5-1 显示了集装箱多式联运责任险的索赔流程。

（一）损失通知

一旦发生有可能在保险单项下索赔的事件，被保险人应立即按照保险单上的报案电话通知保险人，并尽快以书面的形式提供有关信息，主要有：

（1）损失发生的时间、地点；

（2）损失发生的经过、可能的原因；

（3）损失程度及预计费用。

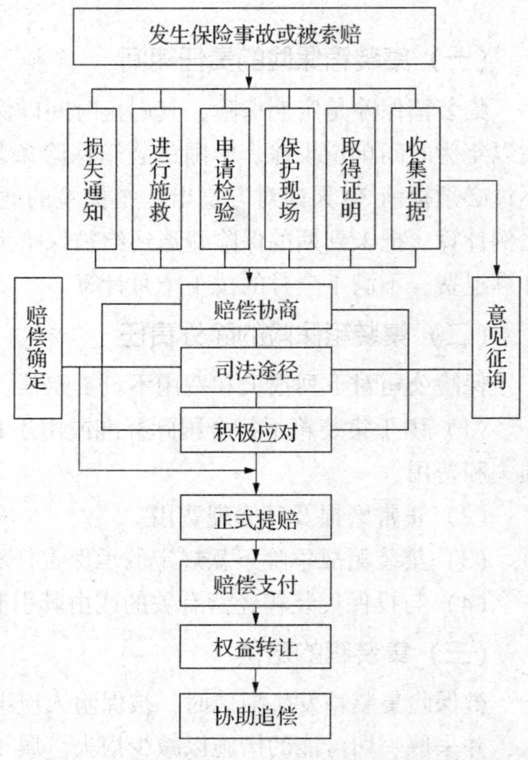

图 7-5-1 集装箱多式联运责任险索赔流程

（二）进行施救

采取一切必要的措施防止损失进一步扩大，并将损失减到最低程度。

（三）申请检验

如有物质损失，对于物质损失的原因和损失程度的确定，需要有公估人或检验人或保险人进行现场勘察，被保险人应按照保单规定或保险人的指示，申请并安排现场查勘和检验。

（四）保护现场

在保险人的代表或公估人或检验师进行勘察之前，保留事故现场及有关的实物证据。若损失涉及其他责任方，应及时向该责任方行使或保留索赔的权利。

（五）取得证据

在货物遭受盗窃或恶意破坏时，立即向公安机关或行政管理部门报案，并取得其立案或事故证明。

（六）收集证据

根据损害赔偿请求人提出的赔偿要求，向其收集相关证据。一方面证明请求人要求的合理性，另一方面以备向保险人索赔。

（七）赔偿协商

根据损害赔偿请求人的请求及其提供的相关证据，被保险人结合本方勘察检验的结果和掌握的其他证据及相关法律法规，与损害赔偿请求人进行协商。

（八）司法途径

在通过协商无法达成一致的情况下，可通过仲裁、诉讼或其他可适用的途径解决。

（九）意见征询

（1）在收到赔偿请求人的损害赔偿请求时，应立即通知保险人，未经保险人书面同意，被保险人不要对赔偿请求人作出任何承诺、拒绝、出价、约定、付款或赔偿。

（2）在预知可能引起诉讼时，立即以书面形式通知保险人，并在接到法院传票或其他法律文件后，立即将副本交付保险人，征询保险人的下一步处理意见。

（十）积极应诉

（1）在保险人的协助下，如未能与损害赔偿请求人协商解决损害赔偿请求而被起诉，被保险人要与保险人保持密切联系，就如何应诉、委托律师及法律费用等事项与保险人进行沟通。

（2）如保险人要求或在被保险人要求下保险人同意以被保险人的名义应诉，被保险人应予积极配合。

（十一）赔偿确定

经过与损害赔偿请求人的协商、仲裁、诉讼或其他方式，最终确定赔偿金额。这一金额既是保险人应该赔付损害赔偿请求人的赔偿金额，也是向保险人索赔的基础索赔金额，而保险人的赔偿金额与被保险人赔付给损害赔偿请求人的金额可能不完全一样。

（十二）正式提赔

在损害赔偿请求人提交了充足的证据，赔偿金额确定后，即可向保险人正式提赔。应以书面的形式将索赔的金额正式向保险人提出，同时附上所有保险单中要求的索赔单证。

（1）出险通知书（获知发生保险事故时提供）；

（2）有效保险单正本；

（3）索赔申请书（在损失责任、金额均已确定，索赔证明材料均已齐全，需要正式理赔时，连同其他索赔单证一并提供）；

（4）有关部门出具的事故证明；

（5）损失清单；

（6）损失证明材料及支付凭证（有关费用发票等）；

（7）相应的货物运输合同/清单（如有）；

（8）有关的法律文书（裁定书、裁决书、调解书、判决书）或和解协议（如有）；

（9）被保险人上年度财务报表；

（10）保险人合理要求的作为请求赔偿依据的其他证明或资料。

在索赔金额中还应该包括被保险人进行施救或为了应诉所产生的法律费用。

（十三）赔偿支付

保险人在接到被保险人的正式索赔后，审核索赔单证，并根据保险单中规定的保险责任、除外责任、赔偿限额、免赔额等条款及被保险人履行保单中规定的被保险人义务等情况，对被保险人进行赔付。

（十四）权益转让

根据保险法的规定，保险人在赔付后，与赔偿有关的权益相应转移给保险人，保险人为了行使这一权益，需要被保险人向其签发权益转让书，被保险人应履行该义务。

（十五）协助追偿

如果损失是由对被保险人负责的另外一方造成的（如实际承运人、仓储管理人等），保险人可以在赔付被保险人后，凭被保险人签发的权益转让书，向第三方实际责任人进行追偿，被保险人应给予保险人协助。

二、集装箱多式联运货运险的索赔

（一）协助索赔

在保险期间发生保险事故，集装箱多式联运经营人有义务尽力协助客户向保险人索赔。代理保险企业应提醒投保人掌握不同情况下的保险索赔时效，在规定时间内行使自己的权利，使所受损失及时获得补偿；特别是既负责协助投保又负责办理接货手续的货运代理（在海运时的通知方），在接货时应：

（1）认真验收货物，及时检查货物外观和清点货物数量。

（2）发现货损货差应向有关责任方（如海、陆、空运的承运人，或多式联运经营人、港务当局等）或理货公司索取货损货差证明。

（3）当发现货损有可能扩大时，应协助客户采取必要的合理措施，防止或减少损失。

（4）协助客户联系目的港或目的地商检机构或保险人，处理有关货损检验事宜，同时协助客户进行货物检验。

（5）协助客户与有关责任方进行交涉。

（6）协助客户收集有关索赔单证。

（二）索赔途径

收货人向保险公司办理索赔，可按下列途径进行：

（1）海运进口货物的损失，向卸货港保险公司索赔。

（2）空运进口货物的损失，向国际货运单上注明的目的地保险公司索赔。

（3）邮运进口的货物损失，向国际包裹单上注明的目的地保险公司索赔。

（4）陆运进口的货物损失，向国际铁路运单上注明的目的地保险公司索赔。

（三）出口货物保险索赔单证

国外收货人取得检验报告后，提出索赔时，应同时提供下列单据：

（1）保险单或保险凭证正本。

（2）运输契约。

（3）发票。

（4）装箱单。

（5）向承运人等第三者责任方请求补偿的函电或其他单证，以及证明被保险人已经履行应办的追偿手续等文件。

（6）向国外保险代理人或国外第三者公正机构出具的检验报告。

（7）海事报告。海事造成的货物损失，一般均由保险公司赔付，船方不承担责任。

（8）货损货差证明。

（9）索赔清单等。

（四）进口货物保险索赔单证

国内进口收货人向保险公司提出索赔时，要提交下列单证：进口发票；提单或进口货物到货通知书、运单；在最后目的地的卸货记录及磅码单。

若损失涉及发货人责任，需提供订货合同；如有发货人保函和船方批注，也应一并提供。若损失涉及船方责任，需提供卸货港口理货签证；如有船方批注，也一并提供。凡涉及发货人或船方责任，还需由国家商检部门进行鉴定出证。若损失涉及港口装卸及内陆、内河或铁路运输方责任，需提供责任方出具的货运记录（商务记录）及联检报告等。

凡涉及国外发货人、承运人、港务局、铁路或其他第三者所造成的货损事故责任，只要由收货人办妥向上述责任方的追偿手续，保险公司应予以赔款。但对于属于国外发货人的有关质量、规格责任问题，根据保险公司条款规定，保险公司不负赔偿责任，而应当由收货人请国家商检机构出具公证检验书，然后由收货单位通过外贸公司向发货人提出索赔。

三、集装箱多式联运货损事故的处理

（一）货损事故的索赔条件与索赔对象

1. 提出索赔的原则

货物的索赔和理赔是一项政策性较强、涉及面较广、情况复杂，并具有一定法律原则的涉外工作。因此，在实际工作中，应坚持实事求是，有根有据，合情合理，区别对待，讲究实效。

（1）实事求是

应根据所发生事故的实际情况，分析造成事故的原因，确定损失程度和金额。也就是说，必须坚持原则行使索赔权利。

（2）有根有据

这是处理货物索赔的基础。在向承运人或其他有关当事人提出索赔时，应掌握造成货损事故的有力证据，并依据合同有关条款、国际惯例提出索赔。

（3）合情合理

应从所发生的事故中合理确定责任方应承担的责任和赔偿金额，必要时也可作出一些让步，其目的是使货损事故合理地、尽早地得以处理。

（4）区别对待

应根据我国的对外政策、对方的态度和有关业务往来，根据不同对象，有理、有利、有节，采取不同方式区别处理。

（5）讲究实效

在货损事故索赔中注重实际效果，充分注意保护自身的经济利益、政治利益以及对外影响和业务发展。

2. 索赔的原因及索赔的对象

国际贸易、运输中货物索赔的提出一般有这样几种情况：货物数量或件数的缺少或货物残损、灭失；货物的质变或货物实际状况与合同规定的要求不符；承运人在货物运输途中没有适当地保管和照料货物；货物的灭失、损害属保险人承保的责任范围内等。因此，根据货物发生灭失或损害的不同原因，受损方提出索赔的对象也是不同的。

（1）向发货人（卖方）索赔

如果货物是由于下列原因造成灭失或损坏，收货人凭有关部门、机构出具的鉴定证书向发货人（卖方）提出索赔。

①原装货物数量不足；

②货物的品质与合同规定不符；

③包装不牢致使货物受损；

④未在合同规定的装运期内交货等。

（2）向承运人索赔

如果货物是由于下列原因造成灭失或损坏，则由收货人或其他有权提出索赔的人凭有关部门、机构出具的鉴定证书向承运人提出索赔。

①在卸货港交付的货物数量少于提单中所记载的货物数量；

②收货人持有正本清洁提单提取货物时，货物发生残损、缺少，且系承运人的过失；

③货物的灭失或损害是由于承运人免责范围以外的责任所致等。

（3）向保险公司索赔

如果货物的灭失或损害属下列范围，则由受损方凭有关证书、文件向保险公司提出索赔。

①承保责任范围内，保险公司应予赔偿的损失；

②承保责任范围内，由于自然灾害或意外原因等事故使货物遭受损害；

③在保险人责任期限内。

3. 索赔的条件

不论是哪一种原因发生的索赔案，也不管是向谁提出索赔，一项合理的索赔必须具备下列条件：

（1）提赔人要有正当提赔权

提出货物索赔的人原则上是货物所有人，或提单上记载的收货人，或合法的提单持有人。此外，还可能是货运代理人或其他有关当事人。

（2）责任方必须负有实际赔偿责任

事实上，索赔方提出的索赔并非都能得到赔偿，如属于承运人免责范围之内的，或属保险人承保责任外的货损，在很大程度上是不能得到赔偿的。

确定或证明责任方负有实际赔偿责任的文件通常有：①卸货记录；②检验报告；③交货记录；④残损报告；⑤合同责任条款等。

（3）索赔时应具备的单证

①索赔申请书

索赔申请书系表明受损方向责任方提出赔偿要求，主要内容包括：索赔人的名称和地址；船名、抵港日期、装船港及接货地点名称；货物有关情况；短缺或残损损失情况；索赔日期、索赔金额、索赔理由等。

②提单

提单是划分责任方与受损方责任的主要依据，在提出索赔时，索赔人应出具提单正本或其影印本。

③货物残损检验证书

该证书是受损方针对所发生的货损原因不明或不易区别时，向检验机构申请对货物进行检验后出具的单证。

④货物残损单

该单是对货物运输、装卸过程中货物残损所作的实际记录，受损方依据经责任方签署的货物残损单提出索赔。

⑤索赔清单

索赔清单主要列明货损事故所涉及的金额，通常按货物的到岸价计算。

另外，提出索赔时应出具的单证还有商业发票、短损单、修理单等。

（4）赔偿的金额必须合理

合理的赔偿金额是以货损实际程度为基础的。但是，在实际中责任方往往受赔偿责任限额的保护，如：承运人的赔偿限于提单中的赔偿责任，保险人的赔偿以保险金额为基础。

（5）在规定期限内提出索赔

一项有效的索赔必须在规定的期限内提出，这就是通常所说的“索赔时效”。否则，货物的损害即使确由责任方的过失所致，索赔人提出的索赔在时效过后也很难得到赔偿。

（二）海运货损事故的处理

1. 货损事故的确定

由于海上风险的客观存在和货物运输过程中涉及很多环节的作业特点，海上货物运输事故的发生实属难免。虽然可根据有关合同条款、法律、公约等规定，对所发生的货损事故进行处理，但是在实际处理过程中，受损方与责任方之间往往会发生争议。一般而言，海运货损事故虽有可能发生于各个环节，但很多情况下是在收货人收货时或收货后才被发现。

当收货人提货发现所提取的货物数量不足，外表状况或货物的品质与提单上记载的情况不符时，应根据提单条款的规定，将货物短缺或损坏的事实，以书面的形式通知承运人或承运人在卸货港的代理人，以此提出索赔的要求。如果货物的短缺或残损不明显，也必须是在提取货物后的规定时间内，向承运人或其代理人提出索赔通知。

在海运货损事故的索赔或理赔中，提单、收货单、过驳清单、卸货报告、货物溢短单、货物残损单、装箱单、积载图等货运单证均可作为货损事故处理和明确责任方的依据；对海上承运人来说，为保护自己的利益和划清责任，应该妥善处理这些单证。

通常，货运单证的批注是区分或确定货运事故责任方的原始依据，特别是在装货或卸货时，单证上的批注除确定承运人对货物负责的程度外，有时还直接影响到货主的利益，如能否持提单结汇，能否提出索赔等。

海上风险多变，是造成货运事故的主要原因之一。凡是船舶在海上遭遇恶劣气候的情况，为明确货损原因和程度，应核实航海日志、船方的海事声明或海事报告等有关资料和单证。

货运事故发生后，收货人与承运人之间未能通过协商对事故的性质和损失程度取得一致意见时，应在共同同意的基础上，指定检验人对所有应检验的项目进行检验，检验人签发的检验报告是确定货损责任的依据。

2. 提出索赔的程序

海上货运公约，如《海牙规则》《维斯比规则》《汉堡规则》以及各船公司的提单条款一般都规定，货损事故发生后，根据运输合同或根据提单有权提货的人可向承运人或其代理人提出书面通知，声明保留索赔权，否则承运人或其代理人将免除责任。

无论是根据《海牙规则》还是航运习惯，一般都把交付货物时是否提出书面货损通知看作是否按提单记载事项将货物交付给收货人的推定证据。即使收货人在收货时提出了书面通知，但在提出具体索赔时，也必须出具原始凭证，证明其所收到的货物不是清洁提单上所记载的在外表良好状况下接受装船的货物。因而，索赔方在提出书面索赔通知后，应尽快地备妥各种有关单证，然后向承运人或其代理人提出货损索赔要求。

货物一旦发生灭失或损坏，通常由收货人向承运人或其代理人提出索赔。但是，当收货人根据货物保险条款从承保货物的保险人那里得到了赔偿后，保险人可代位（指代替收货人）向承运人或其代理人进行追偿。

3. 索赔单证

作为举证的手段，索赔方出具的索赔单证不仅可证明货损的原因、种类、程度，还可确定最终责任方。海运中使用的主要货损索赔单证有：

(1) 索赔申请书或索赔清单。索赔方一旦正式向承运人递交索赔申请书或索赔清单，则意味着索赔方正式提出了索赔要求。因此，如果索赔方仅仅提出货损通知，而没有出具作为举证手段的货运单证和向承运人递交索赔申请书、索赔清单，事实上可解释为索赔方并没有提出正式索赔要求。

(2) 提单。提单既是货物收据、交货凭证，又是确定承运人与收货人之间责任的最终证明，是收货人提出索赔依据的主要单证。

(3) 过驳清单或卸货报告，货物残损单和货物溢短单。

(4) 重理单。重理单是对货物件数或其他有疑问时，承运人要求复查而做的单证，是复查结果的证明文件。

(5) 其他单证。提出索赔时使用的其他单证还有货物发票、修理单、装箱单、拆箱单等。

4. 权益转让

当货物在海上运输过程中的灭失损害系由承运人的过失造成时，通常由收货人向承运

人提出索赔，但有时收货人也根据提货单或保险合同，直接向保险人提出赔偿。当收货人从保险人那里得到赔偿后，则通过签署一份权益转让证书，将向承运人提出的索赔权利转让给保险人，保险人凭以向承运人进行索赔。

5. 担保与扣船

如货损确由承运人的过失所造成，责任已明确，证据也充分，且损害金额较大，受损方除办好一般正常的索赔工作所需要的各种手续外，为保证索赔得以顺利了结，可在船舶离港前采取保全措施，要求船方提供担保。这种担保分现金担保、银行担保、担保函三种方式。

现金担保是由承运人或船东保赔协会汇给索赔人一定数额的现金作担保，以后的索赔款项可在保证金内支付。

银行担保和担保函都是书面担保形式，前者由银行出具，后者一般由船东保赔协会出具。

如受损方认为通过正常途径不能取得担保，则可采取扣船措施，即在责任方（承运人）未提供担保前，向法院或有关当局申请扣押船舶，不准船舶离港。但采取扣船措施时必须慎重，以防因扣船措施不当而产生不良的影响及纠纷和经济损失。

6. 索赔的受理与审核

索赔的受理与审核系承运人的一项理赔工作，是海上货物运输全过程中一个很重要的组成部分。这是因为货物运输质量的好坏直接关系到理赔工作。在运输质量好的情况下，索赔案件就会减少，理赔工作也会随之而减少。

一般来说，国外提赔人往往是通过国外代理提出索赔，由运输货物的承运人受理，承运人在国外的代理无权处理，除非经承运人委托或授权。

（1）分清责任

承运人在处理索赔时，首先应分清发生货损的原因和应承担的责任范围。当受损方向承运人提出某项具体索赔时，承运人可根据提单中有关承运人的免责条款解除责任。因此，在索赔和理赔过程中，往往需要举证和反举证。原则上，受损方要想获得赔偿，必须予以举证，而责任方企图免除责任或减少责任，则必须予以反举证和举证。反举证是分清货损责任的重要手段，有时在一个案件中会多次进行，直到最终确定责任。

（2）审核

审核是处理货损事故时一项重要的工作，从事理赔工作时主要审核的内容有：

①索赔的提出是否在规定的期限内，如果期限已过，提赔人是否已要求展期；

②提出索赔所出具的单证是否齐全；

③单证之间有关内容是否相符，如船名、航次、提单号、货名、品种、检验日期等；

④货损是否发生在承运人的责任期限内；

⑤船方有无海事声明或海事报告；

⑥船方是否已在有关单证上签字确认；

⑦装卸港的理货数量是否准确。

（3）承运人免责或减少责任应出具的主要单证

承运人对所发生的货损欲解除责任，或意图证明自己并无过失行为，应出具有关单证以证明对所发生的货损不承担或少承担责任。除前述的收货单、理货计数单、货物溢短单、货物残损单、过驳清单等货运单证外，承运人还应提供：①积载检验报告；②舱口检验报告；③海事声明或海事报告；④卸货事故报告。

（4）索赔金的支付

通过举证与反举证，虽然已明确了责任，但在赔偿金额未取得一致意见时，应根据法院判决或决议支付一定的索赔金。关于确定损失金额的标准，《海牙规则》并没有作出规定，但在实际业务中大多以货物的 CIF 价作赔偿金额的基准。

（三）水运货损事故的处理

根据《水路货物运输规则》的规定，货运质量事故是指自货物承运验收开始至货物运达目的地向收货人交付货物时止，由于承运人的责任，在装卸、运输、保管过程中所发生的货物灭失、短缺、损坏、质变以及在运输过程中所发生的件数或重量短少等。货损的范围是指由于火灾、爆炸、落水、海损等原因导致货物的损坏、灭失以及在装卸、运输、保管货物过程中，由于操作不当、保管不善而引起的货物破损、受潮、变质、污染等。货差的范围系指由于错转、错交、错装、错卸、漏卸以及货运手续办理错误等原因而造成的有单无货或有货无单等单货不符、件数或重量溢短等差错。

1. 货损事故记录编制

所谓“事故记录”，是对货运事故发生经过或事实的记录。编制该记录时必须认真严肃，并能反映事故的真实情况，以便作为分析事故原因、确定责任的依据。由交通部统一规定的事故记录有三种，即货运记录、港航内部记录和普通记录。

（1）货运记录

货运记录是记载承运人和货物托运人之间责任的记录。根据有关规定，货运记录的编制，除装船前发生的并由其负责受理赔偿的部分事故由起运港编制外，其余的货运记录均由到达港编制。在实践中，当发生下列情况之一时，则应编制货运记录：

①货物品名、件数、标志与运单记载标志不符；

②货物灭失、短少、变质、污染、损坏；

③有货无票或有票无货。

货运记录必须使用印有编号的规定格式，按每一运单编制，并由记录编制人及收货人共同签章。

（2）港航内部记录

港航内部记录是承运部门与各港之间的内部记录，主要记载事故的原始情况，对外不发生效力，不交给收货人。货物在装卸、运输、保管过程中遇有下列情况之一时，港口应在事故发生或发现的当时会同船方编制港航内部记录：

①货物的灭失、损坏、污染、腐烂、变质；

②件数溢短、单货分离、单货不符；

③标志脱落或不清，包装破损或经过整修等。

虽然港航内部记录对外不发生效力，但它却是承运人内部各环节之间判明责任和采取保证质量措施的依据，同样具有重要作用。

（3）普通记录

普通记录是承运人向发货人或收货人提供证明的记录，不涉及承托双方之间的责任事项。遇有下列情况之一时，应编制普通记录：

①货物托运人自理装船并按舱封或装载现状与承运人进行交接的货物，以及其他封舱（箱）运输的货物，发生非属承运人责任的货物灭失、短少、变质、污染、损坏和内容不符；

②托运人随附在货物运单上的单证丢失；

③托运人派人押运的货物发生非属承运人责任的事故损失；

④收货人要求证明与货物数量、质量无关的其他情况。

上述三种记录在不同的范围内起着不同的作用，是判明、检查与运输全过程有关的各方在履行各自的权利、义务和责任方面的重要书面依据。因此，对记录内容的填写力求准确、真实，并应按照统一规定的格式作具体、详细的记录。

2. 货损事故的确定

货运事故一旦发生后，承运部门应查明事故真相、分析原因、划清责任，为货运事故处理提供可靠的依据。事故记录是进行调查的书面依据之一。此外，还必须查询有关资料，其内容和范围可视事故的性质和产生事故的条件来确定，主要包括在承运、中转、到达等各个环节上的有关内容记载（如交接清单、船图）以及有关货运单证上的批注、发货人事先声明等。

此外，在确定事故的损失程度方面，还可借助各种技术进行化验、测定、试验等。

3. 货损事故的处理

货物抵目的港后，一旦发生货损货差，水运部门应负赔偿责任。然而，凡属下列原因引起的货运事故，水运部门不承担任何赔偿责任：

（1）不可抗力；

（2）货物的自然特性和潜在缺陷；

（3）货物自然耗损或合理耗损以及托运人确定货物重量不准确所致；

（4）包装不牢或包装材料不足；

（5）标志不清、漏列；

（6）非水运部门责任造成的损失；

（7）托运人自行押运货物，因照料不当造成损失以及动物疾病、死亡等；

（8）经承运人举证，或经合同管理机关查证非属承运人过失造成的损失。

承运人在接到索赔人提出的赔偿要求时，应审查：索赔人提出索赔的时效、索赔人的合法身份、索赔应具有的单证等。

对经审查不合规定的赔偿要求，承运人应向索赔人说明理由，并退回赔偿要求书。

水运货损事故处理的时效，是自货运记录编写的次日起 180 天，受理人应在接到索赔要求 60 天内作出答复。货损赔偿金额原则上按实际损失金额确定。

（四）铁路货损事故处理

在铁路货物运输中，凡涉及铁路与发货人、收货人之间，或参加运送铁路间、铁路内部各单位间发生货物损害时，应在事故发生当日编制记录，作为分析事故原因、确定责任的原始证明和处理赔偿的依据。

1. 货损事故记录编制

货损事故记录分商务记录、普通记录、技术记录三种。

（1）商务记录

商务记录是货物运送过程中对发生的货损、货差或其他不正常情况的如实记载，是具体分析事故原因、责任和请求赔偿的基本文件。在商务记录中，应确切地记载货物的实际情况和运送当时发现的不良状况以及发生货物损坏的原因。记录中应列举事实，而不应包括关于责任问题和发生损失原因的任何判断。同时，对商务记录各栏内容应逐项填记。

遇有下列情况之一，应编制商务记录：

①发现货物的名称、重量、件数等同运单和运行报单中所记载的事项不符；

②货物发生全部或部分灭失或损害，或包装破损；

③有货无票或有票无货；

④由国境站开启装有危险货物的车辆时。

商务记录必须在发现事故的当日编制，并按每批货物分别编制。如果运送同一发货人和同一收货人的同一种类的货物时，准许在到达站对数批货物编制一份商务记录。

接受商务记录的铁路部门，如对记录有异议，则应从收到记录之日起 45 天内，将异议通知编制商务记录的人。超过这一期限则认为记录已被接受。

（2）普通记录

运送货物过程中，如发现属商务情况以外的情况时，如有需要，车站应编制普通记录，普通记录不作为赔偿的依据。

（3）技术记录

当查明货损原因系车辆状况不良所致，除编制商务记录外，还应按该货损情况编制有关车辆状态的技术记录，并附于商务记录内。

2. 确定事故的赔偿

（1）赔偿请求的提出与受理

发货人、收货人均有权根据运输合同提出赔偿要求。发货人必须以书面形式向发送站提出赔偿，收货人则以书面形式向到达站提出赔偿。由发货人或收货人的代理提出赔偿要求时，该代理必须出示发货人或收货人的委托书，以证明这种赔偿请求权是合法的。委托书应该根据赔偿请求按铁路部门的法令和规章办理。

自赔偿请求提出之日（凭发信邮局戳记或铁路部门收到提出的赔偿请求书所附的收据为凭）起，铁路部门必须在 180 天内审查此项请求，并对赔偿请求人给予答复。

（2）索赔的依据及有关文件

索赔人在向铁路部门提出赔偿要求时，必须同时出具下列文件：

①一旦货物发生全部灭失，由发货人提出赔偿时，发货人应出具运单副本；如由收货人提出赔偿时，则应同时出具运单副本和正本。

②货物发生部分灭失或质变、毁损时，收货人、发货人均可提出索赔，同时应出具运单以及铁路到达站给收货人的商务记录。

③货物发生运输延误时，应由收货人提出赔偿，并提交运单。

④对于承运人多收运费的情况，发货人可按其已付的款额向承运人追回多收部分，但同时应出具运单副本或铁路部门规定的其他有关文件。如由收货人提出追回多收费用的要求，则应以支付的运费为基础，同时还需出具运单。

在提出索赔的赔偿请求书上，除应附有运单或运单副本外，在适当情况下还需附商务记录以及能证明货物灭失、损坏和货物价值的文件。

（3）索赔请求时效

凡根据运输合同向铁路部门提出的索赔，以及铁路部门对发货人、收货人关于支付运费、罚款的赔偿要求应在 9 个月内提出；有关货物运输延误的赔偿，则应在 2 个月内提出。上述时效的计算方法是：

①关于货物损坏或部分灭失以及运输延误的赔偿，自货物交付之日或应交付之日起计算。

②关于货物全部灭失的赔偿，自货物按期运到后 30 天内。

③关于补充支付运费、杂费、罚款的要求，或关于退还此项款额的赔偿要求，则应自付款之日起计算。如未付款时，从货物交付之日起计算。

④关于支付变卖货物的货款要求，则自变卖货物之日起计算。

（五）公路货损事故处理

1. 货损事故责任的确定

公路承运人对承运货物时起至交付货物时止在装卸、运输、保管以及交接过程中发生运输延误、灭失、损坏、错运等负赔偿责任。

（1）责任范围

①货损：指货物磨损、破裂、湿损、变形、污损、腐烂等。

②货差：指货物发生短少、失落、错装、错卸、交接差错等。

③有货无票：货物存在而运单及其他票据未能随货同行，或已遗失。

④运输过失：包括误装、误卸及办理承运手续过程中的过失等。

⑤运输延误：已接受承运的货物在始发站未及时运出，或中途发生变故，致使货物未能如期到达。

造成货损货差的其他原因，还有破包、散捆、票据编制过失等。

（2）免责情形

对下列原因造成的货损事故，公路承运人不承担赔偿责任：

①由于自然灾害发生的货物遗失或损坏；

②包装完整，但货物短少；

③由于货物的自然特性所致；

④根据卫生机关、公安机关、税务机关有关规定处理的货物；

⑤由托运人自行保管、照料所引起的货物损害；

⑥货物未过磅发生数量短少；

⑦承托双方订有协议，并对货损有特别规定者。

2. 货损事故记录的编制

货损货差商务事故记录的编制过程，一般根据下列要求进行：

（1）事故发生后，由发现事故的运送站或就近站前往现场编制商务记录，如系重大事故，在有条件时还应通知货主一起前往现场调查，分析责任原因。

（2）如发现货物被盗，应尽可能保护现场，并由负责记录的业务人员或司机根据发现的情况，会同有关人员做好现场记录。

（3）对于在运输途中发生的货运事故，司机或押运人应将事故发生的实际情况如实报告车站，并会同当地有关人员提供足够的证明，由车站编制一式三份的商务事故记录。

（4）如货损事故发生于货物到达站，则应根据当时情况，会同司机、业务人员、装卸人员编制商务记录。

3. 货损事故的赔偿

受损方在提出赔偿要求时，首先应做好赔偿处理手续。具体做法如下：

（1）向货物的发站或到站提出赔偿申请书。

（2）提出赔偿申请的人必须持有有关票据，如：行李票、运单、货票、提货联等。

（3）在得到责任方给予赔偿的签章后，赔偿申请人还应填写“赔偿要求书”，连同有关货物的价格票证如发票、保单、货物清单等，送交责任方。

在计算货损货差的金额时，主要有三种情况：①发货前的损失，应按到达地当天同一品类货物的计划价或出厂价计算，已收取的运费也应予以退还。②到达后损失，应按货物运到当天同一品类货物的调拨价计算赔偿。③对价值较高的货物，则应按一般商品调拨价计算赔偿。

测 试

一、单选题

1. 在班轮运输中，承运人对于货物的责任起讫为（　　）。

A. 自卖方仓库至买方仓库　　B. 自装运港至目的港

C. 自装运港起吊至目的港脱钩　　D. 自接收货物至交付货物

2.《联合国国际多式联运公约》中规定的国际多式联运的责任制为（　　）。

A. 单一责任制　　B. 统一责任制

C. 统一修正责任制　　D. 网状责任制

3. 多式联运经营人对货物承担的责任期限是（　　）。

A. 自己运输区段　　B. 全程运输

C. 实际承运人运输区段　　D. 第三方运输区段

4. 依据《国际公路货物运输合同公约》，下列（　　）情况下该公约不能适用。

A. 货物采用集装箱方式，由中国经公路运往俄罗斯，中途没有换车

B. 货物采用集装箱方式，由中国经公路运往缅甸，中途没有换车

C. 货物采用集装箱方式，在中国装上集装箱卡车开至上海港后直接开上远洋货轮，中途没有从集装箱卡车上卸下，轮船到达日本大阪港后，该集卡直接从船上驶下继续把货物运到接受地点某工厂

D. 货物采用集装箱方式，由美国的纽约经公路运往华盛顿

5. 托运单规定“装在舱内”，但实际装在甲板，因加固绑扎过失，船公司（　　）。

A. 按B/L责任赔偿　　B. 按实际损失赔偿

C. 不赔　　D. 根据国际货运公约赔偿

二、判断题

1. 托运人订舱提出：“货物必须在圣诞节前30天到达目的港。”船公司同意承运并在提单上注明，但由于途中产生不合理绕航而无法按时到港，托运人提出船公司违约，应承担赔偿责任。（　　）

2. 进口一批电子产品，提单上记载“CY-CY、STC”，但掏箱后发现箱内装载石头，收货人向保险人提出赔偿要求，保险人不赔。（　　）

3. 《汉堡规则》对保函的法律效力作出了规定：托运人向承运人出具的保函，只对托运人有效，对第三方无效；但承运人有意欺诈，对托运人也无效。（　　）

4. 多式联运经营人如意图诈骗，在多式联运单据上列入货物的不实资料，将不得享有多式联运公约规定的赔偿责任限制。（　　）

5. 《联合国国际货物多式联运公约》规定，无论是根据违约行为、侵权行为还是其他理由，必须按本公约规定的责任限制、诉讼时效执行。（　　）

6. 即使托运人已将货物的危险特性告知承运人，承运人也可视情况将货物进行处置而无须赔偿。（　　）

7. 仲裁是以双方的协议为基础，一般来讲其裁决是终局性的。（　　）

8. 在国际多式联运中，托运人只与多式联运经营人有业务和法律上的关系。（　　）

9. 多式联运中，实际承运人不对运输承担责任。（　　）

10. 《国际多式联运公约》中有关诉讼时效的规定为两年，时效时间自多式联运经营人交付货物之日起的次日起算。（　　）

11. 副本提单和正本提单一样，都具有法律效力。（　　）

12. 多式联运经营人在责任赔偿时从按件赔偿和按毛重每公斤赔偿这两种责任赔偿中任选一种方式进行赔偿。（　　）

13. 不清洁提单是指承运人增加了货物及包装物不良或存在缺陷等批注的提单。（　　）

三、案例题

1. 上海一家公司（以下称发货人）出口30万美元的皮鞋，委托集装箱货运站装箱出运，发货人在合同规定的装运期内将皮鞋送货运站，并由货运站在卸车记录上签收后出具仓库收据。该批货出口提单记载CY-CY运输条款、SLAC（由货主装载并计数）、FOB价、由国外收货人买保险。国外收货人在提箱时箱子外表状况良好，关封完整，但打开箱门后一双皮鞋也没有。

（1）收货人向承运人提出赔偿要求，承运人拒赔，可以吗？为什么？

（2）收货人该如何办？为什么？

2. 202×年4月15日，上海天华贸易有限公司与海燕船务公司签订一批运输合同，运输一批电子设备到日本名古屋港口。双方约定，由上海天华贸易有限公司提供集装箱，并且自行装箱、铅封完好后交给海燕船务公司。4月18日，货物运抵上海洋山港，装上预先约定的集装箱货运船“破浪号”，经检查集装箱外表完好，故而签发已装船的清洁提单。4月22日，船舶到达日本名古屋港口。4月23日，收货人日本福贸国际贸易公司凭借提单去提取货物。

（1）收货人日本福贸国际贸易公司打开集装箱后，发现电子设备有多处破损，若它向海燕船务公司提出索赔，海燕船务公司可否拒赔？

（2）若收货人日本福贸国际贸易公司收到货物的时候发现货物比提单上记载的数量少了一半，可否向海燕船务公司提出索赔？为什么？

3. 我国货主A公司委托B货运代理公司办理一批服装货物海运出口，从青岛港到日本神户港。B公司接受委托后，出具自己的House B/L给货主。A公司凭此到银行结汇，提单转让给日本D贸易公司。B公司又以自己的名义向C海运公司订舱。货物装船后，C公司签发海运提单给B公司，B/L上注明运费预付，收发货人均为B公司。实际上C公司并没有收到运费。货物在运输途中由于船员积载不当，造成服装沾污受损。C公司向B公司索取运费，遭拒绝，理由是运费应当由A公司支付，B仅是A公司的代理人，且A公司并没有支付运费给B公司。A公司向B公司索赔货物损失，遭拒绝，理由是其没有诉权。D公司向B公司索赔货物损失，同样遭到拒绝，理由是货物的损失是由C公司过失造成的，理应由C公司承担责任。根据题意，请回答：

（1）本案中B公司相对于A公司而言是何种身份？

（2）B公司是否有支付C公司运费的义务？

（3）A公司是否有权向B公司索赔货物损失？

（4）D公司是否有权向B公司索赔货物损失？

（5）D公司是否有权向C公司索赔货物损失？

4. 某货运公司集装箱卡车在运输途中，在通过弯道时车速过快，集装箱滑落倾覆，压伤路边行人。后交警部门认定由货运公司负全责，赔偿受害人损失。货运公司对受害人给予赔偿后，以集装箱卡车购买过车辆保险，且目前保险未过期为由，要求保险公司连带赔偿自己的损失，却遭到保险公司拒绝。试问：保险公司拒绝赔偿是不是合法？为什么？

5. 一货主将一批货交由无船承运人，并由其签发H-B/L，无船承运人将货交由船公司，并由船公司签发S-B/L，收货人将H-B/L转让给第三方，而目的港的无船承运人代理却在第三方未调换提单的情况下，主动将S-B/L交由原H-B/L持有人，问：

（1）H-B/L未调换S-B/L的情况下，产生的后果是（　　）。

A. 出口方有可能收不到货款　　　　B. 进口方不可以凭提单提货

C. 船公司无法收回 H-B/L　　D. 无船承运人无法收回 S-BL

(2) 是否已构成无船承运人无单放货？(　　)。

A. 不是　　B. 根据是否提供保函

C. 是　　D. 根据是否提供保函与担保

(3) 无船承运人对 (　　) 承担赔偿责任。

A. 船公司　　B. 原收货人　　C. 第三方　　D. 货运代理人

(4) H-B/L、S-B/L 哪一张是全程提单？(　　)。

A. H-B/L　　B. S-B/L

C. H-B/L、S-B/L 均可作为全程提单　　D. 根据 L/C

(5) H-B/L、S-B/L 哪一张是结汇提单？(　　)。

A. H-B/L　　B. S-B/L

C. 根据 L/C　　D. H-B/L、S-B/L 均可作为结汇提单

6. 上海一公司进口一批电子产品，但打开集装箱门后发现装载的是黄沙，提单上记载的是 SLAC，由 A 船公司出具全程联运提单，CIF 价，问：

(1) 发货人 (　　)。

A. 不能拒赔

B. 可以拒赔

C. 根据是否有第三方证明确定能否拒赔

D. 按能否出具提单确定能否拒赔

(2) 保险人能否拒赔？(　　)。

A. 不能拒赔

B. 可以拒赔

C. 根据能否出具第三方证明

D. 可以拒赔，因箱内货物与保单记载不一

(3) 承运人能否拒赔？(　　)。

A. 交货时，箱子外表状况良好、关封完整，则承运人可以拒赔

B. 不可拒赔

C. 一定可以拒赔

D. 根据提单批注

(4) 属于什么性质的责任？(　　)。

A. 明确货损原因　　B. 明确货损区段

C. 明确货损的责任方　　D. 隐藏损害

(5) 最终责任方是 (　　)。

A. 发货人　　B. 收货人　　C. 第三方　　D. 货运代理人

参考文献

[1] 汪益兵主编. 集装箱运输实务 [M]. 北京：机械工业出版社，2009.
[2] 林益松. 集装箱班轮运输与管理实务 [M]. 北京：中国海关出版社，2019.
[3] 刘徐方，梁旭主编. 集装箱运输管理实务 [M]. 北京：清华大学出版社，2018.
[4] 姚红光编著. 集装箱与国际多式联运 [M]. 北京：旅游教育出版社，2018.
[5] 刘丽艳主编. 集装箱运输与多式联运 [M]. 北京：清华大学出版社，2017.
[6] 王慧主编. 铁路集装箱运输与多式联运 [M]. 北京：北京交通大学出版社，2017.
[7] 孟祥茹主编. 国际集装箱多式联运 [M]. 北京：人民交通出版社股份有限公司，2017.
[8] 方照琪主编. 集装箱运输管理与国际多式联运 [M]. 北京：电子工业出版社，2016.
[9] 孙家庆，张赫，程显胜编著. 集装箱多式联运 [M]. 北京：中国人民大学出版社，2010.
[10] 人力资源和社会保障部教材办公室. 集装箱多式联运实务指南 [M]. 北京：中国劳动社会保障出版社，2015.